Hulki Cevizoğlu

SORGULAMA TEKNİKLERİ
Gazeteciler, Doktorlar, Savcılar, Polisler ve Herkes İçin
El Kitabı

Araştırma - İnceleme Dizisi - 4
Ceviz Kabuğu Yayınları – 33

SORGULAMA TEKNİKLERİ
Gazeteciler, Doktorlar, Savcılar, Polisler ve Herkes İçin
El Kitabı

Yazan:
Hulki Cevizoğlu

© Yayın Hakları:
Hulki Cevizoğlu ve
Işık Yayıncılık Gaz.ve Mat.Ltd.Şti.

ISBN: 978-975-6613-49-8
1. Baskı, Ocak 2015 (10.000 Adet)

Basıldığı Yer: Korza Yayıncılık Basım San. ve Tic. A.Ş.
Ankara (0.312) 384 20 03

CEVİZ KABUĞU YAYINLARI,
Işık Yayıncılık'ın Kitap Yayın Markasıdır

Işık Yayıncılık Gaz. Ve Mat. Ltd. Şti.
Aziziye Mah. Kuşkondu Sok. 20/14 Aşağı Ayrancı, Çankaya-Ankara
Tel:(0.312) 441 33 45(pbx) Faks:(0.312) 442 68 38
www.cevizkabugu.com.tr

Hulki Cevizoğlu

SORGULAMA TEKNİKLERİ
Gazeteciler, Doktorlar, Savcılar, Polisler ve Herkes İçin
El Kitabı

Bana bir harf bile öğretenlere...

HULKİ CEVİZOĞLU

PROFESYONEL YAŞAMI:
Gazeteci-TV program yapımcısı Hulki Cevizoğlu (1 Mayıs 1958), A.Ü. Siyasal Bilgiler Fakültesi'nde **"Siyaset Bilimi"** lisansı ve **"İşletmecilik"** yüksek lisansını tamamladı. 56 yaşında, 43 kitap yayınladıktan sonra, "ülkedeki kaos ortamında en iyi şey okumaktır" diyerek yeniden üniversiteye girdi. (İ.Ü.-AUZEF **Sosyoloji**). Bunun yanı sıra, 57 yaşında, 2 ayrı üniversitede birden **Sosyal Psikoloji Doktorasına** başladı. (Maltepe Üniversitesi ve St.Clements Üniversitesi).

1981'de gazeteciliğe başladığı **Hürriyet**'te aralıksız 8 yıl çalıştıktan sonra çeşitli basın kuruluşlarında muhabir, yönetici ve programcı olarak görev yaptı. Cevizoğlu, 1994'te başladığı ve **"bir televizyon klasiği"** haline gelen **"Ceviz Kabuğu"** programını HBB, Kanal 6, Show, ATV, Star, Flash, Kanaltürk ve Karadeniz TV'de (KRT) sürdürdü. Şubat 2013'te Ulusal Kanal'a geçti. Önce "Ceviz Kabuğu" sonra "İkna Odası" programı yaptı. Şu anda, 21. yılında "Ceviz Kabuğu" programını (kısa bir süre Sokak TV'nin ardından) Ulusal Kanal'da sürdürüyor...

Yeniçağ Gazetesi'nde 7 yıldır yazdığı **köşe yazılarına**, 12 Haziran 2011 Genel Seçimlerinde AKP'nin yüzde 50 oy almasının ardından protesto niteliğinde son verdi. 2013'de yeniden başladı. Kısa bir süre Yurt Gazetesi'nde yazdı...

22 yıldır **"Popüler Bilim"** dergisini yayınlıyor...

23 Kasım 2009'da kurulan **DSHP**'nin (Demokratik Sol Halk Partisi) 5 Aralık'taki Kurucular Kurulu toplantısında "seçilerek" Genel Başkanı oldu. İki ay sonra, "uygulamadaki" ilke ayrılıkları nedeniyle istifa etti...

Hulki Cevizoğlu'nun programları yükseköğretimde bazı **derslerde incelenmekte** ve bazı **doktora tezlerinde kaynak oluşturuyordu**. AKP iktidarının en şiddetli dönemlerinde buna cesaret edebilen çıkmadı. **44 adet kitabı** bulunan Cevizoğlu'nun verilen ödüller arasından **kabul ettiği 100'ü aşkın ödülü** bulunmaktadır. AKP iktidarı sürerken ödül verme cesaretini gösterenlerin sayısı hızla azaldı!

ÖDÜLLERİ:
Verilen ödüller arasında Hulki Cevizoğlu'nun *kabul ettiği* bazı ödüller:
Direnen Gazeteci Ödülü (Ege Üni. ADT, Egemonya-2014); **Yılın En Çok Okunan Köşe Yazarı** (Ankara Ufuk Üni. Öğrenci Konseyi-2011); **Yılın Gazetecisi** (Giresun Üni. Kültürel Faaliyetler Topluluğu-2009); **Türkçe'yi En Etkin Kullanan Biliminsanı** (Doğu Akdeniz Üniversitesi Eğitim Fak.-KKTC-2009); **En Çok İzlenen Tartışma Programı** (Özel Arı Okulları-2008); **En İyi Araştırmacı Gazeteci** (Büyük Gençlik

Derneği-2008); **Yılın Tv Haber Programı** (Güney Marmara Gazeteciler Cemiyeti-2007); **Zirvedeki Tartışma Programı** (Maltepe Üni. İletişim Fak.-2007); **En Başarılı Tartışma Programı** (Gazi Üni. Uluslararası İlişkiler Araştırma Topluluğu-2007); **En İyi Tartışma Programı** (Anadolu Bil Meslek Yüksekokulu-2007); **TV Haber Programı Dalında "Yılın Yıldızı"** (Yıldız Teknik Üni.-2006); **Yılın İlkeli ve Onurlu Gazetecisi** (Cumhuriyet Üni.-2005); **En İyi Tartışma Programı** (Kabataş Erkek Lisesi); **2005 Yılı Televizyon Program Yapımcısı** (Türk Ocakları Tekirdağ Şb.-2005); **En Başarılı Tartışma Programı** (Gaziosmanpaşa Üni.-2005); **Mülkiyeliler Onur Ödülü** (A. Üni. SBF.-2005); Yılın Köşe Yazarı (İnönü Üni.-2005); **Toplumsal Sorumluluk Medya Başarı Ödülü** (Fırat Üni.-2005); **Yılın Kemalist TV. Programı** (Uluslararası Kıbrıs Üni.-KKTC-2005); **Yılın En İyi Tartışma Programı** (Özel Radyo ve Televizyon Yayıncıları Derneği-2005); **Yılın Kuvvacısı** (internetajans.com-2004); **En Başarılı Ulusal Tartışma Programı** (Türkiye Kamu-Sen Giresun Şb.-2004); **Yılın Tartışma Programı** (İstek Bilge Kağan Okulları-2004); **Tv Haber Programı Dalında Yılın Sembolü** (Özel Sembol İ.Ö.O.-2004); **İlkeli Gazeteci** (Sivas Cumhuriyet Üni. Atatürkçü Düşünce ve Türk Dili Toplulukları-2004); **En İyi Tartışma Programı** (Girne Amerikan Üni.-KKTC-2004); **En Beğenilen Tartışma Programı** (Maltepe Üni.-2004); **En İyi Tartışma Programcısı** (Türk Ocakları Trabzon Şb.-2004); **En İyi Tartışma Programcısı** (13 İletişim Fakültesi Dekanının Özel Ödülü-2004) (Türkiye'de İlk); **En İyi Tartışma Programı** (Polis Akademisi-2004); **En İyi Tartışma Programı** (Uludağ Üni. Uluslararası İlişkiler Topluluğu-2004); **Yılın Atatürkçüsü** (Atatürkçü Düşünce Derneği, D. Şb.-2004); **Yılın TV Programı** (Niğde Üniversitesi-2004); **Yılın Tartışma Programı** (Türk Eğitim-Sen-2004); **Yılın En İyi Tartışma Programı** (Özel Radyo ve Televizyon Yayıncıları Derneği-2004); **En Beğenilen TV. Program Yapımcısı** (K.T.Ü. İşletme ve Ekonomi Kulübü-2003); **Yılın Tartışma Programı** (İ.Ü. Diploması Kulübü-2003); **En İyi Haber Programcısı** (Gazi Üni. Uluslararası İlişkiler Araştırma Topluluğu-2003); **Ulusal Televizyon Açık Oturum ve Söyleşi dalında 2002 Yılının En Başarılı İletişimcisi** (Selçuk Üni. İletişim Fakültesi-2003); **Basın Onur Ödülü** (Cumhuriyetçi Gençlik Platformu-2003); **Ziyad Nemli Büyük Ödülü** (Trabzon Gazeteciler Cemiyeti-2003); **Türk Dünyası'na Hizmet Ödülü** (Türk Dünyası Yazarlar ve Sanatçılar Vakfı-TÜRKSAV-2003); **En Çok İzlenen Tartışma Programı** (H.Ü. Bes. ve Diy. Kulübü-2002); **En Beğenilen TV Program Yapımcısı** (B.Ü. İşletme ve Ekonomi Kulübü-2002); **Yılın En İyi Araştırma Programı** (İ.Ü. Bilgisayar Kulübü-2002);

Açık Oturum Dalında 2001 Yılının En Başarılı İletişimcisi (Selçuk Üni. İletişim Fakültesi-2002); **2002 Karaman Türk Dili Ödülü** (Karaman Valiliği-2002); **En İyi Haber ve Tartışma Programı** (A.Ü. Hukuk Fakültesi Birleşik Hukukçular Kulübü-2002); **Medyanın En İyileri, 2001 Yılı En İyi Tartışma Programı** (Özel Radyo ve Televizyon Yayıncıları Derneği-2002); **En Beğenilen Tartışma Programı** (M.Ü. İletişim Fakültesi-2001); **Araştırma dalında 2000 Yılının Bilişimcisi** (İ.Ü. Bilgisayar Kulübü-2001); **Başarı Ödülü** (Aydın Gaz. Cem.-2001); **Türk Kültürüne ve Sosyal Hayatına Hizmet Eden TV Prog.** (Türk Ocakları-2000); **Televizyon Söyleşi dalında 1999'un Başarılı İletişimcisi** (İ.Ü. İletişim Fakültesi-1999); **Gazetecilik dalında Yılın Altın Adamı** (Anadolu Basın Birliği-1999); **Televizyon Söyleşi dalında 1998'in Başarılı İletişimcisi** (İ.Ü.İletişim Fakültesi-1998); **1998 Sedat Simavi Televizyon Ödülü** (T.Gazeteciler Cemiyeti-1999); **Medyada Hoşgörü Ödülü** (ÇOMÜ-1998); **Televizyon Söyleşi dalında 1997'nin Başarılı İletişimcisi** (İ.Ü. İletişim Fakültesi-1997); **Yılın Gazetecisi** (Gazeteciler Cemiyeti-1997) (Tüm Medya içinde yalnızca tek kişiye verilen ödül); **Jüri Özel Ödülü** (Doğu And. Gaz. Cem.-1997); **TV Tartışma dalında Yılın Televizyoncusu** (T.Yazarlar Birliği-1997); **Cengiz Polatkan Ödülü** (RTGD-1997); **Haber dalında Yılın Gazetecisi** (ÇGD-1987); **Haber dalında Yılın Gazetecisi** (ÇGD-1986).

KİTAPLARI:

Sorgulama Teknikleri (Gazeteciler, Doktorlar, Savcılar, Polisler ve Herkes İçin El Kitabı) (2015, 1. Baskı 10.000 Adet), **Osmanlılar (Yakılmalı mı, Tapılmalı mı)** (2014, 2. Baskı, 7.000 Adet), **Çok Garip Şeyler (Cumhuriyet'in Cahiliye Devri) (Ey Türk İstikbâlinin Evlâdı-7)** (2014, 1. Baskı 10.000 Adet), **Lanetli Yıllar (Akbabaların Öcü)** (2014, 1. Baskı 20.000 Adet), **Sen Uyu, Beni Bekleme Türkiye (AKP'li Yıllar, 2004-2011)** (Özel Koleksiyon Baskısı, 2013, 2. Baskı 2.000 Adet), **Masonluk ve Rotaryenlik** (2012, 13. Baskı), **Tarih Türkler'de Başlar** (2012, 7. Baskı), **Gizli Sözler (Bir Devrimciyle Röportajlar)** (2012, 2. Baskı 27.000 Adet), **Generalinden 28 Şubat İtirafı: "Postmodern Darbe"** (2012, 2. Baskı), **28 Şubat: Bir Hükümet Nasıl Devrildi** (2012, 4.Baskı), **Abra Kadabra (Ey Türk İstikbâlinin Evlâdı-5)** (2011, 1. Baskı 8.000 Adet), **Türkiye Sürgünleri (Ceviz Kabuğu'ndan Canlı Yayın)** (2010, 1. Baskı 10.000 Adet), **Musalla Taşındaki Türkiye (Ey Türk İstikbâlinin Evlâdı-4)** (2010, 2. Baskı 9.000 Adet), **Kod Adı: 68 (68'lilerin Dünü Bugünü)** (2009, 3. Baskı 27.000 Adet), **Bütün Kaleler Zaptedilmedi (Attila İlhan'la Birkaç Saat)** (2009, 22. Baskı), **Ceviz Kabuğu (Geçmiş Zaman Olur Ki)** (2009, 1. Baskı 10.000 Adet),

Güneşi Beklerken (Ey Türk İstikbâlinin Evlâdı-3) (2009, 1. Baskı 10.000 Adet), **Ya Sev Ya Sevr (PKK Terörü Ve Siyaseti)** (2009, 20. Baskı), **İşgal ve Direniş (Belgelerle 1919) (Öğrenciler İçin)** (2008, 1. Baskı 15.000 Adet), **Ey Türk İstikbâlinin Evlâdı!** (2008, 5. Baskı 30.000 Adet), **Altın ve Suikast (Bergama ve Alman Vakıfları Olayı)** (2008, 3. Baskı), **Türkiye ve Türkçe Üzerine Oynanan Oyunlar** (2008, 3. Baskı), **Yakın Zamanlar Tarihi (Ne Dedik, Ne Oldu!)** (2008, 3. Baskı 27.000 Adet), **1919'un Şifresi (Gizli ABD İşgalinin Belge ve Fotoğrafları)** (2007, İlk Baskı 50.000 Adet), **Ey Türk İstikbâlinin Evlâdı!-2** (2007, 1. Baskı 20.000 Adet), **İşgal ve Direniş (1919 ve Bugün)** (2007, 3. Baskı 101.000 Adet), **Türk Olmak** (2006, 6. Baskı), **Vatikan (Batı'dan Gelen Tehlike)** (2005, 1. Baskı 10.000 Adet), **Misyonerlik ve Siyasal Hıristiyanlık** (2005, 1. Baskı 10.000 Adet), **Uzaylılardan Vahiyler!** (2003), **Taze Yazı Kokusu** (2003, 2. Baskı), **Amerika'nın Körfez Savaşı** (2003, 2. Baskı), **Kur'an Şifrecilerine Cevaplar Edip Yüksel: "Çöpe At"** (2002, 9. Baskı), **Türkçe İbadet** (2002, 3. Baskı), **Sözümün Özü (Oğulcan Cevizoğlu'nun Resimleriyle)** (2002), **Yaşar Nuri Öztürk'e Soruyorum** (2002, 2. Baskı), **Eşekli Kütüphaneci** (2000), **Nurculuk** (1999), **Lider Troyka** (1999), **Özelleştirme** (1998, 3. Baskı), **Yaşar Nuri Öztürk** (1998), **Vicdanımızı Yastık Yapıp Yatıyoruz** (1998), **Şeyhler, Müritler ve Yalancı Peygamberler** (1997), **Misyon** (1987).

İÇİNDEKİLER

Önsöz (20 Yıllık Bir Çalışma) xv

1. BÖLÜM
KONUŞTURMA TEKNİKLERİ (1)

Benim uyguladığım teknik (*Ceviz Kabuğu uygulaması*) 2

2. BÖLÜM
KONUŞTURMA TEKNİKLERİ (2)

Her Soru İle "Gerçeği" Yakalayabilir Misiniz?...............................7
Kuyu Mu Derin, İpiniz Mi Kısa ? 8
Konuşturmanın 5 Aşaması 8
İşte Sihirli Formüller, Kilidi Açan Şifreler 9
Soru Sormak Bir Bilgelik İşidir 12
Konuşturmanın Psikolojisi 15
Gazetecilere Karşı Taktikler. 30
Felsefi Hilelerle "Haklı Çıkma" Sanatı 33
Diktatörlüklerde Soru Sorma Tekniği...40

3. BÖLÜM
ÇÖZÜMLEMELER

Bir Sorgunun Anatomisi 45
En Eski Sorgucu: Sokrates 48
   - Sokrates'in sorgulama biçimleri...50
   - Makyavelist Sokrates!.. Faşist Sokrates! 50
   - Çaresizlik, her zaman haksızlıktan kaynaklanmaz! 56
   - Kendini onaylatan sorgulama biçimi (Zorbalık!)....................57
"Kudurmuş Sokrates" Diogenes (Köpeklerin Bilgeliği) 62
   - "Burgu" Tipi Sorgulama 65

- "Kalk, Biraz Önce Bu Kenti Zapt Ettim" / "Eşek..." 65
- "Yeter, İskender Olmasaydım, Diyojen Olmak İsterdim" 66
- Diyojen'den Büyük İskender'e Soru:
  "Sen, Piç Olduğu Söylenen İskender misin?" 66
- Kral Olmak mı, Irgat Olmak mı? 68
- Kinik: "Senin Mantığına Göre Tanrılar Hayvanlardan Daha
  Aşağıda!" 69

Tartışma Programlarının Analizi (İşlev Ve Sorumluluk) 76
Sorgu 1 (Polisiye Sorgu) 80
Sorgu 2 (Polisiye Sorgu) 81
İngiliz Sevgili (Polisiye Sorgu) 83
Poliste (Aziz Nesin) (Polisiye Komedi) 85
Sakıncalı Piyade (Uğur Mumcu'dan Gülmeceli Sorgu) 87
Suç ve Ceza (Suçlunun Toplumu Sorgulaması) 89
Gökyüzündeki Yıldızların Anlamı Ne? 90
Diyojen İle İskender 92
Gizli Sözler (Bir Devrimciyle Röportajlar) (Geçmişle Röportaj) 94
28 Şubat Generalinden İtiraf:
"Postmodern Darbe!" (Özgüvenin İtiraf Etkisi) 98
Sorgu Timleri Zanlıları TV Ekranına Çıkarsın 103

4. BÖLÜM
"POLİS SORGUSU" ve "POLİSİN SORGULANMASI" ÖRNEĞİ

Sorgulama Uzmanının Kimliği 106
Sorgulama Ve Mülakat 109
Psikolog Ve Sorgucu Arasındaki Fark 111
Polis Akademisi'nde Sorgulama Dersleri 113
Akademisyen Var Ama Sorgulamayı Polis Yapıyor 115
Sorgulayan Da En Az Bir Kez Suç İşlemiş Mi? 115

Suçlu Sorgulamasının İlginç Yönleri	116
Suç İşlemenin Psikolojisi	118
Sorgulamada Denge Noktası	120
Sorgu Uzmanları Nasıl Yaşıyor?	123
Güven Vererek Rahat Konuşturmak	125
Türk Polisinin Kullandığı "Güzel" Yöntemler	130
Fiziksel Baskı Sorgulamayı Kilitler Mi, Çözer Mi?	133
Faili Meçhul Cinayetlerde Sorgulama	134
Sorgulama Uzmanı Da Sorgulanabilir Mi?	135
Sorgulamada "Duygusal Bağ?"	137
Sorgucunun Psikolojik Yapısı	138
Sorgulamanın Yeri Olur Mu?	138
Sorgulamada Dikkat Edilecek Noktalar	139
"Karakolda Ayna Var"	141
Kullanılmayacak Kelimeler, Yapılmayacak Hareketler	143
Sorgulama Uzmanının Tutum Ve Davranışı	145
Sorgulamada Kelepçe Takmayın!	148
Sorgulamada Silah Bulundurmayın!	148
Empati (Kendinizi Karşınızdakinin Yerine Koymak)	149
Avantaj Haklı Olmakta Mı, Sorgulayan Olmakta Mı?	150
Sorgulamada Daralma Ve Acıma	152
Community Interview	154
Sorgucu Ahtapot Gibi Mi Olmalı?	156
Terördeki Sorgulama	157
Psikolojik Sorgulama	159
Polis Sorgusunda Siyasi Baskı?	160
Sabancı Ve Göktepe Cinayetleri Sorgulaması	164

Sorgulamada Dikkat Edilecek Unsurlar 166
Şiddet Kullanmak Yenilgi Mi? 167
Bilimsel Teknikler Mi, "İşte Biz Adamı Böyle Yaparız" Mı? 170
Karşınızdakinin Ayakkabısını Giymek 172
Paranoid Bir İnsanın Sorgulanması 173
İç Sıkıntısını Artırma - İtirafla Rahatlama 174
"Suçlama Kültürü - Kurtarma Kültürü" 176
İnsanlar Niçin İtiraf Ederler? 178
İtiraf Sorgulamayı Sona Erdirir Mi? 180
Eski Bir Sorgucu: Mehmet Ağar 182
Mehmet Ağar: "Sorguculuk, Müthiş Bir Hastalıktır" 185
Sorgulamada "Sabır Şovu" 188
Sabırsızlık Tehdite Götürüyor 190
Kırılma Noktası 191
Suçlunun İtiraf Öncesi Davranışı 193
Düşüncenin Kilitlenmesi 194
Anlatan Sanık Açık Verir 196
Rasyonalizasyon(Gerçeğe Uyarlama) Ve Projeksiyon(Yansıtma) 197

5. BÖLÜM
ÇOK YÖNLÜ BİR RÖPORTAJ ÖRNEĞİ
Aziz Nesin (Düşün Ve Mizah Ustası)

"Ayıptır Ama, Elbette Ustayım" 207
"Fundamentalizm Dünyanın Başat Sorunu" 208
"Bir Müslüman, İstanbul'da *'Muhammed'in Yoluna Girin'* Diye Bağırabilir" 208

"Sevmeyenim Çok, Hatta Düşmanlarım Çok" 209
"Kahraman Türk Halkının % 90'dan Fazlası Korkaktır" 210
"Bir Halk Sürekli Despotizm Altında Yaşamışsa, İyi Olması Mümkün Değildir" 212
"Bu Devletin Bana Tören Yapmasını İstemiyorum" 213
"Şaşıyorum, Bu Kadar Güzel Bayrağı Nasıl Yapmışız?" 214
"Ben Atatürkçü Değilim" 214
"Bu Kaos Döneminde, Ne Mezar Taşı, Ne Mezar, Ne De Heykel İsterim" .. 215
"Kitaplarıma Gayri-Resmi Yasak Koyuyorlar" 215
Salman Rüştü'nün "*Şeytan Ayetleri*"ni Çevirme Girişimi 216
"En Güzel Yazılarım Dosya İçinde Duruyor, Basılmadı" 218
Nazım Hikmet Ve Orhan Kemal'e Bakış 218
"Kabuğu Kırmak Çok Zor Oldu Benim İçin" 224
"Eyç Bi Bi (HBB) Lafını Kınıyorum" 226
"Dünyanın En Yüksek Telif Alan Yazarıyım" 228
"Türkiye Çok Kötüye Gidiyor" 228
"Dinsizlikte Israr Ediyorum!" 229
"Aziz Nesin, Sen Nesin?" 231
"Benzin Dumanıyla Boğuluyorduk... Korkunç Bir Şey" 232
"Sivas Belediye Başkanı İle Tartışma" 234
Karamollaoğlu: "Aziz Nesin Kullanıldı" 236
"Gazanız Mübarek Olsun" 239
"İmam Hatipliler, Harp Okuluna Girebilmeli" 243
"İmamların Maaşı, Genelevden" 244
Türkçe Ezan Konusu 245
İstanbul Emniyet Müdürü Necdet Menzir:
"Devlete Karşı Çıkıyorsunuz" 247
"İtfaiye Eri Beni Dövmeye Başladı" 248

Nesin'den Menzir'e "Yazık ki Sizi İyi Yetiştirememişim" 249
"En Zoru İnsanın Kendisini İnsan Hissetmesidir" 249
"Allah'tan Korkmuyorum, Çünkü Korkacak Bir Şey Yapmıyorum" 250
Recep Tayyip Erdoğan: "Aziz Nesin'in Dinsizliğinden Rahatsız Değiliz" 251
Türkçe Ezan, Hac, İmam Hatip Tartışması 254
"Hakkari'deki Çobanla, İstanbul'daki Profesörün Oyu Aynı Değildir" 257
"Beni Dinden Eden Kuran'dır"..259
"İnanmıyorum Ama Varsa Cennete Gideceğim" 262
"Türklerin % 60'ı Aptal Yerine % 40'ı Akıllı Deseydim!" 262
"Şimdi Utandım..." 264
"Benim Vücudum Gübre Olmalıdır. Yararlı Olmalıyım" 265

6. BÖLÜM
İTİRAF ETTİRİCİ (AÇIKLAYICI) BİR RÖPORTAJ ÖRNEĞİ
(Merve Kavakçı: "Evet, ABD Vatandaşıyım!")
....267

7. BÖLÜM
BENİMLE YAPILAN RÖPORTAJLARDAN İKİ ÖRNEK
(Sorgucunun Yanıtlar Konusundaki Yeteneği)

Ali Kırca'yı Sildim Geçtim..296
"Ben Cahilim, Onlar Uzman"..304

8. BÖLÜM
İSTİKLAL MAHKEMESİ SORGULAMALARINDAN ÖRNEK
(Atatürk'e İzmir Suikastı Davasının 2.aşaması: "İttihatçılar Davası")

Polis Müdürü Azmi Bey'in Sorgusu 310

9. BÖLÜM
TEHCİR YARGILAMALARINDAN ÖRNEK (1919)
(Divan-ı Harbi Örfi: Sıkıyönetim, Savaş Mahkemesi)

Ziya Gökalp'in Sorgusu 318

KAYNAKÇA 324
DİZİN 328

ÖNSÖZ
20 YILLIK BİR ÇALIŞMA

"*Yanıtı olmayan sorular ülkesinde*" 34 yıldır soruyorum. Çok yanıt aldığım, tarihe kaydettirdiğim röportajlarım oldu.

Gazeteciliğimin son 21 yılı (*Ceviz Kabuğu* programıyla) televizyon ekranlarında geçti, geçiyor. Canlı yayınlarımın sayısı 1.000'e yaklaşıyor. Gazete röportajlarımı da sayınca bu rakamı çoktan aştım.

İşim "*konuşturmak*", buna "*sorgulama*" da diyebiliriz. Ama bilimsel sorgulama. Sorusuz bir yaşam olamaz. Bilim ve uygarlık ise hiç olamaz.

Bilgeye sormuşlar: "Bir insanın akıl düzeyini nereden anlarsınız?"
"Konuşmasından" demiş.
"Ya hiç konuşmazsa?"
Bilge gülümseyerek şu yanıtı vermiş:
"O kadar akıllı insan yoktur!"

"*Konuşturmak*" bir bulmaca çözmek gibidir. Atalarımız o nedenle "Konuşana değil, konuşturana bak" demişler.

Bunun bir eğitimini almadım, fakat eğitim verecek düzeye geldim. "Soru sordurulmayan, sorgulatılmayan ülkenin" liderinin düzeyli(!) ifadesiyle, "*kitap yüklü merkep*" olmayıp, kitapları sırtıma değil beynime yükledim. İşin sırrı budur diyebilirim. (Beni daha tanımayan gençler olduğunu –ne yazık ki- biliyorum. Onlar, okuma ve çalışma aşkım için özgeçmişime bakabilirler.)

Bu kitabı yaklaşık 20 yılda yazdım. 34 yıllık gazetecilik, 21 yıllık televizyonculuk deneyimlerimi bilimsel verilerle birleştirdim. **Yeni bilimsel, sosyolojik kavramlar, tanımlar ürettim.** Gazeteciler, doktorlar, savcılar, polisler, politikacılar ve tüm topluma "*soru sormanın sırlarını*", aynı zamanda da "*korunma yöntemlerini*" açıklıyorum.

Daha yazacak çok şey olduğunu belirtirken, yararlı olmasını diliyorum…

Hulki Cevizoğlu
Çankaya, Ocak 2015

1. BÖLÜM
KONUŞTURMA TEKNİKLERİ -1

BENİM UYGULADIĞIM TEKNİK *(CEVİZ KABUĞU UYGULAMASI)*

Televizyon röportajlarına (Ceviz Kabuğu adlı programıma başlamamın) 4. yılında (gazeteciliğimin 17.yılı oluyor)[1] kitap çalışmam için şunları not etmiştim:

Televizyonda "canlı" olarak yayınlanan *"Ceviz Kabuğu"* programını yapıyorum. Program 3-4 dakikalık bir iki reklam dışında aralıksız olarak ortalama 4-5 saat sürüyor.

Karşımda genellikle tek konuk oluyor, telefonla çok sayıda ilgili kişiyi de bağlayarak, ele aldığımız konunun tüm yönlerini izleyicilere sunmaya çalışıyorum. Amaç, konunun objektif ve yansız biçimde her görüşten kişiyi tatmin etmesi.

Program bir bütün. İlgilileri konuştururken, kimi teknikleri programın başında, kimilerini sonunda ya da farklı zamanlarda uyguluyorum. Başka deyişle, *"Konuşturmanın bir tekniği"* var.

Program sonrasında izleyenlerden ya da eleştirmenlerden, köşe yazarlarından eleştiriler alıyorum. Bunların büyük çoğunluğu olumlu. Ancak, iyi niyetli de olsa satır aralarında -Objektif ve yansız yayıncılık iddiasındaki bana göre- olumsuz denebilecek kelimeler de olabiliyor.

Örneğin, hükümetin memur maaşlarına yaptığı ve büyük protestolara neden düşük zam oranı konusunu ele aldığımda, "Sendikacı gibi davrandığım" da yazılabiliyor. Aynı makale içinde, -kendi mantığıyla çelişkiye düşerek- memur sendikası temsilcisine "Siz yasal mısınız?" diye sorduğum da belirtiliyor. Yazar bunu ifade ederken, "Cevizoğlu, sormak mecburiyetinde kaldı" diyor.

---

[1] 20 Temmuz 1998, Pazartesi. Bugünkü konumumdan 17 yıl öncesi.

Bu tür eleştirilere hem yanıt vermeliyim, hem de susmalıyım. Yanıt vermezsem, kendi görüşlerinin doğruluğuna inanacaklar. Yanıt verirsem, "Özel konuşturma tekniklerimi" açıklamış olacağım. Yani, "Meslek sırrı" ortaya dökülecek. (Bunu pek çok kişi anlayamayabilir, ama rakiplerimiz çok iyi kullanabilir.)

"Ceviz Kabuğu" adlı *"Televizyon röportajını"* yaparken nelere dikkat ediyorum ? Bir kısmını -genel ilkeleri- açıklayayım:

- Konuşmanın başında, konuğun *uzun açıklamalar* yapmasına izin veriyorum (Elimden geldiğince de yardım ediyorum.) (O, kimi zaman bunu anlayamıyor, beni bilgisiz de zannedebiliyor.)

- Amacım konuğun sahip olduğu tüm bilgilerden yararlanmak ve halka iletmek olduğu için, konuğa *geniş konuşma hakkı (ve süresi)* tanıyorum.

- Konuk ya da konu hakkında (Kimi zaman konuğun yaşamı program konusu oluyor, kimi zaman da konuk hiç tanınmamış birisi ama alanında uzman oluyor) önceden bilgi sahibi oluyorum. *Ancak, önemli olan o andaki konuşmalarını dikkatlice dinlemek ve not almak. O anda yapılan açıklamanın içinden çıkarılacak soru çok önemli.*

- *Konuğun daha önce yazılı basında yer alan ifadesini kendisine direkt olarak sormuyorum.* Önce, "Bu açıklama sizin mi ?" ya da "Böyle bir açıklama yaptınız mı?" diye soruyorum. Direkt olarak, "Daha önce böyle demişsiniz. Ama şimdi şöyle dediniz ya da yaptınız" dersem, eğer sorudan kaçacaksa "Hayır benim öyle bir açıklamam yok" diyor ve soru boşluğa düşüyor. *Önce, kendisini "bağlayıcı hale gelmesini" sağlıyorum.*

- Kimi zaman *ben de aynı düşüncede olsam dahi, söylenecek sözleri konuğa söyletiyorum.* Benim söylemem yansızlık ilkesini bozar. *İzleyiciler için önemli olan benim düşüncelerim değildir. Olmamalıdır da.*

- Karşımdaki kişiler kendi konularının uzmanı, ben ise değilim. (Her hafta farklı bir konuda program yapan insan, nasıl her konunun uzmanı olabilir?) Verdiğim bir demeçte, *"Onlar uzman ben cahilim"* demiştim.[2] Ancak zaman zaman, uzman olarak tanınan pek çok kişinin öyle olmadığı sorular karşısında ortaya çıkabiliyor. "Uzman konuklar"ın uzmanlığının *bilgi*'ye değil, *yorum*'a dayandığı görülüyor. O nedenle ben bilgi toplayarak karşısına çıkınca, yorum'a kaçıyor.

- *Stüdyodaki konuğa telefonla soru yöneltenlerde genellikle, "Benim kendilerini tutacağım" inancı oluyor.* Stüdyodaki konuk daha önce benim sorularım karşısında bocalamışsa, onlar da telefonda bilgi yerine yorumlarla konuğa saldırıyorlar. Bu durumda benim tavrım onları yanıltıyor. *Hedefim telefondaki kişi oluyor, bu kez ona sorular soruyorum, stüdyodaki konuğun da bundan yararlanıp "Yanıt vermekten kurtulacağını" zannettiği sırada ise mutlaka takipçi oluyorum ve yanıtı istiyorum.*

- *Kimi zaman, sorularda öncelik sırası değişiyor.* Canlı yayın olduğu için, ani bir tartışma çıkıyor. Bu durumda, daha sonra sormayı planladığım sorular öne geçiyor. Ya da, tersi durumda sonraya bırakıyorum. Bunu ancak iyi bir analizci fark edebilir, diye düşünüyorum. Fark edemeyen eleştirmenler ise, yukarda belirttiğim gibi, "Cevizoğlu, sormak mecburiyetinde kaldı" demek mecburiyetinde(!) kalıyorlar.

- Fark edemeyen eleştirmen ya da yazarlara kızmak gerekir mi bilmiyorum. Onlara bunu fark ettirmek de lehimde, benim yararıma bir durum gibi görünse de aslında aleyhimde. Çünkü, *daha sonra programa gelecekler için ipucu* oluyor. Usta bir konuşmacı(hatip) bundan yararlanabilir.

- Bu *"konuşturma tekniklerini"* uygularken, *bunun disiplinli özel bir eğitimini almış değilim.* (Ülkenin önde gelen bir psikoloğu[3], verdiği konferans ve özel kurslarda benimle ilgili bu tür sorularla karşılaştığını, kendisine "Hulki Bey'e siz kurs mu verdiniz?" sorusuyla karşılaştığını söyledi.)

---

[2] Bu röportajımı 7. Bölümde okuyabilirsiniz. HC.
[3] Psikolog Prof. Dr. Acar Baltaş.

- Ancak, üniversite öncesi lise yıllarımda da *psikoloji, sosyoloji, politika kitapları ile deneme ve anı kitaplarını özel bir merakla okurdum.* Bu durum halen devam ediyor.

2. BÖLÜM
KONUŞTURMA TEKNİKLERİ -2

Bir insan nasıl konuşturulur?

İlk bakışta pek çok insana çok kolay gelebilen, hatta "Konuşturmaya gerek mi var? Zaten bilen de bilmeyen de çok konuşuyor" dedirten bir soru gibi. Oysa, bu işin uzmanları için hiç de öyle değil. Kimi insanlar için "konuşturmak" profesyonel bir konudur. Bunların başında gazeteciler, televizyoncular(kısaca: haberciler), güvenlik güçleri, savcılar ve psikologlar gelir.

Bir basın mensubu için "konuşturmak" röportaj yapmakla ya da haber almakla eş anlamlıdır. Kimileri için konuşturmak ise "sorgulama" anlamını taşır.

Birçok mesleğin amaçlarından olan "konuşturmayı" medya açısından ele alalım.

Genç bir gazeteci röportaj yaparken nelere dikkat etmelidir?

Her soru, soru mudur?

Her soruyla yanıt alabilir misiniz? Ya da, hangi soruyla nasıl yanıt alırsınız? Karşınızdaki de profesyonel biriyse (örneğin, demogog bir politikacı ise) işin içinden nasıl çıkarsınız?

HER SORU İLE "GERÇEĞİ" YAKALAYABİLİR MİSİNİZ?

Verilen "yanıtların çokluğu" gerçeğe götüren bir yol mudur, yoksa tam tersine gerçeği gizlemek için bilinçli bir taktik midir?

Fazla bilgi bombardımanına uğrarsanız, bunca yanıt arasından aradığınızı nasıl bulabilirsiniz?

Bu tür soruları çoğaltmak mümkün.

KUYU MU DERİN, İPİNİZ Mİ KISA ?

Konfüçyüs, *"Derin olan kuyu değil, kısa olan iptir"* diyor. Karşınızdaki insanın derinliği, elinizdeki ipin uzunluğu (yani, sorularınızın gücü) ile ölçülür.

Röportaj ya da sorgulama teknikleri ile ilgili Türkiye'de çok az olmasına karşın, dünyada çok sayıda kitap vardır. Kimilerinden -benim deneyimlerimle kabul ettiğim ve ciddi bulduklarımdan- kısa örnekler vermek istiyorum.

Amerika'nın önde gelen radyo ve televizyon röportajcılarından Arnie Warren deneyimlerini *The Great Connection* adlı kitabında toplamış.[4]

KONUŞTURMANIN 5 AŞAMASI

Warren, "konuşturmanın 5 aşaması"nı şöyle özetliyor:

1- Konuşmaya 'Bana ......'dan bahsetsene' diyerek başla.

2- İşaret levhaları, konuşturmayı devam ettirebilmek için başka soru sormanı sağlar. Bunlar, konuşma içindeki isimler, nesneler, kavramlardır.

3- Kısa girdiler kullan. 'Ya', 'öyle mi', 'hımm', 'tamam', 'vay vay' gibi sözleri kullanarak, karşındakine müdahale etmeden konuşmayı genişlet.

4- Duraklamalar, en önemli röportaj tavsiyesidir. Sessizlik, kişisel bilgiler vererek konuşmaya devam ettirir. Kişisel duygular açığa çıkar.

5- Konuşmanın son unsuru özet'tir. Ne elde ettiğini ve sonraki adımın ne olacağını özetle.

---

[4] Warren, Arnie, **Muhteşem Bağlantı**, Çeviren Tuncer Büyükonat, Beyaz Yayınları, İstanbul, Temmuz 1998.

İŞTE SİHİRLİ FORMÜLLER, KİLİDİ AÇAN ŞİFRELER

Bu kitapta yer alan (olumlu ve olumsuz) "anahtar kavramları" kullanarak şöyle sonuçlar çıkarabiliriz.

İyi bir röportajcı (sorgucu) şunları yapar,
- Tepkiyi şekillendirir;
- tartışmadan korkmaz;
- kuvvetli ve zayıf taraflarının listesini yapar;
- cesareti yoksa başarısı da yoktur;
- uyum sağlar;
- karşısındakinin olumlu özelliklerini belirterek, onu gerçekten konuşturur;
- onları motive eder;
- karşısındakinde kabul edilme duygusu yaratır;
- doğal bir motivasyoncu gibi davranır;
- konuşmanın resmini çizer, anatomisi çıkarır;
- hedef merkezini belirler;
- karşısındakini kendi seviyesine çıkarır;
- kolay adapte olur;
- anladığını hissettirir;
- dinler;
- olumsuz bir özelliğe olumlu bir dönüş yaptırır.

İyi bir röportajcı (sorgucu) kimi zaman,
- çok aykırı bir format deneyebilir;
- dinleyicilerle ters düşmeyi göze alabilir;

İyi bir röportajcı (sorgucu) olmak isteyenler için işte kilidi açacak şifre ya da sihirli formüller:

Konuya iyi hazırlanın.

Dinlemeyi bilin.

Muhatabınızın gözbebeğine bakın. (Zaman zaman direkt bakışınızı kaldırıp, dinlemiyormuş hissi verip, muhatabınızın bundan yararlanıp yararlanmadığını ölçün.)

Dikkatinizi, dağıtmadan, muhatabınızın ve sorduğunuz sorunun üzerinde yoğunlaştırın.

Masa üzerinde(eğer masa etrafında konuşuyorsanız) dikkatinizi dağıtan nesneleri yok edin. (Muhatabınız çok profesyonelse - ve, kasıtlı olarak yalan söyleme niyeti açıksa- özellikle onun dikkatini farkettirmeden dağıtacak unsurlar bulundurun. Satranç oyununda, sessizlik esastır. Ancak, kimi oyuncular, elindeki bardağı sallayarak içindeki buz parçalarını şıngırdatır.)

Yanınızda konuyla ilgili kaynak niteliği taşıyan belgeleri mutlaka bulundurun. (Polis sorgusunda polisler varmış gibi de yaparlar.)

Koltuğunuz sizi gevşetecek kadar rahat olmamalıdır.

Masanın üzerine, muhatabınızı kavradığınızı hissettirecek oranda eğilin.

Muhatabınız ana konunun dışına çıkıyor gibi olsa da, eğer belli bir mantıkla konuşmasını sürdürüyorsa sözünü kesmeyin. Ama asla ana sorunuzu unutmayın ve yanıtı kaçırmayın. Gerekiyorsa, nokta koyduğu anda sorunuzu tekrarlayın.

Kendi görüşünüzü belli etmeyin. Görüşünüzü karıştırmayın. Sizin görüşünüz size kalsın. Soran olursa söylersiniz (Tabii, sizin konuk olacağınız bir başka programda.)

Sorulara yorum katarak muhatabınızı yönlendirmeyin (Kimi zaman, yorum katıyormuş gibi yaparak, karşınızdakinin kolayca yönlendirilebilir olup olmadığını ölçmeniz gerekebilir.)

Hafızanız ne denli güçlü olursa, olsun bu kez güvenmeyin ve röportaj sırasında not alın.

Daha sonraki dakikalarda açacağınız bir konuyla ilgili bir (sadece 1) soru sorun...

Unutturun... Zamanı ve yeri gelince, konuyla ilgili soruları sorun ve baştaki sorunun yanıtıyla hızla karşılaştırın. Çelişki yoksa, yine hatırlatmadan devam edin.

Parantez içinde verdiğim açıklamalar (karşınızdakini ölçme taktikleri) muhatabınızı tanımak, jet hızıyla değerlendirmek ve ona göre soru formatı (tekniği) geliştirmek için zorunludur (Unutmayın ki, bu işi sürekli olarak yapıyorsanız, karşınıza çıkan her insan başka bir dünyadır. Bu dünyaların kilidini açmak için kullanacağınız anahtarlar da başka olacaktır.)

Muhatabınızı ölçtükten sonra, kendinizi onun yerine koyarak, "kaçış noktalarını" belirleyin ve o delikleri sorularınızla tıkayın. (Muhatabınıza daha önce serbest konuşma fırsatı ve izni vermenizin yararını burada göreceksiniz.)

"Konuşturma Teknikleri-2" başlığından buraya kadar yazdıklarım, 17 yıl önce, yani televizyon röportajcılığımın 4.yılında iken (28 Ekim 1998, Çarşamba) yazdığım, bugün de onayladığım değerlendirmelerimdir...

Bugün ek olarak şunları söyleyebilirim. Muhataplarını *"hedef"* olarak gören kimi gazeteciler, "hedefi savunmasız bırakmak gerekir" düşüncesindedir. "Hedefin düzenli biçimde düşünmesini engellemek" bir gazeteciden çok, savcı ya da polis taktiği olabilir. Ben bunca yıldır televizyon röportajlarımda, konuklarıma konuyu bildiriyor ve çalışıp gelmelerini istiyorum. Hatta kitabını tartışacak isek, "Lütfen kitabınızı okuyup da gelin" diyorum. *"Gazeteci sorgucu"*nun görevi, halkı aydınlatmak için konuğunun doğru ve gerçek bilgiyi vermesini sağlamaktır. Sizce şu tavsiyeler bir gazeteciye söylenmeli midir?:

"Bütün yapılacak iş, hedefin düzenli şekilde düşünmesini engellemektir. Bir sonraki soruyu kestirmeleri mümkündür. Bu yüzden, mantık dışı bir silsile halinde sorular sorulur. Soruları konuşma içinde dağıttıktan sonra asıl önemli soruyu sormalıdır. Böylece, verebilecekleri en iyi yanıtın ne olduğunu düşünmeye zaman bulamazlar. Görüşmeye başlandığında, yanıtları bilinen sorular sorulur ve bir iki denemeyle doğruluğu kontrol edilir. Yanıtları doğruysa, hedefe bunun anlaşıldığı belirtilip, rahatlatılır.

Muhabir, 'yaptın mı?' diye sormamalıdır. 'Neden yaptın?' ya da 'Nasıl yaptın?' diye sormalıdır. Aksi taktirde hedef, muhabiri boş bir not defteriyle geri gönderecek şu tek yanıtı verebilir? 'Hayır yapmadım.'

Bildiğinizden çok daha fazlasını biliyormuş gibi bir izlenim yaratmak iyi bir taktiktir. Bu, insanları ölesiye korkutur. Karşısındaki çok metin, sakin biri değilse, muhabir her zaman bu yolu kullanarak başarıya ulaşır."[5]

Ya da şöyle bir öneri ne tür bir sorgucu için geçerlidir?: "*İstediğinizi elde etme fırsatınız olduğunu düşündüğünüz sürece, pazarlığı uzatın. Karşınızdaki uzunca bir zaman sonra yorulup ödün vermeye hazır olabilir. Sabırlı olun.*"[6]

Bu satırları okuyunca, sanki bir gazeteci değil, bir "korkutucu" yetiştirilmeye çalışıldığını görüyoruz. "Polis sorgusunu" gazeteci sorgusu zannetmek, kitap yazarken polis yöntemlerini okuyup, kolaycılığa sapmak ve gazeteciliği yozlaştırmak onaylanmamalıdır.

SORU SORMAK BİR BİLGELİK İŞİDİR

Mevlâna, "*Soru da bilgiden doğar, yanıt da*" diyor. Bir atasözü ise, "*Bazen sorular yanıtlardan daha güçlüdür*" der. Yani, **soru sormak aslında bir "bilgelik" işidir.** Bunu ifade eden birkaç örnek vermek isterim. "*Bilgece yanıt istiyorsan, akıllıca soru sormalısın*"(Goethe). "*Bilgelik için tek anahtar, devamlı soru sormaktır*"(Peter Abelard). "*Bir insanın zeki olup olmadığını yanıtlarından anlayabilirsiniz. Onun bilge olup olmadığını ise, sorularına

---

[5] Vaktiyle notlarım arasına aldığım ama kaynağını kaydetmediğim bir alıntı.-HC.
[6] Wallek, Lee, **Mafyada Yönetici Olmak**, Türkçesi: Zülal Kılıç, Sarmal Yayınevi, İstanbul, Mayıs 1995, s.130.

bakarak söyleyebilirsiniz."(Necip Mahfuz). *"Cehalet asla soru üretmez"*(B. Disraeli). *"Sagduyulu bir soru bilgeliğin yarısıdır"*(F. Bacon).

Sorular aslında yanıtlardır, görüşünü savunanlar da vardır. "Yeter ki doğru sorulsunlar. Çünkü, soruların yanıtları kendi içlerinde saklıdır. Sorular sorarak onları ortaya çıkarabiliriz."[7] *"Akıllı bir kişinin soruları, yanıtların yarısını içerir"*(S.İbn Gabirol).

Doğru ve akıllı sormazsanız kötü bir başlangıç yaparsınız. İlk düğmeyi yanlış ilikleyince de hizayı tutturmak çok zor olur. "At yarışlarında bir at üzerine bahis oynadığımızı düşünelim. Yarış başlar ve birden jokeyin atımızın üzerinde ters oturduğunu görürüz. Bu durumda, at yarışa devam edebilir ve hatta yarışı kazanabilir de. Ancak, at yarışı kazanıncaya kadar, jokeyin ata bu garip şekilde binmesi seçimimizi ciddi olarak sarsar. Bu belli belirsiz bir kötü başlangıçtır."[8]

Prof. Dr. Doğan Cüceloğlu, insanların "**sorularla yönlendirilmesini**" şöyle tanımlamaktadır: "...ya da bir başka otorite bizi belirli bir yöne götürmek, sonradan *kıskıvrak yakalamak* için sorular sormuştur. Bu durumda soru sormak bir stratejidir ve soru soranın kafasında bizi götürmek istediği, tuzak olarak kullandığı ber yer vardır."[9] Sorular "**gizli ikna**" amacıyla da kullanılır. *"Size sorulan soruları* (mutlaka) *yanıtlarsınız... Her soruyu... Tüm soruları... Sesli olmasa bile yanıtlarsınız. Yanıtı bilmeseniz bile, içinizden yanıtlarsınız."*[10]

Soru sorarken **binbir düşünce yapısına** sahip olmalısınız. Kimi zaman *"katilin yerine düşünen"* bir araştırmacı, kimi zaman *"resimli bilmeceler"*

---

[7] Titiz, Tınaz, *"Sorular Yanıtlardır!"*, **Cumhuriyet Gazetesi Bilim Teknik Dergisi**, İstanbul, 2003, Sayı 843, s.7.
[8] Torrey, E.Fuller, **Psikiyatrinin Ölümü**, 2. Baskı, Türkçesi: Reha Pınar, Öteki Yayınevi, Ankara 1996, s.50.
[9] Aşık, Melih, *"Pratik Bilgi"* (Doğan Cüceloğlu), Açık Pencere Köşesi, **Milliyet Gazetesi**, İstanbul, 11 Mayıs 2000, s.15.
[10] Hogan, Kevin, **Gizli İkna Taktikleri**, 2. Baskı, Çeviri: Taner Gezer, Yakamoz Kitap, İstanbul, Temmuz 2012, s.189.

çözen biri, bir başka saniyede *"önceden bilmediği ama varlığını sezdiği, görünce tanıyacağı bir şeyi arayan"* bir kişi, ya da muhatabının *"ne zaman akla, ne zaman sezgiye saklanacağını tahmin eden"* biri olmalısınız. Ama asla, *"farkında olmadığı bir keşfin içine düşüp de, duyduklarına yıllarca hak ettiği anlamı veremeyen"* bir sorgucu olmamalısınız. (Bu paragrafta tırnak içindeki tanımlamaları Murathan Mungan'ın kitabından seçtim.)[11] Aksi halde, *"bir kuş gibi yakalanırsınız kendi kurduğunuz tuzağa."*[12]

Yıllardır şunu söylerim: "**İnsanlar sözcüklerle düşünürler.**" Ne kadar çok okursanız, dağarcığınız ne kadar zenginleşirse düşüncelerinizi o denli iyi ifade edersiniz. Ve, iyi soru sorarsınız. Antik Yunan filozofları "düşüncelerin ideleri aşamayacağına" inanıyordu. Benzer düşünceyi, yüzyıllar sonra iki araştırmacı "**Sözcüklerimizin yetersiz olduğu kavramları düşünemeyiz**" biçiminde ifade etmiştir. (Sapır-Whorf Hipotezi)[13]

Zihin okumanın formülü soru sormaktır. Günümüzde (ve her dönemde) moda olan bir "politikacı sorusu" vardır: "Zihin mi okuyorsun?"[14] Bu aynı zamanda, gerçekleri gizlemek isteyen "sözde aydınların" da sığınağıdır. (Gizli saklısı olan herkes için de geçerlidir.) Bu insanlar kendilerine soru sordurmazlar, hep kendileri konuşurlar. Ve tek yanlı olarak konuşurlar. Oysa, *"Zihin okumacılığının iletişim sürecindeki seçeneği soru*

---

[11] Mungan, Murathan, **Şairin Romanı**, Metis Yayınları, İstanbul, Nisan 2011, s.208-220.
[12] Mungan, Murathan, a.g.e., s.127.
[13] **30 Saniyede Psikoloji**, (Özgün Adı: *30 Second Psychology,* Ivy Press Limited, 2011), Editör: Christian Jarrett, Çeviri: Zeliha Babayiğit, Caretta Kitapları, Çin, Mayıs 2012 s.136.
[14] Önceki Başbakan ve AKP Genel Başkanı **Recep Tayyip Erdoğan**, yıllar önce yapacakları anlaşılınca, bunları gizlemek için *"Siz niyet okuyorsunuz!"* diyerek suçlamada bulunurdu. Ama "niyetlerin!" hepsi bir bir "icraat" olarak gerçekleşti.-HC.

sormaktır. Soru sormak, karşıdaki kişiye, anlama gayretini en somut biçimde yansıtan ileti türüdür."[15]

Beyin bir bant gibidir. Onun deşifresi (çözümü) "konuşturmaktır." Ne kadar uzun konuşturulursa, o kadar boşalır.[16]

KONUŞTURMANIN PSİKOLOJİSİ

Konuşturma ya da sorgulamayı bir de "psikolojik" olarak inceleyelim.

Karşınızdaki kişi (muhatabınız) **"zor birisi"** olabilir. Böyle birisini konuşturmak, sizin gücünüzü gösterir, değerinizi artırır. Rating de getirir. Freud ne diyor: "Terapistle amansız rekabete girmek, hasta için tedavinin en önemli noktası gibi görünür."[17] Buradaki terapistin yerine sorgucu olarak kendinizi koyun.

O yüzden, konuşturma öncesi onun hakkında ayrıntılı bir araştırma yapın. Onun muhataplarına, muhataplarının da ona nasıl davrandığını, karşılıklı nasıl tepkiler verdiğini öğrenin. Bunu yapmak, Einstein'in dediği gibi, *"Aynı davranışı tekrarlayarak, farklı sonuç beklemek salaklığına"* düşmenizi önler.

Muhatabınız da sizi önceden çok iyi incelemiş, kendince planlar yapmış ve onu uygulamaktan zevk alacak durumda olabilir. Yıllar önce Başbakan Mesut Yılmaz'ın işadamı olan kardeşi Turgut Yılmaz, Ceviz Kabuğu'ndan çıkarken, *"Bak beni konuşturamadın"* demişti. Yine, 1990'ların sonlarına doğru, Aczimendi tarikatının lideri Müslüm Gündüz, Ceviz Kabuğu'ndan çıkarken, *"Ben senin programını bilmiyordum, önceki hafta Sakıp Sabancı ile yaptığın programı arkadaşlar kasetten izlettiler, beğendim geldim. Ama böyle olacağını bilseydim gelmezdim"* şeklinde konuştu. Cumhurbaşkanı

---

[15] Özer, A.Kadir, **İletişimsizlik Becerisi**, Sistem Yayıncılık, İstanbul, 1997, s.110.
[16] Bu notumu 22.11.2000 tarihinde kaleme almıştım.-HC.
[17] **Freud**, Yayıma Hazırlayan: Murat Batmankaya (Önsöz ve 1. Bölüm Metinleri: Prof. Dr. Cengiz Güleç), Say Yayınları, İstanbul 2006, s.145.

Süleyman Demirel ise, Çankaya Köşkü'nde Ankara Gazeteciler Cemiyeti'nin ödül törenindeki[18] program davetim üzerine şöyle demişti: *"Ben senin programına gelmem. Geçen hafta programını izledim, bir emekli paşa vardı. Sen adamın ciğerini söküyorsun!"* İçişleri Bakanlığı ve DYP Genel Başkanlığı da yapan eski Emniyet Genel Müdürü, "sorgucu" Mehmet Ağar'ın şu sözünü de belirtmek isterim: *"Fena değilsiniz, siz de program gereği alışkanlık kazandınız bu sorgulama işinde"*[19]

Kimi zaman da, muhatabınız **"size yakın birisi"** olabilir. Ona güçlü duygular besliyor olabilirsiniz. Eğer bir "dinlendirici söyleşi" programı yapmıyorsanız, duygularınızı işe karıştırmayın. Duygularınıza karşı savaşın.

Başka bir zaman muhatabınız **"yaftalanmış bir insan"** olabilir. Bu yaftayı, etiketi ona siz yapıştırmadığınıza göre tedbirli olun, başkalarının ön yargılarını bir tarafa bırakın. Ben bunca yıllık deneyimlerimin sonucunda, çok yıllar önce şu kanıya vardım: *"Karşınızdaki idamlık bir suçlu da olsa, mutlaka ona sorun! Söyleyecekleri sizi çok şaşırtabilir."* Eski Baro Başkanlarından Erem ne diyordu: *"Suçu kazıyın, altından insan çıkacaktır!"* Hepimiz "insanız." Muhatabınıza işkence etme amacında değilseniz, sorgularken ona "manevi olarak dokunun!"

"Ağır program" yapıyorsanız, yukarıdaki yöntemi aynen uygulamak sizi uçuruma götürür. Onun taktiği başkadır. Freud'un öğrencisi Jung, *"Anılar, Rüyalar ve Düşünceler"* kitabında, "Terapist, her hasta için yeni bir terapi dili icat etmelidir" diyor.[20] Haydi bakalım!

Bazı sorgucular muhataplarını **"kurban"** olarak görür. Hatta, kendilerine "çok özel kurbanlar arayıp bulurlar." Gerekirse, "kurban yaratırlar." Franz

---

[18] Ankara Gazeteciler Cemiyeti siyaset, sanat ve medya olmak üzere 3 dalda birer kişiye ödül verdi. Siyaset adamı olarak Cumhurbaşkanı Demirel, sanatçı olarak Cemil Karababa ve medya dalında da ben ödüle değer görüldüm.-HC.
[19] Mehmet Ağar'la telefon bağlantısı, **Ceviz Kabuğu Programı**, Kanal 6 Televizyonu, 5 Aralık 1997, Cuma, Saat 22.30.
[20] Yalom, Irvin D., a.g.e., s.270.

Kafka'nın sözü tam da buraya uygundur: *"Kafesin biri kuş aramaya çıktı!..."*[21] Bunun temelinde, çok çeşitli nedenler (sorunlar) yatar. Özgüven eksikliği, yetersizlik duygusu, kendini böyle kanıtlayacağına inanma, cinsel sorunlar, mesleğini totemleştirme, siyasal kumpaslara alet olma, çıkar sağlamak için tetikçilik yapma vb. Sonuç olarak psikolojik nedenler kadar siyasal ya da çıkar amaçlı "hastalıklardan" söz edilebilir. İyi bir gazeteci (tabii diğerleri de), bu davranışlardan uzak durmalıdır. Bir sorgucu, "kovanından boşalmış arılar gibi"[22] saldırırsa, "Zekâsı kendisine yük olmaya başlar."[23]

İnsanların büyük kısmı **"sorgulanmaktan korkar."** Bu, mutlaka polisiye sorgu korkusu değildir. Bir esnaf, maliyenin sorgulamasından korkar; bir çocuk, anne-babası ya da arkadaşının sorgulamasından.

Psikiyatristlerin *"ortam korkusu"* dediği budur. Freud bunları "nevrotik fobi" olarak adlandırıyor. Burada insana korku veren *"içerik değil, yoğunluktur."*[24] Sorgulanan kişi, sorgulandığı konuda masumluğunu bildiği halde, yoğun sorulardan ve ortamdan korkuya kapılır. Usta sorgucu, bunu değerlendirecek ve "ayıklayacak" güçte olmalıdır.

Sorgunun insanları hasta etmesi de söz konusudur. Sorgulanmanın sonunda, "başa kötü şeyler geleceği" düşüncesi bile insanı rahatsız eder. Başa kötü şeyler gelir de...

Bu, **"kendini gerçekleştiren ön kabul"** ya da **"kendini gerçekleştiren (doğrulayan) kehânet"**tir. Yani, "ne düşünürsen, o olur" durumu. Ya da, atasözümüzdeki gibi, "bir insana kırk kere deli dersen, deli olur" durumu. Belki de bu yüzden, günümüzün moda akımı "kozmik" bilimciler veya "kuantumcular", "çağırma!" derler. Eskiler de örneğin, "belâ anma, gelir" derlerdi. Psikiyatristler ise bu durumu, *"korkunun korkulan şeye yol*

---

[21] Cevizoğlu, Hulki, **Lanetli Yıllar (Akbabaların Öcü)**, Ceviz Kabuğu Yayınları, Ankara, Ocak 2014, s.1. (Kafka, Franz, **Dava**, Türkçesi: Soner Yılmaz, Oda Yayınları, 2. Basım, İstanbul, Temmuz 2008.)
[22] Mungan, Murathan, a.g.e., s.204.
[23] Mungan, Murathan, a.g.e., s.79.
[24] Freud, Sigmund, **Psikanalize Giriş Dersleri**, İkinci Baskı, Türkçe'si: Selçuk Budak, Öteki Yayınevi, Ankara 1997, s.438.

açması"²⁵ olarak tanımlıyor. *Kendini gerçekleştiren (doğrulayan) kehânet* kavramını ilk olarak 1957'de psikolog Merton ortaya atmıştır: "Gelecekteki davranış veya olaylar ile ilgili beklenen durumu üretmek için davranış etkileşimlerini değiştiren tahminlerdir."²⁶

"**Bir tehlikeyle karşılaşıldığında tutulacak en doğru yol**, kişinin kendi gücünü tehlikenin büyüklüğüyle karşılaştırması ve buna dayanarak kaçma, savunma, hatta saldırı seçeneklerinden hangisinin en iyi sonucu vereceğini değerlendirmesidir."²⁷

İnsanın içinde bulunduğu durumu bir "çıkmaz sokak" olarak algılamasına Psikiyatrist Dr. Viktor E. Frankl "hyper-reflection" diyor. Kişi içinde bulunduğu "açmazı" anlamlandırırsa çözüm bulabilir. Burada en önemli yöntem, *"değiştiremeyeceği bir kaderle yüz yüze gelen umutsuz bir durumun çaresiz kurbanı"* bile kendini aşabilir, kendi ötesine geçebilir ve öylece kendini değiştirebilir. Kişisel bir trajediyi bir zafere dönüştürebilir.²⁸ Yani, "acıyı anlamlaştırabilir" ve kurtulabilir. "***Acı, bir anlam kazandığı andan itibaren acı değildir.***"²⁹

Bu sözü söyleyen kişi, acıyı en şiddetli biçimde yaşamış bir Viyanalı psikiyatr, Victor Frankl. Ailesiyle birlikte 1942'de Nazi toplama kampına götürülmüş, orada 3 yıl kalmış, gruptan sağ kalarak çıkabilen tek kişi olmuş. Yani, "değiştiremeyeceği bir kaderle yüz yüze gelen umutsuz bir durumun çaresiz kurbanı" dediklerinden birisi de kendisi. Kampta hem tanık olduğu hem de bizzat çektiği acıları deneyimleyerek bu sonuca varıyor:

"Olayları yorumlayışımıza göre acı bile farklı görünebilir. Acıya anlam yüklenince dayanılır kılınır; acı bir anlam kazandığı andan itibaren acı olmaktan çıkar."

---

[25] Frankl E., Viktor, **İnsanın Anlam Arayışı**, Beşinci Baskı, Türkçesi: Selçuk Budak, Öteki Yayınevi, Ankara 1997, s.118.
[26] Gerring, Richard J. ve Zimbardo, Philip G., **Psikoloji ve Yaşam (Psikolojiye Giriş)**, 19. Basımdan Çeviren: Yrd. Doç. Dr. Gamze Sart, Gözden Geçirilmiş Yeni Basım, Nobel Akademik Yayıncılık, Ankara, Ekim 2014, s.512.
[27] Freud, Sigmund, **Psikanalize Giriş Dersleri**, a.g.e., s.433.
[28] Frankl E., Viktor, a.g.e., s.136-137.

Ama, **önyargıları değiştirmek çok zordur**. Hele bir de işin içinde kasıt varsa. "Bugün savaş halindeki ulusların birbirine karşı geliştirdiği önyargılarda bunu görebilirsiniz. Yapılacak en anlamlı şey, oturup beklemek ve bu tür önyargıları zamanın aşındırıcı etkisine bırakmaktır. Bir gün aynı insanlar aynı konularda eskisinden çok farklı düşünmeye başlar; daha önce niye öyle düşünmedikleri ise bir bilmece olarak kalır.[30] *"Bıçak kesmiyorsa, tedavi için de kullanılamaz demektir"*[31]

Freud'un uluslararası düzlemdeki bu sözlerini, bizler ne yazık ki 21.yüzyılın başlarında ulusal düzeyde -Türkiye'de- bizzat yaşayarak gördük. Yargılamalara, sorgulamalara siyasi hesaplaşmalar karıştırılınca çok büyük acılar yaşandı.[32]

Temel gereksinimlerin karşılanmadığı durumlarda insanlar anlaşılması güç, garip davranışlar gösterir. Bir "sorgu" durumunda, bu, çevresel nedenden kaynaklanır. Sizin amacınız bloke edilip, bir "**engelleme**" yaratıldığı için *kaygı, korku, öfke, yılgınlık ve iç sıkıntısı* gibi "**olumsuz içsel çatışmalar**" ortaya çıkar. İnsan bu engelleme ve içsel çatışmaların yarattığı "eziklik" ve "davranış bozukluğunu" gidermek için çeşitli yöntemlere başvurur. Bunların çoğu "otomatik", bir kısmı ise bence "yarı bilinçli", bir kısmı da "tam bilinçlidir."

Psikologlar şöyle diyor:

"Savunma mekanizmaları engellemenin ortaya çıkardığı kaygıyı ve iç ezikliğini azaltma fonksiyonunu görmektedir. Günlük davranışlarımızda sık görülen savunma mekanizmalarından bazıları *hayal kurma, baskı altına alma, mantığa bürün(dür)me, Pollyanna davranışı, yansıtma, yer değiştirme, ödünleme, yüceltme, özdeşim, karşıt tepkiler kurma ve gerilemedir.*

---

[29] Viktor Frankl'ın sözü. Bkz.: **Psikoloji Kitabı**, Alfa Yayınları, İstanbul, 2012, s.140.
[30] Freud, Sigmund, **Psikanalize Giriş Dersleri**, a.g.e., s.505.
[31] Freud, Sigmund, **Psikanalize Giriş Dersleri**, a.g.e., s.506.
[32] Bu konudaki ayrıntılı bilgi ve belgeler için **Lanetli Yıllar (Akbabaların Öcü)** adlı kitabıma bakılabilir. (Kaynakça'da da bulabilirsiniz.)

Aşırı kaygıdan ve iç gerilimlerden kurtulmak için birey, çok kere savunma mekanizmaları yoluyla *başkalarını ve kendini aldatma, gerçeği az çok değiştirme ve inkâr etme* yoluna sapar."[33]

Bu bilgi *sorgucu* için de, *sorgulanan* için de önemlidir. Sorgucu, "engelleme ve olumsuz içsel davranışlar" yaratmak ister; sorgulanan ise yukarıda sayılan davranışlardan bir ya da birkaçını sergiler. Biz bu kitapta, "sorgulama" kısmını ele aldığımız için, şuna dikkat etmeliyiz. Aldığınız yanıtlar ne kadar doğrudur? Yanıt veren kişi acaba sizi ve kendisini aldatma pozisyonunda mı? Farkında olarak ya da olmayarak savunma güdüsüyle "gerçeği mi değiştiriyor?" Olanı "inkâr" mı ediyor?..

Demek ki, **"her yanıt kabul edilemez."** Televizyon ve gazete röportajcıları "kabul edilebilir yanıtları" almak ve halka doğru bilgileri ulaştırmakla sorumludur. Bu da, sorduğunuz konuyu daha önce "bilmekle" mümkündür. Bir başka deyişle, **sorunun yanıtını önceden biliyor olmalısınız!** Bu söz birçoklarına tartışmalı gelebilir. Nitekim, ünlü Amerikalı talk şovcu Larry King de tam tersini söylüyor: *"Talk şovumda hiçbir zaman yanıtını bildiğim sorular sormam. Konuğuma izleyicimin göstereceği tepkinin aynısını göstermek isterim. Yanıtını önceden bilirsem bunu yapamam."*[34] Bu kesinlikle yanlış bir görüştür. "Sorunun yanıtını bilmek"ten ne anladığınız önemlidir. Diyelim ki, konuğunuzun bir kitabı var. Siz o kitabı çok iyi okuyup karşınıza aldınız. O zaman konuğunuzun canlı yayında vereceği yanıtları rahatlıkla kontrol edersiniz. Konuk, sağa sola kaçamaz. Gerektiğinde –benim sürekli yaptığım gibi- "Ama şu sayfada şöyle diyorsunuz" dediğinizde birden sahne değişir. Hem izleyicilerin gözüne girersiniz, hem de gerçeklerin ortaya çıkmasını sağlarsınız. Nitekim, Larry King kitabının bir sonraki sayfasında kendisiyle çelişkiye düşüyor ve şöyle diyor: *"Konu hakkında yeterli bilgi sahibi olur, mikrofonun*

---

[33] Baymur, Feriha Balkış, Prof. Dr., **Genel Psikoloji**, 18. Baskı, İnkılâp Kitabevi, İstanbul, 1972, s.106. (Vurgulamalar bana ait.-HC)

[34] King, Larry, **Kiminle, Ne Zaman, Nerede, Nasıl Konuşmalı (İyi Konuşmanın Sırları)**, Çeviren: Dr. Yasemin Özdemir, İnkılâp Kitabevi, İstanbul, 1998, s.171.

veya masanın diğer ucundaki insandan çok daha fazla bildiğinizi kendinize hatırlatırsanız kontrolü ele geçirebilirsiniz."[35]

Ayrıca, bilinmesi gereken bir nokta da şudur: "**Yanıtı olmayan anlamlı soruları sormak, kişinin haklı olduğunu göstermez.**"

Sorgucunun "**iç sıkıntısını artırma**" yöntemini uygulayarak sorması daha çok polisiye sorgular için geçerlidir. Bir röportajcı (***medya sorgucusu***) bundan kaçınmalıdır. Çünkü, bir TV röportajında (sorgusunda) amaç, muhatabı sıkıştırmak değil, onun bilgilerinin kitlelere ulaşmasına yardımcı olmaktır. Daha doğrusu, bu olmalıdır. Yukarıdaki yöntem yolsuzluk-suç-cinayet benzeri sorgulamalarda kullanılabilir.

İç sıkıntısı artırılınca, insanlar (aslında tüm canlılar) sinirli ve gergin olur. Bu durumda da, bulunduğu durumdan "*çıkış yolu*" arayan kişi ani ve sağlıksız davranış sergileyecek, öyle yanıt verecektir.

Stres, "canlı varlığın dengesini bozan ve baş etme yeteneğini zorlayan ya da aşan uyarıcı olaylara verdiği bir tepkidir."[36] Stres altındayken esneklikten tümüyle yoksun düşünme biçimleri ortaya çıkabilir.[37]

Polis sorgularında, sorgulananın *iç sıkıntısını artırma* yani "olumsuz strese" sokma; uykudan uyandırmak, uykusuz bırakmak, açken ya da bir yakınının başına kötü şey geleceği duygusuna sokarak olmaktadır. (Dünyanın pek çok yerinde hâlen "işkence" de uygulanmaktadır!)

Polisiye sorgucuların, bunu yöntemlerden biri olarak kabul ettiği ve "**stres yükleyici**" görev de üstlendikleri bilinmektedir. Bunun etik yönü, en uygar denilen ülkelerdeki uygulamalarla birlikte tartışılmalıdır.

İlerleyen sayfalarda tümünü okuyacağınız bir Ceviz Kabuğu programında sorgucu aynen şöyle demişti: "*Biz, sanığın iç sıkıntısını arttırıyoruz ve belli bir şeyden sonra sanık boşalmaya gidiyor. Şahsın, haklı olduğu noktaları ilk önce çürütüyoruz, temelleri çürüyor. Ondan sonra,*

---

[35] King, Larry, a.g.e., s.172.
[36] Gerring ve Zimbardo, a.g.e., s.379; Karakelle, Sema, Yrd. Doç. Dr., **Psikolojiye Giriş 2**, İstanbul Üniversitesi Açık ve Uzaktan Eğitim Fakültesi Yayını, İstanbul, 2014, s.166.
[37] Sutherland, Stuart, Prof. Dr., **İrrasyonel**, 4. Baskı, Çeviri: Gülin Ekinci, Domingo Yayınları, İstanbul, Eylül 2013, s.114.

haksız olduğu noktalarda onu köşeye sıkıştırmaya başlıyoruz. Bir noktaya geldiğinde sanığın toleransı kalmıyor."[38]

Polisiye sorguya **siyaset ve hukuksuzluk karışırsa**, sorgulanın açıklamalarının hiçbir anlamı kalmaz. Toplumbilim açısından inceleme yapan Psikoloji Profesörü Sutherland, *"İnsanlar kendi tutumlarına karşı kanıtlar bulduklarında, bu kanıtlara inanmayı reddederler"* diyor.[39] Bunu, bireysel anlamda da çoğu zaman doğru kabul edebiliriz. Yani, siyaset müdahale etmediğinde bile büyük bir tehlike varken, bir de müdahale olursa onulmaz yaralar açılır.

Medya sorgucusunun görevi, *"**Ben seni konuşturmasını bilirim**"* yaklaşımı olmamalıdır. Zaten, siz dersinize iyi çalıştıysanız ve muhatabınızın da açığı varsa, o **"kendisini ele verecektir."** Wegner ve Erber'e göre, *"Bir insana bir şeyi düşünmemesini söylemek bile, o şey hakkında düşünme ihtimalini artırmaktadır."*[40]

Baskı altındaki ya da büyük bir haksızlığa uğradığına inanan insan, şokun etkisiyle *"algıda yanılgıya"* da düşer.

Algılama "duyusal bilgilerin oluşturduğu karmaşık ve çok boyutlu girdiyi anlamlı örüntüler olarak yorumlamaktır."[41] Bunun yapılamamasına "algıda seçici davranamama" yani "algıda yanılgı" diyoruz.

Bu duruma popüler bir örnek vermek isterim. Yaşamı sürekli sorgularda geçen, Türk hiciv edebiyatının en ünlü isimlerinden Aziz Nesin, Temmuz 1967'deki bir sorgusunu şöyle anlatıyor[42] (Buna daha sonra yine değineceğim):

"Kendilerinin tesbit ettiği, ama benim gizlediğim bişey olduğuna inanmışlardı. Çıplak başlı olanı,

---

[38] **Ceviz Kabuğu Programı**, Kanal 6 Televizyonu, 5 Aralık 1997, Cuma, Saat 22.30.
[39] Sutherland, Stuart, a.g.e., s.116.
[40] Hogan, Kevin, a.g.e., s.53.
[41] Karakelle, Sema, Yrd. Doç. Dr., **Psikolojiye Giriş 1**, İstanbul Üniversitesi Açık ve Uzaktan Eğitim Fakültesi Yayını, İstanbul, 2014, Bölüm 9, s.yok.
[42] Nesin, Aziz, **Poliste**, 3. Basım, Tekin Yayınevi, İstanbul, 1975, s.210.

- Maçka'da bir yere götürdün onları, nereye? diye açıkladı.

İnsan psikolojisi kolay çözümlenir bişey değil; kolay olsa, hikâye, roman, piyes, yani edebiyat olmazdı. Onlar bana üsteliyerek 'Maçka' diyorlar, duyuyorum Maçka dediklerini, ama nasıl bir şaşılası durumdaysam, hep Şişli'yi düşünüyorum. Sanka bana Şişli diyorlarmış gibi geliyor. Ve hep, üç Sovyet yazarını Şişli'de nereye götürdüm, diye düşünüyorum.

- Hayır, diyorum, biz Maçka'da bir yere gitmedik.

Kendim de Maçka derken, Şişli'yi düşünüyorum. Büsbütün kuşkulanıyorlar.

- Aziiiz... Bak, yalan söylüyorsun, biz biliyoruz ki, onları Maçka'da bir yere götürdün... Doğruyu söyle!

- Beyefendi, çok rica ederim, nereye gittimse söyleyin, hatırlayayım. Hiç bişeyi inkâr etmem için sebep yok...

En sonunda birden hatırlıyorum. Ama onların verdikleri ipuçlarından değil de, konukları nerelere götürdüm, diye düşüne düşüne buluyorum.

- Haaa, hatırladım, evet, Sabahattin Eyüpoğlu'nun evine götürdüm."

"*Algıda yanılgı*"nın bir başka nedeni de, karşılıklı imajlarımızdır. "Biz karşımızdakinin, bizim tarafımızdan oluşturulan imajına konuşuruz. Ve eğer bu imaj, karşımızdaki kişinin kendi imajına uygun düşmüyorsa, etkili bir iletişim sağlayamayız."[43]

Sorgularda **"Beyin yıkama teknikleri"** de kullanılır. Bu yöntem, düşüncelerin değiştirilmesi gibi kötü bir amaçla kullanılabileceği/kullanıldığı gibi, gerçeği itiraf ettirme amacıyla da olabilir.

Adli Tıp Uzmanı Dr. Süalp Bengidal'ın (Kore savaşı esirlerini anlattığı) bir yazısından alıntı yapalım:[44]

Beyin yıkama işleminin temel şartı ruhsal ve zihinsel çöküntüyü kişide ortaya çıkarmaktır. Bunu ortaya çıkarmak için en temel 4 şart şunlardır:

1. *Yorgunluk*: Kişide ruhsal ve zihinsel çöküntüye yol açabilmek için öncelikle o kişinin yorulması gerekir. Bunun için kişiye aşırı bir fiziksel aktivite programı uygulanmasının yanında, uzun süre ayakta bırakma, bu

---

[43] Keltner, John W., **Interpersonal Speech, Communication Elements and Structures**, Wadsworth Publishing Company Inc., California, 1970, s.150.

[44] Bengidal, Süalp, Uzman Dr., "*Beyin Yıkama*", **Popüler Bilim Dergisi**, Yıl:7, Sayı:77, Ankara, Nisan 2000, s.40.

esnada pozisyonunu değiştirmesine engel olma, uzun süreli uyumasına engel olma, sık sık uyandırıp sorguya çekme ve benzeri yöntemler uygulayarak esirlerde yorgunluk, halsizlik, bitkinlik yaratılmıştır.

2. *Şaşkınlık*: Yorgunluk, zihinsel ve ruhsal fonksiyonları zayıflatır. Kişide çözülme başlamıştır. İşte bu esnada kuvvetli bir ışık altında başlayan sorgulama giderek komplike bir hal alır, basit sorular yerini zor sorulara bırakır, sorgulamanın temposu artar, değişik kişiler tarafından yapılan sorgulama esnasında tamamen hayali olaylarla ilgili bilgiler sorularak şaşkınlık oluşturulur, doğrularla yalanlar birbirine karışır. (*Aziz Nesin'in 1967'deki sorgulanmasına bir kez daha bu açıdan bakınız.*-HC) Çinliler bunu sorgulamalarında esirlerine karşı kendi ideolojileri ile ilgili bilgileri tekrar tekrar ezberleterek ve bunu beceremeyenleri ya da işbirliğine yanaşmayanları bezdirerek uygulamışlardır. (*Kore'de esir düşen 229 Türk askerine bu yöntemlerin hiçbirinin sökmediği ve Türklerin düşmanla işbirliği yapmadığı, yaralı 110 askerimizin hiçbirinin hayatını yitirmediği birçok kayıtta yer almaktadır. Bunun nedenleri araştırılırken, şunu söyleyelim: Demek ki, ne yaparsak biz bize yapıyor, kendi kendimizi sorguluyor, Türk'ün dişini bir başka Türk söküyor!.. Bunu Kore Savaşı'ndan bu yana geçen süre içindeki siyasal çalkantılarımızda hep birlikte gördük.*-HC)

3. *Ruhsal gerginlik*: Burada fiziksel olarak vücutta iz bırakmayan ancak ruhsal yönden rahatsızlık ve çöküntü yaratan bir durum söz konusudur. Kişiye yeterli miktarda yiyecek ve su verilmeyerek ya da soğuk havada çok fazla giyinmesi önlenerek ya da sıcak havada yeterli havalandırma yapılmayıp bunaltılarak, yeteri kadar hareketine izin verilmeyerek uygulanır.

4. *Korku*: Sahte idam gösterileri, olmayan işkence seslerini dinletme; kişide ölüme yakın olduğu, kurtuluşu olmadığı duygusunu oluşturarak korku hissini ortaya çıkarır. Artk gündüz ve gece birbirine karışmış, zaman yer ve kişi oryantasyonu bozulmuştur. Kişi duygusal yönden ürkek, şaşkın, korku dolu, içine kapanık, kendine güvensiz, bilinci bulanık bir hâle gelir. Mantıklı düşünme, gerçeği değerlendirme bozulmuştur. Düşünce yapısı patolojik bir hal alır, görsel ve işitsel halüsünasyonlar ortaya çıkar. Vücut hareketleri yavaşlamıştır, kişiler genellikle belirli bir noktaya sabit olarak bakmakta, fazla hareket etmemektedir.

İşte bu zayıf ve savunmasız ortamda kişide etki altında kalma söz konusudur. Kişi telkinlere açıktır. Bu durumda insanlara yeni düşünceler aşılamak, yeni kişilikler ortaya çıkarmak mümkündür. Bu esnada bu işlemi gerçekleştiren kişiler yavaş yavaş kötü koşulları da ortadan kaldırıp, beyni yıkanan kişiyi "bu koşullardan kurtaran kişi" rolüne girerler. Böylece amaçlanan tipte insan yaratılmış olur.

Günümüzde de, dünyada beyin yıkama çeşitli amaçlarla, pek çok alanda kullanılmaktadır.

Kitapları ülkemizde de çok okunan psikiyatrist Irvin Yalom (Stanford Üniversitesi), meslektaşları için şunları söylüyor. Sizce, bunlar burada bizim meslek ve bu kitap için de geçerli mi acaba?:
1. Ancak hastaya yardımcı olacak ölçüde kendini açığa vur.
2. Hiç düşünmeden ve ihtiyatı tamamen elden bırakarak kendini açığa vurma. Unutma ki, bunu hasta için yapıyorsun, kendin için değil.
3. Bu meslekte kalmak istiyorsan, kendini açığa vururken anlattıklarının diğer terapistler tarafından nasıl algılanacağına dikkat et.
4. Terapist kendini açığa vururken adım adım ilerlemeli, her yeni adımı atarken bir önceki adımı iyice değerlendirmelidir. Zamanlamaya dikkat et: Terapinin ileri aşamalarında yararlı olabilecek bazı açıklamalar, erken bir aşamada yapıldığında olumsuz sonuç verebilir.
5. Terapistler, kendi içlerinde derin çatışmalara sebep olan konuları hastalarıyla paylaşmamalıdır; önce bunları gözetmenleriyle ya da kişisel terapi görerek çözmeleri gerekir.[45]

Beş maddenin öncesinde sorduğum soruyu ben yanıtlıyorum. Evet, beş madde bizim meslek ve bu kitap için de geçerlidir.

Buraya kadarki bilgilerimizi (ipuçlarını) toparlarsak, şunu sorabiliriz: **Karşınızdaki muhatabınızı *"ne"* olarak göreceksiniz?..** Sorgulanması, ipliği pazara çıkarılması gereken bir *"suçlu"* mu; yoksa, kendisinden yararlanılması gereken bir *"bilgi kaynağı"* mı? Yalnızca sorgucular değil, aslında tüm insanlar karşısındakine bir **"görünmez tasma"** takar! Bu

---
[45] Yalom, Irvin D., **Divan**, 2. Basım, Ayrıntı Yayınları, İstanbul, 1998, s.303.

kimliklendirme, kategorize etmedir. Bunun bilincinde olun ve tasmalardan kurtulun, yani önyargıyı bırakın.

Konuştu(rdu)ğunuz kişinin geçmişi bu bakımdan çok önemlidir. Ben buna, yeni bir kavram üreterek "**Sorgulanma Geçmişi**" diyorum. Toplum önünde yaptıkları açıkça bilinen, görülen, somut belgelere dayalı bir kişinin TV'de sorgulanması ile hakkında fazla bir şey bilinmeyen, "ortama yeni girmiş" bir kişiye sorulacak sorular farklıdır. Örneğin, milletvekili genel seçimlerine 6 ay kala bir parti kurmuş olan olan Emine Ülker Tarhan'ı canlı yayına aldığımda "ısrarcı sorular" sormadım. Çünkü, konuğun "*sorgulanma geçmişi*" yoktu ya da çok kısaydı.[46]

Sorgulanan kişinin, hadi medya açısından yeni bir deyim daha üretelim, "**röportajlanan**" kişinin davranışları da çok önemlidir. Size vereceği yanıtlar çok "*itaatkâr*" olabilir. Bu sizi, "saldırgan" yapmamalı. (Tabii bu benim önerim. Saldırganlık da bir tarz olabilir, ama nereye kadar?)

Enerji enerjiyi çeker. Siz, olumlu enerji salgılarsanız bunun karşılığını –muhtemelen- alırsınız. Niçin muhtemelen? Çünkü, muhatabınızın sizin bilmediğiniz, sizden sakladığı bir gerekçesi (durumu) olabilir. *Göz teması da bir yoğunlaşmadır. Nasıl bakar ve düşünürseniz onu yoğunlaştırırsınız.* Röportajladığınız kişiyi suçlu olarak görüyor ve öyle davranıyorsanız *suçluluk duygusunu*; bilgi kaynağı olarak görüyor ve davranıyorsanız *bilgelik duygusunu* yoğunlaştırırsınız. Kaliteyi seçmek sizin elinizde.

Medya sorgulamasında "**dinlemek**" çok önemli ve çok zor unsurlardan birisidir. Zordur, çünkü birçok insan dinlemenin ne olduğunu algılayamaz bile: "*Dinliyorum ya işte!*" Mantığı bu olabilir.

Muhatabınızı "dinlemek", ancak; eğer siz o konu üzerinde bilgi sahibi iseniz, daha fazlasını öğrenmek istiyorsanız, izleyicilere aktarmak istiyorsanız, merakınız devam ediyorsa ve sabırlıysanız mümkündür. Muhatabınızın karşısında bu biçimde konuşlandığınızda "sabrınızın ödülünü" mutlaka alırsınız.

"Etkili bir biçimde dinlemek ve yanıt vermek; söylenenlerin yalnızca içeriği için dinlemek değil, aynı zamanda söylendikleri ton ve üzerinizdeki duygusal etkisini belirlemek için dinlemek. Daha sonra insanlara, onların

---

[46] Cevizoğlu, Hulki, **Ceviz Kabuğu Programı**, canlı yayın, Ulusal Kanal, 12.01.2015 Cumartesi, Saat 21.00.

söylediklerini gerçekten anlamak istediğinizi, düşüncelerine saygı gösterdiğinizi ve onları ciddiye aldığınızı gösterin."[47]

"Dikkatle" dinlemek, "sezgi gücünüzü kullanarak" dinlemek, "yapıcı" olarak dinlemek, "çözümleyici olmak" için dinlemek, "daha geniş düşünmeye çalışarak" dinlemek, "gözlerinizle" dinlemek ve "yargılamadan" dinlemek "etkili dinlemenin" temel ilkeleridir.[48]

Dinlemenin önemine değindik ama yalnızca dinlemek tek başına yeterli olur mu?.. Ne kadar iyi dinlerseniz dinleyin, muhatabınız ustaysa **konuşarak saklanabilir**: *"Konuşarak kendimi saklayabileceğim özel özel bir dil inşa etmiş olduğumu nice zaman sonra fark ettim. (...) Sözleri giyindik, sözleri soyunduk, sözlere yaslandık. Sözlerle 'biz' olduk ama 'biz' bir türlü 'söz' olamadık. (...) Susarak konuşmak yerine konuşarak saklanmayı seçtik. Kendimizden kaçmaya ne kadar çok ihtiyaç duyduysak o kadar uzun ve hızlı konuştuk. (...) Kendimizi gizlemenin en yi yolunun kendimizden söz etmek olduğunu erkenden öğrenerek büyüdük. (...) Ama sözlerin arkasından maalesef 'biz' yoktuk."*[49] Psikiyatri profesörü Cengiz Güleç'in bu sözlerinin bir başka ifadesini, yazar Susanna Tamaro'da buluyoruz: *"Hiçbir şey söylememek için sözcük ırmakları akıyor!"*[50] Bu konudaki görüşlerimi, ileriki sayfalarda "Eristik Diyalektik" bölümünde daha ayrıntılı biçimde vereceğim.

Kaliteyi yakalayabilmek için, **size gelene gidin!**. Yani, programınıza çıkmak için size başvuranlar varsa (ki, bir süre sonra çoğalacaktır), onları seçin ve davet edin. Nazlanan, peşinden çok koştuğunuz bir kaynakla yapacağınız röportaj zevksiz olabilir. Eğer, telif ücreti ile çalışmıyor, kadrolu memur gibi çalışıyorsanız, güdük bir programı herkese kabul ettirebilirsiniz tabii!

---

[47] Howard, V.A. ve Barton, J.H., **Tartışma Sanatı**, Türkçe'si: Gökçen Ezber, Beyaz Yayınları, İstanbul, Eylül 1998, s.158.
[48] Howard, V.A. ve Barton, J.H., **a.g.e.**, s.161-163.
[49] Güleç, Cengiz, Prof. Dr., *"Konuşarak Saklandım (Yeni Yıla İçten Bir İtiraf)"*, **Nokta Dergisi**, Yıl: 19, Sayı: 2000-01, 5-11 Ocak 2001, s.33.
[50] Tamaro, Susanna, **Sevgili Mathilda, İnsanın Yürümesini Dört Gözle Bekliyorum**, 17. Baskı, Gendaş Yayınları, İstanbul, 1999, s.22.

Peki "**sorgucunun rengi**" olur mu? Oluyormuş ve ben de bu renk taktiğini kullanıyormuşum meğerse! "*Önder Aytaç ve İhsan Bilir, Ceviz Kabuğu programının yapımcısı Hulki Cevizoğlu'nun belki hiçbirimizin fark etmediği bir taktiğini ortaya çıkarıyorlar: Canlı yayına çıkardığı konuklarını serbestçe ve bol bol konuşturduğu dönemlere dikkat edersek, Cevizoğlu'nun üzerinde kahverengi ve tonlarında takım elbise olduğunu gözlemlediğimizi söyleyebiliriz.*"[51] Hürriyet Gazetesi'nin haberine göre "*sorgucunun rengi kahverengi*" imiş ve ben de onu kullanıyormuşum! Oysa ben en çok "maviyi" severim. Genelde de kahverenginden uzak durarak, canlı renkleri tercih ederim. Gazete haberini okuduğumda, haberin kaynağına indim ve alıntı yaptıkları dergiyi buldum. Gördüm ki, "mavi de polisin tercihi" imiş!.. Renkler konusunda çok iddialı açıklama yapmak isteyenler, bir yerde tıkanıyor. Küçük bir örnek, "polisin rengi" dedikleri maviyi, rahmetli Ecevit giydiğinde işin içinden çıkamıyorlar. Yine de, bilgimizi zenginleştirmek için, iddialara kulak verelim:

"İyi bir sorgulama uzmanı olan Emniyetçi Sami Teymur, sorgu sırasında sorguyu yapan kişinin özellikle *kahverengi takım elbise* giymesini, göz altına alınan kişinin omuz arkasında durulmasını ve eliyle sorgulananın omuzuna dokunulmasını, sorgulanana 50 cm'den daha uzakta durularak sorgulanan kişide, 'saldır, kaç ve yalan söyle' duygularının en aza indirgenmesinin gerekliliğini söyleyerek, göz altına alınan kişinin eğer ayakları çapraz bir şekilde birbirinin üzerinde kilitlenmişse, kesinlikle hala söylenilmeyen bazı bilgilerin var olduğunun... değerlendirmesini yapmaktatır"[52]

Görüldüğü gibi, bunlar "polis sorgusu teknikleri." Oysa, bir televizyon ekranında, görsellik çok önemli olduğu için, "medya sorgusu" mutlaka canlı renkleri tercih etmek zorundadır. Bu bölümde genç sorgucalara bir anlamda "**ruh rehberliği**" yapmış oldum. Bu yeni kavramı da bir kenara yazalım, şimdilik.

---

[51] Aydın, Gülden, "*Polisin renklerle Dansı*", **Hürriyet Gazetesi Pazar Eki**, İstanbul, 9 Temmuz 2000, s.4.
[52] Aytaç, Önder ve Bilir, İhsan, "*Polisin Etkin İletişimi İçin Renklerle Dans Etmek: Renklerin Dili, Önemi ve Yorumlanması*", **Hatay Polis Dergisi**, Yıl 3, Sayı 3, Mart 2000, s.62.

Bugünden sonra bu kitabı okuyarak benim formül, öneri, taktik ve uygulamalarımı bilecek bir insan da artık *Ceviz Kabuğu*'na çok dikkatli gelecektir!..

Ancak unutmamalı ki, okumak anlamak; anlamak yapabilmek demek değildir. Öyle olsaydı, bir kitap okuyarak, bir kursa giderek, birkaç kez dinleyerek dünya bambaşka bir düzeye çıkardı. Keşke çıksa. Bir söz vardır, "*Bakarak öğrenilseydi, kedi kasap olurdu*" diye. Freud, "Yorumlamak, bir şeyde gizli anlam bulmak demektir" diyor.[53] Kendi anlamınızı kendiniz ortaya çıkaracaksınız. Dünyamızın ve insanların temel sorunu "okuduğunu anlamamak", "yanlış anlamak", "kendi değerlerine göre anlam vermek", "anlamazlıktan gelmek" ya da "ben başkayım boşvermişliği"dir. Pek çok kavganın altında da bu gerçek yatar.

"*İnsanın Anlam Arayışı*" kitabının yazarı, şöyle diyor: "Bir film, binlerce bağımsız görüntüden oluşur, bunlardan her birisi bir şey ifade eder ve bir anlam taşır. Yine de son karesine gelinceye kadar filmin tamamının anlamı görülemez."[54]

Murathan Mungan'ın "*Şairin Romanı*" adlı kitabında yer verdiği şu sözler, "*kendini gizlemek*" konusunda ne kadar geçerli acaba?:

"... insanın tutkuyla bağlandığı bir şeyden söz ederken kendini ele verdiğini biliyordu. Kişi bu konuda dilini tutmayı başarsa bile, yüzünden geçen bir ışık, sesine yansıyan bir dolgunluk, bedeni başka türlü canlandıran coşkunun fazladan bir hareketi, onun bu konu hakkında sıradan insanlardan daha bilgili; sevgi ve tutku sahibi biri olduğunu hissettirirdi karşı tarafa."[55]

Gazeteciler ve buradaki anlamıyla soru soran tüm insanlar için "**sır okulları**"nın[56] "**sır toplayıcıları**"[57] denebilir mi?

---

[53] Freud, Sigmund, **Psikanalize Giriş Dersleri**, İkinci Baskı, Türkçe'si: Selçuk Budak, Öteki Yayınevi, Ankara 1997, s.107.
[54] Frankl E., Viktor, **İnsanın Anlam Arayışı**, Beşinci Baskı, Türkçe'si: Selçuk Budak, Öteki Yayınevi, Ankara 1997, s.135.
[55] Mungan, Murathan, a.g.e., s.126.
[56] Mungan, Murathan, a.g.e., s.182.
[57] Mungan, Murathan, a.g.e., s.180.

Sonuç olarak; *"son soru sorulmadan"* **film tamamlanmaz, anlam ortaya çıkmaz.** O "son soru" ise, buradaki sırları okuyarak değil, kendi yaşamında uygulayarak ortaya çıkar.

İyi bir televizyon sorgucunun yüksek izlenme kaygısıyla paniğe kapılmasına gerek yoktur. Çünkü, siz iyisini yaptıkça zaten izleyici size gelecektir. Er ya da *geç!* Değişmez "**Etki Kanunu**" şudur: *"Belirli bir durumda, organizmayı doyuma ulaştıran, hoş etkileri olan tepkilerin tekrarlanma sıklığı artar, tersi durumlarda da bu sıklık azalır."*[58]

GAZETECİLERE KARŞI TAKTİKLER...

Gazetecilere karşı "kendisini korumak" isteyen, "medya tuzaklarına" düşmekten korkan, çok tedbirli "haber kaynağı kişiler" çeşitli taktikler geliştirebilirler.

Bu konuda kurslar açan özel danışmanlık şirketleri de vardır. Ankara'da eğitim veren bu şirketlerden birinin (Gökyay and Toperi Danışmanlık ve İletişim Yönetimi Şirketi) düzenlediği seminerlerde "Gazeteciyle konuşma rehberi" adı altında şu taktiklerin verildiğini okumuştum:

- Önce gazeteciyi şöyle bir "yoklayın". Size soru soran gazeteci konusuna vakıfsa işiniz var demektir.

- Eğer gazeteci konusunu iyi bilmiyorsa, onu siz yönlendirebilirsiniz. Rahat olun.

- Özel röportajlarda mutlaka göz teması yapın. Gözlerinizle etkileyin.

- Asla ve asla telefon söyleşisi kabul etmeyin.

- Ayaküstü soruları geçiştirin.

---

[58] Gerring ve Zimbardo, a.g.e., s.176; Karakelle, Sema, Yrd. Doç. Dr., Psikolojiye Giriş 1, a.g.e., Bölüm 11, Kısım 11.4, s.yok.

- Basın toplantılarında bir gazeteciyle soru-yanıt diyaloğuna girmeyin. Bakışınızı hemen başka tarafa çevirerek, bir başka gazetecinin sorusunu alın.

- Basın toplantısında konuşmanızı tamamladığınızda sessizlik olmamasına dikkat edin. Soru gelmiyorsa, soru yaratıp kendi kendinize sorun.

- Asla, "Yorum yok" demeyin.

- İşaret parmağınızı sallayarak konuşmayın. Bu tehdit anlamına gelebilir.

- İki eliniz aşağıda konuşmayın. Bu sizin teslim olduğunuzu gösterebilir.

- Mesajınızı mutlaka konuşma esnasında bir-iki kez tekrarlayın.

- Sıkıcı ve uzun konuşmalardan kaçının. Kısa ve öz konuşun.

- Canlı yayında asla sorunun kelimeleriyle cevap vermeyin. Gazeteciler sizi istedikleri yöne çekerler.

- Gazeteciyi asla düşman gibi görmeyin. Tam tersine, aşırı uçtaki radikallerin dışındaki gazetecilerle müttefik olmaya çalışın.

- Her zaman temiz, pak, erkekler için kravatlı, bayanlar için az makyajlı olmaya özen gösterin.

- Tanıtım-sunuş yapıyorsanız dahi asla arkanızı gazeteciye dönmeyin.

Bu tür taktik verilen yerlerde, kameraların "sinir bozucu" olduğu, "stres yarattığı" ve insanın dikkatini dağıttığı da anlatılır.

"*Gazetecilere Karşı Taktikler*" kısmının başlıktan buraya kadarki bölümünü 17 yıl önce, 16 Kasım 1998, Pazartesi günü yazmıştım. O tarih, mesleğimin 17.yılı idi. (Televizyonculuğumun 4.yılı.) Bugün, mesleğimin 34. yılındayım. (Televizyonculuğumun 21.yılı.)

Yine günümüzden 26 yıl önce (mesleğimin başlarında, tam olarak 8. yılında) not aldığım başka bir kaynağa göz atalım[59]. Asıl konumuz bu olmadığı için özet geçeceğim. Amerikan *Fortune* dergisine göre, "*basınla diyalog*" kurmak isteyen işadamları şu "*14 püf noktasına*" dikkat etmeli:

- Basınla ilişkilerde müdürlerinize de sorumluluk verin.

- Gerçeklerle yüzleşin.

- Vereceğiniz her kararın halkın ilgisini çekeceğini dikkate alın.

- Konu olmadan önce kaynak olun.

- Görüşlerinizi duyurmak istiyorsanız, konuşmak zorundasınız.

- Çabuk cevap verin.

- Avukatlarınızı kilitleyin (Onlar size konuşmamanızı tavsiye edecektir.)

- Ya doğruyu söyleyin, ya da hiçbir şey söylemeyin.

- Basınla ilişkilerde daima başarılı olmayı beklemeyin.

- Egonuzu bir kenara bırakın.

- Yapabileceğiniz kadarını kontrol edin (Gazeteci ulaşmadan kötü haberi ona siz verip, öne geçin.)

---

[59] "*Basınla İyi Geçinmenin Yolları*", **Haftalık Ekonomik Bülten Gazetesi**, İstanbul, 19-25 Haziran 1989, s.2.

- Kiminle diyalog kurduğunuza dikkat edin.

- Rahat konuşabileceğinize inanmadıkça televizyondan uzak durun.

- Duyarlı davranın (Medya ve halk şirketlerden çok, şahıslara sempati duyar.)

İletişim alanında çok ilerde olan Amerikalı uzmanlar, *"Az şey söylemenin, hiçbir şey söylememekten iyi olduğunu"*, *"Basının desteğini almak için telefonunuzun çalmasını beklemeden, iyi bir hikayeniz varsa hemen satmaya bakmanızı"* da öğütlüyor.

FELSEFİ HİLELERLE "HAKLI ÇIKMA" SANATI!

Ne pahasına olursa olsun haklı çıkma sanatı! Rezilliğe, ahlaksızlığa, hileye, safsataya, yanıltmaya, iftiraya, yalana ve hatta şiddete başvursan da haklı çıkma... (Sanat bunun neresinde, diye sorabilirsiniz!)

Buna **"Eristik diyalektik"** deniyor. Bence **"Makyavelist tartışma tekniği"** demek daha doğru olur. Çünkü, bunu yapanlar için tartışmayı (toplum önünde) kazanmak adına *her yol mübahtır!*

Tam da Türkiye gibi kültürel az gelişmiş ülkelere uygun bir yöntemdir bu. Ülkemizde, özel televizyonlar kurulduğundan bu yana tartışma programlarının en az yüzde 90'ında şunlara tanık olmuyor muyuz?

Bağırarak (hatta affedersiniz böğürerek) konuşmak,

"Nefret gazeteciliği" yapmak,

A'ya yanıt vermek yerine B'yi öne sürmek,

Nedenleri açıklamak yerine güç (otorite) gösterisi yapmak,

Sırtını (askeri ya da sivil) iktidara dayayarak rakibi (yasal ya da yasadışı güçlere) hedef göstermek,

Sahte belgeler sallamak,

(Dini ya da siyasi) tabuları kendisine kalkan yaparak arkasına sığınmak,

Hatalı akıl yürütmek,

Cehaleti silah olarak kullanmak (eskiden *'ayaklı kütüphane*' kavramı vardı, bugün ise *'yürüyen cehalet!'*).

Siyasilerin tartışmalarına baktığımızda ise, *eristik diyalektik* tarihinin neredeyse insanlık tarihi kadar eskiye dayandığını görüyoruz...

Eristik diyalektik adı "Eris"ten geliyor. Eris, Yunan mitolojisinde "**Anlaşmazlık Tanrıçası**" demek. Bu konuda ünlü Alman filozofu (düşünürü) **Arthur Schopenhauer**'in sayfa sayısı ince ama içeriği kalın bir eseri var.[60] 19. yüzyılın en önemli filozoflarından Emmanuel Kant'ın öğrencisi olan Schopenhauer, 1830'da yazdığı eserinde bu tartışma yöntemini hicvediyor, eleştiriyor.

Hem haklıyken hem de haksızken mutlaka haklı çıkma yöntemi aslında Mevlâna'nın "**Söylediğinin gücü karşındakinin anladığı kadardır**" felsefesine dayanıyor diyebilirim. Anlama-algı yetimizin zayıflığı (filozofa göre "sapkınlığı") hileci tartışmacıların haklı "görünmesine" yol açar. Yani aslında, kültürlü ve eğitilmiş toplumlarda bu tartışma hileleri ile "**yürüyen cahillerin**" kazanma şansı olmaz.

Schopenpauer 38 "**tartışma hilesi**" açıklıyor. Bunları özetliyor ve **kendi önerilerimi (kavramlarımı) sunuyorum**.[61]:

1- **Genişletme**: Muhalifin(Schopenhauer'in ifadesi) iddiasını doğal sınırları ötesine çekmek. Çünkü, bir iddia ne kadar genel olursa, saldırılara o kadar açık olur.

2- **Mutlaklaştırma**: Ortaya konan önermeyi başka bir bağlama oturtarak çürütmek.

---

[60] Schopenhauer, Arthur, **Eristik Diyalektik (Haklı Çıkma Sanatı)**, 2. Baskı, Türkçesi: Ülkü Hıncal, Sel Yayıncılık, İstanbul, Eylül 2014.
[61] Schopenhauer, a.g.e., s.19-75.

3- **Yanlış Önerme Kullanma**: Doğru öncüller kabul ettirilemiyorsa yanlış önermelerde bulunma.

4- **Kanıtı Varsayma**: Kitle tarafından benimseneceği düşünülen birbirinin yerine geçebilecek kavramları kullanmak. *"Onur"* yerine *"itibar"*, *"bakirelik"* yerine *"erdem"* gibi.

5- **Bir Anda Çok Soru Sorma**: Buna *Erotematik* ya da *Sokratik Yöntem* de deniyor... Çok soruyla gerçeği bulmaya çalışıyormuş gibi yaparak, aslında gerçeği gizlemek. Bir şeyi yavaş anlayanlar bu durumda konuyu takip edemeyecek ve boşlukları gözden kaçıracak. Ben buna **"Gerçeği Boğma Yöntemi"** diyorum... Türkiye'de kimi zaman resmi ya da özel kurumlar da, zor durumda kalacağını anladığında, gerçeği gizlemek için bir bilgi yerine onlarca bilgiyi aynı anda verir.

6- **Kızdırma ve Öfkede Zaaf Arama**: Öfkeli kişi doğru yargıda bulunamaz.

7- **Soru Sırasını Karıştırma**: Sonuca götürecek sorular düzgün bir sırayla değil de anlam bütünlüğünü gizleyecek biçimde karıştırılarak sorulur.

8- **Tersini Sorma (Çelişki Sunma)**: Muhalifimizin sürekli olumsuz yanıt vermesi durumunda, tezimizin tersini sorma... Tezi kabul ettirebilmek için karşı-tezi de sunup seçim yapmaya zorlama. Böylece ilk sunulanı kabul ettirme.

9- **Sonucu Sormama Ya Da İnkâr Etme**: Tekil durumları kabul ettirince, tartışmanın esasını oluşturan "genel doğruyu" kabul edip ettiğini sormama... Ya da, *"Bu teoride doğru olabilir, ama pratikte yanlıştır"* biçiminde sonuçlar yadsınır.

10- **İsim Seçme**: Bu bütün hileler arasında en çok başvuralan yöntem. İçgüdüsel olarak kullanılıyor. Karşı tarafın kavramlarını sevilmeyen

kavramlara dönüşme. Schopenhaer'in bu hilesine ben "**Kavramları Tersine Çevirme Yöntemi**" demenin daha uygun olduğunu düşünüyorum. Örneğin, muhatap "*ödeme güçlüğü*" diyorsa "*iflas*" demek,
"*çapkınlık*" diyorsa "*zina*" demek,
"*etkisiz hale getirildi*" diyorsa "*öldürüldü*" demek,
"*aşırı dindarlık*" diyorsa "*yobazlık*" demek,
"*Kemalizm*" diyorsa "*Jakobenizm-baskıcılık*" demek,
"*yolsuzluk*" diyorsa "*hayır bize yapılan darbe*" demek,
"*temel değerler*" diyorsa "*statükoculuk-vesayet*" demek,
"*hırsızlık ve yolsuzluğu yargılamak*" diyorsa "*hukuka sıkılmış kurşundur*" demek gibi.

11- **Zafer Narası Atma**: Muhalif çekingen ya da aptalsa, yüksek sesle ve saygısızca konuşarak sanki kanıtlanmış gibi tezini zaferle öne sürmek.

12- **Tez Ekleme**: Schopenhauer'in ifadesiyle "aşırı derecede utanmaz" iseniz, önermenizi kanıtlayamadığınız anda, doğruluğu su götüren yeni bir önerme ileri sürmek. Ve, kanıt bu ikinci önermeden çıkacakmış gibi yapmak.

13- **Zorluk Çıkarma**: Muhalifin iddiasını; daha önceki bir sözü ya da eylemiyle veya ait olduğu sosyal-dini çevrenin ilkeleriyle kıyaslamak. Yani, "öncesiyle" çeliştirmek. Herhangi bir biçimde çelişki bulmak. Örneğin, intiharı savunuyorsa "*Öyleyse neden intihar etmiyorsun?*" demek, "Bu kent yaşanmaz oldu" diyorsa "*Öyleyse niçin buradan gitmiyorsun?*" demek. Ya da, 1980 öncesi Türkiyesi'ndeki solculara "*Komünistler Moskova'ya*" sloganı atmak gibi... Bunu "**Kör Mantık Yöntemi**" olarak adlandırmak bence daha doğru ve anlaşılırdır.

14- **İnce Ayrım ve Saptırma**: Muhalif sizi karşı kanıtla sıkıştırdığında konuyu *çift anlamlı* ya da başka duruma kaydırma. Ben bunun için "**Düşünce Kaydırma Yöntemi**" diyorum.

15- **Sonucu Söyleme-Sonuç Uydurma**: Muhalif tüm görüşlerimizi kabul ettiğinde ana fikir farklı da olsa hemen kendimize uygun bir "sonuç" açıklama. Veya, tam tersi durumda yanlış çıkarsamalar yapıp, kavramları çarpıtarak sonuç uydurma.

16- **Abartmaya Zorlama**: Muhalifi itirazlarla kışkırtarak doğruyu abartmaya zorlama. Sonra bu abartıyı çürüterek sanki temel tezi çürütmüş gibi algılatmak.

17- **Kendi Silahıyla Vurma, Gerekçeyi Tersine Çevirme**: "*O bir çocuk, affedilmeli*" tezine, "*Tam da çocuk olduğu için şımartılmamalı, gerekirse cezalahndırılmalı*" yanıtını vermek.

18- **Tribünlere Oynama**: Muhalifimiz uzmandır ama dinleyiciler değil. Muhalif, iddiasına yaptığımız itiraz onu gülünç duruma düşürüyorsa, dinleyicilerin gözünde yenilmiş olur. İnsanlar zaten gülmeye hazırdır ve gülenleri kolayca yanımıza çekeriz.

19- **Etiketleme**: Muhalifin iddiasını nefret edilen bir katagoriye sokma. Örneğin, Darwinizm gibi bilimsel bir tartışmada "Bu atezimdir" diyerek yaftalamak.

20- **Laf Kalabalığı Yapma**: Muhalifi saçma sözlerle, ağız kalabalığıyla, Türkçe'deki karşılığıyla "*işportacı ağzıyla konuşurak*" ya da "*cazgırlık yaparak*" şaşkına çevirme, usandırma, yıldırma taktiği.

21- **Yanlış Kanıttan Yararlanma**: Kötü avukatların ya da "politize olmuş savcıların" dava konusu olmayan yasa maddesi ve gerekçelere başvurması gibi.

22- **Kişiselleştirme**: Haksız çıkacağını anlayınca ana konuyu kişiselleştirerek hakaret ve iftiraya başvurmak. Basit ve bilgi gerektirmediği için çok kişi bu yönteme başvurur.

23- **Neden Yerine Otorite Gösterme**: (TÜRKİYE'DE UYGULAMASI YAYGIN OLAN BU MADDEYİ ÇOK ÖNEMSİYORUM.)
Sebep veya gerekçe yerine muhalifin bilgi derecesine göre bir otoriteye başvurmak.

Muhalifin anlayamadığı otoriteler, en etkili olanlardır. Genel önyargılar ve "**kalabalıklara sığınma**" da otorite olarak kullanılabilir. *Neden yerine otorite gösterme* yalnızca tartışma programları ve sorgulamada değil, -özellikle ülkemizde- siyasal alanda da çok başvurulan bir yöntem.

Türkiye'den somut birkaç örneklendirme yapmak isterim.

Eski Başbakan ve AKP Genel Başkanı Erdoğan kendisine, bakanlarına ve partisine yönelik "**büyük yolsuzluk, hırsızlık ve rüşvet" iddialarına açıklama getirmek yerine,** yüzbinlerce kişilik mitingler düzenleyerek "kalabalıklara sığınıyor."

Muhalefet partileri CHP ve MHP Genel Başkanları, **seçim yenilgilerinin nedenlerini açıklayıp, hesap vermek yerine,** genel kongrelerini toplayıp "*olmayan gücün gösterisi*" yapıyor... **Sonuçta ortaya "*Yeniden seçildim, haklıyım!*", "*Miting düzenledim, suçsuzum!*"** gibi çarpık mantıksal durum ortaya çıkıyor.[62] Hani Nasrettin Hoca'ya sormuşlar: "Hoca sokak lambasının altında ne arıyorsun?", "Eşyamı düşürdüm onu arıyorum", "Peki burada mı düşürdün?", "Hayır ama burası aydınlık diye burada arıyorum!!"

Schopenhauer, "*İnsanlar için ölmek, düşünmekten daha kolaydır*" diyor, "*İnsanlar bir fikri hiç akıl yürütmeden ve yalnızca örneği taklit ederek kabullenirler.*" Devam ediyor filozofumuz: "*Sıradan insanların kafası saçmalıklarla doludur ve bunları süpürüp temizlemek çok zordur*", "*İnsanlar, genel kabul gördüğüne inandırıldıkları bir fikri ne kadar saçma olursa olsun, kolayca benimserler.*" Daha önce benzer bir açıklamasına yer verdiğim Deneysel Psikolog Profesör Sutherland da Schopenhauer'la benzer düşünüyor: "*İnsanlar bir*

---

[62] Türkiye bu örnekleri yoğun biçimde 2014 yılında yaşadı.-HC.

kere karar aldılar mı, kararlarının yanlış olduğuna dair çok güçlü kanıtlarla karşılaşsalar bile kararlarını değiştirmeyi hiç istemezler."[63]

Bu örnekleri okuyup, bizzat tanık olduğunuz olayları da anımsayınca, sizler de bu maddenin niçin bu kadar önemli olduğunu görüyorsunuz. Sosyal psikoloji açısından kitlelerin siyasal, toplumsal veya dini yönlerden "ikna edilmesi", yönlendirilmesi ya da kandırılması işte böyle gerçekleştiriliyor.

Schopenhauer'ın şu sözlerini –evrensel gerçekler ve değerler açısından- mutlaka aklınızda tutunuz:

- **Bir düşüncenin yaygınlığı onun doğruluğunun kanıtı değildir, hatta doğru olma ihtimalini artırmaz bile.** (Egemen dini inançlar, en çok oyu almak, bulunduğunuz askeri veya sivil grubun değerlerini düşünün. –HC)

- **Evrensel düşünce denilen şeye dikkatle bakınca, onun aslında sadece iki ya da üç kişinin görüşü olduğunu anlarız.** Başkaları da iyi niyetle onlara güvenir.

- **İnsanların farklı düşünenlerden nefret etmelerinin nedeni**, onların başka bir görüşü savunuyor olması değil, **kendi fikir ve yargılarını oluşturmaya kalkışmalarıdır.**

- Kısacası, **düşünebilenler çok azdır ama herkes fikir sahibi olmak ister.** (Burada hemen aklınıza Uğur Mumcu'nun "bilgi sahibi olmadan fikir sahibi olmak" sözü geldi değil mi? -HC)

- **İki kişi kapıştığında, her ikisinin de çoğunlukla seçtiği silahın otoriteler olduğunu görüyoruz.** Bu onların saldırı silahıdır. (Türkiye'de en yaygın iki örnek *"Kur'an'a mı karşı çıkıyorsun?"* sözü ile *"Atatürk diyor ki"* sözüdür. Tabii bilinçli tartışmacıları dışarda tutuyorum. -HC)

---

[63] Sutherland, Stuart, a.g.e., s.112.

Muhataplarımız vurguladığımız bu biçimlerde davranmazsa bile yine de **"içsel yanılgımız"** sözkonusu olabilir. Beynimizin kimi zaman bize *"oyun oynadığına"* tanık olmuyor muyuz?...

Ünlü psikolog Elizabeth Loftus, yaptığı bir çalışmada, *"anılarımızın çok kırılgan ve telkine açık olduğunu"* ortaya koymuş; **"Soru sorma tarzının bile 'kesin' hatırladığımız şeyleri değiştirebildiğini"** kanıtlamıştır. Türkiye "referandumlarda" sorulan soru tarzlarını anımsayalım lütfen. Kitleleri bile kandırmak –eğer iyi bir uzmanınız varsa ya da doğuştan oyunbaz iseniz- ne kadar kolay değil mi? Örneğin, 12 Eylül (1980) darbesinde yaşananları, kimin hangi safta yer aldığını unutup; son dakikadaki yanıltıcı sözlerine inanmak gibi.

"Loftus'un sahte anıları" teorisine göre, *"Sahte anılar yaşamak hepimizin başına gelebilecek bir şey. Çünkü anılarımız taşa yazılmadığı için kolayca çarpıtılıp şekillendirilebilen yapılar gibidir."*[64] Yapılan deneylerde, insanlar "hayali olayları gerçekmiş gibi" algılayıp inanmakta ve belleklerinde "ayrıntılı" biçimde süsleyerek anlatmaktadır. Loftus, kitabında, Hillary Clinton'dan bir örnek veriyor. Clinton, 1996'da Bosna'ya yaptığı geziyi 12 yıl sonraki (2008) seçim kampanyasında, keskin nişancıların kurşunlarından zor kurtuldukları gibi hayallerle süsleyerek anlatmış. Türkiye'de istediğiniz bir dönemi rastgele seçin, yüzlerce örneği kolaylıkla bulursunuz.

Dikkat ettiğimiz şey, dikkat ettiğimizi düşündüğümüz şeyden farklı olunca **dikkat yanılsaması** ortaya çıkıyor. Hatırladığımızı düşündüğümüz şey ile hatırladığımız şey farklı olduğunda da **bellek yanılsaması** yaşanıyor.[65]

DİKTATÖRLÜKLERDE SORU SORMA TEKNİĞİ

Son sözü başta söyleyeyim: **Diktatörlüklerde soru sorulamaz, hal hatır sorulur!** Ona da izin verilirse tabii.

---

[64] **30 Saniyede Psikoloji**, a.g.e., s.140.
[65] Chabris, Christopher ve Simons, Daniel, **Görünmez Goril (Gündelik Yanılsamalar Hayatımızı Nasıl Yönlendiriyor?)**, 2. Baskı, Çeviri: Bülent Doğan, NTV Yayınları, İstanbul, Mayıs 2012, s.58.

Peki, birçok ülkede –geçmişte ve bugün- diktatörlerin medyasını, gazetecilerini, soru soran insanları görüyoruz. Bu durumda nasıl oluyor da soru sorulamaz diyorum? Çok basit: sorulamayan soru "**sorgulayıcı soru**"dur.

Ey, içinde gazetecilik duygusu ölmemiş ama "**ortak çaresizlik**" ve baskı altında olduğu için görevini yapamayan gazeteciler! Diktatörlüklerde şunu yapabilirsiniz. Soruları diktatörün hoşlanacağı biçime sokarak (paketleyerek) sorun, diktatör de yaptıklarını kendi ağzından anlatma mutluluğu yaşasın. Bu mutlulukla ileride yargılanacağı gün için kanıt sunmuş olsun! Ben buna "**kanıt biriktirici soru**" diyorum.

Diktatörlüklerde kol gezen korku, kimin ne zaman kurban olacağının belli olmamasıyla tırmandırılır. Rejim tarafından körüklenen dedikodular kulaktan kulağa fısıldanır; isyana yeltenenleri nasıl korkunç bir intikamın beklediğini fısıldar bu dedikodular.[66] İç tehdit olarak hedef alınmış grupların başında çizgiden sapan aykırılar ve toplumsal standartların dışında kalan her tür insan gelir.[67] "**Diktatörün yanılgısı**" halkı tarafından tapılırcasına sevildiğine inanmasıdır.[68]

Oysa, bu görüntünen nedeni, insanların diktatörü sevmesi değil, *kendisini koruma içgüdüsüyle* **uyum gereksinimi** göstermektedir. Bu, tıpkı sevgiye gereksinim duymak gibi uyuma duyulan ihtiyaçtır. Bence diktatörün yanılgısı, hem gücünden hem de beynindeki "*bilişsel önyargı*"dan kaynaklanmaktadır. Yani, "*hatalı varsayımlar nedeniyle yanlış yargıda bulunmaktadır.*" Bana göre, diktatörlerde kesinlikle "**insanların kendisi gibi düşündüğünü varsayma**" (düşünme önyargısı) ve "**kendi inanç ve düşüncelerine uymayan bilgi ve gerçeklere aldırmama**" (onaylama önyargısı) hastalığı vardır.

---

[66] Moghaddam, Fathali M., **Diktatörlüğün Psikolojisi**, Çeviri: Hakan Kabasakal, 3P Yayıncılık, İstanbul, Mart 2014, s.197.
[67] Moghaddam, Fathali M., a.g.e., s.103.
[68] Moghaddam, Fathali M., a.g.e., s.209.

Sosyal psikolog Solomon Asch, yukarıda söz ettiğim uyum gereksinimine *"sosyal uydumculuk"* diyor. Asch, 1956 yılındaki araştırmasında, *"bireylerin özerk olmadığını"* ortaya koymuştur. Araştırmaya göre, gruplar (kitleler, toplum) kendisini oluşturan bireyler üzerinde *derin toplumsal etkiler* oluşturur. **İnsanlar** gruba uygun düşmek adına kendilerini uyum sağlamaya mecbur hisseder, **çoğunlukla aynı fikirdeymiş gibi yapar, hatta buna kendilerini de ikna ederler**. Uyum sağlama eğilimleri *inandıkları değerler ya da temel algılarından* daha *güçlü* duruma gelebilir.[69]

Kimi durumlarda da, grup aidiyeti **"tehlikeli bir fikir birliği yanılsaması"** yaratmaktadır. 1970'lerin başında Yale Üniversitesi'nden psikolog Irving Janis'in yaptığı araştırma, *"grup düşüncesinin aşırı derecede grup kutuplaşmasına yol açabildiğini"* göstermiştir.[70] Janis'in **"Grup Düşüncesi Teorisi"**, 1961'de James Stoner'ın çığır açıcı araştırmasını bir kez daha kanıtlamıştır. Stoner da, *"grupların bireylerden çok daha kutuplaşmış kararlar verdiğini"* ileri sürmüştü. Bu araştırmalara göre, "zihin yapıları birbirine yakın" grubun lideri kendi görüşünü açıkça belirtiyor ama grubu dış etki ve görüşlere kapatıyor. Muhalif fikirlerle bağlantı kesildiğinde de, korkunç kararlar verilebiliyor.[71] Freud da, grupları *"ilkel kabilenin yeniden canlandırılışı"* gibi yorumlamaktadır.[72] Trotter ise, gruplarda **"sürü eğilimi"** olduğunu şu sözlerle ifade etmektedir: *"Biyolojik açıdan bu sürü eğilimi çok hücreli yaşamın bir benzeri ve deyiş yerindeyse devamıdır."*[73] Sürü içgüdüsü *"telkine açıktır"*(Boris Sidis).[74]

Bana göre "Grup Düşüncesi Teorisi" grubun niteliği, kuruluş amacı ve yönetim biçimine bağlı olarak değerlendirilmelidir. Çünkü bilim, spor, turizm ya da tasavvuf grupları farklı; terör, siyaset, fanatik tarikat ve taraftar

---

[69] **Psikoloji Kitabı**, Alfa Yayınları, İstanbul, 2012, s.225.
[70] 30 Saniyede Psikoloji, a.g.e., s.72.
[71] 30 Saniyede Psikoloji, a.g.e., s.72.
[72] Freud, Sigmund, **Uygarlık, Din ve Toplum**, İkinci Baskı, Türkçe'si: Selçuk Budak, Öteki Yayınevi, Ankara 1997, s.154.
[73] Freud, Sigmund, **Uygarlık, Din ve Toplum**, a.g.e., s.148.
[74] Freud, Sigmund, **Uygarlık, Din ve Toplum**, a.g.e., s.149.

grupları daha farklı davranış biçimleri gösterirler. Benim, gözlemlerime göre, "**Lidere Biat Teorisi**" ya da "**Liderin Kitleyi Esir Alması Teorisi**"nden söz edilebilir.[75]

"Dinle Küçük Adam" kitabında Wilhelm Reich biatçıları şöyle eleştiriyor:
"*Kendi liderlerini iş başına getirmeye hâlâ çabaladığın durumlarda, başarıya saygı duyma denen şey tümüyle ortadan kalktı. (...) Bağlılığı 'duygusallık' ya da 'küçük burjuva alışkanlığı' olarak nitelendiriyorsun; başarılara karşı saygılı olmayıysa kölece bir el-etek öpme sayıyorsun. Saygısızlık göstermen gereken yerde nankörlük ettiğinden haberin bile yok.*"[76]

Sonuç olarak, diktatörlükle yönetilen ülkelerde iki psikolojik yanılgıdan söz edebiliriz: "**Diktatörün yanılgısı**" gibi "**halkın kendini kandırma yanılgısı!**"

---

[75] Bu teori önerilerimi **07.01.2015** tarihinde not aldım.-HC.
[76] Reich, Wilhelm, **Dinle Küçük Adam**, 10. Basım, Çeviren: Şemsa Yeğin, Payel Yayınevi, İstanbul, 1995(?), s.94.

3. BÖLÜM
ÇÖZÜMLEMELER

BİR SORGUNUN ANATOMİSİ[77]

Korkmaz Yigit' in açıklamaları henüz yayınlanmıştı ve Ankara'da herkes birbirini arayıp "ne oluyor?" diye soruyordu. Kaset ikinci kez yayınlandığında gazeteciler çoktan Başbakanlık Konutu'nda mevzilenmişlerdi bile. Mesleğin tarihe tanıklık duygusunu kışkırtan yanı beni de harekete geçirmiş, olayları gazetede izlemek yerine soluğu Konut'un kapısında almıştım. Başbakan'ın konuşursa ne söyleyeceğini, konuşmazsa nasıl bir tavır takınacağını çok merak ediyordum. Saat gece yarısı bir civarındaydı. Ortalık birden hareketlendi, Başbakan çıkıyordu. Araba kapıya yaklaştığında biraz yavaşlamıştı. Tam o anda; yüzüne kameraların ışığı vuran Mesut Yılmaz'ı net bir şekilde gördüm, gülüyordu. Bu, Korkmaz Yiğit bombasından sonra Türkiye'ye yansıyan ilk ve çok önemli "demeç"ti. Basına yansımayan bu yapmacık gülüş, bende ilk anda Korkmaz Yiğit' in söylediklerinin doğru olduğu intibaını uyandırdı.

Ertesi gün, yani Çarşamba akşamını zor ettim. **Başbakan Arena programındaydı.** Programı artık emekli olan **ünlü bir polis şefiyle birlikte izledim.** Daha programın başında **"Yılmaz'ın bu açıklama için 24 saat beklemesi Korkmaz Yiğit'in iddialarının doğruluğunun delilidir"** dedi. Ona göre, **suçsuz olan bir kişi kaset yayınlanır yayınlanmaz ayağa fırlayıp tepki koymalı, iddiaları reddetmeliydi.** Gariptir, Başbakan bu tavrın bir benzerini Zeytin Kralı ile görüşmesinde sergilemiş ve görüşme haberini, olay gazetelere yansıdıktan iki gün sonra yalanlama yoluna gitmişti.

Yılmaz'ın bunu neden yaptığı ve konuşmak için neden 24 saat beklediği program ilerledikçe ortaya çıkıyordu. **Yiğit, o kadar çok görüşmeden, o kadar çok ilişkiden bahsediyordu ki bunları cevaplayabilmek için**

---

[77] Karaalioğlu, Mustafa, "*Bir Sorgunun Anatomisi*", **Yeni Şafak Gazetesi**, İstanbul, 14 Kasım 1998. Koyu renkli vurgulamalar bana ait (HC).

hazırlanmak lazımdı. **Yoksa, insan çuvallayabilir, açık verebilirdi.** Nitekim, konuşma süresince anlaşıldı ki Yılmaz iddialarda adı geçen bütün isimleri aramış ve onlarla ifade birliği sağlamıştı.

Başbakan açık açık, "Dün akşam Gazi Erçel'i aradım... Emlakbank Genel Müdürü Erdin Arı'ya sordum... Güneş Taner'le görüştüm..." diyordu. Programa telefonla katılan ve konuştukça batan işadamı Kamuran Çörtük'le ise, önceden olduğu gibi kasetten sonra da bir araya geldikleri zaten belliydi.

Mesut Bey, başındaki belanın büyüklüğünün farkında olduğu için kaz gideceğine tavuğu feda etmeyi göze alıyordu. İhaleye fesat karıştırmak anlamına geldiği aşikar olan "Türkbank'ı 500 milyon Dolar'dan aşağı satmayacağız... Yiğit'le, Zorlu'yla ve Çörtük'le ihale öncesinde görüştüm." gibi itiraflarda sakınca görmüyordu. Böylelikle, ihaleyi Korkmaz Yiğit'e vermekte neden ısrar ettiğini izah etmekten kurtulmayı deniyordu. Ve, ikide bir Susurluk sanıklarından alışık olduğumuz bir cümleyi söylüyordu. "Ne yaptıysam devlet için yaptım." Maalesef bu cümle de, bizim meslekte konu çete olunca suç itirafı gibi bir şeydi.

6 saat süren programın 1,5 saati dolmadan **Başbakan "sanık", Uğur Dündar da "hakim" koltuğuna oturmuştu.**

Yılmaz'ın çaresiz bir şekilde Dündar'ı kastedip "Sizin de bildiğiniz gibi..." dediği an film artık kopmuştu. Programı birlikte izlediğimiz **emekli polis şefi, "*Başbakan şu anda, sorgucuyla yakınlaşma kompleksi içinde..*" dedi.**

Yılmaz, zorlanıyor, kısa ve çoğu "hayır"la başlayan red cümleleri, dairesel hareketi gittikçe küçülen el hareketleriyle ve gizlenemeyecek bir ızdırap içinde kendisini savunmaya çalışıyordu.

Danışmanlarının kendisine ezberlettiği apaçık belli olan "kamerayı görünce gülümse" rolünü de Yeşilçam'a yeni düşmüş bir figüran yeteneksizliğiyle berbat edip bırakıyordu.

Başbakan beni kesinlikle inandıramamıştı ve galiba programa olduğu gibi ihaleye de fesat karıştırmış olmalıydı. **Kendisini savunurken verdiği açıkları** tek tek yazmak yerine bunlar akıl sahiplerinin takdirine bırakılmalıydı. Aslında, mesele bu ülkede hukuk varsa anlam taşımaktaydı ve gerisi laf ü güzaftı.

EN ESKİ SORGUCU: SOKRATES

"Bir şey biliyorum, o da hiçbir şey bilmediğimdir."

Sokrates'in bu ünlü sözünü hemen hemen bilmeyenimiz yoktur.

Felsefi düşüncenin en güzel örneklerini veren Sokrates, ne yazık ki, düşündüklerini yazıya dökmenin en kötü örneğini vermiştir. Daha kötüsü herhalde olamazdı. Çünkü, düşüncelerini hiç yazmamıştır!

Sokrates'in düşüncelerini, öğrencisi ünlü filozof Platon'un (Eflâtun) eserlerinden öğreniyoruz.

Sokrates, "konuşturma tekniklerini" en iyi bilen düşünürlerin başında geliyordu. Gazetecilerin, polislerin, sorgulama uzmanlarının ders alması gereken bir biliminsanı olduğu kesin.

Bu "usta sorgucu" *"gerçeği aramak"* için yollara düşer. "Gerçeğin, ama yalnızca gerçeğin" nerede olduğunu bulmak için *önüne çıkanları sorguya çeker*. (Yıllardır benim yaptığım da budur.) Bu kişiler arasında sokaktaki insanlar olduğu kadar biliminsanları ve devlet adamları da vardır.

Sokrates, önce sorunun *"tanımlanmasını"* ister karşısındakinden. Sokrates haklıdır. Çünkü, **ancak "bilen" insan tanımlayabilir. "Bildiğini sanan"** kişiler ise, *tanım* yerine *örnekler* verir.

Ünlü düşünürün yöntemi, **muhatabını "bilgisizliğiyle başbaşa bırakmak"**, onu kendisini de şok edecek bir gerçekle, yani cehaletiyle **yüzleştirmektir**.

Bu yüzleştirme, "en yalın sorularla" gerçekleştiriliyor. Muhataplar kendilerinden son derece emin, konuyu bildiklerini sanıyor, bu nedenle, soru sahibinin saflığıyla eğleniyorlardı. Ama birbiriyle bağlantılı zincirleme sorular geldikçe, Sokrates karşısında bunalıyor, o ana kadar sahip oldukları *düşüncelerindeki çelişmeleri farkedip*, aslında hiçbir şey bilmediklerini görüyorlardı.

Sokrates, gerçeği ararken soru sorduğu *muhataplarına hiçbir bilgi akışı sağlamıyor*, yalnızca soru sorup geri çekiliyor. Muhatapları düşünceleriyle başbaşa kalıyor. Sokrates, direkt olarak bizlere birşey öğretmiyor, ama filozofluğunu, sorduğu sorular ve aldığı yanıtlarla dolaylı olarak bizleri bilgilendirip, öğretici oluyor.

O günden bu yana bilim ve teknoloji gelişti, kullandığımız araç-gereç farklılaştı.

Aradan geçen 2.500 yıla rağmen "düşünce sistemi" değişti mi, ya da daha gerçekçi olalım ve biz de (en azından profesyonel soru sorucular olarak) kendi cehaletimizle yüzleşelim: *"2.500 yıl önceki soru sorma tekniğine ulaşabildik mi?"*

Yanıtı birçokları için acı olabilir, bu aynaya bakmaktan kaçsalar da...

Sokrates'le ilgili buraya kadar yazdıklarım tam 17 yıl önceki (17 Kasım 1998, Salı) televizyonculuğumun 4. yılındaki değerlendirmelerim idi. Bunlara bugün de katılıyorum.

Bu tarz sorgulamaya felsefede "**Sokratik Yöntem**" deniyor: "**Sorular sorun, akıllara kurt düşürün, insanları ne dediklerini bilmediklerine ikna edin**" ve "Mutlak gerçeklere ulaşmak istiyorsanız, elinizdeki bilgileri çok sıkı elemelisiniz. Bu yöntemi kullanırsanız, siz de, bildiklerimizin çoğunun yanlış olduğunu fark edeceksiniz."[78] *Peirastik* düşünce

---

[78] **30 Saniyede Felsefe** (Özgün Adı: *30 Second Philosophies*, Ivy Press Limited, 2009), 2. Baskı, Editör: Barry Loewer, Çeviri: Zeynep Delen, Caretta Kitapları, Çin, Mayıs 2012, s.118.

(sorgulama) kavramı olarak da adlandırılıyor Sokrates'in bu yöntemine.m[79]

Sokrates'in sorgulama biçimleri

Şimdi, meslekte 17 yıl daha ilerledikten sonra yeni değerlendirmeler yapalım. Kitabı basıma hazırlarken, Platon'un "Devlet" kitabını yeniden okudum. Bu kitapta yazılanların hangisinin net olarak Sokrates'e ait olduğu bilinmiyor, ama genel kanı, büyük kısmının ona ait olduğudur.

"*Sorgucu*" Sokrates, kimi zaman soruyormuş gibi yapıyor ama, aslında "*kendisini onaylatıyor!*" Kimi zaman ise, soru-yanıt-sohbet biçiminde giderken, "*kendi düşüncelerini itiraf ediyor!*"

Bizler, 2.500 yıldır bu "itirafları!" niçin fark etmedik acaba?.. Ya da, bilim insanları bunları bizlere niçin anlatmadılar? Şimdi yazacaklarımı (tespitlerimi) hiç duydunuz mu?

Makyavelist Sokrates!.. Faşist Sokrates!..

Sokrates, aşağıda örneklerini vereceğim diyaloglarda karşımıza kimi zaman bir "*Makyavelist*" olarak çıkıyor, kimi zaman da bir "*Faşist*" olarak... 2.500 yıl önce bu düşünceleri dile getirdiğine göre, *bu akımların kurucusu ve fikir babası* bile denebilir.

Bakınız, ona göre devletin "bekçileri" yani askeri, polisi (belki de, sonra tüm toplum) nasıl üremeliymiş, nasıl bir "üstün ırk" yaratılmalıymış, "devlet nasıl yalan söylemeliymiş?"...

Sorgularken, sorgulanmak; itiraf ettirirken, itirafda bulunmak bu olsa gerek.

---

[79] Schopenhauer, Arthur, a.g.e., s.87.

İşte buna güzel bir tarihi örnek[80]:

- Öyleyse kurduğumuz düzen yalnız gerçekleşir olmakla kalmıyor, devletimiz için en iyi düzen oluyor.
- Doğru.
- Demek ki, bekçilerimizin kadınları çırılçıplak soyunacak, değerleri elbiseleri yerine geçecek, onlar da savaş ve barışta devletin bütün bekçilik işlerini erkeklerle paylaşacaklar, başka iş de görmeyecekler. Yalnız cinslerinin zayıflığı göz önünde tutularak, onlara erkeklerden daha kolay işler verilecek. Daha iyiye ulaşmak için, soyunup bedenini çalıştıran kadınlara gülen adama gelince, bu adam dereyi görmeden paçayı sıvamış oluyor, neye güldüğünü, ne yaptığını bilmiyor. Çünkü, her zaman için doğru olan bir şey varsa, o da faydalının güzel, zararlının çirkin olduğudur.
- Orası öyle.
- Böylece ilk dalgayı savuşturmuş olduk. Kadınlar için koyacağımız kanunun ne olacağı üstünde tartıştık. Bekçi erkeklerimizle bekçi kadınlarımızın her işi ortaklaşa görmeleri gerektiğini ortaya koymakla çıkar yolu bulduk. Üstelik bu yolun hem gerçekleşebilir, hem de yararlı olduğunu gördük.
- Doğrusu ucuz atlattık dalgayı.
- Sen asıl dalgayı şimdi göreceksin.
- Söyle, görelim.
- Bu kanundan ve ötekilerden sonra şu geliyor.
- Hangisi?
- Bekçilerimizin kadınları hepsinin arasında ortak olacak, hiç biri hiç bir erkekle ayrı oturmayacak. Çocuklar da ortak olacak. Baba oğlunu, oğul babasını bilmeyecek.
- Bu kanunu kabul ettirmek, bunun mümkün ve yararlı olduğunu ispat etmek, ötekinden daha güç olacak.
- Yararlı olmadığını söyleyemezsin sanırım. Kanun gerçekleşebilirse, kadınların ve çocukların ortak olmasındaki fayda çok büyüktür. Bence asıl zor olan, gerçekleşmesidir.

---

[80] Platon (Eflatun), **Devlet**, Türkçe'si: Eyüboğlu, Sabahattin – Cimcoz, M.Ali, 8. Basım, Remzi Kitabevi, İstanbul, Aralık 1995, s.145-150. (Vurgulamalar bana ait-HC)

- Her iki bakımdan da çatanlar olacaktır, bence.
- İki engeli birleştiriyorsun demek! Bense, birini atlatacağımı umuyordum! Yararlılığını kabul etseydin, olağan mı, değil mi, onu tartışmak kalırdı.
- Atlatmaya çalıştığını gördüm. Ama şimdi iki tarafını birden savun bakalım.
- **Çekeceğim cezamı!** Ama hoş gör şu dileğimi: Bırak da bir soluk alayım. Hani şu tek başına gezinirken kendi hayalleriyle yetinen avare kişiler vardır, onlar gibi. Bu türlüleri herhangi bir isteklerini gerçekleştirmek yolunu aramazlar, bu gayret sıkar onları, istedikleri olabilir mi, olamaz mı diye araştırmanın yorucu bir şey olacağından korkarlar. İşe olmuş gözüyle bakar, istedikleri olunca neler yapabileceklerini düşünüp keyfederler. Böylece içlerindeki avarelik büsbütün artar. Ben de onlar gibi yapıyorum şimdi, işi oluruna bırakıyorum. Düşündüklerimizin olup olmayacağına sonra bakarız. İzin verirsen şimdilik bunlar olabilir, deyip geçeceğim. Devlet adamlarının bu işi nasıl düzenleyeceğini, bekçiler için de, devlet için de bundan ne büyük yararlar doğacağım göstermeye çalışacağım. Önce bunu araştırmak isterim seninle. Kendiliğinden gelir üst yanı. Ne dersin?
- Öyle olsun.
- Devlet adamlarımızı adlarına lâyık kişiler sayıyorum. Yardımcılar da onlar gibiyse, verilen emirleri yerine getirmeye hazır olacaklar, emir verenlerse kanunlara uyacak, ya da kendilerine verdiğimiz yetkiler ölçüsünde kanunların özüne uygun kurallar kuracaklar.
- Tabiî öyle olacak.
- Şimdi sen kanun koyucu ol, *erkekleri nasıl seçtikse, kadınları da öyle seç. Birbirine en yakışanları bir araya getir.* Evleri, sofraları ortak olsun. Kimsenin tek başına hiç bir şeyi olmadığı için bir arada yaşayacaklar. Jimnastiğe, bütün idmanlara birlikte katılacaklar. *Tabiatın zoruyla da ister istemez çiftleşecekler*; buna kesin bir zorunluk diyebiliriz değil mi?
- Geometri bakımından değilse bile, sevişenler için bundan kesin bir zorunluk olamaz. Çoğunluk üzerinde sevgiden gelen zorunluk, geometri zorunluğundan daha güçlüdür.
- Doğru, Glaukon, dedim, ama **çiftleşmeleri** ve herhangi kadın-erkek beraberliğini oluruna bırakmak öyle bir şey ki, buna mutlu bir toplulukta **ne din izin verir, ne de devlet!**

- Bu, doğru da olmaz gerçekten.
- Öyleyse, mümkün olduğu kadar, düğünlü dernekli evlenmeler yapacağız ve bu evlenmelerin toplum için yararlı olanlarını kutsal sayacağız.
- Ben de öyle düşünüyorum.
- Peki, bu evlenmeler nasıl yararlı olabilir? Bunu söylemeyi sana bırakıyorum, Glaukon; çünkü senin evinde en iyi cinsten av köpekleri ve kuşlar gördüm. Sen bunları çiftleştirip üretirken bir şeylere dikkat etmiyor musun?
- Ne gibi?
- Önce şuna: Bu hayvanların hepsi iyi cinsten olmakla beraber, aralarında en iyi olanları vardır elbet.
- Vardır.
- Üretme için iyiye kötüye bakmaz mısın? Yoksa en iyilerini mi çiftleştirirsin?
- En iyilerini.
- En gençlerini mi alırsın, en yaşlılarını mı? Yoksa en gürbüz çağda olanlarını mı?
- En gürbüz çağda olanlarını.
- Üretmede bunları göz önünde tutmazsan, kuşlarının, köpeklerinin cinsi bir hayli bozulur, değil mi?
- Tabiî.
- Atlar ve öteki hayvanlarda durum değişir mi?
- Değişir demek saçma olur.
- Gördün mü, sevgili dostum, insan cinsi için de durum aynı olduğuna göre, **bekçilerimizin ne kadar üstün bir cinsten olmaları gerek.**
- İnsanlar için de öyledir elbet, ama bununla neye varmak istiyorsun?
- Bunu sağlamak için türlü çarelere baş vurmaları gerekecek. Bir hekim, ortanın altında da olsa, ilâcı gereksemeyen, sadece düzenli bir hayat sürmek isteyenler yeter; ama ilâç gereksendi mi, hekimin çok görgülü olması lâzım.
- Doğru, ama neye varmak istediğini gene anlamadım.
- Şuna: Devlet adamlarımız yönettikleri insanların yararına, yalana ve düzene baş vurabilirler demiştik. Bu türlü yalanları da birer ilâç gibi yararlı saymıştık.
- Haklıydık böyle saymakta.

- Öyleyse, sağlık kadar önemli olan evlenme ve üretmede de aynı şeyi yapmakta haklı oluruz.
- Nasıl?
- Üzerinde anlaştığımız ilkelere göre, her iki cinsin de en iyilerinin en fazla, en kötülerinin de en az çiftleşmeleri gerekir. Ayrıca en kötülerin değil, en iyilerin çocuklarını büyütmeliyiz ki, sürünün cinsi bozulmasın. Bunun için başvurulacak çareleri yalnız devlet adamları bilmeli, yoksa bekçiler arasında çatışmalar olabilir.
- Doğru.
- Öyleyse delikanlılarımızla kızlarımızı, düğün dernekle evlendireceğiz. Kurbanlar keseceğiz ve şairlerimizden bu evlenmeleri kutlayan şiirler isteyeceğiz. **Evlenmelerin sayısını da devlet adamları kestirecek.** Bu sayı savaşlara, hastalıklara ve daha başka olaylara göre azalıp çoğalacak. Öyle ki, **devlet, toplumun azalmasını da önleyecek, çoğalmasını da.**
- Evet.
- Bence, evlenecekleri, kurnazca tertiplenmiş kurallarla seçmeli... Böylece cinsleri iyi olmadığı için seçilmeyen mutsuz yurttaşlar devlet adamlarına değil, kaderlerine küsmüş olurlar.
- Bence de en iyisi bu.
- Bundan başka, savaşta ve başka işlerde yararlık gösteren gençlere nişanlar, **ödüller** vermeli. Bu arada **kadınlarla herkesten daha çok yatma hakkı** tanımalı onlara. Kendilerinden alabildiğimiz kadar çok döl almak için bundan daha iyi fırsat olmaz.
- Doğru.
- *Doğan çocuklara gelince, bunları özel bir kurula bırakmalı*, bu kurulda kadınlar da olacak, erkekler de; çünkü devlet işlerinde her iki cins de ortaktır.
- Evet.
- Bu kurul, en seçkin yurttaşların çocuklarını bir yuvaya yerleştirir, onları şehrin belli bir semtinde oturacak bakıcı kadınlara emanet eder. **Seçkin olmayan yurttaşların ve daha başkalarının doğuştan bir eksikliği olan çocukları da gözden uzak uygun bir yerde bırakılır.**
- Evet, bekçilerin cinsini korumak istersek, başka çare yok.
- Beslenme işini de bu kurul düzenler. Memeleri süt dolu anaları yuvaya getirir ve bunların **kendi çocuklarını tanımamaları için elinden**

geleni yapar. Çocukların kendi analarının sütü yoksa sütü olan başka kadınlar bulunur. Süt veren anaların da bu işte fazla oyalanmamaları gerekir. Çocuklara bakma işini de kadın, *erkek bakıcılara bırakmalı!*

- Bekçi kadınların analığını bir hayli kolaylaştırdın!
- Öyle gerek. Ama daha bitmedi söyleyeceklerimiz. Çocukları, gürbüz çağdaki insanlardan üreteceğimizi söylemiştik, değil mi?
- Evet.
- Bu gürbüzlük: çağının kadınlarda yirmi, erkeklerde otuz yıl sürdüğüne inanır mısın benim gibi?
- Hangi yıllardır bunlar?
- *Kadın, 20'sinden 40'ına kadar çocuk verecek devlete; erkekse, yarışta en azgın olduğu çağı geçtikten sonra 55'ine kadar yapacak bu işi.*
- Gerçekten her iki cinste de beden ve kafa en iyi bu yaşlarda işler.
- Eğer bir kimse bu yaşların altında ve üstünde çocuk yapacak olursa, onu dine ve devlete karşı *bir suç işlemiş sayacağız.* Bu üretme, devletin her evlenmede kadın erkek rahiplerle yaptığı kurban ve dua törenlerinden yoksun kalmıştır. Oysaki, bu törenler seçkin insanlardan hep daha seçkin çocuklar, yararlı insanlardan daha yararlı çocuklar doğması için yapılır. *Bunun dışında kalan her üretme, karanlıkların ve korkunç bir azgınlığın işi sayılacak.*
- Öyle olmalı.
- *Devlet iki insanı birleştirmedikçe,* bunlar üretme çağında da olsalar, birleşirlerse, kanuna karşı gelmiş olacaklar. Nişansız, dinî törensiz doğan çocuk, *piç* sayılacak.
- Haklısın.
- Ama *kadınlar da, erkekler de, devlete çocuk verme çağını geçirdikten sonra istedikleriyle birleşmekte serbest bırakılmalılar* bence. Tabiî erkekler için kendi kızları, anaları, kızlarının kızları, analarının anaları; kadınlar için de oğulları, babaları, torunları ve büyükbabaları hariç. Bu serbestliği verirken diyeceğiz ki onlara: Doğsun doğmasın, çocuk yapmamak için bütün tedbirleri alacaksınız. Bu tedbirler boşa çıkarsa devlet doğan çocuğu beslemeyecek.
- Bunlar da akla uygun. Ama *babaların, kızlarını,* dediğin öteki yakınlarını nasıl ayırt edeceğiz?
- Hiç de ayırt etmeyeceğiz. Yalnız bir erkek bir kadınla birleşti mi, yedinci, ya da onuncu aydan sonra doğan çocuğa erkekse «oğlum», kızsa

«kızım» diyecek. Çocuk da ona «baba» diyecek. Bu çocuktan doğacak çocuk «torun» olacak. Kendisine «büyükbaba», karısına da «büyükana» diyecek. Anasının, babasının üretme çağında doğmuş diğer çocuklara da «kardeş» diyecek. Bunlarla her türlü cinsel birleşmelerden kaçınacak. Bununla birlikte, kura öyle çıkmışsa, Pythia da hoş görürse, **kanun, kız kardeşlerle erkek kardeşlerin birleşmesine izin verecek.**
- Çok doğru.
- İşte, Glaukon, devletin bekçileri arasında kadın ve çocuk ortaklığı böyle kurulacak. Bu ortaklık anayasamızla uzlaşıyor mu? Belki de onun en değerli yönü değil midir? Şimdi konuşup anlaşacağımız bu kaldı, öyle değil mi?

Çaresizlik, her zaman haksızlıktan kaynaklanmaz!

Sokrates'in aykırı düşünceleri ve soru sorma yöntemine halk (sade vatandaşlar) *direnemiyor*. Bu, onun düşüncelerinin mutlaka doğru olduğu anlamına gelmiyor tabii ki.

Bir başka deyişle, "**sorular karşısında çaresiz kalmak, her zaman haksızlıktan kaynaklanmaz!**" Aklınızın, zekânızın ve bilginizin başa çıkamayacağı sorularla karşılaştığınızda, yanıt verememeniz bu alanlardaki eksikliğinizden kaynaklanabilir. Sorgucu, bu durumu sizin *"haksız ve suçlu olduğunuz"* biçiminde sunabilir.

Sokrates'in yukarıdaki ve diğer sorularına ancak bir başka filozof (düşünür) *direnebilir, karşı koyabilir*. Örneğini görelim[81]:

Bu sırada Adeimantos söze karıştı:
- *Söylediklerini kimse çürütemez Sokrates, ama bu düşünceyi her ortaya attıkça dinleyicilerin üzerinde ne etki yaptığını biliyor musun? İnsana öyle geliyor ki,* **tartışmasını beceremediği için her soruda gerçekten biraz daha uzaklaşıyor** *ve bu küçük uzaklaşmalar birike birike sonunda ilk düşüncesine taban tabana zıt bir aykırılığa sürüklüyor onu. Dama*

---
[81] Platon (Eflatun), a.g.e., s.174. (Vurgulamalar bana ait-HC)

oyununda ustalar nasıl acemileri faka bastırır da bir taş süremeyecek hale getirir; **senin dinleyicilerin de böylesine kımıldayamaz oluyor, susuyorlar**. Öyle bir oyun ki bu, taş sürmüyorsun da akıl yürütüyorsun. *Bu yoldan doğruya bir adım yaklaşılmış olmuyor.* Bunu söylerken şimdiki durumumuzu düşünüyorum. Sana şöyle bir karşılık verilebilir: *İnsan aklı senin bu sorularınla baş edemese bile, şunu da görmemezlik edemez: Kendini felsefeye verenler*, onu gençliklerinde bir eğitim olarak gördükten sonra bırakmayıp da fazla üstünde duranlar, *kaçık diyemesek bile, bir tuhaf adam oluyorlar*. En aklı başında olanları bile senin bu kadar övdüğün felsefe yüzünden devlete hizmet veremeyecek duruma geliyorlar.

Bunları dinledikten sonra dedim ki:
- Böyle diyenler doğru mu düşünüyor sence?

Kendini onaylatan sorgulama biçimi (Zorbalık!)

Kimi sorgulamalar "*kendisini onaylatmaya*" yöneliktir. Sorgulanan kişi ise, genellikle "*bilgisizliğinden*" dolayı hep "onaylar." Az da olsa, "hep onaylamanın" bir başka nedeni, "*bulunduğu durumdan çıkma, kurtulma*" isteğidir. Bu tür soru sorma, soruyu onaylatma, bana göre "**zorbalıktır!**" Toplum önündeki (TV canlı yayınlarındaki) sorgulamalarda, "*mutlaka onaylatarak üstünlük kazanma*" duygusu yanlıştır. Çünkü, izleyici durumun farkındadır ve sorgulanan yanıt vermese, sözü dolandırsa bile siz zaten galipsiniz!

Buna uygun örneği yine Sokrates'ten veriyorum. Konu da "zorbalık!" Hem içerik, hem de yöntem olarak!.. Aşağıdaki örnek "*kaba bir zorbalık*" değil, "*naif-ince bir zorbalık*" olarak adlandırılabilir. (Yanıtları italik ve ünlemle vurguluyorum. Soru biçimindeki "zorbalık" bilgilerini de koyu yazıyorum.) (Konumuz değil ama, sorgulamayı incelerken, ülkeleri yönetenlerin nasıl zorba yönetici olabileceğine ilişkin 2.500 yıllık ibretlik bilgiler de ediniyoruz.)

- Zenginlerin istediği, devleti yıkmak, devrim yapmak olmasa da, baştakiler öyle der, onları halk düşmanlığıyla, oligarşiye kaymakla suçlandırırlar.
- *Başlarına gelecek budur!*

- Halk kötü niyetinden değil, bilgisizliğinden bu iftiralara kapılır ve düşman olur zenginlere. İşte o zaman zenginler de ister istemez oligarşiden yana kayarlar. Onları böyle zorla değiştiren, yabanarılarının zehirli iğnesidir.
- *Çok doğru!*
- Derken iki taraf arasında ele vermeler, mahkemeler, kavgalar başlar.
- *Çaresiz!*
- Birini tutup başa getirmek, onu besleyip şişirmek, halkın eski âdeti değil midir?
- *Hep budur yaptığı!*
- İşte halkın tuttuğu bu koruyucu yok mu? **Zorbalığın tohumlarını** onda aramalı, başka yerde değil.
- *Doğru!*[82]

Devam ediyoruz:

- **İlk günler zorba, dört bir yana selâmlar, gülümsemeler dağıtır, zorbanın tam tersi gibi gösterir kendini**, yakınlarına ve halka bol bol umutlar verir, borçluları avutur, herkese, hele kendi adamlarına topraklar dağıtır, dünyanın en cömert, en tatlı adamı gibi görünür, değil mi?
- *Öyledir!*
- **İlkin dış düşmanlarıyla uğraşır, kimiyle anlaşır, kimini yener, ama onlardan korkusu kalmayınca, yeni savaşlar çıkarır ortaya, halkı hep buyruğu altında tutmak için.**
- *Doğru!*
- Hem de vergilerle fakirleşen yurttaşlar işten baş kaldırmasın, kendine karşı ayaklanmasınlar diye.
- *O da doğru!*
- Ona boyun eğmeyecek **dik kafalı insanlar görürse, haklarından gelmek için gene savaşa baş vurur**, düşmana salar onları. Bütün bunlardan ötürü bir zorba her zaman savaş kundakçısı olmak yolundadır.
- *Öyledir!*
- Ama böyle davranmakla yurttaşların gözünden de düşmeye başlar.

---

[82] Platon (Eflatun), a.g.e., s.250. Vurgulamalar bana ait-HC.

- *Çaresiz!*
- Zorbanın yükselmesine yardım etmiş hatırı sayılır kimseler arasından **sözlerini esirgemeyenler çıkar**, en yiğitleri kendi aralarında, hatta zorbanın yüzüne karşı durumun kötülüğünü söylerler.
- *Böyleleri çıkabilir!*
- Başta kalmak isterse **zorbanın bütün bu adamları temizlemesi gerektir**. Dostları arasında olsun, düşmanları arasında olsun bir tek değerli insan bırakmaz.
- *Tabiî!*
- Gözünü dört açıp kimlerde yürek, üstünlük, akıl, kudret olduğunu bir bakışta görmek zorundadır. İstesin istemesin, bunlarla uğraşmadan, ayaklarını kaydırmadan rahat edemez. **Sonunda devleti temizler hepsinden.**
- *Güzel temizlik doğrusu!*
- Evet, hekimlerin baş vurduğu temizlemenin tam tersi. Onlar bedende kötü ne varsa atıp, yalnız iyiyi bırakırlar, **zorbaysa iyileri atıp kötüleri bırakır.**
- *Devleti elinde tutabilmek için başka çaresi yoktur!*
- Yapabileceği iki şey birbirinden beterdir: Ya yaşamaktan vazgeçecek, ya çoğu kendini sevmeyen aşağılık insanlar arasında yaşayacak.
- *İkisinden biri, doğru!*
- Yurttaşlarını ne kadar kızdırırsa, bekçilerini de o ölçüde çoğaltmak, onlara güvenmek zorunda kalmayacak mı?
- *Kalacak elbet!*
- Bu güvenilir bekçiler kimler olacak? Nereden getirecek onları?
- *Getirmesine lüzum yok, parayı verdi mi sürüyle gelirler, hem de koşa koşa!*
- Al sana bir sürü **yabanarısı** daha! Hem de dışarıdan, dört bir yandan gelen yabanarıları.
- *Ben de bunu demek istedim!*
- Ya kendi memleketinde neye baş vurur?
- *Neye?*
- Köleleri, efendilerin elinden alıp, azat ettirip bekçilerin arasına katmaz mı?
- *Katmaz olur mu? Hem de en sadık bekçileri onlar olur!*

- Zorbayı soktuğun hale diyecek yok doğrusu. Kendi adamlarını yok ettikten sonra, dost diye, güvenilir adam diye, çevresine ne biçim insanlar topluyor.
- *Başka kimseyi toplayamaz ki!*
- **Yaptıklarını alkışlayan bu ahbapları olacak, düşüp kalkacağı insanlar da yeni yeni yurttaşlar. Dürüst yurttaşlara gelince, onlar iğrenip kaçacaklar ondan.** [83]

Özetleyerek devam ediyorum:

- Desene, zorba kan kusturacak anasına babasına? İşte şimdi herkesin zorbalık dediği düzene geldik. **Halk yağmurdan kaçarken doluya tutulmuş, özgürlüğe kavuşmak isterken eli sopalı kölelerin kulluğuna düşmüş oldu.** Aşırı ve düzensiz özgürlük ona köleliğin en ağırını, en acısını, efendilerin en belâlısını getirecekmiş meğer!
- *Evet, olacağı budur!*
- Peki öyleyse, **demokrasinin** ne olduğunu ve ondan zorbalığa nasıl geçildiğini yeterince anlattık dersek, fazla övünmüş mü oluruz dersin?
- *Bu kadar yeter derim.*[84]

(...)

- Devletten başlayalım. **Bir zorbanın yürüttüğü devlet özgür mü olur, köle mi?**
- *Köle olur, hem de nasıl!*[85]

(...)

- Demek ki, kim ne derse desin, **insan ne kadar zorbaysa o kadar da köledir**. En kötü insanlara yaranmak isteyen, aşağının bayağısı, kötünün kötüsü olmaz mı? İsteklerini biraz olsun doyuramaz bu adam. Her zaman birçok eksiği vardır; içini toptan gören bir göz için aslında fakirin fakiridir, ömrü boyunca da korkular, kaygılar içinde kıvranır. **Zorbanın hali böylece, ezdiği insanların haline benzemiyor mu?**
- *Benziyor!*

---

[83] Platon (Eflatun), a.g.e., s.252. Vurgulamalar bana ait-HC.
[84] Platon (Eflatun), a.g.e., s.254
[85] Platon (Eflatun), a.g.e., s.263.

- Bu dertlere demin sözünü ettiğimiz kötülükleri de katmak gerekmez mi? Hani o içinde olup da başa geçince büsbütün gelişen kötülükleri; kıskançlığı, iki yüzlülüğü, haksızlığı, dostsuzluğu, imansızlığı, besleyip büyüttüğü daha nice illetleri. Bütün bunlar yüzünden zorba, insanların en mutsuzu olmaz ve yanına yaklaşanları da mutsuz etmez mi?
- *Aklı başında hiç kimse buna hayır demez!* [86]

Eflatun Krallığı[87]

tüm sorular soruldu
tüm yanıtlar verildi
bilmediğini bilen Sokratesle
kuşku da toprağa gömüldü

bilgiler artık kralın
başında bir defne çelenk
ne açar ne solar
yeter ülkeye sonsuza dek

karanlıkta ay gibi aklı
bir fenerdir gökten inen
o söyler uyar halkı
o bekler uyur halkı

güvenle yaşamakta tümü özgür
başlarında çoban köpeği
hak edinceye dek koyun gibi tek tek
kurban edilmeyi
1983

---

[86] Platon (Eflatun), a.g.e., s.266.
[87] Ecevit, Bülent, **Elele Büyüttük Sevgiyi (Şiirler)**, Sistem Ofset, Ankara, Tarih yok (Tahmini tarih: 1997-1998), s.68.

"KUDURMUŞ SOKRATES" DİYOJEN (DİOGENES)
- KÖPEKLERİN BİLGELİĞİ -

Antikçağ'da, kökleri Sokrates'in düşüncelerine dayanan, Türkçe karşılığı *"köpek"* olan *"kinikler"* önemli bir yer tutar.

M.Ö. 5. ve 6. yüzyılda etkisi görülen bu filozoflar; yemeleri, içmeleri, giyinmeleri ve davranışlarıyla köpekler gibi yaşam sürdürdükleri için böyle anılıyordu. Çağdaşları onlarla alay ederken, kendileri bu hitabı yüceltiyor ve saygınlık ifadesi olarak kabul ediyordu.

Kiniklerin öncü temsilcisi Sokrates'ten 64 yıl sonra doğmuş olan Sinoplu Diyojen'dir(*Diogenes*). (Sokrates: M.Ö. 468-400; Diyojen: M.Ö. 404-323) Bu Diyojen genellikle diğer Diyojen ile karıştırılır. En çok bildiğimiz diğer Diyojen, filozof Diyojen'den yaklaşık 1.400 yıl sonra, 10.-11. yüzyılda yine aynı bölgede yaşamış olan Bizans İmparatoru Romanos Diogenes'tir. Bu Romen Diyojen, 1071'de Malazgirt Savaşı'nda Selçuklu İmparatoru Alparslan'a yenilmiştir.

"İnsanların kurtarıcısı, ruh hekimi, hakikat ve açıklık peygamberi!"
(Köpeklik –kinik- felsefesinin özü)

Diogenes (Diyojen) dönemin tanrılarına saygı göstermiyordu. Soru sorma tekniğine örnek olarak önce, tanrılar arasındaki konuşmaya kulak verelim. Sonra, Diyogenes'in (Diyojen'in) soru tekniğine bakalım.[88]

ZEUS. Sıradakini gönder!
HERMES. Ne? *Karadenizli şu pis herifi* mi?
ZEUS. Evet, onu.

---

[88] Luck, Georg, **Köpeklerin Bilgeliği (Antikçağ Kiniklerinden Metinler)**, Almanca'dan çeviren: Özügül, Oğuz, Say Yayınları, İstanbul, 2011, s.95-98.

HERMES. Hey, sen heybeli ve çıplak omuzlu, buraya gel, ötekilerin önünden geç. İşte size cesur, çok iyi, soylu, özgür birini sunuyorum! Kim alıyor?

MÜŞTERİ. Çığırtkan, sen ne diyorsun? Özgür bir insanı mı satıyorsun?

HERMES. Evet.

MÜŞTERİ. Ve sen onun, adam kaçırma suçundan seni mahkemeye vermesinden ve Areopag'a (en yüksek mahkemeye) celp edebileceğinden korkmuyorsun, öyle mi?

HERMES. Satılacak olup olmaması ona göre aynı şey: Her durum ve koşulda özgür olduğunu sanıyor.

MÜŞTERİ. Bu hırpani kılıklı, üstelik kötü durumdaki adam hangi işe yarardı ki? Olsa olsa ya mezarcı ya da sucu olurdu.

HERMES. Evet, ama onu kapıda bekçi olarak kullanmak da mümkün, bir köpekten çok daha güvenilir biridir. Ayrıca ona "*köpek*" de diyorlar.

MÜŞTERİ. Nereden geliyor, elinden gelen iş hangisidir?

HERMES. İyisi mi sen kendin sor ona.

MÜŞTERİ. Bezgin bir şekilde önüne bakıyor, yaklaşırsam havlar ya da -tanrı korusun!- belki de ısırır diye korkuyorum. Görmüyor musun değneğini nasıl kaldırıyor, kaşlarını çatıyor ve tehdit edercesine kötü kötü bakıyor.

HERMES. Korkma, uysaldır.

MÜŞTERİ. Önce, azizim, yurdun neresi?

DİOGENES. Her yer.

MÜŞTERİ. Nasıl?

DİOGENES. Önünde bir *dünya yurttaşı* duruyor.

MÜŞTERİ. Örnek aldığın biri var mı?

DİOGENES. Evet, Herakles.

MÜŞTERİ. O zaman sırtına niçin bir aslan postu almıyorsun? Harmanin her halükârda onunkine benziyor.

DİOGENES. Bu hırpani harmani benim aslan postum ve ben Herakles gibi hazla sürekli savaş halindeyim, ama başkasının emriyle değil, kendi isteğimle, çünkü *ben dünyayı tertemiz etmeyi aklıma koydum*.

MÜŞTERİ. Amaçladığın şey için seni tebrik ederim. Ama söyle bana, vakıf olduğun şey nedir, bir sanat icra ediyor musun?

DİOGENES. Ben *insanların kurtarıcısıyım, ruh hastalıklarının hekimiyim*. Ve genel olarak bir hakikat ve *açıklık peygamberi* olmak istiyorum.

MÜŞTERİ. Tebrikler bay peygamber. Seni satın alırsam bana karşı nasıl davranacaksın?

DİOGENES. Önce seni lükslerinden sıyırıp çıkaracağım, kirli paslı bir harmani giydirip yoksullukla beraber içeri tıkacağım. Sonra yorulana kadar çalışacak, kuru toprakta yatıp su içecek ve ne bulursan onu yiyip karnını doyuracaksın. Elindeki servetini de denize atmanı öneririm. *Ne karınla ne çocuklarınla ne de yurdunla ilgileneceksin*; bunların hepsi budalaca şeyler! Baba evine arkanı dönecek ve *bir mezarda, çökmüş bir kulede ya da bir fıçıda barınacaksın*. Heybeni kuru fasulye ve iki tarafı yazılı kitap tomarlarıyla dolduracağım. *O zaman en büyük kraldan bile daha mutlu olduğunu söyleyebileceksin*. Kırbaçlansan ve işkenceden geçsen bile bunların hiçbirini eziyetli bulmayacaksın.

MÜŞTERİ. Efendim? Kırbaçlanıyorum ve hiçbir yerim acımıyor, öyle mi? Bende bir kaplumbağanın ya da bir yengecin kabuğu yok!

DİOGENES. Euripides'in ünlü dizesini küçük bir değişiklikle kendine uygulayacaksın.

MÜŞTERİ. Hangi dize?

DİOGENES. "Can acısını dil değil, ruh hisseder." *Sahip olman gereken en önemli nitelikler şunlar: Hakikati yüzlerine vurmak için sıradan yurttaştan krala kadar istisnasız herkese karşı küstah ve acımasız olmalısın. Böylece seni sayarlar ve cesur bulurlar. Sözlerin yadırgatıcı olmalı, konuşurken bir köpek gibi hırlamalısın*. Yüzün gergin, yürüyüşün böyle bir yüze yakışır şekilde ve bıraktığın izlenim hayvani, vahşi olmalıdır. *Üzerinde saygıdan, edepten, itidalden en ufak bir iz kalmamalı*. Utanıp sıkılmayı tamamen bir yana atmalısın. Her zaman kalabalıkların toplandığı yerlere gidip onların tam ortasında sanki yalnızmış gibi ve onlarla hiçbir işin yokmuş gibi davranmalı ve hiçbirini dost, tanıdık saymamalısın, zira bu, otoriteni sarsar. *Gizlice yapılmayan şeyleri bile herkesin gözü önünde serbestçe yap, ve cinsel ilişkiye gelince, en gülünç çeşitlerini (?) tatbik et*. Son olarak, *canın çekiyorsa çiğ bir ahtapot ya da mürekkep balığı ye ve öl! Sana sağlayabileceğimiz mutluluk bu işte*.

MÜŞTERİ. Cehennemin dibine git! Söylediklerin rezilce ve insanlık dışı!

DİOGENES. Evet, ama herkesin ulaşabileceği kadar basit ve ucuz. Bunun için eğitime, konuşmaya, gevezeliğe ihtiyacın yok; *üne kavuşmanın en kısa yoludur bu*. Sen sıradan bir insan, bir sepici ya da balıkçı, bir marangoz ya da bir kalpazansın belki; ama *keramet sahibi biri olman için*

seni hiçbir şey engelleyemez, yeter ki gereken utanmazlığı ve küstahlığı göster, adamakıllı ve hiç düşünmeden sövmeyi bil.
MÜŞTERİ. Bunun için sana ihtiyacım yok. Ama senden belki bir kayıkçı ya da bir bahçıvan ya da böyle biri olur, eğer şuradaki en fazla iki Obole'ye senden kurtulmak isterse tabi.
HERMES. Al götür onu. Bu müziç heriften kurtulursak sevinirim; o [yeterince] bağırıp çağırdı ve fark gözetmeden herkese sataştı, hakaretler yağdırdı.

"*Burgu*" tipi sorgulama

Diyojen'in soru sorma tekniğinde "*burgu*" diyebileceğim bir mantık var. "Yasalar" ve "Devlet" adlı iki büyük eserin sahibi Platon'a sorduğu sorular, bilgi sahibi olmak için değil, onu kendi mantığı içinde burarak sıkıştırmak ve zor durumda bırakmaya yönelik. Sormadan önce, ne yanıt gelirse gelsin, kendi yargısını değiştirmemekte ısrarlı bir sorgucu olduğunu gösteriyor.

Diyojen Platon'a, "*Yasalar*'ı mı yazıyorsun?" diye sordu.
"Evet"
"İlginç. Sen *Devlet*'i de yazmıştın?"
"Elbette"
"Nasıl yani, *Devlet*'in Yasalar'ı yok muydu?"
"Vardı"
"Yasalar'ı niçin bir kez daha yazıyorsun o zaman?"[89]

"***Kalk, biraz önce bu kenti zaptettim!***"
"*Eşek...*"

Diyojen'le ilgili diyologları, aradan yaklaşık 1.400 yıl geçtiği için doğal olarak farklı filozofların farklı anlatımlarıyla öğreniyoruz. Bu yüzden aşağıdaki soru-yanıtlarda fazla kuşkuya düşülmemeli.

---
[89] Luck, Georg, a.g.e., s.109.

Yukarıda, *"keramet sahibi olmak için, utanmazlık ve küstahlığı göster, adamakıllı ve hiç düşünmeden sövmeyi bil"* diye öğüt veren Diyojen, bunu Büyük İskender'e yapıyor:

Diyojen uykudayken Pers Kralı Büyük İskender onu ziyarete geldi, ayağıyla dürterek şöyle dedi:
"Kalk, biraz önce senin kentini ele geçirdim"
Bunun üzerine Diyojen, "Bir *krala* kentleri zapt ediyor diye serzenişte bulunamazsın, ama *eşeğin* yaptığı bir şeyi reddedebilirsin", diye karşılık verdi.[90]

"Yeter, İskender olmasaydım, Diyojen olmak isterdim!"

(...) İskender Diyojen'in ayağına kadar gitti. Diyojen bu kadar büyük kalabalığın yaklaştığını görünce yerinden biraz doğruldu ve gözlerini İskender'e dikti. İskender onu nazikçe selamladı ve kendisi için bir şey yapıp yapamayacağını sordu. Bunun üzerine beriki, *"Evet, güneşimden biraz uzaklaş"* dedi.
Söylenenlere göre İskender bundan çok etkilendi ve bunu kendisine bir hakaret sayması mümkün olduğu halde, bu adamın onuruna, yüceliğine hayran kaldı, oradan uzaklaşırken maiyetinin alaycı, iğneleyici sözlerini keserek şöyle dedi:
"Yeter, İskender olmasaydım, Diyojen olmak isterdim!"[91]

Diyojen'den Büyük İskender'e soru:
"Sen, piç olduğu söylenen İskender misin?"

"Çok fazla zamanı" olan kinik (köpek) filozof Diyojen, "hiç zamanı olmayan" ünlü Pers Kralı Büyük İskender ile karşılaşır.
Diyojen o gün Kraneion'daydı ve yalnızdı. Otururken İskender yaklaştı ve onu selamladı. İşte bu, yine o ünlü *"Gölge etme başka ihsan istemem"* sahnesidir!...

---

[90] Luck, Georg, a.g.e., s.114.
[91] Luck, Georg, a.g.e., s.113.

Diyojen ise ona bir "aslan gibi tehdit edercesine" baktı. İskender'in kenara çekilmesini istedi, çünkü o sırada güneşte ısınıyordu. Kısa bir sessizlikten sonra Diyojen ona, kim olduğunu ve niçin kendisine geldiğini sordu. "Yoksa bana ait bir şeyi almak için mi?"
Kaynaklar, bu konuşmayı (soru-yanıtları) şöyle yazıyor.[92]

"Nasıl?", diye sordu İskender, "paran mı var? Ya da verebileceğin başka şeylerin mi?"
Bunun üzerine Diogenes: "Evet, hem de çok değerli şeyler, ama senin bunlardan pay alabileceğine emin değilim. Elbette onlar 'kılıç ve leğen' alaşımlı kupalar, Pers kralı Darius'unkiler gibi koltuklar ve masalar değil."
"Dinle" dedi İskender, "yoksa sen kral İskender'i tanımıyor musun?"
"*Adını birçok kişiden duydum*" dedi Diogenes, "*sanki kargalar uçuşuyormuş gibi, ama onu tanımıyorum, çünkü fikirlerini çok iyi bilmiyorum.*"
"Ama şimdi" dedi İskender, "onun fikirlerini de öğrenebilirsin, zira sana beni tanıma fırsatını vermek ve seni görmek için buradayım."
Diogenes, "*ancak gözleri hasta olanların ışığı zar zor görmesi gibi, sen de beni güçlükle görebilirsin. Bana şunu de: Sen, hakkında bir piç olduğu söylenen İskender misin?*" diye karşılık verdi.
Kral bir anda öfkesinden kıpkırmızı oldu, ama kendini tuttu; şimdi de bu kaba saba herifle konuşmaya başlamış olmaktan pişmanlık duyuyordu. Diogenes onun kızgınlığını hissetti ve zarlarla oynayan çocuklar gibi atışını değiştirmek istedi.
İskender ona, "bana piç demek aklına nereden esti?" diye sorunca, Diogenes şöyle cevap verdi:
"*Nereden mi esti? Anlatılanlara göre annen de sana böyle diyordu. Yoksa senin babanın Philipp değil de, bir ejderha ya da tanrı Amun ya da herhangi bir tanrı, yarı tanrı ya da bir hayvan olduğunu Olympia söylemedi mi? Bu durumda senin bir piç olman gerekir. Yoksa iki değişik cinsten gelen bir horoza piç demiyor musun? Sana, bir tanrı ile bir fani arasındaki fark, safkan bir horozla [sıradan bir] horoz arasındaki farktan daha büyük değil gibi mi geliyor? Eğer soyun, dendiği gibi, böyleyse sen de, böyle bir*

---

[92] Luck, Georg, a.g.e., s.334-335.

horoz gibi, bir piçsin. Ama özellikle bu karışımdan dolayı belki dünyanın en büyük savaşçısı olacaksın."

Bunun üzerine İskender gülümsedi ve çok sevindi, Diogenes ona artık kaba biri değil, büyük bir diplomat, pohpohlamayı bilen biri gibi görünüyordu.

"Peki, iyi" dedi, "sen bu öyküyü gerçek mi yoksa gerçek dışı mı buluyorsun?"

"Bunu söylemek mümkün değil" diye karşılık verdi Diogenes. "Eğer kendini tutabilirsen ve tanrısal sanata hâkim olmayı bilirsen, o zaman Zeus'un oğlu olmanı hiçbir şey engellemez. Sanıldığı gibi, Zeus'un tanrıların ve insanların babası olduğunu Homeros da söyler, ancak kölelerin, hainlerin ve değersiz kişilerin değil. *Ama sen bir korkak, bir zevk düşkünü ya da köle ruhluysan, ne tanrılara ne de iyi insanlara yakın olursun*. Bir zamanlar Thebai'de 'cüzamlı' denen kişilerde soylarının işareti olarak bir ben vardı; sanırım o bir engeldi. Böyle bir beni olmayanlar 'cüzamlı' sayılmıyordu. Zeus'un oğullarının da, soylarının Zeus'tan gelip gelmediğine karar verebilecekleri tanımaya yarayan böyle bir işareti ruhlarında taşıdıklarına inanmıyor musun?" İskender bu cevap üzerine çok sevindi.

Kral olmak mı, ırgat olmak mı?

Konuşmanın ilerleyen bölümlerinde[93], artık dost olan İskender ve Diyojen, soru-yanıtlı sohbeti söyle sürdürüyor. "Dünyalar hâkimi" İskender, "küçük fıçı içindeki" Diyojen'in etkisinde:

Bunun üzerine İskender, "herhalde Pers kralını kraldan saymıyorsun?" dedi.

Diogenes gülümsedi: "küçük parmağımdan fazla değil"

"Ben ona boyun eğdirirsem" diye sordu İskender, "o zaman küçük bir kral olamayacak mıyım?"

"Olacaksın", dedi Diogenes "ama bu yüzden değil. Çünkü çocuklar, adını kendilerinin koyduğu 'kralcılık' oyunu oynadıkları zaman, galip gelen asla gerçek bir kral değildir. Çocuklar, galip gelenin, yani kralın bir

---

[93] Luck, Georg, a.g.e., s.339-340.

ayakkabıcının ya da bir marangozun oğlu ve babasının zanaatını öğrenmek zorunda olduğunu, ama ötekilerle oynamak için evden kaçtığını çok iyi bilir, ancak o yine de, özellikle şimdi ciddi bir meşgalesi olduğuna inanır. Sahibinden kaçmış bir kölenin de kral olduğu görülür. Belki siz krallar da benzer şeyleri yapıyorsunuz: *Her birinizin yanında savaşa susamış oyun arkadaşı var.* Bir yanda o ve Perslerle Küçük Asya halkları, öte yanda sen ve Makedonlarla Grekler. Çocuklar gibi birbirinize top atarak isabet ettirmeye çalışıyorsunuz ve isabet alan kaybediyor, şimdi sen Darius'a nişan alıyorsun, o da sana; belki sen isabet ettirir ve onu oyundan çıkarırsın, zira ben seni ondan daha iyi bir nişancı olarak görüyorum. Sonra daha önce onun yanında olanlar senin tarafına geçer ve önünde eğilir, sana herkesin kralı der."

İskender kendini tekrar haksızlığa uğramış hissetti ve öfkelendi. *Çünkü o, Avrupa'nın, Küçük Asya'nın, Libya'nın ve Okyanus'taki bütün adaların kralı olamayacaksa yaşamak istemiyordu.* Onun için söz konusu Homeros'un anlattığına göre Hades'teki *Achilleus* için söz konusu olanın tam tersiydi. Achilleus, ırgat olarak yaşamayı tercih ederdim diyordu,

"bütün geçmiş göçmüş ölülere kral olacağıma

varlıksız, yoksul bir çiftçinin yanında ırgat olaydım."

Buna karşılık İskender, kanımca, sadece bir tanrı olmaktansa, ölmeyi ve ölülerin üçte birine hükmetmeyi tercih ederdi, meğer ki öteki tanrıların da kralı olabilsin. Belki Zeus'u küçümsemezdi, çünkü insanlar ona kral diyordu. Bu yüzden Diogenes ona sert bir şekilde haddini bildirmişti.

Kinik: "*Senin mantığınıa göre tanrılar hayvanlardan daha aşağıda!***"**

Antakya'da eğitim gören, Atina'da yaşayan *"Antikçağ Voltaire"*i diye tanımlanan büyük hicivci Samosatalı Lykinos'un (Lukianos) (M.S. 120-180) kinikleri sorgulaması da, ders alınacak bir metindir. Dikkat edelim bakalım, **aslında kim kimi sorguluyor?**

[94]LYKİNOS: Hey sen, niçin sakalın ve uzun saçların var da, iç çamaşırın yok? Ortalıkta niçin yarı çıplak, yalınayak dolaşıyorsun ve bu insana yakışmayan, hayvanlara özgü gezgin yaşamını neden seçtin? Normal

---

[94] Luck, Georg, a.g.e., s.414-420.

insanlara karşılık, hoşlanmadığın şeyleri niçin her zaman bedenine layık görüyor, başıboş dolaşıyorsun, sert toprağın üzerinde uyumaya hazırsın, aslında ince, yumuşak ve renkli olmayan harmanıın kirden kaskatı kesilmiş?

KİNİK: Benim böyle şeylere ihtiyacım yok. Sahip olduklarım, çok kolay elde edebileceğim şeyler ve sahibine zorluk çıkarmayan cinsten. Bunlar bana yeter. Ama söyle bana lütfen, lüksün bir kötülük olduğunu düşünmüyor musun?

LYKİNOS: Mutlaka.

KİNİK: Yalın bir yaşamın erdem olduğunu?

LYKİNOS: Mutlaka.

KİNİK: Birçoğundan daha yalın bir ömür sürdüğümü ve onların benden daha çok para harcayarak yaşadığını görüyorsun: Niçin, onları değil de, beni kınıyorsun?

LYKİNOS: Ama -tanrı bilir ya!-, sanki başkalarından daha yalın yaşıyormuşsun gibi gelmiyor bana, tersine, daha muhtaç, hatta tamamen muhtaç ve meteliksizsin gibi. Her gün ekmek dilenen bir serseriden farkın yok.

KİNİK: Konuşmamız bu noktaya geldiği için, istersen "muhtaç" ve "yeterli" kavramlarının ne anlama geldiğini araştıralım.

LYKİNOS: Nasıl istersen.

KİNİK: *Bir insan için ihtiyaçlarını karşılayan şey "yeterli" midir? Yoksa sen nasıl görüyorsun?*

LYKİNOS: Evet, doğru.

KİNİK: *Ve muhtaçlık insanın ihtiyaç duyduğu şeyden yoksun kalması, gerekli şeylerin yetmemesi değil mi?*

LYKİNOS: Evet.

KİNİK: O zaman yaşamda benim hiçbir eksiğim yok; çünkü sahip olduğum her şey ihtiyaçlarımı karşılıyor;

LYKİNOS: Bununla ne demek istiyorsun?

KİNİK: *İhtiyaç duyduğumuz şeylerin maksadını birer birer ele almak nasıl olurdu sence?* Diyelim ki bir ev, onun maksadı bizi korumak, yoksa değil mi?

LYKİNOS: Evet.

KİNİK: Peki. Giysilerin anlamı ne? Onlar da bizi koruyor mu?

LYKİNOS: Evet.

KİNİK: *Sana soruyorum, korunmaya niçin ihtiyacımız var? Korunan kişi kendini daha iyi hissetsin diye değil mi?*
LYKİNOS: Sanırım öyle.
KİNİK: Ayaklarımın kötü durumda olduğunu mu düşünüyorsun?
LYKİNOS: Bilmem.
KİNİK: Bunu bulmak için bir olanak var. Ayakların görevi nedir?
LYKİNOS: Yürümek.
KİNİK: Sence ayaklarım başkalarınınkinden daha kötü mü yürüyor?

LYKİNOS: Galiba hayır.
KİNİK: Demek ki onlar görevini iyi şekilde yerine gevremiyorsa, durumları da iyi değildir.
LYKİNOS: Galiba.
KİNİK: Benim ayaklarıma gelince, onların durumu, görünüşe göre başkalarınınkinden daha kötü değil.
LYKİNOS: Öyle bir izlenim edinmedim.
KİNİK: İyi. Bedenimin geri kalan kısımları acaba daha kötü bir durumda mı? *Eğer kötüyse beden zayıf düşer, zira bedenin erdemi güç, kuvvet değil midir? Bedenim güçsüz mü?*
LYKİNOS: Bana öyle görünmüyor.
KİNİK: Demek ki, ayaklarımın da bedenimin geri kalan kısımlarının da korunmaya ihtiyacı yok. Eğer korunmaya ihtiyaç duysaydılar, durumları kötü olacaktı. Zira **eksiklik genel olarak bir kötülüktür** ve bundan mustarip olanın esenliğine halel getirir. Bir şey daha: Sadece ne bulursam onu yediğim için, beslenme durumum hiç de daha kötü değil.
LYKİNOS: Hayır, görülüyor.
KİNİK: Yanlış beslenmiş olsaydım, sağlıklı olmazdım. Çünkü yanlış beslenme bedene zarar verir.
LYKİNOS: Doğru.
KİNİK: *O zaman söyle bana, eğer bütün bunlar doğruysa, yaşam tarzımı niçin kınıyor ve hor görüyorsun, açması buluyorsun?*
LYKİNOS: Zeus hakkı için! Saygı gösterdiğin doğa ve tanrılar yeryüzünü bizim kullanımımıza sundular ve ondan birçok iyi ve güzel şeylerin meydana gelmesini sağladılar, her şeye fazlasıyla sahibiz, hem de yalnız ihtiyacımızı karşılamak için değil, haz almamız için. *Ama senin hiçbir şeyde ya da neredeyse hiçbir şeyde gözün yok, herhangi bir hayvan gibi bunların*

hiçbirinden zevk almıyorsun. Bir hayvan gibi su içiyor, bir köpek gibi ne bulursan onu yiyorsun, barınağın bir köpeğinkinden farksız. Saman dolu bir barınak sana da köpeğe de yeterli oluyor. Sırtındaki harmani bir dilencininkinden hiç de daha düzgün ve özenli değil. Bunlarla yetinen sen eğer doğru düşünürsen, o zaman tanrının yünlü koyunları, tatlı şaraplar veren üzümleri, zeytinyağını, balı ve başka her şeyi, bizlerin çok değişik yiyecekleri, tatlı şarapları, parası, yumuşak bir yatağı, güzel bir evi olsun diye, bol bol ve şahane bir çeşitlilik halinde yaratması yanlıştı. Zira sanat ürünleri de tanrı vergisidir. Bütün bunlardan vazgeçen bir ömür, örneğin hapishanedeki insanlar gibi, başkaları tarafından vazgeçmeye zorlanılsa bile, acınacak bir ömürdür. Ama çok daha açması olan, insanın bütün güzelliklerden kendi isteğiyle vazgeçmesidir; bu ise gerçekten tam anlamıyla çılgınlıktır.

KİNİK: Evet, belki haklısın. Ama bana şunu söyle: Diyelim ki, zengin bir adam büyük bir şölen düzenliyor ve birçok insanı, hastasını da sağlıklısını da davet ediyor ve önlerine değişik yiyecekler koyuyor. Şimdi biri, sağlıklı ve bir tane midesi olduğu, çok az yiyeceğe ihtiyaç duyduğu halde, yalnız önündekileri değil, uzaktaki ve hastalara ait yiyecekleri de yerse, bu adam hakkında ne düşünürsün? O makul biri midir?

LYKİNOS: Hayır, değildir.

KİNİK: Peki. Ona kanaatkâr der misin?

LYKİNOS: Hayır, onu da diyemem.

KİNİK: Tamam. Diyelim ki, başka bir konuk masadaki değişik birçok yiyeceğe aldırış etmiyor, önündekilerden ihtiyacına yetecek kadar olan bir tanesini seçiyor, ve onu, yalnız onu görgü kurallarına uyarak yiyor; öteki yiyeceklere bir kez olsun dönüp bakmıyor. Sence bu ikincisi daha kanaatkâr, daha iyi değil mi?

LYKİNOS: Evet.

KİNİK: Şimdi anlıyor musun, yoksa bunu sana açıklamalı mıyım?

LYKİNOS: Neyi?

KİNİK: Tanrı, şu cömert ev sahibine benzer: O önümüze değişik, çeşit çeşit yiyecek koyar, ki böylece herkes, sağlıklısı da, hastası da, güçlüsü de, zayıfı da uygun buldukları şeyleri yiyebilsin, ama her şeyi değil, sadece ulaşabildiği ve özellikle ihtiyaç duyduğu kadarını.

Ama siz, açgözlülükten ve ölçüsüzlükten dolayı bütün yiyecekleri önüne çeken konuğa benziyorsunuz. Siz nerede ne varsa onun tadına bakmak istiyorsunuz, yalnız ulaşabildiklerinize değil, çünkü *topraklarınız, deniziniz size yetmiyor*, dünyanın bir ucundan yiyecekler getirtiyorsunuz. *Yabancı mallara yerlilerinden, pahalılara ucuzlarından, zor elde edilenlere kolay elde edilenlerden daha çok değer veriyorsunuz.* Tek kelimeyle: Tasasız yaşamak yerine, dert ve üzüntü çekmeyi tercih ediyorsunuz. Zira mutluluğunuzun, bu kadar gurur duyduğunuz pahalı koşullarını dert çekmeden, tasalanmadan elde etmek mümkün değildir. Bu kadar can attığın altına, gümüşe, pahalı evlere, şık giysilere, bunlara ait her şeye bir bak: Bütün bunlar ne kadar çabaya, ne kadar kana, ne kadar ölüme, ne kadar insan kaybına mal oluyor (bazıları bu yüzden açık denizlerde telef oluyor, bazılarının kaderi bu tür şeyleri ararken ya da üretirken bir trajediye dönüşüyor), evet, *insanlar bu tür şeyler uğruna amansızca savaşıyor, birbirine pusu kuruyor, dost dostuna, oğul babasına, karısı kocasına.* Örneğin Eriphyle altın için kocasına ihanet etti. Renkli giysiler insanı daha sıcak tutmadığı, altın damlı evler daha iyi korumadığı, gümüş ve altın kupalar şaraba daha çok tat vermediği, fildişi yataklar daha rahat uymayı sağlamadığı halde, işte bütün bunlar oluyor; tam tersine, zengin birinin fildişi yatağında, pahalı damının altında uykusuz geceler geçirdiği sık sık görülüyor. Büyük masraflarla hazırladığınız yiyeceklerin fazla beslenme değeri olmadığını, bedene zarar verdiğini ve hastalıklara yol açtığını söylememe gerek var mı? İnsanların cinsel arzularını tatmin etmek için nasıl zahmet çektiğini, eziyetlere katlandığını söylememe gerek var mı? Oysa bütün bu ihtiyaçları karşılamak, eğer sıra dışı olmak istenmiyorsa, çok kolaydır. Ama *insanlara bu alanda çılgın ve ahlaksız olmak yetmiyor*: Cinsel ilişkiyi yozlaştırıyor ve her şeyi doğal olmayan amaçlar için kullanıyorlar, tıpkı bir kimsenin yataktan yatak olarak değil de bir araba olarak yararlanmak istemesi gibi.

LYKİNOS: Böyle bir şeyi kim yapar?

KİNİK: Siz! *İnsanları bir yük hayvanı olarak kötüye kullanıyorsunuz*, onlara yataklarınızı, sanki bir arabaymış gibi, sırtlarında taşımalarını emrediyor, kendiniz yatağın üzerine yayılıp oradan bu insanları birer eşekmiş gibi "sağa! sola değil!" diye emirler vererek sevk ve idare ediyorsunuz. Ve kim bunu daha çok yapabilirse, kendini daha mutlu sayıyor. Yalnız et yemekle kalmayıp, buradan erguvan boya maddesini çıkaranların, tanrının yarattıklarını da doğal olmayan amaçlar için kullandıklarını düşünmüyor musun?

LYKİNOS: Hayır, Zeus hakkı için, çünkü erguvan balığının (salyangozunun) yalnız eti yenmez, üstelik ondan boya maddesi de elde edilir.

KİNİK: Evet, ama bu onun yaşamının amacı değil. Bir testiyi, mutlaka gerekiyorsa tencere olarak kullanmak mümkün olurdu, ama o bu amaç için yapılmamıştır. Bu insanların sefaletini ayrıntılarıyla anlatmak nasıl mümkün olur? Zira bu sefalet çok büyük! *Bunlarla bir ilişiğim olmasını istemediğim için beni suçluyorsun.* Ama ben, ulaşabildiği ucuz şeylerin tadını çıkaran ve lüks yiyeceklere istek duymayan doğru dürüst bir insan gibi yaşıyorum.

Ayrıca benim, çok az ve mütevazı ihtiyaçlarım olduğu için bir hayvan gibi yaşadığımı düşünüyorsan, o zaman, senin mantığını izlersek, korkarım ki tanrılar hayvanlardan hâlâ daha aşağıdalar. Zira onların hiçbir şeye ihtiyacı yok. Ama sen, çok az (?) ihtiyaç sahibi olmanın ve birçok şeye sahip olmanın ne anlama geldiğini tam olarak bilmek istiyorsan bir defa daha düşün: Çocukların ihtiyaçları yetişkinlerinkinden daha fazladır, kadınlarınki erkeklerinkinden, hastalarınki sağlıklı olanlarınkinden, ve genel olarak daha az iyi olanların ihtiyaçları daha iyi olanlarınkinden fazladır. Bu yüzden tanrıların hiçbir şeye ihtiyacı yoktur ve tanrılara çok yakın olanlar çok az şeye ihtiyaç duyar.

Yoksa insanların en iyisi, tanrısal bir kişi olan ve haklı olarak bir tanrı sayılan Herakles'in trajik bir yazgı tarafından yarı çıplak, sırtında bir postla ve hiçbir şeye ihtiyaç duymadan şaşkın gibi dolaşmaya zorlandığını mı sanıyorsun? (...) Onun örtünecek bir şeyi ve sandaletleri olmadığı için mi yarı çıplak dolaştığını sanıyorsun? Bunu söylemek mümkün değil. Hayır, o kendine hâkim oluyor ve kanaatkâr yaşıyordu; lüks içinde yaşamak değil, dayanıklı olmak istiyordu. Ve Poseidon'un oğlu, çağının yetiştirdiği en iyi insan olan öğrencisi Theseus Atinalılara hükmetmiyor muydu? Ama o da yalınayak ve yarı çıplak dolaşmak istiyordu ve sakal bırakmaktan, saçlarını uzatmaktan hoşlanıyordu, hem de yalnız o değil, o çağda yaşamış bütün erkekler. Zira onlar sizlerden daha iyiydi ve *sakalını kesmek, tıpkı bir aslan gibi, kimsenin aklına gelmiyordu. Çünkü yumuşak, düzgün bir cilt, onlara göre, daha çok kadınlara yakışırdı, ama onlar birer erkekti ve erkek gibi görünmek istiyorlardı; sakal onlar için, bir atın ya da aslanın yelesi gibi, erkeğin süsüydü. Tanrı bu hayvanlara yeleyi özel bir süs olarak vermişti.* Erkeğe de aynı anlamda sakalı bahşetti. Ben bu eski günlerin erkeklerine öykünüyorum, onları kendime örnek alıyorum, ama mutlulukları iyi yemeklerden, güzel giysilerden ibaret olan, sakallarını kestirip bedenlerindeki kılları temizleyen bugünküler gibi olmak istemiyorum. (*devam edip gidiyor.*)

TARTIŞMA PROGRAMLARININ ANALİZİ
(İŞLEV VE SORUMLULUK)

Tartışma programları da, günümüzün moda deyimiyle "moderatör" denen "*etkin sunucunun*" sorgulaması açısından önemlidir. Buradaki "sunucu" aynı zamanda etkin bir "yönetici"dir.

Tartışma programlarındaki medya sorgucusu, 2. Bölüm'deki konuşturma tekniklerini uygularken, şu noktalara da dikkat etmelidir:

Televizyonda akılcı tartışma, genellikle stüdyoda provalarla yapılır ve izleyiciyi eğitmek ve eğlendirmek amacını güder. (...) Muhabir sizin ilginizi çekmek, sizi eğitmek ve bilgilendirmek, düşündürmek, düşünmenize yardım etmek ve sizi kendi kanalında tutmak ister. [95]

Yönlendirme ve daha fazlası: Tartışmada ne kadar ve ne tür bir yönlendirmede bulunacağınıza karar vermelisiniz. Temelde bir "yükümlülüğünüz" ve üç "seçeneğiniz" vardır:
- *Tartışmayı yönlendirmek* (yükümlülük): Soru sormak, dinlemek, yanıtlamak ve sözleri özetlemek.
- *Tartışmayı kontrol etmek* (seçenek): İnsanlara ne düşüneceklerini söylemek değil, konuları ve zamanı belirlemek.
- *Tartışmaya katılmak* (seçenek): Kendi düşüncelerini söyleyerek toplulukla birlikte düşünmek ve soru sormanın yanı sıra, size sorulanlara da yanıt vermek.
- *Sonuca ulaşmaları konusunda diğerlerine yardım etmek* (seçenek): O ana kadar tartışmadan hangi sonuçları çıkardıklarını sormak; ya da **Sokratik yöntemle** yönlendirici sorularla, insanların görüşlerinin ne anlama geldiği bulmalarını sağlamak.[96]

---

[95] Howard, V.A. ve Barton, J.H., a.g.e., s.8.
[96] Howard, V.A. ve Barton, J.H., a.g.e., s.40-51.

Türkiye'deki yapı: Ne yazik ki günümüzde pek çok tartışma programında yönlendirmek, kontrol etmek ve tartışmaya katılmak kavramlarından anlaşılan şey, "**yan tutmak**" ya da "**yargılamak**" olarak uygulanıyor. Dikkat ederseniz, "algılanıyor" demiyorum. Pek çok meslektaşımız doğru algılıyor ama yanlış uyguluyor. Bu tercihin siyasi ve ekonomik nedenleri olduğu çok açıktır.

Ayrıca,
- "**dayak atar gibi**" davranmak,
- "**kişisel çatışmalara**" girmek,
- "**gülünç kargaşalar**" yaratmak,
- "**soru listesi hazırlamadan**" soru sormak,
- "**zamanı, gerekli bilgiyi alacak biçimde ayarlayamamak**" Türk medyasında çok sık tanık olduğumuz kötü uygulamalardır.

Güç odaklarına yakın olmak, gazetecilerde (de) dengenin bozulmasına, kural dışına çıkmaya neden olur. Bu durumda gazetecilik değil, "*tetikçilik*" sözkonusudur. Aman dikkat! Başkasının tabancasının tetiği olmayın. Çünkü, tabancayı tutan el onu her yöne çevirebilir, size bile. Kendi kendinizi vurmak ister misiniz?

Ne diyordu Rıfat Ilgaz?:

"*Gözlerimizi bir pula satıp geçmişiz bir yana,*
Ölmesini bilenlere yüz çevirmemiz bundan!
Körüz, göz bebeklerimize mil çekilmiş mil...
Acımasız bir namlu şakağımızda soğuk,
Tetik de kendi parmağımız, yabancının değil..."

Evrensel gazetecilik kurallarının dışına çıkan, güç odaklarının esiri olan medya mensupları, burada medya sorgucularını ele alalım, konuları dağıtır, toparlayamaz. Yaptıkları tartışma programları birer "**kargaşa şahikası**" (zirvesi) olur. Oysa, iyi bir medya sorgucusu, konu dağılmaya başlayınca, denetimi eline alır, muhatabını ana konuya çeker, sorusunu yineler.

Tartışmanın amacı, sorgucunun kendi düşüncesini kabul ettirmek, *konuğunu dövmek* değil; *verimli* ve izleyiciyi *bilgilendirici* olmalıdır. Soru sorarken *kendi düşüncenizi esirgemeden ifade edin* ama farklı düşüncelerin ortaya çıkmasına olanak sağlayın. Düşmanca davranmak yerine, *muhatabınızın kişiliğini koruyun*, bireysel saldırıya geçmeyin. "*Televizyon ekranı ve gazete sayfaları 'yargıçlarla' dolu; düşüncelerini kamuoyuna duyurma şansı olan her birey, kendi gerçeğini başkalarına zorla kabul ettirme hakkını otomatik olarak kendinde görüyor ve doğal olarak onların bu düşünceleri onaylanmasa da bir üst mahkemeye gitme şansları olmuyor! (...) Kendimizi yargıçlık derecesine yükseltiyoruz, çünkü bu biçimde zekâ ve anlayış olarak yüce bir düzeyde olduğumuzu ilan etmiş olacağımızı düşünüyoruz; oysa, yargıladığımız zaman ortaya çıkan bunun tam tersi oluyor.* **Yargı bir kafestir***, içinde var olma özgürlüğünün yanı sıra, anlayış ve zekânın da sıkışıp kaldığı, bitkin düştüğü bir hapistir.*"[97]

Tabii, iyi bir medya sorgucusunu anlayacak bir iyi bir izleyici-dinleyici-okuyucu kitlesi gerekir! Cahiller arasında kaliteyi kanıtlamak çok zordur. Dahası, cahiller cehaleti ödüllendirir!..

Bir medya sorgucusu, televizyon tartışmacısı "**not almalıdır**." Türkiye'de ekrandaki birçok gazetecinin önünde kâğıtlar görürsünüz Ama onların bir çoğu birşeyler çiziktirmek için kullanılır. Bu, dağınıklığın kanıtıdır. Not tutmak, belleğinizin sınırlarını genişletir, denetimi elinizde tutmanıza yardımcı olur, herkesin unuttuğunu sizin unutmamanızı sağlar. Böylece, önemli noktaları vurgulayabilirsiniz de.

Dikkate alınması gereken sorular: Tartışma programında "*liderlik rolünü*" uygularken sizden aynı rolü oynamanız mı istenecek, yoksa bir rolden diğerine geçiş yapabilecek misiniz? Örneğin, *etkileyici* olandan *bilgilendirici* olana, bilgilendirici olandan *ikna edici* bir role?

Bu tartışmada neyi başarmak istiyorsunuz? Katılımcıların başarmak istediği ne? Tartışma açık uçlu mu, sınırlı süreli mi, sonuç alınmaya odaklı mı? *Duygusal ve politik unsurlar* ne kadar önemli olacak? Tartışma konusu ne kadar *sıcak ve güncel*?

Tartışmayı kafanızda canlandırın ve bir rolün provasını yapın, sonra diğerini. Sonunda da rolünüzü seçin.[98]

Soru yürüyüşü: Tartışma programında sorularınız nasıl "yürüyecek", yani hangi sırada ilerleyecek ve amacınız ne olacak? Soruları "anlamak"

---

[97] Tamaro, Susanna, a.g.e., s.105-106..
[98] Howard, V.A. ve Barton, J.H., a.g.e., s.51-52.

için mi soracaksınız, "sıkıştırmak" için mi? Ya da, "rating" sağlamak için mi?

Başlangıçta bir "açılış sorusu" sormak gerekir. Bu soru, giriş konuşmanızın son cümlesi olmalıdır. Niçin bu konuyu ele aldığınızı, neden stüdyodaki bu konuğu seçtiğinizi ve konunun özelliğini (önemini) açıklamalısınız.

"İnsanların güdülerine, karakterlerine, kişiliklerine değil; onların söylediklerine, varsayımlarına, nedenlerine, tanımlarına ve kanıtlarına odaklanmalısınız."[99]

Bu "çözümlemeler" bölümünde şimdi de sorgulamalardan **edebi örnekler** verelim.

---

[99] Howard, V.A. ve Barton, J.H., a.g.e., s.157.

Edebiyat

SORGU 1
(POLİSİYE SORGU)

- *Hangi örgüttensin?*
- ....
- *Buyrukları kimden alıyorsun?*
- ....
- *Bu eylemin anlamı ne?*
- ....
- *Arkadaşların her şeyi anlattı. Konuşursan kendi iyiliğine.*
- ....
- *Üçyüzünüzü yakaladık. Tümünüzü ele geçirmemiz işten değil. Sana buyruk veren, seni bu yola iten köpekleri de yakında burda göreceksin.*
- ....
- *Konuşmayacak mısın?*
- ....
- *Biz seni konuşturmasını biliriz.* [100]
- ....

---

[100] Edgü, Ferit, **Yazmak Eylemi**, Yapı Kredi Yayınları, İstanbul, Nisan 1996, s.59.

SORGU 2
(POLİSİYE SORGU)

- *Kimden aldın buyruğu?*
- Örgütten.
- *Onu biliyoruz. Sana buyruğu verenin adını soruyorum.*
- Nuri.
- *Nuri, ne?*
- Soyadını bilmiyorum.
- *Nerde aldın buyruğu?*
- Sokakta.
- *Hangi sokakta?*
- Hamam sokağında.
- *Hep sokakta mı buluşursunuz?*
- Evet.
- *Peki, nerde, ne zaman buluşacağınızı nasıl öğrenirsiniz?*
- Birbirimize haber veririz.
- *İlk buyruğu kim verir?*
- Belli olmaz.
- *Bak oğlum, araştırdık, sen iyi bir aile çocuğusun. Baban efendi bir adam, doktor, seni düştüğün çukurdan kurtarmaya çalışıyoruz burda.*
- ....
- *Bize her şeyi olduğu gibi anlatırsan, hem canın yanmaz, hem de yararlı bir iş yapmış olursan, ailene kavuşursun.*
- ....
- *Şimdi sorularımızı cevaplandıracak mısın?*
- Cevaplandırıyorum ya.
- *Arkadaşların kimler?*
- Benimle birlikte yakaladınız ya.
- *Onları değil, öbürlerini soruyorum.*
- Başkasını tanımıyorum.
- *Nuri kim?*
- Bilmiyorum.

- *Seni kurtarmamıza yardımcı olmak istemiyorsun demek.*
- *Size bilmediğimi söyledim, gerçek bu.*
- *Bilip bilmediğini şimdi görürüz.*
- *Beni yakaladınız. Ama konuşturamazsınız.*
- *Şimdi görürüz.*[101]

---

[101] Edgü, Ferit, a.g.e., s.63.

İNGİLİZ SEVGİLİ
(POLİSİYE SORGU)

- Bildiklerimle söyleyeceklerim arasındaki farkı ne yapacaksınız?[102]

xxx

- Niçin yaptınız bunu?

- Neden söz ediyorsunuz?

- Onu niye öldürdünüz?

- **Söylemesini bilseydim sorgulamalar sona ermiş olurdu**, siz de beni sorgulamak için burada olmazdınız. [103]

xxx

- Onu niye öldürdüğünüzü bilmiyor musunuz?

- Söylemeyeceğim bunu.

- Peki neyi söyleyeceksiniz?

- Bu, bana sorulan soruya bağlı.

- Size hiç doğru soru sorulmadı mı bu cinayet hakkında?

- Hayır. Gerçeği söylüyorum. **Bana doğru soru sorulmuş olsaydı ne yanıt vereceğimi bulurdum**. Bu soruyu ben de bulamam.

- *"Onu niye öldürdünüz?"* sorusunu başka birisi yanıtlayabilecek midir, kanınızca?

---

[102] Duras, Marguerite, **İngiliz Sevgili**, Fransızca aslından çeviren: Ertuğrul Efeoğlu, Can Yayınları, İstanbul, 1998, s.11.
[103] Duras, Marguerite, a.g.e., s.116.

- Hiç kimse. Belki sonunda.

- **Doğru soruyu siz kendiniz aramıyor musunuz?**

- Arıyorum, ama bulamadım. Çok aramıyorum. Bilebilmek için çok sıkıntı çektim.

Sorulara önümde geçit yaptırdılar, onlar geçerken ben hiçbirini doğru olarak kabul etmedim.

- *Hiçbirini mi?*

- Hiçbirini. Şöyle sordular: Marie-Therese'in sağır ve dilsiz olması kafanızın tasını attırdığı için miydi bunlar? Ya da şöyle: Kocanızı mı kıskanıyordunuz? Gençliğini mi? Ya da şöyle bir soru: Sıkılıyor muydunuz? Ya da: Evin düzenlenişi mi ağır geliyordu size?

Hiç olmazsa siz bunlara benzer bir şey sormadınız.

- **Bu sorularda yanlış olan ne var?**

- **Ayrı ayrı olmaları.**

- **Doğru soru bütün bu soruları ve başkalarını kapsayacak soru mudur?**

- Belki. Nereden bileyim? Ama bunu neden yaptığımı bilmek sizi ilgilendirir mi?

- Evet. Beni ilgilendiriyorsunuz. Yaptığınız her şey beni ilgilendiriyor.[104]

xxx

- **Anahtarın kilidi içinde bir kez dönmesi beni sonsuza dek sustururdu.**[105]

xxx

- **Aklımızdan geçen bir düşünceye karşı her zaman korunmuş değilizdir.**[106]

---

[104] Duras, Marguerite, a.g.e., s.117-118.
[105] Duras, Marguerite, a.g.e., s.121.
[106] Duras, Marguerite, a.g.e., s.28.

POLİSTE
(AZİZ NESİN'DEN POLİSİYE KOMEDİ)[107]

Başı çıplak polis soruyor:

- *Moskova'da tabii Zekeriya Sertel'le görüştün?*

- Evet görüştüm, ama Moskova'da değil, Bakü'de...

- *Sabiha Sertel'le?*

- Görüştüm.

- *Kızları Yıldız nerde?*

- Moskova'da.

- *Hangi adı kullanıyor, herhalde Yıldız değil, başka bir adı vardır...*

- Başka adını bilmiyorum. Yıldız olarak biliyor ordakiler...

- *Peki bizim haber aldığımıza göre, sen Zekeriya Sertel'in hatıralarını Cumhuriyet gazetesine vermişsin...*

- Evet... Nadir Nadi'ye verdim.

- *Niçin Cumhuriyet gazetesine verdin de başka bir gazeteye vermedin?*

- Beyefendi, başka gazeteye vermiş olsaydım, yine aynı soruyu soracaktınız, niçin başka gazeteye değil diye...

- *Bir sebebi olacak Cumhuriyet'e vermenin?*

- Zekeriya Sertel, Nadir Nadi'nin babası Yunus Nadi'nin arkadaşıdır, dostudur. Cumhuriyet'i birlikte kurmuşlardır. Anılarında Zekeriya Sertel, Yunus Nadi'ye büyük yer vermiştir. Onun için Cumhuriyet'e götürdüm.

xxx

---

[107] Nesin, Aziz, a.g.e., s.215-218. (Usta yazarın yazım biçimine dokunmadan ozgün biçimiyle aldım.-HC)

Akşam olmuştur çoktan. Polislerimiz acıkmıştır. Ben dün akşam yediğimle duruyorum, ama karnım aç değil...

Sandüviç söylüyorlar. Bir tahta kutu içinde sandüviçler geliyor. Herkes birer ikişer alıp yiyiyor. Bana da konukseverlik gösterip ikram ediyorlar. (Yediğim sandüviçin parasını verdirmediler.) Sandüviçle çay içiyorum. Kutuda, yenilmeyen beş on sandüviç kaldı. Sorgudan sonra, yemem için bu sandüviçleri yanıma koydular. Yiyemedim.

Birara, içlerinden biri,

- *Yahu Aziz, diyor, bak bizi uğraştırıp duruyorsun, çoluk çocuk bizi yemeğe bekliyor. Senin yüzünden gidemiyoruz...*

Polis molis ama yine de şaka yapmasını azbuçuk biliyorlar hani...

Hangi soru üzerineydi, şimdi ansıyamıyorum; o başı çıplak olanı, bana her nasılsa,

- *Kardeşim...* deyiverdi.

Ağzından çıkan bu "kardeşim" süzünden öyle bir pişmanlık duydu ki, artık geri de alamayacağı için.

- *Bak, sana kardeşim de dedik işte... Söyle doğrusunu!* dedi.

"Kardeşim" diyerek bana büyük iltifatta bulunmuş oluyor, sonra da bundan pişmanlık duyuyordu.

Onlar soruyor, onlar konuşuyor; ben de düşünüyorum: Benim için topladıkları raporlar, daha bundan sonra olanlar, olacaklar, sürecek bütün bu boş, bomboş işlemler, Türkiye'ye kaça patlamış, bu halka kaça mal olmuştur, diye... Acınmaz da ne yapılır?

SAKINCALI PİYADE
(UĞUR MUMCU'DAN GÜLMECELİ SORGU)[108]

- *Sendin ha. Söyle bakalım, fikirlerin neymiş?*

Hoppala...

Ne anlatacağım şimdi? Ayıkla pirincin taşını.

- Komutanım, biraz uzun sürer.

- *Sürsün, sürsün. Bak, bu da akıllı çocuktur. Benim Kurmay Başkan Vekilim Sedat. O da dinlesin.*

Haydaaa...

Ne yapalım, emir emirdir. Üstelik ben rütbesiz askerim, karşımda oturan komutan ise, koskoca Tümgeneral. Ben de başladım anlatmaya. Ben anlattıkça, Tümgeneral gözlerini kısıp dinliyor, ara sıra:

- *Ama, ya anarşistler?* diye soruyordu. *Her şey o Alacakaptan'ın başının altından çıkıyor.*

Ben de soruyorum:

- Komutanım, ne ilgisi var Alacakaptan'ın?

Paşa, çok emin.

- *Biz biliriz, biliriz. Neler biliriz, neler.*

Paşa neler biliyordu neler. Ama açıklamıyordu.

- *Bak Mümtaz'ın da davasını almış. Önce suç işletiyor, sonra davalarını alıyor.*

---

[108] Mumcu, Uğur, **Sakıncalı Piyade**, 29. Basım, Tekin Yayınevi, İstanbul, 1993, s.100-101. (Özetlemek için –özünü bozmadan- aradaki bazı yorumları çıkardım.-HC)

Paşaya göre, Mümtaz Soysal da komünistti, amma, pek zararı yoktu. Alt tarafı bir kitap yazmıştı. Toplarsın kitabı, yakarsın, iş bitti. Ama Alacakaptan öyle mi?

- *Alacakaptan gençleri kışkırtıyor.*

- Nasıl kışkırtıyor?

- *Sen bilirsin, bilirsin. Bak bir de Celil Gürkan var. Koskoca Tümgeneral, o da sizdenmiş.*

- Bizden mi?

- *O da anarşist.*

- Nasıl olur komutanım? Celil Paşa nasıl anarşist olur?

- *Biz neler biliyoruz, neler.*

Kâzım Avdan Tümgeneral, ben de rütbesiz askerim, neferim, erim. Üstelik resmi yazışmalara göre "**sakıncalı piyade er**"im. Paşanın elbette bir bildiği var. Ne diyorsa doğrudur. Neler biliyor, neler!

Ben ağır ağır, anarşizmin ne olduğunu anlatmaya çalışıyorum.

- Efendim, biliyorsunuz, Blankist eylemler...

- *Ne, ne?*

- Blankist...

- *Ha o mu? Neydi?*

- Blankist.

- *Ne olmuş ona?*

...

SUÇ VE CEZA
(SUÇLUNUN TOPLUMU SORGULAMASI)[109]

Burada farklı bir yaklaşımla, *"suçlunun sorgulanmasını"* değil, *"bir suçlunun toplumu sorgulamasını"* görelim. Dostoyevski'nin ünlü romanı "Suç ve Ceza"nın kahramanı Rodion Romanoviç **Raskolnikov** sorguluyor:

Neden yasa koyucular kan dökünce yargılanmıyor da, ben yargılanıyorum?Neden toplumsal-dinsel yasaları koyanlar, atalarından devraldıkları yasaları ihlal etmelerine rağmen baştacı ediliyor da, ben hapsi boyluyorum?

Neden Napoleon cana kıyınca suçlu olmuyor da, ben suçlu oluyorum?

Tamam kan döktüm; bunda gönlerdir çektiğim açlığın payı var, ama esas neden o değil. Bir yasa koyucu kadar güçlü olduğumu kendime göstermek istiyordum. Sıradan insanın yasayı ihlal etme hakkı yoktur, ama bir yasa koyucu yasayı pekâlâ ihlal edebilir. İnsanların kutsal saydığı şeyi kim yıkmaya cüret ederse yasa koyucu odur.

Napoleon kimseye yararı olmayan yaşlı bir kadını öldürmesi gerekseydi, bir an bile tereddüt etmezdi. İşte ben bir yasa koyucu kadar katı, bir yasa koyucu kadar kayıtsız olabileceğimi kendime göstermek için, ancak öyle olursam başkalarının efendisi olacağımı düşündüğüm için kan döktüm.

Bütün insanların döktüğü kanı, hep dökülmüş olan kanı, dünyada okyanuslar kadar, şampanya gibi akan kanı döktüm ve o kanı dökenler Capitol'de taçlandırılıp insanlığın kurtarıcısı ilan edildiler.

Onlar kurtarıcı ilan ediliyorsa ben niye yargılanıyorum? Kuşkusuz suç işledim, yasayı ihlal ettim. Tamam, beni idam edin, bu iş burada bitsin. Ama madem öyle, insanlık kurtarıcılarını da idam edin.

---

[109] Gürbilek, Nurdan, *"Suç ve Ceza"*, **Express Dergisi**, Sayı: 131, İstanbul, Ekim-Kasım-Aralık 2012, s.18.

GÖKYÜZÜNDEKİ YILDIZLARIN ANLAMI NE?
(POLİSİYE EDEBİYAT)[110]

Sherlock Holmes ve Dr. Watson, hafta sonu kamp yapmak için çıktıkları dağın tepesinde, önce çimenlere uzanarak dinlendiler, sonra yemeklerini yediler, daha sonra da çadırlarını kurdular ve uykuya daldılar.

Birkaç saat geçtikten sonra Sherlock Holmes birdenbire uyandı ve can dostu Dr. Watson'ı dürttü:

- Watson, derhal uyan ve lütfen gökyüzüne bak, dedi. "*Sonra da **ne gördüğünü anlat bana**.*"

Dr. Watson sıçrayarak uyandı ve Holmes'un dediğini yaptı.

- Gecenin bu saatinde gökyüzünde ne görülebilirse, ben de onu görüyorum. Milyonlarca yıldız görüyorum.

Holmes, bir **sorgu yargıcı** merakıyla sordu:

- *Peki, söyle bakalım. Bu görüntünün sence anlamı nedir?*

Dr. Watson, eksiksiz bir yanıt verebilmek için bir süre düşündü:

- **Astronomi açısından** yorumlamam gerekirse, bu görüntünün anlamı bence, milyonlarca yıldızın gerçekte milyonlarca galaksi ve belki de milyarlarca uydu oluşturmasıdır. **Astroloji açısından** yorumlamam gerekirse, o zaman Satürn'ün, Aslan'ın etkisine girmekte olduğunu söyleyebilirim. **Zaman kavramı açısından** bakıldığında, saatin şu anda üçü çeyrek geçtiğini açıklayabilirim. **Teoloji açısından** değerlendirmem gerekirse, Tanrı'dan daha büyük ve daha güçlü hiçbir varlık yoktur ve onun huzurunda bizler, birer toz zerresi kadar küçük ve önemsiziz. Gökyüzündeki bu görüntüyü **meteoroloji açısından** değerlendirdiğimizde ise, havanın yarın pırıl pırıl güneşli olacağını söyleyebiliriz.

Dr. Watson yanıtını bu biçimde verdikten sonra dostuna sordu:

- *Peki, Sevgili Sherlock, gökyüzünün bu görüntüsü sana ne anlam ifade ediyor?*

---

[110] Akşit, Bahattin, Prof. Dr., "*Gökyüzündeki Yıldızların Anlamı Ne?*", **Bütün Dünya Dergisi**, Ankara, Temmuz 1999, Yıl 2, Cilt 2, Sayı 2, s.91. (Vurgulamalar bana ait.-HC.)

Sherlock Holmes daha fazla sabredemedi, bomba gibi patladı:
- **Bırak aptal aptal felsefe yapmayı da aklını başına topla, Watson. Görmüyor musun, biz uykudayken biri çadırımızı çalmış!...**

Tarih

DİYOJEN İLE İSKENDER

Her konuşma "sorgu" olmayabilir ama, pek çok sohbet aslında bir "sorgu"dur.
Buna bir örnek Diyojen ile İskender arasındaki konuşmalardır.
İşte onlardan biri. [111]
Sinop'lu (kinik-"çileci") filozof Diyojen (Diogenes) ile Kral İskender Kraneion kentinde karşılaşırlar.
Diyojen, İskender'e kim olduğunu ve niçin kendisine geldiğini sordu. *"Yoksa bana ait bir şeyi almak için mi?"*
İskender: Nasıl? Paran mı var? Ya da verebileceğin başka şeylerin mi?
Diyojen: *Evet, hem de çok değerli şeyler, ama senin bunlardan pay alabileceğine emin değilim. Elbette onlar 'kılıç ve leğen' alaşımlı kupalar, Pers Kralı Darius'unkiler gibi koltuklar ve masalar değil.*
İskender: Dinle. Yoksa sen kral İskender'i tanımıyor musun?
Diyojen: *Adını birçok kişiden duydum. Sanki kargalar uçuşuyormuş gibi, ama onu tanımıyorum, çünkü fikirlerini çok iyi bilmiyorum.*
İskender: Ama şimdi onun fikirlerini de öğrenebilirsin, zira sana beni tanıma fırsatını vermek ve seni görmek için buradayım.
Diyojen: *Ancak gözleri hasta olanların ışığı zar zor görmesi gibi, sen de beni güçlükle görebilirsin. Bana şunu de:* **Sen, hakkında bir piç olduğu söylenen İskender misin?**
Kral bir anda öfkesinden kıpkırmızı oldu, ama kendini tuttu; şimdi de bu kaba saba herifle konuşmaya başlamış olmaktan pişmanlık duyuyordu. Diyojen onun kızgınlığını hissetti ve zarlarla oynayan çocuklar gibi atışını değiştirmek istedi.
İskender: Bana piç demek aklına nereden esti?
Diyojen: *Nereden mi esti? Anlatılanlara göre annen de sana böyle diyordu. Yoksa senin babanın Philipp değil de, bir ejderha ya da tanrı*

---
[111] Luck, Georg, a.g.e.,, s.334. (Düz metni soru-yanıt biçimine ben dönüştürdüm.-HC.)

Amun ya da herhangi bir tanrı, yarı tanrı ya da bir hayvan olduğunu Olympia söylemedi mi? **Bu durumda senin piç olman gerekiyor**.

(*Yoksa iki değişik cinsten gelen bir horoza piç demiyor musun? Sana. Bir tanrı ile bir fani arasındaki fark, safkan bir horozla sıradan bir horoz arasındaki farktan daha büyük değil gibi mi geliyor? Eğer soyun, dendiği gibi böyleyse,* **sen de böyle bir horoz gibi bir piçsin. Ama özellikle bu karışımdan dolayı belki dünyanın en büyük savaşçısı olacaksın**.)

Bunun üzerine İskender gülümsedi ve çok sevindi, Diyojen artık ona kaba biri değil, büyük bir diplomat, pohpohlamayı bilen biri gibi görünüyordu.

İskender: Peki, iyi. Sen bu öyküyü gerçek mi yoksa gerçek dışı mı buluyorsun?

Diyojen: *Bunu söylemek mümkün değil. Eğer kendini tutabilirsen ve tanrısal sanata hâkim olmayı bilirsen, o zaman Zeus'un oğlu olmanı hiçbir şey engellemez. Ama sen* **bir korkak, bir zevk düşkünü ya da köle ruhluysan, ne tanrılara ne de iyi insanlara yakın olursun**.

İskender: En iyi kral nasıl olunur?

Diyojen ona sert sert baktı ve şöyle dedi:

"Kötü bir namuslu adam olunamayacağı gibi, kötü bir kral da olunmaz. Zira kral insanların en iyisidir, çünkü o en cesur, en adil, en iyiliksever kişidir ve hiçbir dert ve tasaya, hiçbir aşırı isteğe yenik düşmez."

GİZLİ SÖZLER
BİR DEVRİMCİYLE RÖPORTAJLAR
(GEÇMİŞLE RÖPORTAJ)[112]

Mustafa Kemal Atatürk ile 1921 yılına giderek tarihi bir gerçeği ortaya çıkarmaya örnek vermek istiyorum. *"Gizli Sözler" (Bir Devrimciyle Röportajlar)* adlı 250 sayfalık kitabımda çok sayıda röportajı bulabilirsiniz. Atatürk'ün söylediği her söz belgeli kendi ifadesidir.

Hulki Cevizoğlu: *Tam bir yıl önce, 23 Nisan 1920'de, Büyük Millet Meclisi'ni kurarak işgal ortamında bile demokrasi için büyük adım attınız.*

Millet Meclisi'nin toplanmasını ve açılmasını sağlamak için çalıştığımız günlerde sizi en çok uğraştıran, Düzce, Hendek, Gerede gibi Bolu bölgesindeki yerlerden başlayıp Nallıhan, Beypazarı üzerinden Ankara'ya yaklaşacak gibi görünen gericilik ve ayaklanma dalgaları idi.

Meclis Başkanı olarak, çok önemli olan bu bir yılı değerlendirmenizi ve ulusal tarihimiz için önem taşıyan görüşlerinizi almak istiyorum.

Meclis'i açmadan önce sizi dışlamaya yönelik bireysel saldırıları, iç isyanları ve bilmediğimiz diğer gelişmeleri anlatır mısınız?

Mustafa Kemal: (*Sakin, düşünceli ve ağır ağır anlatıyor*) **16 Mart feci vakası** (İstanbul'un İngilizler tarafından resmi işgali-HC) **üzerine artık İstanbul'a büsbütün kement vurulmuş, millet ve memleket başsız kalmıştı.** Onun bağımsızlığını düşünmek ve kurtarmak için Ankara'da milli bir meclis toplamak lazım geldi. Bu kanaat üzerine lazım gelen çarelere giriştik. Böylece geçen Nisan ortalarında milletvekilleri Ankara'da toplanmaya başladı. Ancak, memleket geniş ve nakliye vasıtaları sınırlıydı. Bunun için vekillerin ulaşması daima gecikiyor ve bu gecikme bana azap veriyordu.

Bu azap içinde bütün mesai arkadaşlarım ile gece ve gündüz dinlemeden çalışarak vaziyete ait çareleri düşünüp tatbik ile meşgul

---

[112] Cevizoğlu, Hulki, **Gizli Sözler (Bir Devrimciyle Röportajlar)**, 3. Baskı, Ceviz Kabuğu Yayınları, Ankara, Mart 2013, s.46-50.

oluyordum. Milletin saflığı ve temizliği ve bağımsızlığı için beslediği aşk ve imanı yakından bildiğim için, bence bazı taraflarda alametler gösteren sapkınlık hastalığına karşı, bütün millet ve memleketi koruyacak tedbirler alınabildiği takdirde, vaziyetteki vahametin bertaraf edileceğine şüphe yoktu.

1921'DE DE "SARI ÖKÜZ" OLAYI

O esnada dahilde halkın fikirlerini zehirlemek ve hariçte dünya kamuoyunu bulandırmak maksadıyla çalışanların kullandıkları vasıtalardan birisi de doğrudan doğruya benim şahsiyetim idi; **memleketimizdeki milli heyecanı, hak ve bağımsızlığı müdafaa uğrunda gösterdiği hayati kabiliyeti inkâr için bu kimseler, bütün hücumlarını bana yöneltiyorlardı. Gerek millete ve gerek İstanbul'daki hükümete resmen diyorlardı ki:** *"Mustafa Kemal'i tanımayınız; Mustafa Kemal'e emniyet ve itimat etmeyiniz. İtilaf devletlerinin Türkiya'ya karşı gösterdiği şiddet, onun yüzündendir."*

Onlar böyle söylüyorlar ve ben bertaraf edildiğim takdirde, millet ve memleketin hariçten her türlü dostluğu ve iyiliği göreceğini ileri sürüyorlar, kamuoyunu bu suretle aldatmaya çalışıyorlardı.

İNZİVAYA ÇEKİLMEYİ DÜŞÜNDÜM!

Hulki Cevizoğlu: *Bu, yıllar sonra, 2000'li yılların başından başlayarak Türkiye'nin siyasi gündemine girecek olan "Sarı Öküz" olayına benziyor.*

*Özetle, "**Onu bize verin, size dokunmayalım**" aldatmacasıyla, ülkeyi bölmek, parçalamak ve başsız bırakmak taktiği. Tam bir psikolojik propaganda!..*

Mustafa Kemal: Ben bu teşebbüste ne kadar zehirli, fakat mahirane bir kasıt olduğunu bütün açıklığıyla görüyordum. Ancak milletimin üstüne konan baskı ve esaret yükünün, benim yüzümden ileri geldiğini düşünebileceklerin mevcudiyetini zaman zaman düşündükçe, kalbimin pek derin üzüntülerle çarptığını hissediyordum.

Hem kendimi bu üzüntüden kurtarmak, hem de böyle düşünebilecekleri vehimden kurtarmak için, o güne kadar meydana getirilen tarihi vaziyetin ve bu vaziyetin o günden sonraki safhalarına ait **mesuliyeti diğer bir arkadaşa bırakarak bir köşeye çekilerek** unutulmanın ve inzivaya çekilmenin uygun olacağını düşündüm; ve bu fikrimi, o zamanlar temasımda bulunan mesai arkadaşlarımın hepsine açık ve kati bir lisanla bildirdim.

Hulki Cevizoğlu: *Çok affedersiniz ama, kulaklarıma inanamıyorum... Sizinle ilgili o kadar çok kitap okumama karşın, bunu ilk kez duyuyorum. Hem de sizin ağzınızdan. Cehaletime veriniz...*

Yani, **neredeyse milli mücadeleden çekiliyordunuz!** *Sırf, milletim benim yüzümden sıkıntıya girmesin diye, öyle mi? Peki sonra ne yaptınız?...*

Mustafa Kemal: Fakat arkadaşlarım, böyle bir hareketin düşman niyetlerini ve arzusunu artırmaktan başka semere (sonuç) vermeyeceği iddiasında bulundular.

İÇERDEKİ İSYAN ATEŞİ ANKARA KAPILARINA YAKLAŞIYORDU

Dahili isyan ateşi Ankara kapılarına kadar yaklaşmakta idi. Vaziyetin vahameti, mesuliyetin azameti, dehşete düşürücü bir mahiyette idi.

Bu vaziyet karşısında şöyle düşündüm: Ortaya çıkan vaziyetten - her ne fikre dayanırsa dayansın- çekilmek iki suretle yorumlanabilirdi. Birincisi, tutulan işte ümitsizliğe düşmüş olmak; ikincisi, tutulan işin mesuliyetinin ağırlığına tahammül edememek.

Hakikaten bu gibi yanlış zehaplar hem mukaddes maksadı zarara uğratabilir, hem de bu maksat etrafında toplanan kuvvetleri dağıtırdı. Dolayısıyla arkadaşlarımın samimiyetine, milletimin azim ve imanına ve düşmanlarımızı er geç aczi itirafa mecbur edeceği hakkındaki kati kanaatime ve Allah'ın yardımına dayanarak eskisi gibi sonuna kadar milli mücahedemizin şahsıma yüklediği namus ve vicdan vazifesini yerine getirmekte devama karar verdim. Ve artık genel harekâtın kanuni bir şekilde yürütülmesine başlamak gününün daha ziyade ertelenmeye de müsaadesi kalmadığından, 1920 senesi Nisan'ının 23. günü Meclis'in açılması münasip görüldü.

İşte 23 Nisan Cuma günü, öğleden sonra takriben saat ikide Meclis binasının kapısından girerken, günlerden ve gecelerden beri bütün mevcudiyetimi işgal eden bu fikirlere ve hislere boğulmuş

bulunuyordum. İçeriye girip Meclis salonunu dolduran milletvekillerinin emniyetli ve itimatlı bakışlarla bana dönmüş olduklarını gördüğüm zaman, teşebbüslerimizin milletin emellerine tamamen uygunluğunu bir kere daha idrak ettim. Ve artık benimle fikir ve emelde müşterek milletin fikir ve emelini tamamen temsil eden bu kadar arkadaşla beraber çalışacağımdan dolayı büyük bir bahtiyarlık hisseyledim.

Hulki Cevizoğlu: *Çok duygulandığınızı görüyorum.* **Anadolu Direnişi**'*nin bu aşamaya gelmesine kadar geçen sürede, aynı zamanda büyük bir* **duygusal devrim yaşamışsınız**. *Zatı âlinizle bu röportajı yaparak, bizlere ve tarihe mal eden dostunuz, bizlerin de meslek büyüğü* **Ruşen Eşref**'*i de saygıyla anmak isterim...*

28 ŞUBAT GENERALİNDEN İTİRAF:
"POSTMODERN DARBE"
(Özgüvenin İtiraf Etkisi)[113]

Belirtmeye gerek yok ki, 28 Şubat (1997) tarihi Türkiye siyasi tarihinde bir dönem noktası. **"Postmodern Darbe"** olarak tarihe geçen o günden 4 yıl sonra, 13 Ocak 2001'de Kanal 6 Televizyonundaki Ceviz Kabuğu programımda önemli röportajlar gerçekleştirdim. Bizim önceden belirlediğimiz *telefon konuğu* olmayan, dönemin güçlü ismi emekli Tümgeneral Erol Özkasnak, programı aradı. 28 Şubat'ın kendisi gibi, bu röportaj da tarihe geçti. Sayın Özkasnak'ın açıklamalarını –*yeni bir kavram üreterek*- **"Özgüvenin İtiraf Etkisi"** olarak tanımlıyorum.

Hulki Cevizoğlu- ... *İyi geceler Sayın Özkasnak.*

Erol Özkasnak (28 Şubat Dönemi'nin güçlü Genelkurmay Genel Sekreteri, Emekli Tümgeneral) - İyi geceler Sayın Cevizoğlu.

Hulki Cevizoğlu- *Buyurunuz.*

Erol Özkasnak- Efendim, ben programınızı izliyorum.

"28 ŞUBAT POST-MODERN BİR DARBEDİR ! "

Benim bu programa müdahil olmamın nedeni, "28 Şubat Süreci" hakkında bazı diyeceklerim var, bir de, bu "Beyaz Enerji" konusuyla -çünkü bugünkü bir gazetede benim de adım geçiyor- bu konuyla ilgili bazı şeyler söylemek istiyorum.

Birincisi, "28 Şubat Süreci" hakkında olacak. Şimdi ben, tabii **"28 Şubat Süreci"nin içerisinde kendisine bir rol verilen bir kişiyim.**

---

[113] Cevizoğlu, Hulki, **Generalinden 28 Şubat İtirafı: "Postmodern Darbe"**, 2. Baskı, Ceviz Kabuğu Yayınları, Ankara, Şubat 2012, s.38-42. (Özet alıntı yapıyorum. **"Özgüvenin İtiraf Etkisi"** kavramı bana ait.-HC)

Tabii, "28 Şubat Süreci"ni, herkesin bildiği gibi, Genelkurmay Karargâhında yapılan faaliyetler açısından, Genelkurmay Başkanı'nın Başkanlığı'nda Kuvvet Komutanlarının da katılımıyla bir Silâhlı Kuvvetler faaliyeti olarak nitelendirebiliriz. **Ben de, bu faaliyetler içerisinde üzerime düşen rolü oynayan veya rol verilen bir kişiyim.**

Şimdi tabii, "28 Şubat bir Süreç midir, değil midir?" konusunda tartışmalar yapılabilir, belki önemli de olmayabilir bu konuşmalar; ancak ben bir şeyi söylemek istiyorum: Cumhuriyet tarihinin hiçbir döneminde, 28 Şubat arefesinde olduğu gibi, lâik Cumhuriyetin temelleri meşru bir hükûmet tarafından temelli bir şekilde, esaslı bir şekilde sarsılmamıştır. Böyle bir Sürecin, **böyle bir olayın örneği yoktur.** Çankaya'da, Başbakanlık Konutunda hiçbir zaman şeriat ve gerici zihniyetin liderleri takkeli kıyafetleri ve cüppeleriyle görüntüler vermemiş, televizyonlarda boy almamışlardır. Ve ülkenin televizyonlarında, **ağızlarından âdeta salya akan irticaî, mürteci kesimin demeçleri, görüntüleri, hiçbir dönemde bu "28 Şubat Süreci" diye anılan dönemde olduğu gibi olmamıştır.**

O hâlde, bu Süreç içerisinde rol alan insanların gayretleri ve çabaları, ülkemizi irticaî bir karanlık batağın içine düşmesini önlemek ve İran benzeri bir Molla Cumhuriyeti hâline düşmesine mani olmak içindi.

Bu sürece de çok güzel bir isim takmışlar; bunu kim koymuşsa, gerçekten bir zekâ ürünü, **"post-modern darbe"** demişler. **Aslında "post-modern darbe", bence buna yakıştırılan en iyi isim. Bu post-modern darbe, tereyağından kıl çeker gibi, eski darbelere benzemeyen bir şekilde hiç kan akıtmadan, hiç kimseyi üzmeden, gayet usulüne uygun bir şekilde demokratik uygulamalarla, Millî Güvenlik Kurulu tarafından da benimsenerek, devletin başındaki en büyük insandan ilgili bakanlara kadar hepsi de dahil edilerek, hatta halkımızın ortak edilerek sivil toplum kuruluşları vasıtasıyla, çok başarılı bir şekilde yürütülen bir Süreçtir.**

Bu Süreci bu şekilde tanımlamayan veya tanımlamak istemeyen kişilerin görüşlerine saygı duyabilirim. Ancak, tabi "28 Şubat Süreci" içerisinde bir gerçeği de unutmamak lâzım. Bu Süreç içerisinde o zaman en faal olanlar, başta Sayın Genelkurmay Başkanı ve Genelkurmay İkinci

Başkanı olmak üzere, o zamanın Kuvvet Komutanlarıydı; bunlar aktif olarak bu rolün ve görevin içerisinde olmuşlardır.

Ancak, bu Süreç içerisinde aktif rol alamayan insanlar da vardı, komutanlar da vardı; bunlar da, Ankara'da olmayan, fakat taşrada bulunan, Kara, Deniz ve Hava Kuvvetlerimize mensup Ordu Komutanlarımız, Donanma Komutanlarımız ve Taktik Hava Kuvvetleri Komutanlarımız gibi komutanlardı. Onlar tabi, şüphesiz ki gönülden bu Süreci, bu yapılanları desteklemişler ve Ankara'ya geldikleri zaman da, her zaman bu Süreç içerisinde rol alanlara gerekli görüşlerini, desteklerini esirgememişlerdir.

O bakımdan, **bu "28 Şubat Süreci" diye nitelendirilen "post-modern darbe" diye isimler takılan bu Sürecin Türk Cumhuriyet tarihinde çok önemli bir dönemeç olduğunu, müsaade ederseniz söylemek istiyorum.**

Hulki Cevizoğlu- *Sayın Özkasnak, bu 28 Şubat'la ilgili isterseniz söyleyeceklerinizi tamamlayın, ben onunla ilgili bu söyledikleriniz çerçevesinde size bazı şeyler sormak istiyorum ama; bütünlüğü bozmamak için, isterseniz siz buyurun.*

Erol Özkasnak- Tamam, ben bu konudaki söyleyeceklerimi bitirdim, siz sorabilirsiniz.

DARBENİN POST-MODERNİ ANAYASAYA AYKIRI DEĞİL Mİ ?

Hulki Cevizoğlu- *Şimdi, "28 Şubat Süreci" söz konusu olduğu zaman, en çok dönemin Genelkurmay Başkanı Sayın Karadayı değil, Sayın Çevik Bir ve sizin adınız geçti. Neredeyse, Sayın Çevik Bir ve Erol Özkasnak adları "28 Şubat Süreci"yle özdeş hâle gelmişti, şu anda da kamuoyunda böyle algılanıyor.*

Ama siz dediniz ki, "Ben, bana bir rol verilen kişiyim, üzerime düşen rolü oynayan kişiyim."

Bir de; Sayın eski Deniz Kuvvetleri Komutanı Salim Dervişoğlu'nun görüşünün aksine, "28 Şubat Sürecine her kim 'post-modern darbe' adını koyduysa, çok uymuştur, uygundur" dediniz.

Bu Süreç ile özdeşleşen iki isimden birisi olarak, sizin "28 Şubat Süreci"ni "post-modern darbe" olarak tanımlamanız; dahası, yapılan bu tanımı kabul etmeniz ve çok beğenmeniz önemli bir unsur, önemli bir nokta.

Zaman zaman 28 Şubat'ın bir darbe olmadığı bazı askerî yetkililer tarafından da, emekli olsun, görevde olsun, dile getirildi. Siyasîler de bunun böyle olmadığını söyledi. Hatta Sayın Dervişoğlu da programın başlarında sizden farklı görüşler beyan etti.

Askerlerin darbe yapmasının Anayasa'ya aykırı olduğunu da siviller ileri sürüyor, hukukçular da ileri sürüyor. Ama, bu darbenin adı eğer "post-modern bir darbe" olursa, o zaman Anayasaya uygun hâle geliyor mu, yoksa yine aykırı mı?

*İzin verirseniz bir küçük notu hatırlatmak istiyorum. Bizim bir kitabımızda da yer aldı, burada yaptığımız bir programın kitabıydı. "12 Mart" konusunda rahmetli Komutan **Muhsin Batur**'la yaptığımız bir programda Sayın Batur, **"Türkiye'de demokrasi olsaydı, 12 Mart nedeniyle bizi daha sonra yargılarlardı"** dedi. O kayıtlarda var, kitap da var, **"Ama bizi yargılamadılar. Türkiye'de demokrasi yok"** dedi.*

Şimdi, bütün bu çerçeve içinde "post-modern darbe" ve "28 Şubat"ı bir kez daha değerlendirmenizi rica ediyorum.

Erol Özkasnak- Şimdi efendim, en başta sorduğunuz suale cevap vermek istiyorum.

Benim ve Sayın İkinci Başkan Orgeneral Çevik Bir'in isminin çok geçtiğini ve özdeşleştiğini söylüyorsunuz, Sayın Genelkurmay Başkanının burada pek isminin geçmediğini söylüyorsunuz.

Ancak, tabii bu bir üslûp meselesidir; her şey, Sayın Genelkurmay Başkanı'nın kontrolü, komutasında cereyan etmiştir bu olaylar. Yani, hiç kimse Sayın Genelkurmay Başkanı'nın müsaadesini almadan, emrini almadan; ne Genelkurmay İkinci Başkanının, ne de benim şahsımın böyle bir eyleme, uygulamaya geçmemiz, çeşitli konuşmalar yapmamız mümkün değildir; askerlikte böyle bir şey olmaz. Emir-komuta zinciri "28 Şubat Süreci" içerisinde bütün usul ve prensipleriyle tam olarak işlemiştir.

O bakımdan, Sayın eski Genelkurmay Başkanımızın adının az geçmesi bir üslûp ve usul meselesidir...

Hulki Cevizoğlu- *Kamuoyundaki imaj açısından sordum.*

E. TÜMG. ÖZKASNAK:
"ANAYASAYA GÖRE DARBE YAPMAK SUÇTUR"

Erol Özkasnak- Genelkurmay Başkanı, Genelkurmay İkinci Başkanı'na ve Genel Sekreter'e konuşma ve söz hakkı verir, kendi adına konuşmaları yaptırır; nitekim o Süreç içerisinde de bunlar yapılmıştır.

Şimdi, tabi ki "post-modern darbe" konusuna gelirsek; **"post-modern darbe" ismini koyan ben değilim veya bir başkası değil; bu, tamamen basında çıkan bir isim**, hangi yazarın verdiğini de bilmiyorum açıkçası. Birdenbire herkes tarafından kabul edilen bir terim hâline geldi. Bu "post-modern darbe"; zaten tabli ki **Anayasa'ya göre darbe yapmak bir suçtur.** Yani, askerlerin geçmişte neler yaptıklarını ben burada tartışacak hâlde değilim 12 Mart'ı ve 27 Mayıs'ı. O zamanlar ben bu şeylerde rol almış bir kişi değilim, rütbem de çok düşüktü o zamanlar.

O bakımdan, onların yaptıklarını bir kenara bırakıp, "28 Şubat Süreci"ndeki "post-modern darbe" olarak adlandırılan, isim verilen bu olayı konuşacak olursak; **burada yasaya ve kanunlara aykırı hiçbir şey yapılmamıştır; asıl yasaya ve kanunlara aykırı işlemler, o zamanın meşru Hükûmeti tarafından yapılmıştır.** Anayasada lâik, Atatürkçü, milliyetçi niteliklerine uygun olarak esasları belli edilen Cumhuriyetin temelleri sarsılmak istenmiştir.

Dolayısıyla, burada kanuna, Anayasa'ya bir aykırılık varsa, bu, "28 Şubat Süreci"nde rol alan askerler tarafından değil, bizatihi o zamanın meşru Hükûmeti tarafından yapılmıştır.

Tabi, başlangıçta Genelkurmay Karargâhı'nda başlatılan bu "28 Şubat Süreci"nde, daha sonra Kuvvet Komutanlarımız; ki o zamanda, rahmetli Oramiral **Güven Erkaya**, Hava Kuvvetleri Komutanı Orgeneral **Ahmet Çörekçi** ve Kara Kuvvetleri Komutanı Orgeneral **Hikmet Köksal**'ın da çok büyük hizmetleri ve emekleri olmuştur. Ancak, basına çıkma görevi ve rolleri daha ziyade -ve **Teoman Koman**'ın da adını unutmak yanlış olur; Jandarma Genel Komutanımız- bu bakımdan, bu işlem ve Süreç Türk Silâhlı Kuvvetleri açısından, o zamanki anlayışa ve şimdiki düşüncelerimize göre, tamamen yasalar içerisinde cereyan etmiştir.

SORGU TİMLERİ ZANLILARI TV EKRANINA ÇIKARSIN![114]

28 Şubat'ın ünlü generali ile yaptığım röportajla ilgili onlarca yazı yazıldı.Bunlardan bir tanesi TV'nin gücünü vurguladığı için onu vermek istiyorum. O tarihte Sabah Gazetesi'nde yazan **Gülay Göktürk**, 16 Ocak 2001 günkü makalesinde "*Darbenin 'post'u da 'dost'u da olmuyor*" başlığıyla şunları yazdı:

Bu "aptal kutusu" gerçekten sihirli bir kutu galiba... Karşısına oturanları aptallaştırdığı tartışılır, ama içine girenleri hipnotize ettiği kesin. Öyle bir kutu ki, içine gireni, kendisini izleyen milyonları hayal kırıklığına uğratmamaya, onlara ilginç, gerçekten ilginç bir şeyler söylemeye kışkırtıyor. En ilginç şey ne? Tabii ifşaat... O da başlıyor ifşaata...

Bence sorgu timleri, işkenceciler, sorguladıkları zanlıları yalan makinasına bağlamak ya da Filistin askısına asmak yerine TV ekranına çıkarsınlar yeter. Daha onbeş dakikaya kalmadan dili çözülüp bülbül gibi konuşmaya başlayacağından emin olabilirler...

Baksanıza Özkasnak'a... Kameraya bile gerek kalmadı, TV ekranına telefonla bağlanmak bile bülbül olup şakımasına yetti.

Genelkurmay'ın tam dört yıldır 28 Şubat'ın darbe olmadığı noktasında kurmaya çalıştığı savunma hattını bir cümlesiyle berhava ediverdi. Stüdyoda oturan mestektaşının, Emekli General Salim Dervişoğlu'nun şaşkın bakışları arasında 28 Şubat'ın bir darbe olduğunu itiraf ediverdi.

Hatırlarsanız, **TV ekranının hipnotize edici etkisine** bundan bir süre önce bir kez daha tanık olmuş, şaşkınlıktan küçük dilimizi yutmuştuk. Emekli darbeci Kenan Evren, Ali Kırca'nın bir sorucu üzerine kendinden geçip eğer bir suikast düzenlenirse cezaevlerinde kitle katliamı yapma kararı aldıklarını -hem de gayet babacan bir ifadeyle- anlatmaya koyulmuştu.

---

[114] Cevizoğlu, Hulki, Generalinden 28 Şubat İtirafı: "Postmodern Darbe", a.g.e., s.213-214. (Vurgulamalar bana ait.-HC)

Özkasnak, önüne "post" kelimesi takılınca darbenin suç olmaktan çıktığını sanıyor galiba.

Evet, kabul edelim ki yiğidi öldürse de hakkını yemiyor. Hakkında andıçlar düzenleyip işten attırmaya çatıştığı, kıçına süngü takıp cephelerde dolaştırmakla tehdit ettiği gazetecilerin ürünü olan deyimin zekice bir deyim olduğunu teslim ediyor. Ama birşeyi unutuyor. Bu deyim siyaset bilimi ya da sosyoloji açısından önem taşısa da, hukuk açısından maalesef bir fark yaratmıyor. 28 Şubat'ın niteliğini, diğer darbelerden farkını daha iyi anlamamızı sağlıyor ama işlenen suçun vahametini hafifletmiyor.

Özkasnak'ın 28 Şubat anlatımı, bana laparoskopik lazer cerrahisiyle yapılan safra kesesi ameliyatlarının tarifini çağrıştırıyor. Ama tabii burada, anestezi altında "alınıveren şey" ihtihapla dolup vücudu zehirleyen bir safra kesesi değil; koskoca demokrasi...

'Tereyağından kıl çeker" gibi, "hiç kan akıtmadan" "hiç kimseyi üzmeden" "başarıyla yürütülen" bu operasyonla "darbe hali" kurumlaştırılarak kalıcı hale getiriliyor. Nitekim **Siluet Paşa** da sık sık gazete manşetlerinde arzı endam ederek, Türkiye'nin gerçek yöneticilerinin kim olduğunu hatırlatmayı ihmal etmiyor.

Gelelim şu cür'et meselesine;

Post-modern darbemiz tereyağından kıl çeker gibi bir yumuşaklıkla gerçekleştirildi ise, Özkasnak'ın kendinden gayet emin bir şekilde sarfettiği "cür'et edemezlerdi" cümlesi ne oluyor, onu anlayamadık.

Öyle bir darbe ki, devletin en tepesindeki Cumhurbaşkanı'ndan, bakanlara, Parlamentoya ve sivil toplum kuruluşlarına varıncaya kadar herkes suç ortağı edilerek, gayet yumuşak bir biçimde hiç zorlama yapılmadan gerçekleştiriliyor. Ama bu ne biçim bir yumuşaklıksa, o dönemde bir gazete temsilcisinin, kaynağını gizlemek için sıkıştırıldığında, bir espri yapma cür'eti bile gösteremeyeceği söyleniyor.

Kıssadan hisse: Demek ki, darbenin "post"u da "dost'u da olmuyor...

4. BÖLÜM
"POLİS SORGUSU"
ve
"POLİSİN SORGULANMASI"
ÖRNEĞİ[115]

---

[115] Cevizoğlu, Hulki, **Ceviz Kabuğu Programı**, Kanal 6 Televizyonu, 5 Aralık 1997, Cuma, Saat 22.30.

Bu bölümde bir televizyon röportajı (sorgu) örneği uzun biçimde ele alacağız. Hemen her satırı derslerle dolu bu açıklamalar "**medya sorgucusu**" **için özel ders niteliği taşıyor.** Arabaşlıklar da, konuyu özetleyen kilometre taşları olarak algılanmalı. **Sorgu/lama konusunda uzmanlaşmak isteyen gazeteciler**, buradaki açıklamaları "polisiye" olarak değil, "bilimsel veriler" olarak değerlendirmelidir.

Şimdi programı izleyelim:

Hulki Cevizoğlu - İyi geceler efendim.
Bu gece Türkiye demokrasisi açısından çok önemli bir konu ve sürpriz bir konuğumuz var: Bir "Sorgulama Teknikleri uzmanı."
Türkiye'de karakollarda ya da başka mekanlarda sorgulama hangi bilimsel ölçülere göre yapılıyor? Türkiye'de yaşanan ve yakınılan pek çok demokratik sıkıntının kökeni buralara kadar nasıl iniyor? Bunları bilimsel düzeyde, FBI ve Türkiye'deki uygulamaları yönünden ele alacağız.
Bu geceki konuğumuz; sorgulama konusunda FBI'da da eğitim görmüş bir Türk uzman Sayın Ahmet Kule, pilot komiser.
Hoş geldiniz, Sayın Kule.
Ahmet Kule - Hoş bulduk efendim.

SORGULAMA UZMANININ KİMLİĞİ

Hulki Cevizoğlu - Size, "sorgulama uzmanı" diyoruz, ama aynı zamanda pilot komisersiniz. Siz, havada kuşları mı sorguluyorsunuz, yoksa daha önce yerde insanları sorguluyordunuz da, sonra mı havalandınız?..
Ahmet Kule - Sorgulama uzmanı tabiri dışarıdan, kitap dolayısıyla gelen bir yakıştırma. Bizim Emniyet'te "sorgulama uzmanlığı" diye bir ünvan zaten yok.
Hulki Cevizoğlu - Dedektifler mi var, sorgulama yapanlara "dedektif" mi deniyor?
Ahmet Kule - Emniyet Teşkilâtı'nda "dedektiflik" diye bir unvan da yok; onu da daha çok basın yakıştırıyor, ama...
Hulki Cevizoğlu - Medya dili...
Ahmet Kule - Evet, medya dili oluyor. Fakat komiser yardımcılığından il emniyet müdürlüğüne kadar, çeşitli rütbeler var. Benim de rütbem, ikinci

rütbe olan komiser yardımcılığından sonra, komiser. Aynı zamanda pilotum; Emniyet Teşkilâtımızda uçak yok, helikopter var, onları kullanıyoruz.

Hulki Cevizoğlu - "Uçak olsaydı uçak kullanacaktım, ama en fazla, helikopter var Emniyet'te, onu kullanıyorum" diyorsunuz.

Peki, sorgulamacılığınız nereden geliyor?

Ahmet Kule - Ben, 1992 yılında Akademiden mezun olduktan sonra...

Hulki Cevizoğlu - Polis Akademisi'nden?..

Ahmet Kule - Evet, 1992 yılında Polis Akademisi'nden mezun olduktan sonra, 2 yıl Ankara Emniyet Müdürlüğü'nde görev yaptım. O dönemde sorgulama, operasyon, hırsızlık, cinayet gibi suçlarla ilgili görevimiz sırasında, sorgulamayla aktif olarak ilgilenme imkânı bulduk. Yani bizzat görevimiz gereği 2 yıl aktif olarak sorgulama yaptık.

Daha sonra, Emniyet Genel Müdürlüğü bünyesinde bunun daha çok teorik çalışmalarını yaptık...

Hulki Cevizoğlu - Bilimsel olarak?..

Ahmet Kule - Evet.

Daha sonra İsveç'te 1 ay süreyle "polis ve insan hakları" konusunda kurs aldık, orada da yine kursun bir kısmını "sorgulama" oluşturuyordu. 1995 yılı Ocak ayında da, Teşkilâtımız adına FBI Akademisi'ne davet edildim. FBI Akademisi'nde normal süre olarak bir dönem eğitim gördüm. Burada da aldığım eğitimin ağırlıklı bir kısmını "sorgulama" oluşturuyordu.

Hulki Cevizoğlu - "Bir dönem" dediğiniz nedir? Sizdeki dönemler birer yıl mıdır, üçer ay mıdır?

Ahmet Kule - FBI'da biraz daha farklı tabii. FBI Akademisi'nde 3 farklı eğitim var. Eğitimlerin süresi, 13 haftadan 17 haftaya kadar değişiyor, fakat en uzun eğitim 17 hafta; bunun 1 haftası tatil, 16 hafta. Yani, 4 ayda FBI ajanını mezun edip, dünyanın herhangi bir yerinde görevlendirebilirler.

Hulki Cevizoğlu - Siz ne kadar eğitim gördünüz?

Ahmet Kule - 3 ay.

Hulki Cevizoğlu - Yeterli bir eğitim oldu mu sizin için?..

Ahmet Kule - Tabii, oradaki standartlara göre öyle. Zaten üniversite mezunlarını alıyorlar, eğitime tâbi tutuyorlar. Ondan sonra, en fazla 17 haftalık bir eğitimden sonra, dünyanın herhangi bir tarafında FBI ajanı olarak görevlendirebiliyorlar.

Hulki Cevizoğlu - Sizi izleyen izleyicilerimiz, yaşınızı tahmin ederek, çok genç olduğunuzu düşünüp, "Bu kadar genç yaşta Ceviz Kabuğu'nda bakalım her şeyi bilecek mi?" diye düşünebilirler. Onun için, sizin bir başka özelliğinizi izleyicilerimize belirtmemizde fayda var.

Siz, önemli bir kitabın çevirmenisiniz, telif hakkı da sizde. Kitap, "Suçlu Sorgulamaları ve İtiraflar" adını taşıyor. Bu kitabı çevirdiğiniz için çevirmensiniz ama; sade bir çevirmen değilsiniz, çünkü telif hakkını almışsınız. Kitap, neredeyse size ait sayılabilir. Kitabı çevirirken, bu konuda ayrıca bir eğitim almış kadar da bilgilendiniz zannediyorum. Bu kitaptan söz eder misiniz biraz?

Ahmet Kule - Evet. O kitabın mazisi şöyle: Amerika'ya gitmeden önce zaten bir "sorgulama" geçmişim vardı ve bu özel ilgi duyduğum konulardan bir tanesidir. Yani suç, insan psikolojisi içerisinde suçun yeri, sosyal ortamda suçun yeri, bunlar, benim özel ilgi alanlarımdı.

Yurtdışına gittiğimde aldığım derslerden bir tanesi sorgulamaydı. Daha sonra oradan gelirken; ben FBI Akademisi'nden 10 bin sayfa, 15 bin sayfaya yakın doküman getirdim, hepsi fotokopi olarak. FBI Akademisi'nin kütüphanesine oturdum, polisiye konularında, terör konularında, sorgulama konusunda, mülakat konusunda, polisin eğitimi konusunda bulabildiğim en iyi, temel kaynakların fotokopilerini tek tek çektim, deniz postasıyla buraya gönderdim, 15 bin sayfaya yakın doküman getirdim buraya.

Bu kitap, getirdiğim dokümanlardan bir tanesiydi ve bu kitabı, özellikle FBI Akademisi'nde sorgulama üzerine ders veren uzmanlar tavsiye ediyorlardı ve bu kitabın, Amerika'da bu konuda yazılmış en iyi kitap olduğunu söylüyorlardı. Tabii, benim o zaman diğer konularla da uğraşırken, çok fazla inceleme imkânım olmadı.

Türkiye'ye geldiğimde, bir süre geçtikten sonra, bu dokümanları incelerken bu kitabı tekrar aldım, baştan başa okudum. Daha sonra, İngiltere'de sorgulama konusunda toplayabildiğim 10'a yakın kaynak getirdim. Temel kaynakları, oradan araştırma görevlilerimiz vasıtasıyla bu tarafa getirdik ve Türkiye'deki bu konuda yazılmış kaynaklarla karşılaştırdık. O zaman ben anladım ki bu kitap, uluslararası bir kitap. İngiltere'deki kaynakların çoğu da buna referansta bulunuyor. Mesela; bu kitabın 3 yazarından biri olan, ana yazarı John E. Raid'dir, bunun geliştirmiş olduğu sorgulama teknikleri patentlidir; Amerika'dan.

Hulki Cevizoğlu - Ayrıca, bu Raid bir enstitü kurmuş sorgulama konusunda. Bunu adı nedir? Sorgulama Enstitüsü mü, yoksa Polis Enstitüsü mü?

Ahmet Kule - Hayır, polis değil, sorgulama. "Suçlu davranışının analiz edilmesi ve suçlu sanıkların sorgulanması" konusunda bir enstitü kurulmuş. Burada, patent aldığı teknikleri paralı olarak özel veya kamu tüzel kişilere öğretiyor, bunların kurslarını veriyor.

SORGULAMA VE MÜLAKAT

Hulki Cevizoğlu - Siz "sorgulama" konusuna nasıl merak sardınız? Amirleriniz mi sizi eğitimde gözleyerek, "Sizin yapınız, karakteriniz sorgulamaya çok uygundur, gelin, siz sorgulama branşına geçin" dediler; yoksa, -az önce de söylediniz- sizde suça karşı bir merak vardı da, "Toplumda suç ne demektir? Ben bunu araştıracağım ve suçun arkasından gelen 'itiraf' kavramını da inceleyeceğim" diyerek, kendiniz mi seçtiniz?

Ahmet Kule - Aslında, normal polisiye yaşam içerisinde bütün polisler veya bütün amirler az çok sorgulamayla uğraşırlar. Yani, herhangi bir Asayiş Şubesinde, bir Cinayet Bürosunda, bir Gasp Bürosunda çalışan bir arkadaşımız, amir arkadaşımız, kaçınılmaz olarak sorgulama ve mülakatla zaten ilgilenir.

Hulki Cevizoğlu - Soru sormak, mutlaka sorgulamak demek midir? Polis, karakola gelen kişiye annesinin adını da sorabilir, "Nerede oturuyorsun" veya "Şu silahı nereden aldın?" diye de sorabilir. Bu da, "sorgulama" kavramına girer mi, yoksa sorgulamak, ayrı bilimsel bir tanımlamayı mı içeriyor?

Ahmet Kule - Bunu ikiye ayırmak lâzım; yani, sizin söylemiş olduğunuz doğru. Fakat, polisin sanığa sormuş olduğu sorular, sorgulamanın içerisine giriyor. Yine de bu, "mükemmel, çok iyi bir sorgulama" manasına gelmiyor veya "sorgulamanın ta kendisidir" veya "sorgulama sanatıdır" manasına gelmiyor. Ama polis sanığa, şüpheliye suçuyla ilgili sorular sorduğu anda bu, sorgulamaya giriyor; ister çok basit şeyler sorsun, isterse çok psikolojik açıdan yaklaşsın, sorgulamaya giriyor.

Hulki Cevizoğlu - Her olayda aynı tür sorgulama mı söz konusudur yoksa farklı olaylarda farklı sorgulamama mı var? Bir polisin karşısına adi bir hırsız da çıkabilir, bir profesyonel terörist, bir profesyonel hırsız ya da soyguncu çıkabilir. Teröristin sorgulamasıyla, adi hırsızın sorgulaması aynı teknikleri mi içerir?

Ahmet Kule - Farklı teknikler var; ama, sorgulamanın temel prensipleri aynı. Aynı olan ne?..

Mesela, bir suçlunun psikolojisi. *"Suç" diye tabir ettiğimiz davranış, normal davranıştan sapmadır.* Yani bu, siyasî bir olay da olabilir, bir cinayet de olabilir, hırsızlık da olabilir, organize suç da olabilir, uyuşturucu da olabilir. Yani, normal davranıştan; sosyal ortamda kabul gören normal davranıştan sapma gösterdiğiniz anda bu, suça giriyor.

İşte bu açıdan baktığımızda, *suçluların* -ister terörist olsun, ister uyuşturucu kaçakçısı, ister hırsız olsun- *psikolojileri aynıdır, motivasyonları benzerdir, beden dillerindeki farklılıklar aynıdır ve yaklaşım metodları kısmen birbirine benzer.* Ama biz, uyuşturucu suçlusunu veya bir adî hırsızı, kalkıp bir terörist gibi sorgulamayız. Terörist hakkında, onun örgütüne dair bilgiler edinmemiz gerekir, onun özgeçmişini bilmemiz gerekir, onun hayat felsefesini bilmemiz gerekir; hırsızınki farklıdır.

Yani, temel prensipler aynı; sorgulamada temel yaklaşım aynı, fakat takip ettiğimiz yollar farklı.

Hulki Cevizoğlu - Evet, ben şimdi tabii bu akşam, biraz da işi yumuşatmak için espri de yapmaya gayret edeceğim. Espri yapamadığımı başka programlarda sürekli söylemiştim, izleyiciler hatırlayacaklardır.

Halkta şöyle bir inanış var: Adî bir hırsızlık meselesi ya da kavga olursa, polise gittiği zaman, sorgulama sırasında bir tokat yiyebilir; ama bir terörist olursa, işkence görür ya da başka bir şey yaparsa.

Yani, aradaki fark, tokatla işkence arasındaki fark mı?

Ahmet Kule - Yok, hayır, kesinlikle öyle değil.

"Takip edilecek yol" dediğimde; yani, adî hırsızın motivasyonlarını biliyoruz. Belki, 5 milyonluk bir ücreti veya kendi karakter yapısındaki eksiklik veya kendi "back-ground"unda yetiştiği aileden hırsızlık ortamına uygun olması. Ama, bir teröristin yetişme ortamı, hayat felsefesi, motivasyonları çok daha farklıdır...

Hulki Cevizoğlu - "Suça iten nedenler farklıdır" diyorsunuz?..

Ahmet Kule - Belki terörist, kesinlikle çok karakterli birisidir ve adî hiçbir suça tenezzül etmiyordur; fakat, anlayışı doğrultusunda, hayat felsefesi doğrultusunda çok ciddî suçlar işleyebilir. İşte bu noktadan baktığımızda, adî hırsıza yaklaşımla, teröriste yaklaşım arasında dağlar kadar fark var.

Hulki Cevizoğlu - Evet.

Ama, az önce suçu tanımlarken, "Normal davranışlardan sapmak suçtur" dediniz. Her normal davranıştan sapmak suç mudur?

Ahmet Kule - Hayır; suç açısından baktığımızda öyle.

Suç, normal davranıştan sapmadır. Yani sosyal açıdan, mesela, para kazanma yolu olarak toplumda kabul edilen belli yollar vardır; onların dışına çıktığımızda...

Hulki Cevizoğlu - Hukukî açıdan kastediyorsunuz?..

Ahmet Kule - Hukukî açıdan da öyle, bence sosyolojik açıdan da öyle.

Yani, bunun yelpaze olarak farklı boyutları var. Yani, siyahla beyazın arasında grinin tonları var. Ama sonuçta suça baktığımızda; suç, sosyal ortamda, sosyal bünyede kabul gören normlardan sapma gösteriyor.

Hulki Cevizoğlu - Anladım.

Ama, normal normlardan sapma, her zaman suç kapsamına girmeyebilir. Örneğin; "hastalık" kapsamına da girebilir.

Ahmet Kule - Tabii.

Hulki Cevizoğlu - Yolda düz yürümek, normal her insanın yaptığı davranıştır; kaldırımda geri geri yürürseniz, bu bir suç değildir ama, bir hastalık ya da takıntı olabilir...

Ahmet Kule - Tamamıyla öyle.

Yani benim demek istediğim; her sapma suç değildir, fakat suç, sapmadır; kesin olarak sapmadır yani.

PSİKOLOG VE SORGUCU ARASINDAKİ FARK

Hulki Cevizoğlu - Evet.

Suçu, itirafı ve sorgulamayı incelerken, işin içine psikoloji giriyor çok rahatlıkla.

Siz, şu anda kaç yaşındasınız?

Ahmet Kule - 27.

Hulki Cevizoğlu - Psikolog olmak isterken mi polis sorgucusu oldunuz?.. Çünkü, birbirine çok benziyor; sorgulamada psikolojik etkenleri, unsurları çok fazla kullanmaya çalışıyorsunuz ya da en azından teorik olarak bunu söylüyorsunuz ya da Amerikalılar söylüyor.

Ahmet Kule - Evet.

Psikolog olmak gibi bir niyetim baştan yoktu. Yani, "baştan yoktu" derken, hiç böyle bir niyetim olmadı; fakat, meslek içerisinde kaçınılmaz olarak karşınıza çıkıyor.

Biz Akademide zaten, toplumsal ve kişisel psikolojinin derslerini aldık. Yani, suçlu psikolojisiyle ilgili, toplum psikoloji ve kişisel psikolojinin derslerini aldık ve bu konuda suçluya yaklaşım tarzları bize eğitim olarak verildi. Karşımıza psikoloji, kaçınılmaz olarak çıkıyor.

Ama, bence "suç" kavramı girdiğinde, psikoloji çok ayrı boyut kazanıyor. Yani, biz suça baktığımızda, suçun çok ayrı boyutları vardır; mesela, Jean Jacques Rousseu'dan başlamış bazı soruları atmışlar, ondan sonra, bazıları romanlarında farklı boyutlar bulmuş, ondan sonra Dostoyevski aynı konuları; Jean Jacques Rousseu'nun ortaya attığı "suç" kavramını, gelmiş başka boyutlarda incelemiş. Dünya klasikleri, zaten bildiğimiz gibi, insan psikolojisinin derinliklerini inceleyen ve bunu bize yansıtan eserler.

İşte bu açıdan baktığımızda, suç, taa oradan bu tarafa insan psikolojisiyle iç içe geliyor aslında.

Yani suç, insan psikolojisi ve bunun doğrultusunda baktığımızda, kaçınılmaz olarak polislik mesleğinin karşısına sorgulama ve itiraf çıkıyor.

Hulki Cevizoğlu - Yani, psikolog olmak istemiyordunuz; ama, polis olduktan sonra kaçınılmaz olarak, alanınıza psikoloji girdi?..

Ahmet Kule - Evet.

Yani, bizi ilgilendirdiği kadarıyla, merakla sarılıyoruz; "Acaba bunu nasıl daha iyi anlarız?" Yani, insanı suça iten ve vazgeçiren motivasyonlar nelerdir; kaçınılmaz olarak sarılıyoruz buna.

Hulki Cevizoğlu - FBI'da eğitim aldığınızı söylediniz; peki CIA'de de eğitim aldınız mı?

Ahmet Kule - Hayır, CIA'yle FBI tamamen farklı.

FBI, yanlış anlaşılabilir. Amerika'da farklı bir polis sistemi var; daha doğrusu, polis sistemi yok. Amerikalı polislerin meşhur bir sözü var; İngilizce telâffuz edeyim ilk önce: "There is no a polis system in United States, but there is a system of police in society." Yani, "Amerika'da bir polis sistemi yok, fakat polisiye açıdan toplumu yönlendirme, yönetme var." Eyalet polisi var, şeriflikler var, büyük şehir polisleri var; mesela filmlerde "LAP" denir, "Los Angeles Police Department" diye; üçüncü bu.

Bir de dördüncüsü olarak, federal polis birimleri var. Federal polis birimlerinin sadece bir tanesi FBI, bundan başka tam 50 tane federal polis birimi var. Yani, 51 federal polis biriminden sadece bir tanesi FBI ve CIA'den tamamıyla farklı. Yani, eyaletler üzere polislik görevi yapıyorlar.

Hulki Cevizoğlu - Anladım. Bu söylediğiniz, Amerikalıların sloganını, galiba Türk Emniyeti de Türkçe'ye çevirmiş. Polis günlerinde pankartlara, broşürlere; "Herkesin polisi, kendi vicdanıdır" diye yazıyor.

Ahmet Kule - Evet.

Hulki Cevizoğlu - Acaba oradan mı esinlenerek?..

Ahmet Kule - Yok, hiç zannetmiyorum. O, tamamen bizim kendi yorumumuz, yani herkesin vicdanı. Ama, onlar sistem açısından bakıyorlar...

Hulki Cevizoğlu - Hayır; neredeyse, sanki "bizim kendi uydurmamız" diyecekmişsiniz gibi geldi ama...

Ahmet Kule - Yok hayır, kendi yorumumuz; yani, vicdanî açıdan bakıldığında. Onlar, tamamıyla sistem açısından bakmışlar. Zaten Amerika, çok farklı ırkların, çok farklı dillerin, çok farklı renklerin birleştiği bir ülke olduğu için, orada bir sistem oturtmaları zor. Ama, kurumlararası yardımlaşmayla bunları giderebiliyorlar. Amerika'da, polisî açıdan da ciddî bir yardımlaşmayla aradaki boşluğu kaldırabiliyorlar; Türkiye'deki gibi merkezî bir yönetim yok.

Hulki Cevizoğlu - Sonuç olarak, CIA'de eğitim görmediniz?..

Ahmet Kule - Hayır, kesinlikle.

Hulki Cevizoğlu - Türkiye'de bu tür sorgulama tekniklerini anlatan bir bilimsel kuruluş ya da meslekî kuruluş var mı?

Ahmet Kule - Bu konuda yazılmış bir kitap yok, bilimsel bir kuruluş da yok. Türkiye'de, Jandarma Genel Komutanlığı'nda uygulama ne kadar yapılıyor bilmiyorum ama, benim teşkilâtımda, Emniyet Teşkilâtı'nda...

Hulki Cevizoğlu - "Jandarma Genel Komutanlığı" dediğiniz, JİTEM mi?..

Ahmet Kule - Hayır, Jandarma Genel Komutanlığı, normal...

Hulki Cevizoğlu - Jandarma İstihbarat mı?..

POLİS AKADEMİSİ'NDE SORGULAMA DERSLERİ

Ahmet Kule - Hayır hayır, Jandarma Genel Komutanlığı; normal. Jandarmayla polisin görevleri aynıdır, sadece bölgeleri farklıdır.

Onların nasıl bir uygulaması var bilmiyorum ama; biz, Polis Akademisi'nde sorgulamayla ilgili dersler alırız ve Polis Akademisi'nden sonra kişiler, gittikleri birimlerde çalışırken de, bu, Emniyet Genel Müdürlüğü bünyesindeki kurslarla desteklenir. Sorgulama eğitimi bu şekilde alınır. Ama, bilimsel açıdan...

Hulki Cevizoğlu - Evet, bu işe ayrılmış özel bir kurum...

Ahmet Kule - Bilimsel açıdan; mesela, psikolojik yönü nedir, beden dili nedir, davranışları analiz edilmiş mi, testler yapılmış mı?.. Mesela, "10 yıllık ......testleri var mıdır?" diye düşündüğümüzde, Türkiye'de özel veya tüzel böyle bir kurum yok.

Hulki Cevizoğlu - Peki, Türkiye'de akademik polislik var mı, yoksa yeni yeni başlayan bir şey mi bu?

Ahmet Kule - Bu tabii, konuyu nasıl değerlendirdiğimize bağlı. Yani, şu anda Emniyet Teşkilâtımızın...

Hulki Cevizoğlu - Siz ne olduğunu söyleyin, biz değerlendirelim.

Ahmet Kule - Polis Koleji ve Polis Akademisi var. Polis Akademisi, kesinlikle çok değerli öğrenciler yetiştiriyor. Yani, Polis Akademisi'ne gelen hocalarımız tanınmış hukukçular, tanınmış meslek mensuplarımız; halkla ilişkiler açısından olsun...

Hulki Cevizoğlu - Yani, meslek dışından gelen uzmanlar da olabiliyor?..

Ahmet Kule - Evet. Meslek içinden ve meslek dışından gelen uzmanlar olsun; hocaların hepsi çok kaliteli ve öğrenciler de seçerek alınıyor.

Şimdi, bu açıdan baktığımızda, Türkiye'de polisliğin belli bir akademisyeni yok. Ama diğer taraftan, "polisiye konularda master, doktora yapan doçentliğe kadar yükselmiş kaç kişi var?" derseniz, bu, henüz yeni başlıyor. Emniyet Teşkilâtı, İngiltere'ye yaklaşık 40 tane, 37 tane bildiğim kadarıyla, araştırma görevlisi göndermişti, onlar daha yeni döndüler, 37 tane. Şu anda bazıları yardımcı doçent oldular, bazıları masterini bitirip, doktora yaptılar ve polisin akademik yönünü bunlar başlatıyorlar şu anda. Yani, bu anlamda bakarsak; İngiltere'de master ve doktorasını yapmış yaklaşık 40 kişi, bunlar akademisyen. Buraya gelip uluslararası bağlamda çalışarak; Akademideki eğitimi, Kanada, Amerika, Meksika, İngiltere, Almanya'dakilerle karşılaştırarak daha akademik hâle ve daha uluslararası şartlara uygun hâle getirmeye çalışıyorlar.

Hulki Cevizoğlu - Tabii bu, teorik eğitimin yanı sıra, uygulamada da; örneğin sorgulamalarda da bilimsel yöntemlerin kullanılma derecesi açısından sorulmuş bir soruydu.

Ahmet Kule - O açıdan bakarsak, akademisyenlerimiz geliyor, "bunlar daha yeni yetişiyor" dedik, yani o açıdan...

AKADEMİSYEN VAR AMA SORGULAMAYI POLİS YAPIYOR

Hulki Cevizoğlu - Afedersiniz ama, sorgulamaları akademisyenler değil, siz polisler yapıyorsunuz...
Ahmet Kule - Evet.
Hulki Cevizoğlu - Onu söylemek istiyorum, onlar ders verip gidiyorlar.
Ahmet Kule - Ama, teoriyle pratiğin birleştirilmesi gerekiyor. Bir pratiği yapanlar var; yani, herhangi bir ülkede, Amerika'da olsun, Türkiye'de olsun, Almanya'da sorgulamayı pratik olarak kim yapıyor? Polisler yapıyor; memur olabilir, amir olabilir. Fakat, onlardan bu konuyu geliştirmelerini beklemek yanlış olur. Yani, bütün haftasını sorgulamayla geçiren, suçluların soruşturmasıyla geçiren bir insanın akademik çalışma yapması zor. Fakat, akademik çalışma yapanlarla uygulamadakileri biraraya getirdiğimizde, bunları birbirleriyle desteklediğimizde, çok daha olumlu sonuçlara varılabilir.
Hulki Cevizoğlu - Az önce suçun tanımını yaptınız; "Suçun içinde normal davranıştan sapma vardır" dediniz.
Ahmet Kule - Evet.

SORGULAYAN DA EN AZ BİR KEZ SUÇ İŞLEMİŞ Mİ?

Hulki Cevizoğlu - Peki, bu anlamda ele alırsak; "Her insan hayatında en az bir kez suç işlemiş" diyebilir misiniz?
Ahmet Kule - Ben, öyle olduğuna inanıyorum.
Hulki Cevizoğlu - Siz işlediniz mi hayatınızda bir suç?
Ahmet Kule - Çocukluğumuza bakıyoruz, ortaokul hayatımıza bakıyoruz; yani derste kopya çekmek veya küçük-büyük alış-veriş sırasında karşımızdakini aldatma veya aldatmama gibi, hepimizin zannediyorum az çok yaşanmış belli tecrübeleri vardır.
Hulki Cevizoğlu - Siz ne yaptınız? Mesela, kopya mı çektiniz veya başka bir suç mu işlediniz?
Ahmet Kule - Evet, kopya çekmiştim.
Hulki Cevizoğlu - En büyük suçunuz bu mu?
Ahmet Kule - Zannediyorum bu.

Hulki Cevizoğlu - "Hatırlayabildiğiniz" en büyük suçunuz!..

Ahmet Kule - Zannediyorum bu; hatırlayabildiğim kadarıyla.

Fakat, bana göre, yani benim suç işleyip-işlememiş olmam veya daha önemli suçlar işleyip-işlememiş olmamın hiçbir önemi yok; yani işlemiş de olabilirim, işlememiş de olabilirim.

Bana göre insan olarak, suç normal bir davranıştır, tabiî bir davranıştır. Yani, "normal" derken...

Hulki Cevizoğlu - "Biz de normal bir insanız, biz de suç işleyebiliriz" diyorsunuz?..

Ahmet Kule - Evet. Sosyal hayatta bunun derecesi, vardığı boyutlar, önlenip-önlenmemesi önemli.

Hulki Cevizoğlu - Cezasız suç olur mu?.. Bizim hukukumuza göre galiba olmuyor.

Ahmet Kule - Hukukî olarak olmaz; ama, realiteye baktığımızda, yakalanmadığı takdirde, birilerine yansımadığı takdirde, kimse görmediği takdirde, olur.

Hulki Cevizoğlu - Polisler ya da sorgulayıcı polisler, sorgulama uzmanları, karşısındaki sanıkları sorguluyor; "suçlu" olduklarına inandıkları insanları ya da "önüne getirilen" insanları sorguluyor. Türkiye'de ya da dünyadaki istatistiklerde itiraf oranı ne kadar ya da böyle bir istatistik var mı? Yüzdeleri de az sonra konuşacağız ama sorgulayan polislerin de, hayatında en az bir kez suç işlemiş insanlar olduğunu peşinen kabul ediyoruz; öyle mi?..

Ahmet Kule - Ben, dünyadaki veya Türkiye'deki herhangi bir teşkilât açısından söylemiyorum. Fakat benim kişisel görüşüm, polis olsun, öğretmen olsun, başkası olsun, -yani bizzat öğrencileri eğiten öğretmenler için de aynı şeyi söylüyorum- her insan hayatında, küçük veya büyük suç işliyor mutlaka.

Hulki Cevizoğlu - Anladım. Ama, benim şu anda size soru sormam bir suç değil herhalde, değil mi?

Ahmet Kule - Hayır.

SUÇLU SORGULAMASININ İLGİNÇ YÖNLERİ

Hulki Cevizoğlu - Peki.

Suçluların sorgulanması size hangi açılardan ilginç geliyor?.. Daha önce yaptığınız bir açıklamada buna örnekler vermiştiniz. Belki bu örnekler daha da gelişmiştir, o günden bugüne.

Ahmet Kule - Birincisi; suç, bence başlı başına, hem kişisel psikoloji açısından, hem de toplum bünyesi açısından çok enteresan bir görünüm arzediyor. Yani, insan niçin suç işler?.. Önünde çok farklı, belki 90 tane seçenek var, 99 tane seçenek var; ama, insan kalkıyor 100'üncü seçeneği seçiyor ve suç işliyor.

Bunun çok farklı sebepleri var; yani sebepleri, herhalde sayılmakla bitmez.

Fakat, bana göre insanın suç işlemesi çok enteresan. Bazen insan, çok karakterli bir yaklaşımla, çok dürüstçe, çok samimi şekilde suç işleyebildiği gibi, bazen adîce isteklerinden dolayı -bir tecavüz olabilir, bir sarkıntılık olabilir veya 5 milyonu böyle alıp, içkide kullanmak, alkol almak gibi- çok adîce çıkarlar doğrultusunda da insan suç işleyebiliyor. Ama bunlar, suçun motivasyonları; insanın psikolojisinin derinliklerine de yansıyor. Ve buna baktığınızda, az çok yazarlar, bizim kendi yazarlarımız, dünyadaki yazarlar bunu incelemişler, toplumsal bünyede suçun önemini incelemişler.

Amerika'da suç, kesinlikle sosyal çözülmenin ilk işaretçisi olarak kabul ediliyor, kesinlikle...

Hulki Cevizoğlu - Ne kadar suç varsa, toplum o kadar çözülmüş mü demek?..

Ahmet Kule - Amerika, demokratik ve daha açık bir toplum olduğu için; yani Doğu dünyasına göre, Batı dünyasındaki lider olarak Amerika'da, daha demokratik bir yapı olduğu için, suç onlar için çok önemli. Onun için polise çok fazla yetki veriyorlar ve polisi koruyorlar. Suç, çok korkulacak bir şey. Suç arttığı zaman, sosyal çözülme var demektir.

Bir Türk avukat bana Amerika'yı anlatmıştı. "Ben 20 yıl önce Kolejdeyken, beden dersinde dolabımı kitlemezdim, paralarımı cebimde bırakırdım ve giderdim, geldiğimde de yerinde bulurdum" diyordu. "Ama şu anda Amerika'da, cebimde para bıraktığım zaman, dolabı kitlemezsem, geldiğimde bulamıyorum, Amerika kötüye gidiyor" diyordu.

Yani, yanında suç işleniyorsa, komşu evin camları kırıksa ve tamir edilmiyorsa, Amerika kötüyü gidiyor.

Hulki Cevizoğlu - Peki, suçla demokrasi arasında bir bağlantı mı kuruyorsunuz burada? Ne kadar çok demokrasi varsa o kadar suç mu var?

Tam tersinden de yola çıkarsak, "diktatörlükle idare edilen bir ülkede toplumsal suçlar daha azdır" diyebiliyor musunuz?..

Ahmet Kule - Bence, o yanlış. Yani, demokratik ülkelerde de çok fazla suçlu olabilir, totaliter ülkelerde de çok fazla suçlu olabilir. Yani, demokrasiyle direkt doğru orantılı bağdaştıramayız bunu. Suçlar farklı, yapısı da değişik. Yani, demokratik ülkede insanlar çok rahat suç işleyebildiği halde, Doğu Bloku ülkelerinde gizli suçlar işlenir, suçun rengi değişir veya suçun yapısı değişir ama...

Hulki Cevizoğlu - Sayısı değişmez...

Ahmet Kule - "Sayısı, o ülkenin yapısına göre artar veya azalır" şeklinde bir mantık doğru olmaz diye düşünüyorum.

Hulki Cevizoğlu - Böyle bir istatistik var mı bilimadamlarının ya da polislerin elinde?

Ahmet Kule - Benim karşılaştığım kadarıyla, benim bildiğim kadarıyla böyle bir istatistik yok. Ama, Amerika'da da suç çok yaygın. Amerika, en fazla davaların açıldığı, medenî...

Hulki Cevizoğlu - En demokratik yer de Amerika olarak kabul ediliyor, en çok suç da orada.

Ahmet Kule - Evet. Ama, suç işleme fırsatı da çok fazla, mesela silah alabilirsiniz, Kalaşnikof'u...

Hulki Cevizoğlu - İşte onu kastediyorum. Yani, demokrasi unsurları önünüze getiriyor.

Ahmet Kule - Ama, tedbirini de alıyor; yani polisi çok güçlendiriyor. Mesela hâkimlerin, yüksek mahkemelerin, normal mahkemelerin, eyalet mahkemelerin bu konudaki tedbirleri çok fazla. Yani, bir taraftan fırsatları veriyor, ama diğer taraftan da sizi sınırlandırıyor. Yani, tamamen ülkenin kendi yapısına göre bir görünüm aslında.

Hulki Cevizoğlu - Dönemecin arkasında virajda bekliyor, suç işlenirse orada yakalayacak.

Ahmet Kule - Evet. Size fırsatı veriyor, kötü kullandığınızda da enseliyor.

SUÇ İŞLEMENİN PSİKOLOJİSİ

Hulki Cevizoğlu - Peki.
Şimdi siz, suç işlemenin psikolojisini de incelediğiniz için, şöyle bir soruyu çok rahatlıkla cevaplandırabilirsiniz diye düşünüyorum: Türkiye'de

"yasaklar insanı suça itiyor" diye genel bir inanış var. En azından, "sigaranın yasak olduğu bir yerde insan sigara içmek istiyor; çocuklara yasaklıyorsunuz, çocuklar sigaraya eğilim gösteriyor" diyorlar.

Yasaklar mı insanları suça itiyor?..

Ahmet Kule - Bence, işin sadece bir boyutu, madalyonun bir yüzü. Yani, eğer bir şey yasaklanıyorsa; mesela sigara yasaklanıyorsa, fakat filmler, radyo, televizyon, reklamlar, gazeteler, okuduğumuz magazinler bizi sigara içmeye teşvik ediyorsa, o zaman yasak, bir çekici özelliğe sahip olabilir. Yani, bir tarafta teşvik var, öbür tarafta yasak var; o zaman çekici bir özelliğe sahip olabilir. Ama, bütün medyanın, bütün toplumu yönlendirici kesimlerin -işte televizyon olabilir, radyo olabilir, kitaplar, okullar olabilir- tavır aldığı bir durumda, ben yasakların çok cazip geleceğine inanmıyorum. Yani, yasaklar madalyonun bir yüzü. Eğer başka yerlerden destek görüyorsa cazip; ama destek görmüyorsa, çok cazip değil.

Hulki Cevizoğlu - "Demokrasinin bol olduğu ülkelerde, yasaklar var, ama suçlar çok, cezalar da çok" diyorsunuz?..

Ahmet Kule - Evet.

Hulki Cevizoğlu - Yani, dinî açıdan da bakarsanız, "Havva'nın elması her tarafta var; elmalar gözünüzün önünde, isterseniz yersiniz, istemezseniz yemezsiniz" diyorsunuz?..

Ahmet Kule - Zaten o seçme şansı, o yol ayrımı, herhalde insanın karşısına hayatın her safhasında çıkıyor ve onunla karşı karşıya geliyor. Doğru veya yanlış seçimi, onun kişiliğini, karakterini belirliyor.

Hulki Cevizoğlu - Siz polisiye roman okur musunuz?

Ahmet Kule - Polisiye roman... Normal romanları çok fazla okumam, ama klasikleri, insan psikolojisini; yani, psikolojiyi ve suçu çok derinden işleyen romanları, mesela "*Suç ve Ceza*"yı satır satır birkaç kere okuyup incelemişimdir. Balzac'ın yine suç ile ilgili olan kısımlarını.

Hulki Cevizoğlu - Satır satır anlamadığınız için mi birkaç kere okudunuz, yoksa anladınız da başka bir nedenle mi?

Ahmet Kule - Yorumlamak için, not olarak. Mesela, Balzac buna nasıl atıfta bulunmuş, burada neyi incelemiş? Mesela *Suç ve Ceza*'da ana konu şu: Kahraman, çok karakterli birisi olduğu halde, ileride bir kahraman olmayı düşündüğü halde, toplumsal bünyede çok ciddî bir rol oynamayı düşündüğü halde ve hiçbir adî amacı olmadığı halde suç işliyor, birisini öldürüyor. Ve buradaki adamı öldürme motivasyonu, ta Jean Jacques

Rousseu tarafından ortaya atılmış. Orada Çinli bir devlet memuriyeti sözü var. Çin'de bir memurluk rütbesi, devlet memuriyeti rübesi. Eğer, ben bu memuru öldürdüğümde karşıma iyi bir gelecek çıkarsa; bunu öldürmeli miyim, öldürmemeli miyim?.. Bunu Balzac işlemiş, daha sonra Dostoyevski *Suç ve Ceza*'da işlemiş. Ve burada insan psikolojisine baktığımızda, kahraman gidiyor bizzat kendisi itiraf ediyor; yakalanmıyor. İtirafa götüren sebepler, o andaki psikolojisi...

Hulki Cevizoğlu - Ünlü olmak mı?..

Ahmet Kule - İtiraftan amacı, ünlü olmak değil. İlk başta diyor ki, ben ileride toplumsal bünyede önemli bir rol almak istiyorum ve bir kahraman olmak istiyorum...

Hulki Cevizoğlu - Bir Parsadan modeli mi anlatıyorsunuz?..

Ahmet Kule - Hayır, o manada değil. Fakat, ilerisi için kendisine rol biçen insanın karşısına öldürme duygusu engel olarak çıktığında ve insan bunu yenmek istediğinde, gidip diyor ki, "ben birisini öldürüp bu duygumu yeneceğim, çünkü bana bu engel olacak."

Hulki Cevizoğlu - Öldürmeden yenemiyor mu o duygusunu ya da yenebilir ama, o mu bilmiyor?..

Ahmet Kule - Kitabın sonucunda onu bağlıyor. Ama, orada ana konu şu: Yani, ben birisini öldürmeye kalktığımda, böyle adî çıkarlar doğrultusunda değil, yüksek çıkarlar doğrultusunda, yüksek düşünceler doğrultusunda öldürmeli miyim, öldürmemeli miyim?.. Bu konu.

İşte orada sanık, kesinlikle bir makam için veya şöhret olmak için değil, kendi vicdanındaki muhasebeden dolayı, psikolojisinden dolayı, motivasyonlarından dolayı, kendisi itiraf ediyor.

İşte, burada itirafa götüren sebepler nedir; o sıradaki ruh hali ne, psikolojisi ne, hastalık yaşıyor mu veya yaşamıyor mu?..

Hulki Cevizoğlu - Siz çevirdiğiniz kitaplarda "iç sıkıntısını azaltma" konusunda çok fazla duruyorsunuz; ona az sonra geleceğiz. Nedir o iç sıkıntısı?.. İç sıkıntısı nasıl artar ve kişiler bunu azaltmak için neler yaparlar ve sorgulama uzmanları da, karşısındaki sanığın iç sıkıntısını nasıl gözetleyip, nasıl itirafa sürüklerler?..

Ahmet Kule - Evet, o çok önemli.

SORGULAMADA DENGE NOKTASI

Hulki Cevizoğlu - O çok önemli.

İzleyicilerimizin de herhalde ya da bu konudaki uzmanların da merakla bekledikleri bir noktadır. Oraya geleceğiz.

Ama siz, romanlardan, suçtan, insanları suça iten çeşitli nedenlerden söz etmişken, tam yeridir diye düşünüyorum; suçlu nasıl düşünür, polis nasıl düşünür, her ikisinin kafasındaki kavramlar yer değiştirmiş düşüncelerden mi oluşuyor?..

Ahmet Kule - İşte, sorgulamada bence tam terazinin dengelendiği nokta orası.

Suçlu var, polis var ve ikisi birbirinden farklı düşünüyorlar. Suçlu, kesinlikle kendi açısından bakıyor; mesela, "kanunun açıklığını ben nasıl yakalarım, kanun açığı nedir bu konuda?" veya işte, "ben şu bankayı soyarım ama, bu bankanın en zayıf tarafı nedir?" veya işte, "ben şu bankamata molotof atacağım ama, en uygun an nedir?" Kesinlikle kendi açısından bakıyor.

Polis hangi açıdan bakıyor? İşte, "Ben suçluyu nasıl yakalarım; suçlunun en zayıf neresidir, suç doğduktan sonra delillerle nasıl suçlaya ulaşabilirim?"

İkisi, farklı yerlerden, tamamen madalyonun iki farklı yerinden bakıyorlar...

Hulki Cevizoğlu - Ama, aynı zamanda, birbirlerinin yerine kendilerini koymuyor mu?.. "Ben bu suçu işledim ama, polis acaba neye dikkat eder; ona göre de önlem almam gerekir" diye ya da polis de hırsızın yerine kendisini koyup, "ben hırsız olsaydım acaba ne yapardım?" deyip, oradaki açıkları kapatma, önlem alma açısından söz konusu değil mi bu?..

Ahmet Kule - Suçlu, kesinlikle polisi düşünüyor ve onu hesaba katıyor; ama...

Hulki Cevizoğlu - Polis düşünmez mi suçluyu?..

Ahmet Kule - Polis daha fazla düşünür, daha fazla düşünmek zorunda.

Eğer polis, suçluyu çözmek zorundaysa, suçluyu konuşturmak, yani normal iknayı kullanarak, psikolojik metodları kullanarak konuşturmak zorundaysa, suçluyu çok iyi anlamak zorunda; ama, suçlu, polisi çok iyi anlamak zorunda değil. Yani suçlu, polisi ikna etmeyecek.

Hulki Cevizoğlu - Suçlu, polisi anlasa daha mı başarılı olur suç işleme konusunda?..

Ahmet Kule - Evet, kesinlikle daha başarılı olur, fakat böyle bir mecburiyeti yok. Çünkü suçlu, suçu işliyor ve bunun doğru olduğuna inanıyor, polisi buna ikna etme mecburiyeti yok. Ama polis, suçluyu karşısına aldığında, onu konuşturmak için, yaptığının yanlış olduğuna ikna etmek zorunda. İşte burada polis, kendisini suçlunun yerine daha fazla koyuyor aslında; onu tamamıyla anlamak zorunda.

İşte bence, terazinin tam böyle dengelendiği nokta orası. Eğer polis, başarılı bir sorgulama görevlisi, suçlunun düşüncelerini anlayamıyorsa ve hissettiklerini hissedemiyorsa, ondan bir üst basamağa çıkıp, onu konuşturması çok zor olacaktır, sıkıntı çekecektir.

Hulki Cevizoğlu - Peki.

Bir söz var, "İnsan nasıl düşünürse öyle davranır" diye.

Şimdi polisler, sorgu uzmanları çok fazla kendilerini hırsızın yerine ya da sanığın, suçlunun yerine koyarlarsa, ister istemez onun etkisi altında, bu düşüncelerin etkisi altında kalıp, kendileri de suça eğilimli hale gelme tehlikesiyle karşılaşmazlar mı?..

Ahmet Kule - Bu, belli bir istatistik ölçüsünde var. Yani, zannediyorum yüzde 5 gibi. Uluslararası istatistikler aşağı yukarı bu şekilde. Belirli bir zaman zarfında ve çalıştığı birime göre, polislerde böyle bir kayma oluyor. Yani herhangi bir polis teşkilâtı için düşünüyoruz, mesela Amerika'da uyuşturucuyla 10 sene, 20 sene uğraşan polislerde, bir süre sonra uyuşturucuyla ilgili suçlar baş göstermeye başlıyor; uyuşturucu kullanımı, alıp satma veya onların amaçları doğrultusunda çalışmalar gibi.

Normal bir insan düşünün; 20 yıl bir suçla muhatap oluyor, yani...

Hulki Cevizoğlu - Belli bir noktaya kendini konsantre etmiş...

Ahmet Kule - 20 yıl.

Ve onun da zayıf tarafları var, onun da yıpranan tarafları var, onun da psikolojisinin etkilenen tarafları var. Ve bir süre sonra polislerin belli bir oranının, yüzde 5 gibi bir oranının suça kaymaları çok normal olarak karşılanır.

İşte bunun polisiye, teşkilât içi tedbirlerle halledilmesi gerekiyor; psikoiijik danışmanlıkla, gerekirse birimlerinin değiştirilmesiyle.

Hulki Cevizoğlu - "Çok fazla akıl hastalarıyla uğraşan psikologlar ve psikiyatristler de bir süre sonra onlara benzerler" deniyor. Bizi izleyen psikiyatristler buna alınmasınlar ama, belki orada da, polislerdeki yüzde 5 oranı gibi, yüzde 5 ya da başka bir oranda gerçekleşme söz konusudur.

Ahmet Kule - İşte orada güçlülük önemli; yani polisin güçlü olması. Her görevli için aslında geçerli; yani, bu tür toplumun yönlendirici kesimiyle veya yönlendirme işleriyle uğraşan kesimin güçlü olması gerekiyor. Güçsüz, zayıf anında yakalandığında, suça kayması çok kolay. O şekilde de, hem kendisini mahvediyor, hem ailesini mahvediyor.

SORGU UZMANLARI NASIL YAŞIYOR?

Hulki Cevizoğlu - Anladım.

Sorgu uzmanları özel yaşamlarında kendilerini toplumdan izole edip, soyutluyorlar mı, nasıl yaşıyorlar sorgu uzmanları?..

Ahmet Kule - Bu, tamamen kişiye bağlı. Yani, o konuda olumsuz da etkilenebilir, çok olumlu da etkilenebilir. İnsan psikolojisine daha iyi vakıf olduğu için bunu olumlu yönde de kanalize edebilir. O, kendi karakterine ve kendi yapısına bağlı.

Hulki Cevizoğlu – Uyması gereken özel bir yöntem ve kurallar yok mudur?..

Ahmet Kule - Ne açıdan?..

Hulki Cevizoğlu - Örneğin; kişisel bir problemi varsa, bu problemi güvendiği birisine mi aktarması gerekir? Sorguladığı konuyla ilgili ağzından bir şey kaçırabilir. Apartman komşusuna mı anlatır sorunu varsa?

Ahmet Kule - Bunları yapabilir, yani hepsini yapabilir ve normal...

Hulki Cevizoğlu - Kitabınızda "yapar" diye yazmışsınız da.

Ahmet Kule - Yok. "Yazmışsınız" derken, ben tercüme ettim. Orada yazarlar onu belirtiyor.

Hulki Cevizoğlu - Ama, siz bunu çok benimsemişsiniz, onun için "yazmışsınız" diyorum. Çünkü, siz bu kitaba çok sahip çıkıyorsunuz. Yani, "Ben de olsam böyle yazardım" diyecek kadar benimsiyorsunuz galiba?..

Ahmet Kule - Benim gördüğüm kadarıyla ve uluslararası kaynaklarda; uluslararası en iyi kaynak, sorgulamanın teknik ve taktikleri konusunda yazılmış en iyi İngilizce kaynak olarak geçiyor.

Hulki Cevizoğlu - Bu da, benimsediğinizi gösteriyor.

Ahmet Kule - Evet.

Hulki Cevizoğlu - Yoksa, bu kadar zaman verip de, bunu çevirmekle uğraşmazdınız.

Ahmet Kule - Herşeyini benimsiyorum ve satır satır ifadelerini de biliyorum.

Hulki Cevizoğlu - 23. Sayfada diyor ki, "Sosyal bir durumda bir sorgu uzmanı, başka kimselerin varlığında, şahsî arkadaşından özel bir meseleyi anlatmasını istemezsiniz."
Ahmet Kule - Evet.
Hulki Cevizoğlu - Ne sakıncası var?
Ahmet Kule - Bu şu demek: Yani, sosyal bir ortamdayız, diyelim ki arkadaşlarla bir...
Hulki Cevizoğlu - Barda...
Ahmet Kule - Kafedeyiz, bardayız, dört beş kişi konuşuyoruz ve benim çok özel bir sıkıntım var ve arkadaşım da bunu biliyor...
Hulki Cevizoğlu - Yani, ailevî sıkıntı... Meslekî olmasa, ailevî bir sıkıntı olsa, yine de mi anlatmaması lâzım?..
Ahmet Kule - Yok, yok. Herhangi bir şey. Orada kastedilmek istenen şu: Ben, özel bir durumumu -mesela hanımımla ilgili olabilir, kız arkadaşımla ilgili olabilir veya benim bir meslekî soruşturmayla alâkalı bir konu olabilir- bunun kimseye, oradakilerin içinde anlatılmasını istemem. Bana, arkadaşımın gelip özel olarak bahsetmesini, işte "Bu konuda bir yardıma ihtiyacın var mı?" veya "Böyle bir derdin var mı?" veya "Senin böyle bir pozisyonun varmış..." Orada kastedilen şu : Hiç kimse, çok özel şeylerinin ortalıkta söylenmesini istemez.
Hulki Cevizoğlu - Ama bu, hiç kimsenin istememesinden kaynaklanan psikolojik bir durum mudur?.. Örneğin; sizin ya da benim istememem aynı mıdır, yoksa siz bir sorgulama uzmanı olarak, "Bunu böyle bir ortamda konuşursam, ileride başıma olumsuz bir iş gelir" düşüncesiyle mi istemezsiniz?
Ahmet Kule - Hayır. Orada şöyle bir genelleme: Sorgulama uzmanı da, sorgulama görevlisi de bir insan olduğuna göre, bir insan olarak ele alıyoruz ve bir insan hiçbir zaman özel işlerinin ortalıkta, başkalarının arasında, çoğunluğun içinde konuşumasını istemez. Ve o, aynı açıdan, sorgulama görevlisine orada ders veriyor, "sorgulama görevlisi, özel bir şeyinin nasıl ki ortalıkta konuşulmasını istemeyeceği gibi, suçlunun da suçunu, 4, 5, 10 kişilik kalabalık bir ortamda itiraf etmesini bekleyemez" diyor. Daha sonra, orada...
Hulki Cevizoğlu - "Öyle bir ortamda sorgu uzmanları hassasiyetlerini kaybederler" diyor kitap..

Ahmet Kule - Kesinlikle. Sorgulama uzmanı da hassasiyetini kaybedir, suçlu da itiraftan uzaklaşır. Zaten orada...

Hulki Cevizoğlu - Onun için sorgulama ve itirafta baş başa, "Gel arkadaş, itiraf et" mi diyor?..

Ahmet Kule - Tabii.

Hususiyet ortamları çok önemli; yani izolasyon olmalı. Bir odada mümkün olduğu kadar az kişiyle suçun çok özel şartlarda konuşulması gerekir. Avustralyalı bir araştırmacı olan Hans Cros'un, meşhur bir sözü var, "Suçludan suçunu hiç zorlanmadan, direkt, doğrudan itiraf etmesini beklemek, çok merhametsizce ve psikolojik olarak da yanlış bir davranıştır" diyor, "Biz, suçlunun yolunu kolaylaştırmalı, düzleştirmeliyiz öbür türlü merhametsizlik etmiş oluruz" diyor.

GÜVEN VEREREK RAHAT KONUŞTURMAK

Hulki Cevizoğlu - Bu suçlunun yolunu kolaylaştırmanın çeşitli faktörleri var, unsurları var. Onlara da geleceğiz tek tek ama; bir tanesini, yeri gelmişken söyleyelim.

Şimdi, sizi ilk kez ekranda görüyorlar galiba izleyiciler...

Ahmet Kule - Evet, ilk kez.

Hulki Cevizoğlu - Daha önce televizyona çıkmadınız?..

Ahmet Kule - Hayır.

Hulki Cevizoğlu - Yüzünüzü, milyonlarca insan ilk kez görüyor. Size baktıkları zaman, yüzünüzün çok güven verici olduğunuzu söyleyebilirler. Siz bu açıdan, çok uzman bir sorgulama polisi misiniz?..

Ahmet Kule - Şu kadarını söyleyeyim...

Hulki Cevizoğlu - Yani, insanlara güven vererek mi daha rahat konuşturabiliyorsunuz?..

Ahmet Kule - Ben şu kadarını söyleyeyim: Benim uygulamadaki tecrübem çok fazla değil. Benim 2 yıllık normal bir sorgulama tecrübem var. Daha sonrakiler, teorik ve psikolojik eğitim. Yani, ben bu konuda İngilizce 10'a yakın kaynak inceledim; İngiltere'deki ve Amerika'daki kaynakların çoğunu inceledim, bizim Türkiye'de siyasî örgütlerin çıkarmış olduğu sorgulamayla ilgili kitapları da inceledim. Master yapmış kadar bu konuda benim bir uzmanlığım var; çalışmalarım, birikimim bu kadar. Yani, uygulamadaki pratiğim 2 seneden fazlasında değil. Fakat, akademik çalışmalarım, teorik çalışmalarım bu konuda oldukça fazla.

Ve ben, bu açıdan sonuç olarak değerlendirdiğimde; benim şahsen kullandığım metot psikolojik ve düşünce seviyesinde.

Ben şuna inanıyorum ve bu çok önemli. Herkes için; öğretmen-öğrenci ilişkisi için, memur-vatandaş ilişkisi için, satıcı-alıcı ilişkisi için ve polis-suçlu ilişkisi için bence şu mantık çok geçerli: Muhatap olduğumuz kişinin düşüncelerini anlayabiliyorsak, biz de düşünebiliyorsak, hissettiklerini biz de hissedebiliyorsak ve onun bir üst basamağındaysak, yani, onları hissetmemize rağmen mesela, suçu işlemiyorsak, mesalâ, bir kumarbazın hissettiklerini hissettiğimiz halde kumar oynamıyorsak, bir hırsızın hissettiklerini hissettiğimiz halde hırsızlık yapmıyorsak, bir basamak üste çıkmışsak, biz, karşıdakini düşünce boyutunda çözebiliriz ve kolay konuşturabiliriz, ikna da edebiliriz. Psikoloji kanallarından girdiğimizde, biz onu olumlu sonuçlara ulaştırabiliriz. Ama...

Hulki Cevizoğlu - Yani siz, korkunç görünümlü, sert, pala bıyıklı, sakalları uzamış, iri yarı bir sorgu uzmanına göre, daha "artist gibi" olup, daha güven verici bir yüze sahip olup, daha sakin bir ses tonuyla konuşarak, o insanı çözebileceğinize inanıyorsunuz?..

Ahmet Kule - Düşünce boyutunda gelişmiş, fakat karşıdakini empatik olarak çok iyi anlayabilen ve hissedebilen birisi olması gerekiyor. İsterseniz, çok kısa bir örnek vereyim bu konuda.

Hulki Cevizoğlu - Buyurun.

Ahmet Kule - Sorgulama için Amerika'da verilen en ilginç örneklerden bir tanesi. Ben bunu Polis Akademisi'nde bir panelde söylemiştim; zannediyorum onun dışında başka hiçbir yerde duyulmamıştır. Çok ilginç; sorgulamayla alâkası yok gibi gözüküyor ama, sorgulamanın en ilginç örneklerinden bir tanesi.

Amerika'da bir ilköğretim okulunda ders öğretmeni 9 yaşındaki bir kız öğrencinin cinsel olarak anormal olduğunu fark ediyor ve kız öğrenciyle konuşuyor; kız hiçbir şey söylemiyor. İdareye yansıtıyor bunu, müdüre yansıtıyor ve hemen öğrenciyi çağırıyorlar, konuşuyorlar, yine kız birşey söylemiyor, fakat onlar da katılıyorlar, "Evet, cinsel olarak anormal" diyorlar. Sonra bir psikolog çağırıyorlar; yine aynı şeyi soruyorlar; hayır... Bundan sonra,bir sorgulama uzmanını çağırıyorlar ve diyorlar ki, "Bizim şöyle şöyle bir problemimiz var."

Yani, okulun idare heyetindeki belli kişiler sürekli görüşmelerinde hiçbir sonuç çıkaramıyorlar. Ve en son profesyonel bir sorgulama görevlisi geliyor. İşte, bu örnek açısından bir sorgulamaya bakabiliriz.

Alıyor kızı, konuşuyor ve "Evet, bir cinsel anormallik var" diyor. Fakat tamamıyla farklı bir bakış açısından gidiyor; Türk ismi verelim kıza, "Ayşe, bana sabahtan akşama kadar duyduğun sesleri anlatabilir misin?" diyor, 9 yaşındaki bir kızla karşılıklı diyaloğa giriyor. Ayşe başlıyor anlatmaya, diyor ki: "Sabah kalkıyorum, annemin sesi, bana "Günaydın" diyor. Kalkıyorum, çay bardaklarının sesi, kahvaltı yapıyoruz, yukarı çıkıyorum, merdivenden iniyoruz, annem beni giydiriyor. Çıkıyorum, kapının sesi, dışarıda çocukların sesi, servis geliyor, trafiğin sesi, okula geliyorum, öğrencilerin sesi. Hep akşama kadar devam ediyor, devam ediyor, en son akşam oluyor, eve geliyorum, yemek yeniyor, yatma saati geliyor..." diyor. Ondan sonra sorgulama görevlisi, "Evet Ayşe, anlat bakalım" diyor. Kız, "Annem beni alıyor, yukarıya götürüyor, annemin sesleri, bana iyi geceler diliyor, üzerimi örtüyor, kapıyı kapatıyor, annemin ayak sesleri, aşağıya iniyor..." "Ondan sonra Ayşe?" diyor. Sadece duyduğu sesleri anlatıyor, -buna dikkat edin sadece, başka hiçbir şey istemiyor.- Ondan sonra Ayşe bir an duraklıyor, "Merdivende tekrar sesler; üvey babamın sesi, ayak sesleri geliyor. Kapı açılıyor, üvey babam geliyor, üvey babam örtümü açıyor, üvey babam yanıma yatıyor" diyor ve devam ediyor.

Yani, bir profesyonel sorgulama görevlisi, kıza taciz suçuyla ilgili tek bir kelime sormadan suçu ortaya çıkartıyor.

İşte, bu açıdan baktığımızda sorgulama, çok daha ayrı profesyonellik sergiliyor, bir psikolojik yaklaşım sergiliyor yani.

Hulki Cevizoğlu - Evet, tabii.

Bir izleyicimiz var telefonda, onu aldıktan sonra, yıllar önce duyduğum bir fıkrayı, bu olaylara bağlantılı olarak anlatacağım.

İyi geceler efendim.

(İzleyici)
ÖNDER AYTAÇ - (Polis Akademisi Öğretim Görevlisi) - İyi geceler. Hulki Bey, Ankara'dan arıyorum; Önder Aytaç.

Hulki Cevizoğlu - Buyurun Önder Bey.

Önder Aytaç - Polis Akademisi'nde öğretim görevlisiyim.

Hulki Cevizoğlu - Sizin yazılmış bir kitabınız da var galiba, değil mi?..

Önder Aytaç - "Medyanın Gözü ve Susurluk Reçeteleri" diye bir kitabım var efendim. (.:.) Ahmet Beye bir sorum olacak.

Kitabı yazmış olmanızla ya da kitabı çevirmiş olmanızla, ideallerinizdeki anlamda sorgulamanın, Türkiye bağlamında gerçekleşebilmesi açısından neler yapılırsa çok iyi olur? Yani mutlaka, sizin kitabınızın okunmuş olması, onun çok iyi yorumlanmış olması güzel de, acaba başka bu konuyla ilgili ekleyeceğiniz şeyler var mı?

Teşekkür ediyorum.

Hulki Cevizoğlu - İyi geceler, sağ olun.

Galiba, "Türkiye'de de bu kitaptaki gibi sorgulama yapılsın" diye bir arzu var?

Ahmet Kule - Evet. (...) Amerikalı bir profesöre göre; sorgulama olsun, nezaret olsun, başka bir şekilde olsun, bu ortam karakteristik olarak baskı içerir, psikolojik baskı içerir. Bu kaçınılmaz bir şey.

Hulki Cevizoğlu - Masum insan üzerinde de bu baskı oluyor mu peki; yoksa sadece suçlular üzerinde mi bu baskı söz konusu?..

Ahmet Kule - Hayır. Mutlaka herkesin üzerinde vardır. Zaten, ben dedim ki, "Amerikalı bir uzmanın görüşüdür bu." Polisle karşı karşıya gelmek, kamu görevlisiyle karşı karşıya gelmek, nezaret altına alınmak, sorgulanmak ve mülâkata girmek, bütün insanlar için; masum olan sanıklar için de mutlaka karakteristik olarak baskı içerir.

Hulki Cevizoğlu - Yani, "Allah devlet kapısına düşürmesin" lafı da oradan mı geliyor?

Ahmet Kule - Ama bu, artık kaçınılmaz bir şey; başka çare yok. Yani, masumu aklamak için de sorgulama iyi bir metot.

Sorgulamanın amacı, sadece suçu ortaya çıkarmak değil. Gelen şahıs, şüphelenilen şahıs masumsa, sorgulamanın amacı, masumiyetini ispatlamaktır ve bir an önce onu topluma döndürmektir.

Hulki Cevizoğlu - Haklıyı haksızı, burada hızlıca ayırabilmek?..

Ahmet Kule - Evet. (...)

İşte, bu teorik çalışmalarla uygulamadakiler birleşirse, bizim ufkumuz daha geniş olur ve sorgulama görevlisi arkadaşlarımız çok daha başarılı olur, diye düşünüyorum.

Hulki Cevizoğlu - Peki, yine sizin sözünüzden yola çıkarak bir soru size:

Sorgulamanın toplum bünyesindeki zararları neler Türkiye'de?

Ahmet Kule - Şimdi, ben Türkiye için söylemedim, genel olarak söyledim. Yani, "zararı" derken şunu kastediyoruz: Sorgulama, şüphelenilen insanın, suçu ortaya çıkarmak için polisle karşı karşıya gelmesi ve şüphelenilen insana, cevaplarsa, -cevaplamama hakkı var- sorular sorulması ve gerekirse, bu konuda karşı tarafın suçlu olduğuna inanılırsa, bazı numaralar yapılması, oyunlar oynanması...

Yani, "oyunlar" derken, masum bir insanın suçu itiraf etmesi şeklinde değil, fakat suçlu bir insana küçük tuzak sorular sorulabilir. Bu, Amerika'da, İngiltere'de, her yerde uygulanan bir metot.

Fakat, az önce küçük kız örneğinde verdiğim gibi, sorgulama görevlisi çok başarılı değilse ve çok iyi yetişmemişse, o kız ne olacaktı?.. Aydınlanamayacaktı ve kız taciz görmeye devam edecekti, bir suç aydınlanmamış olacaktı veya başka birisi kızı belki biraz daha baskıya sokarak onu konuşturabilirdi. Fakat, profesyonel bir sorgu uzmanı ne yaptı?.. Hiçbir şekilde, ne kıza zarar verdi, ne ailesine zarar verdi, ne okula zarar verdi, tereyağından kıl çeker gibi aldı götürdü.

İşte burada, polise zor kullanma hakkı verilmiştir. Polisin kanunî olarak; silâh kullanma hakkı, tutuklama hakkı, gözaltına alma hakkı vardı; kanunen bu yetkiler verilmiştir. Ve polis bunları kullanırken, bazen istemeden, her ülkede, -Türkiye için söylemiyorum- istemden de olsa, iyi niyetli de olsa, yanlış yapabilir.

İşte burada polisin, diğer kurumlarla; eğitim-öğretim kurumlarıyla, basınla, medyayla desteklenmesi ve polise yardımcı olunması gerekiyor.

Yani polisler ne kadar iyi yetiştirilirse, yapılan hatalar o kadar az olacaktır ve toplumsal bünye o kadar az etkilenecektir.

Hulki Cevizoğlu - Polisin sorgulamada da mı zor kullanma hakkı söz konusu?..

Ahmet Kule - Hayır, sorgulamada zor kullanmayı kastetmiyorum. Yani polisin, toplumsal olaylarda zor kullanma, cop çekme hakkı var, kendisine ateş edildiğinde ateş etme hakkı var...

Hulki Cevizoğlu - "Sorgulamada zor kullanmak yok" diyorsunuz?..

Ahmet Kule - Sorgulamada kesinlikle "zor kullanma" diye bir şey yok. CMUK'un 134-135. maddesinde zaten bunlar düzenlenmiş durumda.

Hulki Cevizoğlu - "CMUK" dediniz de; bakın, Türkiye'de CMUK ilk yasalaştığı sırada, bizim Emniyet Teşkilâtımızın bir kısmında şöyle bir anlayış hâkim oldu: "Eyvah, bu yasa kabul edildi, biz bundan sonra artık insanları nasıl konuşturacağız, nasıl sorgulayacağız?"

Çünkü, genel kabul görmüş bir fikir vardı galiba, "Biz, zorla konuşturuyoruz, şimdi CMUK'a göre zorlama söz konusu değil." Ama, sizin savunduğunuz, anlattığınız ve kitapta da vurgulandığı üzere, zor kullanarak değil, kolaylıklar sağlayarak insanı itirafa götürme, sorgulama söz konusu.

Ahmet Kule - Evet.

Hulki Cevizoğlu - Ama bizdeki zihniyet, o tarihte tam tersiydi, şimdi düzeldi mi, değişti mi; bilmiyorum.

Ahmet Kule - O tarihte tam tersi miydi; bilemiyorum, yani...

Hulki Cevizoğlu - Çok kişiden duyduk biz bunu, "Eyvah, bundan sonra nasıl sorgulayacağız? İnsanlara dokunamayacağız" dediler. Yani, "dokunmayı" kastediyordu polisler o sırada.

Ahmet Kule - Fakat, o sırada acaba; yani "tam tersi" derken, polislere sorduk mu hiç; yani Emniyet Teşkilâtına?..

Hulki Cevizoğlu – O tarihte polislerden gelen, polislerden duyduğumuz düşünceler bu söylediklerimiz.

Ahmet Kule - Evet. Ben öyle düşünmüyorum. Yani, eskiden beri Türkiye'de polis, sorgulama yapıyor ve bunu güzel metotlarla yapıyor. Bunun münferit olarak istisnaları olabilir; zaten onlar da, hem idarî olarak, hem de adlî yönden cezalandırılıyorlar. Fakat polis, eskiden beri Türkiye'de, elinden geldiği kadar; yani yetiştirilmişse, aldığı psikolojik eğitimle, davranış analiz eğitimiyle, akademilerde meslek içi kurslarla aldığı eğitimlerle en iyi şekilde sorgulamayı ve suçluları ele almayı yapıyor. Ben, "belli tarihten önce Türkiye'de uygulama şöyleydi, bu tarihten sonrada böyleydi" yorumunun ne kadar doğru olduğunu bilemiyorum.

TÜRK POLİSİNİN KULLANDIĞI "GÜZEL" YÖNTEMLER

Hulki Cevizoğlu - Türkiye'de polisin kullandığı güzel yöntemlerden söz ettiniz. Türkiye'de polis hangi "güzel" yöntemleri kullanıyor sorgulamada?..

Ahmet Kule - Psikolojiyi kullanıyor, iknayı kullanıyor.

Ben mesela, çalıştığım birimde şahidim; çok azılı diyebileceğimiz suçluları, tamamıyla düşünce plânında ikna ederek, aktif suçluluğu bıraktırdılar. Buna kendi gözümle şahit oldum.

Hulki Cevizoğlu - Siz nerelisiniz?
Ahmet Kule - Edirneliyim.
Hulki Cevizoğlu - Karadenizli değilsiniz?..
Ahmet Kule - Hayır, değilim.
Hulki Cevizoğlu - Karadeniz'e özgü çok fıkra vardır, ben de Karadenizliyim; onun için, anlatacağım fıkradan sorgulama uzmanları alınmasınlar. Bu fıkrayı siz, herhalde benden daha iyi biliyorsunuzdur. Hatta birkaç tane daha fıkra biliyorsunuzdur sorgulama konusunda.

Az önce sözünü ettiğim fıkrayı şimdi burada anlatayım.

3 tane ülkenin sorgulama uzmanları biraraya gelmişler, "kim daha ustadır, anlatsınlar" diye. Bu ülkelerden bir tanesi de Türkiye. Bir ülkenin uzmanına demişler ki, "Hadi git, suçluyu bul gel." Suçluyu bulmuş getirmiş. İkinci ülkenin sorgulama uzmanına demişler ki, "Hadi bul getir", o da getirmiş. Türk sorgulama uzmanına görev vermişler, "Sen de kendini göster bakalım" diye. O gitmiş, bir hafta haber alınamamış. Sonra, merak etmişler, "Nedir mesele?" diye gidip gördüklerinde, bakmışlar ki, bizim sorgulama uzmanı bir fili kovalıyor, fil de bağırıyor, "Ben suçluyum, suçluyum" diye. Orada file suçunu kabul ettirmeye çalışıyormuş.

Yani, Türkiye'de polisin uyguladığı güzel yöntemler bunlar değil herhalde?..

Ahmet Kule - Evet, muhakkak değil.

Yani, bu fıkrayı ben de biliyordum, başka bir şekilde biliyordum.

Türkiye'nin bu insan hakları problemi, herhalde...

Hulki Cevizoğlu - Biz, tabii isimleri oradan kaldırdık, kimsenin aklına...

Ahmet Kule - Türkiye, bu insan hakları probleminde, zannediyorum oldukça mağdur oluyor. Yani, televizyonda hep beraber görüyoruz; Amerika'da Beyazsaray'ın önünde adam bıçak çekerken vuruluyor, ölüyor ve insan hakları açısından bir problem olmuyor. Mesela...

Hulki Cevizoğlu - Orada sorgulama sırasında değil, ama bıçak olduğu için elinde, onu öyle durduruyor. Demin, "polisin zor kullanma hakkı var" dediniz ya, orada o söz konusu.

Ahmet Kule - Evet. Ama, bıçağa karşı silâh kullanma yetkisi yok polisin.

Hulki Cevizoğlu - Bıçak taşıyan polis ne Amerika'da, ne Türkiye'de görmedim; yani polis de o zaman elinde bıçak olana bıçak mı atacak?..

Ahmet Kule - Yok, hayır. Bıçak taşıyan birisini 2 tane polis çok güzel, çok rahat tesirsiz hale getirebilir.

Amerika'da bir örnek daha var mesela; Rodney King diye bir zencinin polis tarafından dövülerek öldürülmesi.

Hulki Cevizoğlu - Televizyonlara yansıyan?..

Ahmet Kule - Evet. Ve "Rodney Kingleme" diye polisiye bir tabir var Amerika'da; yani bunu fiil haline getirmişler, "Rodney King" kelimesini, polisin döverek adam öldürmesini fiilleştirmişler orada.

Hulki Cevizoğlu - Orada "case" oldu, bir "olay" oldu; değil mi?..

Ahmet Kule - Evet, "case" oldu.

Türkiye bu konuda, tabii kendisini anlatamıyor. Yani, ne kadar başarılı uygulamaları olsa da, bunu anlatamıyor.

Hulki Cevizoğlu - Siz anlatacaksınız bu akşam burada.

Ahmet Kule - Onlar anlattığı ve Amerika'ya veya diğer güçlü ülkelere kimse bir şey diyemediği için, orada münferit olaylar insan hakları ihlâli olmuyor. Ama Türkiye'de münferit bazı olaylar; adlî ve idarî soruşturması yapılan ve Teşkilât tarafından cezalandırıldığı halde, bazı uygulamalar, artık geleneksel uygulama haline gelmiş gibi yansıtılıyor. Burada da; bilmiyorum, basın ve medyanın polise biraz sahip çıkması ve olumlu yönde etkilemesi gerekir diye düşünüyorum.

Hulki Cevizoğlu - İşte medya-polis ilişkileri her zaman çok dengelenmiyor, bazen medya polisi o kadar destekliyor ki, polisin yaptığı hatalar da örtbas ediliyor, bazen de tam tersine, polise alabildiği kadar eleştiri yöneltiyor.

Ahmet Kule – (...) Evet. Ama, sonuçta bizim Teşkilât, kendi kendisini sorguluyor. Yani, bizim Teşkilâtımız, "Biz hiç hata yapmayız." demiyor. "Hata yaptığımızda düzeltmeye hazırız ve düzeltiyoruz. Toplumdan; eğitim-öğretim kurumlarından olsun, medyadan olsun, basından olsun, olumlu çalışmalarımız için destek bekliyoruz" diyor. Bu konuda başka bir şey demiyor. Elinden geldiği kadar da düzeltmeye çalışıyor. Ama, şunu da kabul etmek lâzım; bütün dünyadaki ülkelerde polislik, çok zor bir iş.

Ahmet Kule – (...) Evet. Toplumsal olaylarda, yine herhangi bir şey söylemek istemiyorum. Fakat ben, polisi sadece anlamaya çalışırım. Yani, nasıl suçlu ve suçu anlamaya çalışıyorsak, polisin de görev zorluklarının anlaşılmaya çalışılmasını isterim.

Yani, önemli olan, polisi veya suçluyu haklı çıkarmak değil, polisi veya karşısındaki göstericiyi haklı çıkarmak değil; önemli olan, bizim toplumsal bünyemiz için, ülkemiz için olumlu sonuca ulaşmaktır ve bu olumlu sonuca ulaşmak için, polisi anlamak gerekiyorsa, polisi anlayalım ve yardım edelim, göstericileri anlamak gerekiyorsa, göstericileri anlayalım ve yardım edelim.

Hulki Cevizoğlu - "Birbirimizi anlayalım" diyorsunuz?..

Ahmet Kule - Evet. Birbirimizi anlamaya çalışalım. Birbirimizi anlamak ve hissettiklerimizi hissetmek, bence herşeyden çok önemli.

FİZİKSEL BASKI SORGULAMAYI KİLİTLER Mİ, ÇÖZER Mİ?

Hulki Cevizoğlu - Bakalım izleyicilerimizi anlayabilecek miyiz?.. İyi geceler efendim.

(İzleyici)
MUSTAFA ELÇİ - *İyi akşamlar efendim, Ahmet Bey, iyi akşamlar.*
Ahmet Kule - İyi akşamlar.
Mustafa Elçi - Tek sorum olacak size. Acaba, fiziksel baskının, sorgulama üzerindeki etkisi nedir? Yani, suçluyu daha mı çabuk çözer, yoksa kilitler mi? Bunu öğrenmek istiyorum.

Ahmet Kule - Fiziksel baskı, sonuca mı götürür, yoksa kilitler mi?..

Bence, kullanıldığı ortama bağlı. Eğer Doğu Bloku ülkeleri için konuşuyorsak, mesela; Çekoslovakya'da yazılan "İtiraf" diye bir kitap vardı ve oranın bakanlarından birisinin yazmış olduğu bir kitap ve tamamıyla Üçüncü Dünya Ülke metodlarıyla yapılan sorgulamaları anlatıyordu. "İtiraf", baştan başa bir bakanın partiden dışlanması ve daha sonra yapmadığı şeyleri kabullendirilmesi ve bundan dolayı da cezalandırılmasıyla ilgili bir kitap.

Oradaki olaya baktığımızda, kesinlikle olumlu sonuca götürür, ama o ülkelerin şartlarında. Yani, bunu Türkiye'de, Amerika'da, Almanya'da, İngiltere'de uygulamaya kalksanız, yani Doğu Bloku ülkelerinin, üçüncü sınıf ülkelerin şartlarında değil de, bizim şartlarımızda uygulamaya kalksanız, ben, kesinlikle sonuca götüreceğine inanmıyorum.

Bir de...

Hulki Cevizoğlu - Anlayamadım. O verdiğiniz örnekte; "İtiraf kitabını yazan politikacı" dediniz.

Ahmet Kule - Evet.

Hulki Cevizoğlu - O suçlumuymuş ki, o yöntemlerle itiraf etmiş?..

Ahmet Kule - Suçlu olmadığı halde, o yöntemler işe yaramış ve ona suçunu kabul ettirmişler; suçlu olmadığı halde.

Hulki Cevizoğlu - Ama, o zaman tam tersini söylemeniz gerekmiyor mu; suçlu olmayana suçu yıkmak, sonuca götürmek demek mi yani?..

Ahmet Kule - Yok, onların sistemi açısından diyorum.

Hulki Cevizoğlu - Bunu bir sonuç olarak mı kavramak gerek?..

Ahmet Kule - Yok. Yani, onların sistemi açısından sonuca götürüyor; ama bizim sistemimiz açısından kesinlikle sonuca götürmüyor.

Zaten şu var: Suçların ortaya çıkarılması ve suçluların cezalandırılması ve islah edilmesindeki amaç nedir? Toplumsal bünyenin sağlığını korumak ve devam ettirmektir.

Hulki Cevizoğlu - Demek ki fıkra, o "İtiraf" kitabını yazan bakana uydu...

Ahmet Kule - Evet, ona uyuyor.

Hulki Cevizoğlu - Neticede, "suçluyum" diye kabul ettirdiler.

Ahmet Kule - Evet, ona uyuyor ama, tekrar söylemek istiyorum; toplumsal bünyeye hiçbir şekilde zarar verilmemesi gerekiyor. Toplumsal bünyeye zarar verildiği zaman, herhangi bir ülkede bütün polisiye olayların aydınlatıldığını, bütün faili meçhullerin aydınlatıldığını düşünün ve yüzde 100 başarı olduğunu düşünün; mesela Çekoslovakya için öyle bir örnek verelim ve hiçbir faili meçhul olay kalmadığını düşünün, ama kullanılan yöntemler, gayri insanî yöntemlerse, o zaman ne olacaktır?.. Bizim o içeriye cezalandırmak üzere gönderdiğimiz insanlar, tekrar çıktıklarında veya daha içerideyken toplum için problem olmaya devam edeceklerdir. Niye?..

Hulki Cevizoğlu - "Çıkınca bizi cezalandıracak, toplumu cezalandıracak" diyorsunuz?..

Ahmet Kule - Yani, her ne kadar polis başarılı gibi görünse de, adalet mekanizması işliyor gibi görünse de, sonuç kocaman bir sıfır.

FAİLİ MEÇHUL CİNAYETLERDE SORGULAMA

Hulki Cevizoğlu - Peki, faili meçhullerden söz ettiniz, faili meçhuller niçin aydınlatılamıyor? Polisin sorgulama tekniğindeki eksikliklerden mi?

Ahmet Kule - Şimdi sorgulamada, "mutlaka bütün olaylar aydınlatılacak" diye bir şey yok.

Mesela; İngiltere'deki istatistik yüzde 70. Yani, sorgulama sonucunda...

Hulki Cevizoğlu - İyi bir oran mıdır bu? Yoksa, yüzde 90 mı iyi oran?

Ahmet Kule - Yok, yok, normal bir oran, tamamıyla normal bir oran. Yani, İngiltere'deki istatistikler; gelen şüphelilerin, sanıkların, suçlarını kabul edip, itiraf etmelerini yüzde 70 oranında belirtiyorlar.

Hulki Cevizoğlu - Doğru itiraf bunlar, değil mi?..

Ahmet Kule - Doğru itiraf, tabii. Tek tük şeyler olabiliyor...

Hulki Cevizoğlu - Türkiye'de bu oran ne kadar?

Ahmet Kule - Türkiye'de böyle bir araştırma yapılıp yapılmadığını, ben şahsen bilmiyorum; böyle bir rakamla da karşılaştırmadım.

Yani, "sorgulama, mutlaka sonucu getirecektir ve olayları aydınlatacaktır" diye bir şey yok. Çünkü niye?.. Sorgulamada kullandığınız metodlar belli ve delil yetersizliği de olabilir, sanık hiç konuşmayabilir ve hâkim, eldeki delillerle sanığı itiraf etmediği için, tutuklamaya değer bulmayabilir ve bunun sonunda sanık serbest kalır ve olay aydınlatılmayabilir.

Yani, sorgulamanın başarısını göstermiyor aslında ve yüzde 70 gibi bir istatistik düşündüğümüz de, -ki, ben zannediyorum yüzde 70'in altında değildir Türkiye'de- faili meçhullerle sorgulamanın direkt bir bağlantısı yok.

Hulki Cevizoğlu - Siz, hayata iyimser gözle bakıyorsunuz galiba?..

Ahmet Kule - Tabii. Biz daha genciz ve daha güzel bir Türkiye istiyoruz ileride ve hep iyimser olmayı düşünüyoruz.

SORGULAMA UZMANI DA SORGULANABİLİR Mİ?

Hulki Cevizoğlu - Evet.

Sorgulama uzmanı da sorgulanabilir mi?.. Polisin kendi kendisini sorgulamasını az önce konuştuk ama, onu kastetmiyorum.

Mesela; siz sorgulama uzmanısınız, bir başka sorgulama uzmanını...

Ahmet Kule - Yani, ben sorgulama görevlisiyim, suç işledim, beni aldılar sanık olarak...

Hulki Cevizoğlu - Siz de bütün teknikleri biliyorsunuz, karşınızdaki insan da sizin meslektaşınız; o sizi nasıl sorgulayabilecek?.. Bu, civa gibi yani...

Ahmet Kule - Evet. Bunun, hem avantajları var, hem dezavantajları var. Bu kitabın da ileriki bölümlerinde ona değinilmiş.

Sanık konumunda olan şahsın, daha önce bir polisiye geçmişi olsa bile, hatta sorgulama görevlisi olarak gitmiş olsa bile, onun da zayıf tarafları vardır. Çünkü...

Hulki Cevizoğlu - "O konuma düştüğü zaman, o ortamın etkisi altına girecek" diyorsunuz?..

Ahmet Kule - Hayır. Şu şekilde: Normal bir insan, kendisine karşı kullanılacak psikolojik teknikleri veya kendisini tuzağa düşürme tekniklerini bilmez ve buna karşı normal tepki gösterir; bazen de aldanmayabilir yani.

Hulki Cevizoğlu - Ama, o ana kadar başkalarını sorguluyorsa, uyguladığı tekniği kendisinde özümseyememiş midir?..

Ahmet Kule - Ama, mutlaka onun da davranışları farklılık gösterir. Yani bildiği için ve karşıdakinin...

Hulki Cevizoğlu - Bilmek ayrı, uygulamak ayrı...

Ahmet Kule - Karşıdakinin avantajlarını da bildiğini için, kesinlikle onun bazı yönlerini açık vermesi daha kolay olacaktır.

Yani, hem avantajı var, hem de dezavantajı var. Eğer karşıdaki en az kendisi kadar iyiyse, onun açıklarını çok kolaylıkla arayabilir.

Yani, bir de sizin dediğiniz gibi, düşünmek ve hissetmek ayrı şey, bunu sergilemek ayrı şey. Suçlu insanlar, suçu işlemiş olan insanlar ve problemli bir vicdanı olan insanlar, davranışlarına bunu aksettirebilirler; önemli olan, karşıdakinin bunu anlayabilmesi.

Hulki Cevizoğlu - Çok profesyonelse, bunu aksettirmeyebilir de...

Ahmet Kule - Evet. Karşıdakinden daha profesyonelse, aksettirmeyebilir. Ama şu var: Yani, mutlaka suçlunun açık bir tarafı vardır, mutlaka vardır.

Yapacağı en son iş konuşmamaktır; o da, onu aklamayacaktır. Yani konuşmasa bile; niye konuşmuyor, demek ki var ki bir şey konuşmuyor. Yoksa açıklasın; o saatte nerede olduğunu, suç delilleriyle ilgisi olup olmadığını, şahitleri görüp görmediğini, hepsini açıklasın. Niye konuşmuyor?..

Hulki Cevizoğlu - İşte o zaman, az önceki faili meçhuller konusuna gelelim. Madem her şeyin bir açığı varsa, faili meçhuller konusunda yapılan sorgulamalardaki açıkları bizim polisimiz yakalayamıyor mu ki, hâlâ meçhul kalıyor?..

Ahmet Kule - Ben, sorgulama açısından bakmıştım. Yani, "Karşımızdaki insan suçluysa, mutlaka bir açık verir" dedim. Ama şu var: O, bazen tutuklanacak boyutlara varmıyor. Yani, biz karşıdakinin suçlu olduğunu anlıyoruz, tahmin ediyoruz, hâkim de anlıyor; ama eldeki deliller onu tutuklamaya, mahkûm etmeye yeterli olmuyor. Bazen, bildiği halde, serbest bırakıyor.

Bunun Amerika'da çok canlı örnekleri var. Yani, hâkim biliyor ki eldeki deliller yeterli, polis de gereğini yapmış, adam suçlu; fakat, itirafın elde edilme yöntemleri veya psikolojik ortam veya şahsın göz altında tutulma süresi kanunlara uymadığı için adamı bilerek serbest bırakıyor.

Hulki Cevizoğlu - Tabii, mutlaka sorgulanan kişinin suçlu olması diye bir şey söz konusu değil.

Ahmet Kule - Tabii.

Hulki Cevizoğlu - Belki o sorgulanan kişi başka bir isim verecek, o öyle bir yol gösterecek, oraya gidip, onu sorgulayacaksınız?..

Ahmet Kule - Zaten sorgulamanın amacı, eğer karşımızdaki kişi, sanık durumundaki kişi masumsa, bunu bir an önce ortaya çıkarıp, masum insanı hemen topluma kazandırmak; suçluysa da, bir an önce suçluluğunu ispatlayıp, ona gerekli cezayı vermek üzere adalet mekanizmasına havale etmek.

SORGULAMADA "DUYGUSAL BAĞ"?

Hulki Cevizoğlu - Peki, bir sorgulama uzmanını bir başka sorgulama uzmanı sorgularken, arada bir duygusal bağ sözkonusu olabilir mi? "Bu benim eskiden meslektaşımdı, polisti, bununla belki aynı masada görev yaptık" gibi; şüpheliyi sorgulamakta kendine bir sansür, bir iç sansür uygulayabilir mi?..

Ahmet Kule - Eğer yakın bir arkadaşı değilse, akrabalık ilişkisi yoksa; yani çok yakın bir ilişki yoksa, uzman birisi, profesyonel birisi asla bunu yapmaz. Çünkü, o ana kadar yüzlerce örneğiyle karşılaşmıştır; çok aile faciası görmüştür, önünden ağlayarak geçen çok insan olmuştur; eğer çok yakın bir arkadaşı değilse -ki, öyle durumda bence muhtemelen affını isteyecektir ve başka birisinin görevlendirilmesini isteyecektir- çok özel durumlar haricinde, asla yapmayacaktır.

SORGUCUNUN PSİKOLOJİK YAPISI

Hulki Cevizoğlu - Sorgulama uzmanlarının psikolojik yapıları nasıldır?

Ahmet Kule - Sorgulama uzmanlarının psikolojik yapısını, "Türkiye'de şu şekilde" diye değil, ben genel olarak söyleyeyim.

Birincisi, çok sabırlı insanlardır.

İkincisi, düşünce yapıları istikrarlıdır.

Üçüncüsü, insanlarla kolay iletişim kurarlar.

Dördüncüsü, acelecilik göstermezler.

Beşincisi, kendilerini düşünce ve duygu plânında karşısındakinin yerine koymayı çok iyi bilmeleri gerekir. Amerikalıların, "karşısındakinin ayakkabısını giymek" diye bir tabirleri var. Yani, karşındakinin ayakkabısına gir, bir dur orada, sonra gel kendi ayakkabına... Zaten kendi ayakkabımızda daha önce varız; kendi ayakkabımızdan çıktık, karşıdakinin ayakkabısına girdik, hissettik ve düşündük sonra çıktık, ikisinin ortasında durduk... İşte, sorgulama uzmanı burada, ortada durmalı.

SORGULAMANIN YERİ OLUR MU?

Hulki Cevizoğlu - Ya da, ayakkabı yerine, karşıdakinin şapkasını giyersek, o zaman durum değişebilir...

Sayın Ahmet Kule, sorgulamalar, mutlaka bir sorgulama odasında mı yapılmalı?

Ahmet Kule - Böyle bir şart yok. Sadece, sorgulama sıhhati açısından sorgulama odası tavsiye edilir. Yoksa, "sorgulama" denilen şey, sanığın evinde de yapılabilir. Yani 4 tane polis gitti, birini arıyorlardı; bir suçluyu evinde buldular ve o sırada birkaç tane soru sordular, sanık da kabul etti.

Hulki Cevizoğlu - O kısa bir sorgulamadır.

Ahmet Kule - Bu sorgulamadır; yani, sorgulamanın illa belli bir yerde olması gerekmez; ama, normal şartlarda, zaten sorgulama, nezaret altında bulunan sanıklar için geçerlidir genelde. Sorgulama odasının özellikleri vardır; sade olması, dikkati çekecek eşyaların uzak bulundurulması, içeride en fazla 3 kişi bulunması ve sanığın psikolojisini rahatlatacak, o sırada korkmasına veya çok gülmesine veya çok rahat bir tavır sergilemesine engel olacak, normal, ciddî bir konumda tutacak bir pozisyonda olmasıdır.

Hulki Cevizoğlu - Peki, sorgulama uzmanının özellikleri ne olmalı? Az önce saymıştınız ama, daha detaylı rica ediyorum.

Ahmet Kule - Az önce kısmen değindim. Yani, birincisi, kesinlikle çok sabırlı birisi olmalı.

İkincisi, duyguları ve düşünceleri istikrarlı birisi olmalı.

Üçüncüsü, empatik olmalı. Karşısındakiyle çok rahat diyaloğa girmeli, karşısındakini çok rahat anlamalı, ikna kabiliyeti olmalı ve kesinlikle psikolojik yönü; yani, insanlara yaklaşım yönü kuvvetli olmalı. Yani, karşı taraftakinin psikolojisini çok iyi anlamalı ve ona göre değerlendirmeli ve onu ikna ile olumluya kanalize etmesini bilmeli ve asla zayıf bir görüntü sergilememeli. Yani, asla zayıf bir kişilik sergilememeli, mutlaka bir otoriteyi temsil ettiğini göstermeli, profesyonel bir ciddîlik yansıtmalı.

SORGULAMADA DİKKAT EDİLECEK NOKTALAR

Hulki Cevizoğlu - Evet, kitapta da diyor ki,"İtiraf bekleyen bir soruşturmacı izlenimi vermekten kaçının."

Ahmet Kule - Evet.

Hulki Cevizoğlu - Verirseniz ne olur?.. Amacınız, zaten itiraf ettirmek.

Ahmet Kule - Ama, orada şu kastediliyor: Yani sanık, sizin mutlaka bir şeyler beklediğinizi düşünmez. Yani, ben profesyonel birisiyim; ben profesyonel bir doktorum, hastamı muayeneye geldim ve hasta ne yaparsa yapsın, benim ona karşı çok ciddî bir şeyim olmayacaktır, sonuçta benim hastamdır yani. Ben profesyonel olarak görevimi yapıyorum. Yani, bana itiraf etse de, etmese de benim kişisel bir kazancım olmayacaktır, bir menfaatim de olmayacaktır.

Hulki Cevizoğlu - Ya olacaksa?..

Ahmet Kule - Sanığın itiraf etmesi, onun menfaati icabı.

Hulki Cevizoğlu - Ama, sizin de menfaatinize; sorgulama uzmanının da menfaatine, itiraf ettirirseniz, siz başarıya ulaşacaksınız.

Ahmet Kule - Evet.

Hulki Cevizoğlu – Az önce dediniz ki, başarı oranı yüzde 70. 100 sorgulama olayından 3 kişiyi itiraf ettirirseniz, yüzde 97 başarısızsınız demektir.

Ahmet Kule - Evet.

Hulki Cevizoğlu - Sizin de bundan menfaatiniz var...

Ahmet Kule - Fakat orada şunu düşünmek zorundayız: Karşındaki, "Bu adam itiraf et diyor ve bana mutlaka suçlu gözüyle bakıyor" diye düşünmemeli. Eğer karşı taraf suçlu ise, itiraf gelir, değilse itiraf gelmez.

Yani, şüpheli "Bu sorgulama görevlisi muhakkak itirafı alacak, muhakkak itirafı bekliyor ve bana kesin bu gözle bakıyor" diye anlarsa, o zaman kişinin masum olduğunda, tepkileri olumsuz olacaktır.

Hulki Cevizoğlu - Bir başka not var burada: "Sorgulama sırasında kağıt ve kalemi göz önünden uzak bulundurun."

Ahmet Kule - Evet, sanığın dikkatini dağıtmamak için, mümkünse... Orada tavsiye edilen şu: Sanık, açıklamalarını bitirene kadar, onun dikkatini dağıtacak bir şeyle uğraşmayın, onun önünde de ataç, kalem vesaire olmasın, bizimkinde de olmasın ve o bizim not aldığımız izlenimine kapılmasın ve resmî bir hava doğmasın.

> *(Televizyonculuk tekniğinde ise, kimi zaman bu tavsiyelerin tersi yapılmalı. Örneğin, çok profesyonel bir konuşmacı, hatip, politikacı ile karşı karşıya iseniz, o siz ne sorarsanız sorun bildiğini söyleyecektir. Programa gelmeden vermeyi planladığı mesajları, sizi aşarak, ne pahasına olursa olsun vermeye çalışacaktır. Amacı, "sadece doğruları söylemek" ya da "iyi bir programa yardımcı olmak" değildir. Ama, sizin amacınız bunlardır. O nedenle, bilinçli biçimde dikkati dağıtıcı taktiklere başvurmak zorunda kalabilirsiniz. - HC -)*

Hulki Cevizoğlu - Bunları hafızanızda mı tutacaksınız, yoksa sorgulama odasında gizli bir kayıt cihazı mı var?

Ahmet Kule - Şimdi, gözlem odası oluşturulduğunda, -gözlem odası, sorgulama odasının yanında aynalı bir oda olarak, uluslararası standartlardadır, Türkiye için geçerli değildir sadece.- Aynalı bir gözlem odası oluşturulduğunda, diğer odadaki gözlemciler hem dinleme, hem de görme imkânı bulacaklardır zaten. Sorgulama odasından dışarısı görülmez ama, dışarıdan içerisi görülür.

Hulki Cevizoğlu - Dışarıya ses de gidiyor?..

Ahmet Kule - Evet. Bu, Amerika'da yaygın bir uygulamadır.

Hulki Cevizoğlu - "Aynalı oda" mı diyorsunuz?..

Ahmet Kule - Aynalı oda, evet.

Yan tarafta bir gözlem odası vardır; bu, sorgulama görevlisinin güvenliği için de geçerlidir. Mesela, teke tek olduğunu düşünün ve suçlunun kuvvetli birisi olduğunu düşünün, sorgulama görevlisinin orada aynı zamanda kısmen hayatî tehlikesi de vardır.

"KARAKOLDA AYNA VAR"

Hulki Cevizoğlu - Eskiden beri, "karakolda ayna var" diye oyunlar oynanırdı; karakoldaki ayna ne işe yarar belli değil ama, buradan sorgulama odasındaki ayna mı kastediliyordu, "karakolda ayna var" derken?..

Ahmet Kule - Yok, hayır. Onun kastedildiğini hiç zannetmiyorum. Karakolda zaten "sorgulama odası" diye özel bir oda yoktur.

Hulki Cevizoğlu - Karakollarda nezarethane var?..

Ahmet Kule - Normal nezarethane vardır ve sorgulamalarda sanıkların ifadelerinin alındığı ayrı odaları da vardır ama, özel...

Hulki Cevizoğlu - Yani, belki biraz kafiyeli olsun diye "karakolda ayna var" denmiş, yoksa "Emniyet Genel Müdürlüğü'nde ayna var" deseler, kafiye uymuyor. İçişleri Bakanlığı'ndaki ayna da uymuyor tabii.

Ahmet Kule - Evet efendim.

Hulki Cevizoğlu - Sorgulama sırasında, sorgulamacının dikkat etmesi gereken noktalardan biriyle ilgili şu not var kitapta; "Üniformadan ziyade, sivil elbiseler giyinin."

Ahmet Kule - Şimdi, orada kastedilen şu: Üniforma ve üniformanın üzerindeki resmi işaretler, apoletler, yıldızlar, amblemler, silah, kılıf vesaire. Bunlar hep sanığa, cezaları, hukukî sonuçları ve karşılaşabileceği olumsuz sonuçları hatırlatabilir. Ondan dolayı, "böyle bir hatırlatma olmasın, sanığı o şekilde korkutmayalım, fakat ciddiliği de bozmayalım, sivil, normal bir sosyal toplumdaki ciddîliği yansıtalım" diye sivil giyinmek söz konusu.

Hulki Cevizoğlu - Çok ideal bir şey mi bu?.. Yani, dayak atmak bir tarafa, siz, üzerinizdeki üniformanın yıldızı; diyelim ki, komiserin 2 yıldızı, baş komiserin 3 yıldızı var, "onlar bile dikkati dağıtmasın, baskı unsuru olmasın" diyorsunuz.

Ahmet Kule - Evet, dayak atmak bir tarafa.

Hulki Cevizoğlu - Bu, fazla ideal olmuyor mu?..

Ahmet Kule - Bunları dahi düşünüyoruz; fakat...

Hulki Cevizoğlu - Düşünüyor ve "uyguluyor musunuz"?..

Ahmet Kule - Uygulanabildiği ölçüde; yani her şartta, Amerika'da da bunlar her yerde uygulanmıyor zaten. Fakat ideali bu; biz ne kadar uygulayabilirsek, o kadar daha iyi yaklaşmış oluruz.

Hulki Cevizoğlu - Çok ilginç bir söz var bu kitapta: "Hava koşulları aksini gerektirmedikçe, bir erkek sorgu uzmanı, tüm sorgu boyunca ceket veya benzeri bir şey -mont gibi- giymelidir."

Ahmet Kule - Evet.

Hulki Cevizoğlu - "Kısa kollu gömlek veya tişört giyen sorgu uzmanı, durumun gerektirdiği saygıyı göremez." Yani, kısa kollu giymeyeceksiniz, sorgulanan sanık size saygı gösterecek... Öyle mi?..

Ahmet Kule - Evet. Şimdi bu, bize uygun mu, değil mi; bilemiyorum, tartışmaya açık.

Hulki Cevizoğlu - Ya da Amerika'ya uygun...

Ahmet Kule - Amerika'nın kültürüne göre böyle ama, ceket, kravatın bir saygınlığı vardır; yalnız polis açısından değil, her açıdan. Mesela, resmî bir toplantıya gittiğimizde, mutlaka bir ceket ve kravatımız olur. Yani, bunun verdiği bir ciddî saygınlık...

Hulki Cevizoğlu - Sanık, sorgu uzmanına saygı duyarsa, "Aman, ben saygıda kusur etmeyeyim, hemen itiraf edeyim" düşüncesine mi kapılıyor?..

Ahmet Kule - Hayır ama, orada daha sonraki bölümlerde şöyle bir ifade var. Diyor ki, "Sorgulama görevlisi şöyle bir hava vermelidir: Bir doktor sabahleyin geldi, vizite çıktı ve hastalarını muayene ediyor, tek tek hepsinin hâlini, hatırını, durumlarını soruyor ama, hiç laubâli olmadan, ciddî bir şekilde; önlüğünü giymiş, hepsiyle ilgileniyor, fakat hastalıklarını sorarken, kesinlikle ciddiyeti bozmuyor." Yani, profesyonel bir ciddiyet sergiliyor. İşte, burada da kastedilen, ona yakın bir şeydir. Yani, daha sonra onu tamamlıyor; "kıyafet, görüntü, davranışlar, sözler profesyonel bir ciddîlik sergilemeli, laubâliliğe kaçmamalı, ciddîyeti bozmamalı ki, sanık, her ne kadar korkmasa da; otoritelerden, işaretlerden, polisiye işaretlerden korkmasa bile, ciddîlikten de uzak kalmasın, konunun ciddîyetinden uzaklaşmasın, hassas bir dengede dursun."

KULLANILMAYACAK KELİMELER, YAPILMAYACAK HAREKETLER

Hulki Cevizoğlu - Bir başka nokta var kitabınızda, "Belirli durumlar haricinde, cinayet, tecavüz, boğmak, bıçaklamak veya çalmak gibi gerçekçi kelimeleri kesinlikle kullanmayın." diyor.

Ahmet Kule - Çünkü, ilk önce sanığa yaklaşma şeklimiz, zaten sempatik. Yani, her ne kadar ciddî olsak da; istediğimiz kadar ciddî olalım, biz karşımızdakini bir insan olarak kabul ediyoruz ve ona olumlu yaklaşıyoruz, "Sen suçu işledin ama, sen, şu şu mazeretler ve şu şu motivasyonlarla yaptın. Belki ben senin durumunda olsaydım, senden daha kötüsünü yapacaktım" diye, olumlu kanaldan yaklaşıyoruz suçluya.

Hulki Cevizoğlu - Yani, "Ben de olsaydım aynı şeyi yapardım." Kitabınızda "Co" örneği var. " Co, ben de olsam aynı şeyi yapardım. Sende fazla hata yok, gel şunu itiraf et" deyip, tatlı dille yılanı deliğinden mi çıkarıyorsunuz?..

Ahmet Kule - Evet, tatlı dille. Ama bu, yani yalan atarak suçluyu kandırmak değil. Sadece şu var: Suçu işleyen insan yüzde 100 olumsuz bir tip değildir. İnsanların yüzde 30'u, yüzde 40'ı, yüzde 50'si suçludur. Hâlâ, yüzde 70'i normal insan fonksiyonlarını devam ettiriyordur. O, hâlâ merhametli bir babadır, hâlâ vefalı bir arkadaştır, hâlâ görevine sadık bir memurdur ama, bir an gaflete gelmiş ve suç işlemiş olabilir, kronik bir suçlu da değildir.

İşte, orada ona yaklaşırken, korkutacak şeylerden uzak duruyoruz; yani...

Hulki Cevizoğlu - Korkutacak şeylerden biri de fotoğrafmış kitaba göre. "Kurbanların yaralarını korku verici bir şekilde sergileyen fotoğraflar da sanığa gösterilmemelidir" diyor.

Ama, Türkiye'de insanları uyuşturucudan uzak tutabilmek için, televizyonlarda uyuşturucu krizine girmiş bir insanın korkunç görüntüleri gösteriliyor. Bu, sizin sorgulama tekniğinize göre olumsuz bir uygulama mı ya da düzeltilmesi gereken bir uygulama mı?..

Ahmet Kule - Şimdi, bence normal, yani düzeltilmesi gereken bir uygulama değil. Çünkü, sizin verdiğiniz örnekte, dışarıdaki insanlara lanse etmek için ve ders vermek için uyuşturucu gösteriliyor ve onların...

Hulki Cevizoğlu - Televizyon ekranından gösteriliyor; ama, o arada uyuşturucu kullanan bir insan da o televizyonu izliyor olabilir.

Ahmet Kule - Evet, olabilir. Ama, şu var: O sırada o, itiraf aşamasına gelmiş, hassas pozisyonda olan bir sanık değil ve vazgeçeceği bir durum yok. Biz bunu, itiraf aşamasına yakın bir sanığa gösterdiğimizde, onun itiraftan uzaklaşmasına sebep olabilir; fakat diğerinde öyle bir şey söz konusu değil.

Hulki Cevizoğlu - Bir başka not: "Sanığın sorgu odasına girişine, sorgu uzmanından başka biri refakat etmelidir." Samimiyet kurmamak için mi bu?..

(TV röportajında da, konuğu stüdyoya götürmek, röportajcının işi olmamalı. Siyasi parti genel başkanları genellikle bina girişinde karşılanmak, program öncesi sohbet etmek, bir arada bulunmak istiyor. Sorgucular buna "suçlunun sorgucu ile yakınlaşma psikolojisi" diyor. Doğru bir tanımlama. Program öncesi "hoş geldiniz" türü kısa konuşmanın ötesinde sohbet uzarsa, başta siyasî konuklar olmak üzere konuklar, az sonraki canlı yayındaki soruları öğrenmek istiyor. Bu "etkileşim"den kurtulmak için meslekte "ustalaşmak" ve "ustalığı tarafsızlık-objektiflik yönünde kullanmak" gerekiyor. Aksi durumda "kimin kimi sorguladığı" anlaşılamıyor. Ya da, "sorgucu, gönüllü sanık durumuna" düşüyor. O zaman da, maddi olmasa bile en azından manevî çıkar ya da "mesleğe ihanet" durumu ortaya çıkıyor.-HC-)

Ahmet Kule - Sorgulamaya yönelmesinde sorgu uzmanına daha ciddî ve daha otoriter bir hava vermek için.

Hulki Cevizoğlu - "Sorgulamanın ilk safhalarında sanıktan 120-150 cm uzakta oturulmalıdır."

Ahmet Kule - Evet.

Hulki Cevizoğlu - Niye?..

Ahmet Kule - Belli bir mesafe. Yani, daha sonra o mesafenin kısaltılacağından bahsediliyor zaten. İlk önce normal bir mesafe; yani, diyalog kuracak 2 insan arasındaki normal mesafe. Fakat, daha sonra, diyalog ilerledikçe, sorgulama görevlisi atmosfere hâkim oldukça ve sanık kısmen zayıflamaya başladıkça, itirafa yaklaştıkça, sorgulama görevlisi de sanığa doğru yaklaşıyor ve en son artık, omuza el koyma veya elini tutma gibi hareketlere kadar gittikçe empatik bir yaklaşım sergiliyoruz.

Hulki Cevizoğlu - O, psikolojik bir etki yaratıyor; fizikî yakınlık, psikolojik bir yakınlığa dönüşüyor.

Ahmet Kule - Evet, aynen o şekilde.

Yani, baştan normal bir mesafe bıraktığımızda, daha sonra yavaş yavaş yaklaşıyoruz ve fiziksel yakınlıkla birlikte, psikolojik olarak da bir yakınlık sağlıyoruz, hâliyle.

SORGULAMA UZMANININ TUTUM VE DAVRANIŞI

Hulki Cevizoğlu - Bir sorgulama uzmanı olarak sizden bir sorgulama uzmanının uygulaması gereken ilkeleri, tutum ve davranışları öğrenmek istiyorum. Kitabınızda, "Sorgu odasında oturmuş olarak kalın ve odayı adımlamayın." diyor.

Ahmet Kule - Orada en önemli husus şu: Sabırsız bir görüntü sergilememe ve adımlarla; özellikle daha sorgulamanın başlangıcında karşı tarafın dikkatini dağıtmama. Yani, adımlayarak, odanın içinde gezinerek, sabırsız, sanki bir türlü bir şeyler olmuyormuş gibi, karşı taraftaki istediğimizi bir türlü vermiyormuş gibi ve onun dikkatini de dağıtacak şekilde yürümenin hiçbir manası yok...

Hulki Cevizoğlu - Tabii, siz karşınızdaki sanığın çok profesyonel olduğunu varsayıyorsunuz. Bazı sanıkların karşısında, isterseniz yürüyün, isterseniz top oynayın; fark etmez herhalde?..

Ahmet Kule - Tabii.

Zaten birkaç bölüm ilerde, "Bu kitapta yazılan bütün teknik ve taktikler, mutlaka uygulanması gereken bir reçete değildir" deniyor; sırasıyla mutlaka uygulanmaz. "Bunun içinden hangisi işinize yarıyorsa, onu alın" diyor.

Belki, daha ilk kullandığınız taktikte ve sorgulamanın daha başlangıcında sanık itiraf edebilir ve hiçbirisini uygulamanıza gerek kalmayabilir. Fakat, orada her çeşit suçluya karşı verilen her taktik ve her yaklaşım canlı örneklerle, yaşanmış örneklerle açıklanmış.

Hulki Cevizoğlu - Bir başka tavsiye de, "Sorgulama sırasında sorgulama uzmanı olarak sigara içmeyin" diyor.

Ahmet Kule - Evet.

Hulki Cevizoğlu - Ne olur sigara içerseniz? Türkiye'deki bazı insanlar da, "özellikle sigara için ve sanığın suratına üfleyin" diye bir düşünce hâkim olabilir. Burada "sigara içmeyin" diyor; niye?..

Ahmet Kule - Sanığın dikkatini dağıtmamak ve içmiyorsa rahatsız etmemek ve içiyorsa, onun canının istemesine sebep olmamak için.

Hulki Cevizoğlu - Ama, kimi zaman da, sanığın dikkatini dağıtmak polisin işine yaramaz mı?.. Dikkati dağılırsa, eğer yalan söylemeyi kafasına koyduysa, yalan söyleme zincirini de koparacaktır ve doğruyu söyleyecektir. Öyle değil mi?..

Ahmet Kule - Evet.

Hulki Cevizoğlu - Bazen dikkatini dağıtmak faydalı değil mi?

Ahmet Kule - Anladım.

Genel yaklaşımlarda, sanığın dikkatinin dağıtılmaması önemli. Fakat, burada bir ön kabulümüz var; ön kabulümüz ne? İçerideki atmosfere sorgulama görevlisinin hâkim olması ve atmosferi onun yönlendirmesini, ön kabul olarak koyuyoruz ortaya.

Hulki Cevizoğlu - Peki, sanık kendisi sigara tiryakisiyse, o sigara isterse; ona vermek..?

Ahmet Kule - Hayır, vermiyoruz.

Hulki Cevizoğlu - O zaman, yine dikkati dağılacak...

Ahmet Kule - Olsun, dağılsın. Öbür türlü daha kötü.

Hulki Cevizoğlu - "Ben dağıtmayayım, kendisi dağıtsın" diyorsunuz?..

Ahmet Kule - Kontrol bizde olsun, atmosferi biz yönlendirelim.

Hulki Cevizoğlu - Bir başka tavsiye. "Sanık tarafından kullanılan ve anlaşılan bir dil kullanın" diyor kitapta.

Ahmet Kule - Evet. Orada şu çok önemli: Sanığın back-ground'u ne, sanığın dili ne; eğitim-öğretim seviyesi, üniversite mezunu mu, lise mezunu mu, ortaokul mezunu mu, ilkokul mezunu mu, yoksa hiç okula bile gitmemiş mi...

Hulki Cevizoğlu - Argo dil mi kullanıyor...

Ahmet Kule - Argo mu kullanıyor, mahalle ağzı mı kullanıyor, uyuşturucu, çete ağzı mı kullanıyor, -yani, küçük sokak çetelerini kastediyorum yoksa, size gelmiş, sizden çok daha fazla kitap okumuş kitap yazmış bir siyasî suçlu mu; bu çok önemli. Yani, onun anladığı dilden hitap etme çok önemli. Yoksa, ilkokul mezunu bir hırsızla, siyasî bir suçluyla konuşur gibi çok seviyeli konuşursak, hiçbir şey anlamayacaktır.

Hulki Cevizoğlu - Bir başka tavsiye, "Sosyo-ekonomik seviyeleri düşük kimselerle mülâkat yaparken, yani onları sorguya çekerken, onlara ilk isimlerinden ziyade Mr., Miss, Mis gibi ön sıfatlarla hitap edin" diyor burada. Yani, "Bay, Bayan" ya da "Hanım, Bey" diye mi hitap edeceksiniz?..

Ahmet Kule - Anladım. Orada özellikle kastedilen şu: O, kitap kısmen Amerikan kültürüne göre yazılmış; bize de belli şekilde uyarlanabilir. "Sosyal düzeyi düşük kimselerin o şekilde bir değer kazanmaya ihtiyacı vardır" diyor. Zaten suçun motivasyonlarından bir tanesi de kimlik arayışı... Yani, bir insanın olumlu yönde kimlik kazanamamasını olumsuz yönde araması.

Mesela; ortaokulda bir öğrenciyi düşünün, derslerinde ve sporda başarı gösterememiş, küçük çeteler kurmuş, ufak tefek hırsızlıklar; bu şekilde bir kimlik arayışına girmiş. Yani, bir sosyal statü arıyor, kendisine bir sosyal kabul arıyor. İşte bu noktadan baktığımızda, ona bir değer verme, fakat ciddî bir pozisyonda ve bizim kontrolümüz altında sanığa bir değer vermek, değer verdiğimizi göstermek, adî bir yaratık gibi görmemek çok önemli ve sanığa olumlu bir yaklaşım tarzı.

Hulki Cevizoğlu - Burada da, galiba başka bir ilkeyi açıkladınız. "Suçu ne olursa olsun, sanığa saygı göstermek" ilkesini anlatmış oldunuz.

Ahmet Kule - Evet, mutlaka.

Suç ne olursa olsun, suçlu kim olursa olsun, bizim karşımızda insandır ve olumlu kanaldan yaklaşılacaktır.

Hulki Cevizoğlu - Sorgulama sırasında bir başka ilke şöyleymiş: "Sanığın yalanını yakaladığınızda asla, `ulan, bana niye yalan atıyorsun' veya `bana bir kere yalan söyledin, yine söyleyeceksin' şeklinde yüzüne vurup azarlamayın insanı" diyor.

Ahmet Kule - Onu kilitlemiş oluruz. Çünkü sanık, ondan sonra kendisinden gelecek yaklaşımların kabul görmeyeceğini bilecektir. Halbuki tam tersini yaparsak, sanık da bunu bilirse; mesela, sanık biliyor ki, yalan atıyor ve biz bunu biliyoruz, fakat sesimizi çıkarmıyoruz; bize saygı duyacaktır ve içten içe bir otorite kabul edilişine girecektir yani.

Hulki Cevizoğlu - Evet. Ama Türkiye'de sanıklar sorgulanırken, "Ulan, bana niye yalan atıyorsun" diye, siz de ona bir tokat atmıyorsunuz; öyle mi?

Ahmet Kule - Hayır, atmıyoruz.

Hulki Cevizoğlu - Enteresan!

Böyle birisi varsa, canlı yayında ararsa bizi, o zaman göreceğiz hep beraber atıp atmadığınızı.

Ahmet Kule - Atan olabilir; bunlar münferit şeylerdir. Ben sadece kendi çalıştığım ortamı bilirim; her yeri bilemeyiz tabii ki.

SORGULAMADA KELEPÇE TAKMAYIN!

Hulki Cevizoğlu - "Sorgulama sırasında sanığı kesinlikle kelepçelemeyin" diyor. Rahat etmesi için mi ya da baskı altında kalmasın diye mi?..

Ahmet Kule - Şimdi, "rahatlık" derken, biz onu çok rahat bir koltuğa da oturtmuyoruz ve bir baskı içerisine de sokmuyoruz. Kelepçe, kesinlikle zaten bir baskı unsuru oluşturacaktır ve yasa da müsaade etmeyecektir, yani...

Hulki Cevizoğlu - Sanıktan korktuğunuzu mu gösterir kelepçe takmak?.

Ahmet Kule - Hayır, sanıktan korktuğumuzu göstermez aslında da, bilemiyorum; yani sanık, kendisine baştan bir ön şartlı olarak bakıldığını görecektir ve normal bir pozisyonda hissedemeyecektir. Yani, ne rahatlık, ne rahatsızlık; ortadaki bir pozisyonda tutmamız gerekiyor.

Hulki Cevizoğlu - Burada diyor ki, "Eğer kelepçeleyip de sorgularsanız, bu, sadece sanıktan korkulduğunu göstermeye, aynı zamanda da alınan bir itirafın geçersiz olmasına sebep oluyor."

Ahmet Kule - Evet. O şekilde aldığımız itiraf hukuken zaten geçersiz. Fakat, ben orasını tam hatırlamıyor olabilirim; doğrudur.

SORGULAMADA SİLAH BULUNDURMAYIN!

Hulki Cevizoğlu - "Sorgulamada silah bulundurmayın" diyor.

Ahmet Kule - Silah bulundurmanın çok çeşitli sakıncaları var. En başta, sanığı direkt silahla karşı karşıya getirince; polis otorite olarak, karşısındakini korkutuyor. Az önce polisiye işaretlerin, olmaması gerektiğini söylemiştik.

Bir diğer açıdan ise, silahın her iki taraftan birisinin kızgınlıkla veya mecburiyet şartlarında kullanımında çok olumsuz sonuçlar doğabilir. Yani, sanığı...

Hulki Cevizoğlu - Evet. Silah bulundurmadığınız halde sanığın eli de kelepçeli değilse sizi dövmeye kalkarsa ne olacak?

Ahmet Kule - İşte orada bir "gözlem odası" oluşturulup, o tehlikeler bertaraf edilmiş olacaktır.

Hulki Cevizoğlu - Böyle bir olay olsa, o gözlem odasından müdahale mi ediyorsunuz?

Ahmet Kule - Tabii, hemen. O zaten yaşanmış örneklerde var. Mesela, su şişesi bırakılmış odaya, sanık suyunu içmiş, o sırada sorgulama görevlisi sanık su içerken dışarı çıkıyor. Gözlem odası olduğu halde, sanık gözlem odasında olduğunun farkında değil, diğer aynalı odadan bakıldığının farkında değil; kapının arkasına geçiyor, eline şişeyi de alıyor, bekliyor; sorgulama görevlisi girsin diye. Ondan sonra bu...

Hulki Cevizoğlu - Siz ne yapıyorsunuz?..

Ahmet Kule - Bu, Amerika'da yaşanmış bir örnek. Gözlem odasından görünce bunu, tabii...

Hulki Cevizoğlu - Görevli başka bir kapıdan mı giriyor içeri?

Ahmet Kule - Hayır, biraz bekliyorlar, ondan sonra sanık bakıyor ki kimse gelmiyor, geri çekiliyor, şişeyi de bırakıyor, kendiliğinden bırakıyor, ondan sonra görevli geliyor, şişeyi alıyor ve düzgün bir yere koyuyor. Ondan sonra; bunu bildiğini ve onun için girmediğini ima ediyor -fakat sanığa hiçbir şey söylemediği için sanığa olumlu yaklaşıma devam ediyor.

Hulki Cevizoğlu - Bu arada gözlem ya da sorgu odasına dışarıdan ses vermek mümkün değil mi? Gerektiği anda "Elindeki şişeyi bırak" filan diyebilmek için.

Ahmet Kule - Yok, verebilirsiniz tabii. Ama, vermemek ve o şekilde görmemiş gibi davranmak veya sanığa ima ederek devam etmek, daha olumlu sonuç veriyor.

EMPATİ (KENDİNİZİ KARŞINIZDAKİNİN YERİNE KOYMAK)

Hulki Cevizoğlu - Evet, bir başka ilke; bunlar önemli, tek tek üzerinde duruyorum. "Sanık, tanık veya sadece bilgi veren bir şahsın sorgusunda kendinizi karşı tarafın yerine koymaya çalışın. Eğer sorgulanan siz olsaydınız neler düşünüyor olurdunuz?"

Ahmet Kule - Evet. Yani, onun psikolojisini anlamak, onun vardığı sonuçlara bizim daha önce varmamız ve onun hangi kaçış yollarını takip edeceğini bizim daha önceden kestirmemiz ve ona göre de tedbirimizi almamız gerekiyor.

Hulki Cevizoğlu - Az önce söylediğiniz ilkeden söz ediyor kitapta burada; "Bir an için sanığın ayakkabılarını giyin" diyor.

Ahmet Kule - Evet.

Hulki Cevizoğlu - Ama, başka bir şeyi de eklemiş burada, "Çiftçiyle katırın hikâyesini hatırlayın" diyor.
Ahmet Kule - Evet.
Hulki Cevizoğlu - Türkiye'de böyle bir hikâye var mı yoksa bu Amerikan çiftçisiyle Amerikan katırının hikâyesi midir?..
Ahmet Kule - Türkiye'de benzer bir hikâye var zannediyorum. Oradaki hikâye şu: Bir çiftçinin katırı kayboluyor, herkes arıyor, bir tarafa dağılıyor, kimse bulamıyor, birisi katırı bulup hemen getiriyor. Merak ediyorlar, tabii diyorlar ki, "Herkes aradı bulamadı, siz nasıl buldunuz?" Diyor ki, "Bir an kendimi katırın yerine koydum; `ben katır olsaydım nereye giderdim?' dedim, oraya gittiğimde katır oradaydı" diyor.
Hulki Cevizoğlu - Vallahi, bunu söyleyenin de ne olduğunu tespit etmek gerekir; çünkü, bir insan bir başka insanın yerine kendisini koyar da, bir insan bir hayvanın yerine kendisini nasıl koyar?..
Ahmet Kule - Orada zannediyorum; onların kendilerine ait bir espri anlayışı, bu esprili bir hikâye, ama bence çok önemli. Yani, dediğim gibi, bir insan karşı tarafla diyalog kurmaya çalışıyorsa, mutlaka onun hislerini hissetmeli ve onun duygularını anlamalı, onun yerine kendisini koyabilmeli. Yani, bir kumarbazın hissettiklerini hissetmeliyiz, ama bu, kumar oynayacağımız manasına gelmez. Bunu hissedersek, biz ona yaklaşabiliriz.
Hulki Cevizoğlu - Evet, son bir ilkeden söz ediyor; "Ne kadar hafif olursa olsun, herkesin içinde iyi bir taraf bulunduğunu unutmayın" diyor.
Ahmet Kule - Ben özellikle burada şunu vurgulamak istiyorum: Karşımızdaki çok müthiş bir cani de olsa, 10 kişinin katili de olsa, işte bir örgütün kurucusu da olsa, sonuçta onun bir kısmı, % 50'si, % 40'ı, % 70'i hâlâ insandır ve insan olmaya lâyıktır ve biz o insanî kanallardan yaklaştığımızda olumlu sonuca ulaşabiliriz.

AVANTAJ HAKLI OLMAKTA MI, SORGULAYAN OLMAKTA MI?

Hulki Cevizoğlu - Evet, sorgulamadaki avantaj, sorgulayan konumunda olmaktan mı kaynaklanıyor, yoksa haklı olmaktan mı kaynaklanıyor?..

(Bu hep merak edilmiştir. Sorgucu, sorgulanırsa aynı duruma düşer mi? Sorgucunun üstünlüğü, soru sorma makamında olmasından mıdır?

Bu tür sorular, soru soranın bilgi ve yeteneğini gözardı etmeye yol açabilir. Otorite, bulunulan konumdan geldiği kadar, haklı olmaktan da gelir. Bir röportajcı için ise, "her soruyu sorabilecek kadar" bağımsız ve "özgür" olmasından kaynaklanır. Gazetecinin "defosu" varsa, soru sorarken "iç sıkıntısı artar" ve "sorgulanan" ya da "yandaş" durumuna düşebilir.- HC -)

Ahmet Kule - Evet, bence ikincisi daha ağır basıyor. Yani, sorgulamadaki terazide ağır basan taraf, gerçek taraf; diğer tarafı, yalan atan taraf, zayıf taraf. Biz, yalan atan tarafın, kandıran tarafın açık vermesini bekliyoruz. Açık vermesini beklediğimiz için, doğrunun, gerçeğin her zaman bir avantajı var. Ama, diğer taraftan da, sorgulamada, otorite pozisyonunda olmanın verdiği bir avantaj var. Ama bence ikincisi, kaçınılmaz bir yaklaşım. Yani, mutlaka gerçeğin bir ağırlığı var ve karşı tarafın problemli bir vicdanı var. Bu, İngilizce'de yine suçta meşhur bir tabir; problemli bir vicdan çok önemli, problemli vicdanın hareketlere yansıması çok farklı olacaktır.

Hulki Cevizoğlu - Evet. Sorgulama, sorgulanan kadar sorgulayanın da iç sıkıntısını artırır mı?.. Çünkü kitapta sürekli olarak, sorgulanan kişinin, sanığın iç sıkıntısından söz ediliyor.

Ahmet Kule - Evet.

Hulki Cevizoğlu - Ama, madem hepimiz insanız; insanlık hâlidir, herkesin psikolojik bir yapısı olduğuna göre, sorgulayan insan da, sorgulama boyunca kendi iç sıkıntısının arttığını hisseder ve "ben bu sorgulamayı bırakıyorum, başkası gelsin" diyebilir mi?..

Ahmet Kule - Eğer zayıfsa yapabilir. Zaten zayıf kişiliği olan insanların sorgulama görevini yapmamaları tavsiye ediliyor. Eğer normalde kuvvetli bir kişiliği varsa ve iyi bir sorgulama görevlisiyse, bunu hiçbir zaman yaşamaması gerekiyor. Çünkü, gerçek ve doğru kendisinden tarafta.

Diğer tarafın problemli vicdanı ve iç sıkıntısının zaten sebebi şu: Yanlış yaptığının farkında, en azından bilinçaltında farkında. Bunu rasyonelize etmeye çalışıyor, gerçeğe uygun hale getirmeye çalışıyor, motivasyonlarını haklı çıkarmaya çalışıyor. Ama, hâlâ öbür tarafta vicdanından gelen bir problem var, bir ağırlık var.

Hulki Cevizoğlu - Peki, siz niçin sorgulama uzmanlığından pilotluğa geçtiniz?.. Sorgulama sırasında iç sıkıntılarınız mı arttı?..

Ahmet Kule - Bu, bana en çok sorulan sorulardan bir tanesi, bizzat bir pilot arkadaş tarafından da geldi. Yani, dediler ki, "Madem sen sorgulama işiyle uğraşıyordun, niye pilot oldun?"

Fakat, ben programın başında da söyledim, benim daha orta okuldaki hayallerimden bir tanesi pilotluktu. Ben daha Emniyet Teşkilâtında pilot olmadan önce, benim uzaktan kumandalı oyuncak bir uçak modelim vardı, onunla uçuş duygularımı tatmin ederdim. Yani, ikisini birleştirmeye çalıştım. Bir de, pilotluk, bizim Emniyet Teşkilâtında da güzel bir görev ve iyi bir Havacılık Daire Başkanlığımız ve önemli bir Daire Başkanlığımız var.

Sorgulamayı akademik olarak devam ettirmek, bana daha hoş geliyor. Yani, diğer türlü...

Hulki Cevizoğlu - Anladım.

"İç sıkıntımın artmasından geçmedim" diyorsunuz?..

Ahmet Kule - Uçuşa olan özlem, belki de biraz iç sıkıntımı artırmıştır.

SORGULAMADA DARALMA VE ACIMA...

Hulki Cevizoğlu - Peki, sorgulama sırasında hiç sıkıldığınız, daraldığınız, acıdığınız olmadı mı?..

Ahmet Kule - Özellikle kendinizi karşı tarafın yerine koyduğunuzda, o problemleri yaşıyorsunuz. Yani, bir an onun yerine koyduğunuzda, onun omzundaki yükler kısmen sizin üzerinize geliyor. Ama, siz kuvvetli olmak zorundasınız. Bir de, tecrübeleriniz var; sizin önünüzden 10 kişi, 100 kişi geçmiştir belki, bunun çok canlı örneklerini görmüşsünüzdür, orada kendinize hâkim olabilirsiniz. Ama, kesinlikle sizi etkiliyor. Yani, bir aile faciasıyla yüz yüze gelebiliyorsunuz ve o sorumluluğu kısmen kendi omuzlarınızda hissedebiliyorsunuz.

Hulki Cevizoğlu - Bu etkiyi nasıl azaltıyorsunuz?.. Bu etki üzerinizde birikir ve sizi hastalık derecesinde iyice rahatsız ederse?..

Ahmet Kule - İşte burada, psikolojik eğitimden sorgulama görevlisinin de faydalanması gerekiyor. Yani, psikolojik eğitimini devam ettirmesi ve olumsuz sorgulamalardan olumsuz etkilenmemesi gerekiyor. Burada, aslında bu çok önemli bir husus; yani, sürekli sorgulama göreviyle muhatap olan bir kişinin bir süre sonra, 5 sene, 10 sene sonra suçlardan ve suçlulardan etkilenmesi kaçınılmaz hale gelebilir. Ama, burada biz, meslekî formasyonu birtakım yeni gelişmelerle, akademik gelişmelerle, psikoloji danışmanlık ve sorgulama görevleriyle desteklersek, o etkileri minimuma indirmiş olabiliriz.

Hulki Cevizoğlu - Siz John Reid and Associates'de de eğitim gördünüz mü, yoksa sadece FBI'daki eğitiminiz mi var?

Ahmet Kule - Ben FBI'da gördüm. Reaten Enstitüsü'yle bu kitabının telif haklarıyla ilgili yazışmamız oldu ve oraya davet edildim. En uygun ortamda, zannediyorum Mart ayı gibi benim için uygun olacak; Daire Başkanlığımızdaki...

Hulki Cevizoğlu - Mart 1998'de?..

Ahmet Kule - Evet, Mart 1998'de oraya gidip, 1 ay onların hem kurslarını, hem video kasetlerini, bütün kaynaklarının dokümanlarını buraya getirmeyi düşünüyorum. Öyle bir yazışmamız oldu. Oraya davetliyim ve oradaki bütün kaynakları Türkiye'ye aktarmaya çalışacağım; aynı zamanda faks, internet bağlantılarını da kurmak ve onlarla sürekli haberleşmek şartıyla.

Hulki Cevizoğlu - 3 ay önce yaptığınız bir gazete röportajında, "Gideceğim" demiştiniz, "Evet eğitim göreceğim" demiştiniz; demek ki henüz o süre dolmadı?..

Ahmet Kule - Normalde bu ay, Kasım'ın sonunda gitmeyi plânlıyordum ve ona göre ayarlamıştım. Fakat, kitabımızın birinci baskısı tahmin ettiğimizden biraz daha önce bitti; 6 ay içinde 5 bin adet tükendi ve şu anda benden, elimde hiç kitap olmadığı halde, 700 tane kitap talebi var.

Hulki Cevizoğlu - Peki. "Sorguda biz dünyanın 40 yıl gerisindeyiz." diyorsunuz.

Ahmet Kule - Evet.

Hulki Cevizoğlu - Kitabın ilk baskısına baktım, 1962 yılında yazılmış. O açıdan değerlendirilirse, 35 yıl geride. Amerikalıların 35 yıl önce yazdığı bir kitap, Türkçe'ye yeni kazandırılmış. Bu açıdan, kitabınızdaki önlemler de eskimiş ve Batı'nın gerisinde olmuyor mu?..

Ahmet Kule - Çok yerinde bir soru; ben zaten bunu cevaplandırmak isterdim.

Şimdi gazetedeki o röportajda, "sorguda 40 yıl gerideyiz", gazetenin çıkarmış olduğu bir sonuç, benim söylediğim bir söz değil.

(...) Bu teknik bir kitap ve bu konuda bir klâsik olarak kabul ediliyor. İngiltere'de sorgulamayla ilgili kitapları açın, hemen Raid modeline atıfta bulunuyorlar.

Hulki Cevizoğlu - "Eskimemiş bir kitap" diyorsunuz?..

COMMUNITY INTERVIEW

Ahmet Kule - Eskimemiş bir klâsik, ama şu var: Bunun dışında yeni gelişme var mı?.. Mesela, "Community Interview" diye bir metot var.

Hulki Cevizoğlu - 310. sayfada bir sayfa yer vermişsiniz.

Ahmet Kule - Evet. Daha bu, son 4-5 yıllık bir gelişme, "Communitive Interview." Zannediyorum...

Hulki Cevizoğlu - "Community" ne demek?..

Ahmet Kule - "Community İnterview"in, ben Türkçe karşılığını bulmaktan ziyade, şöyle açıklayacağım: İnsanın, zihinsel birtakım hatırlama kabiliyetlerini, zihinsel birtakım yeteneklerini kullanarak bunu mülâkat ve sorgulamada avantaj hâline getirme. Yani, mesela bir şahidi alıyorsunuz ve buna "community interview" yapıyorsunuz; mesela şahit diyor ki, "Hatırlayamıyorum boyunu, giydiği elbiseleri, ama galiba beyazdı, zenci değildi" veya "zannediyorum esmerdi ve şu yöne kaçtı" diyor. Onu "community interview" de alıp, zihinsel güçlerini üzerinde yoğunlaştırıyorsunuz, dikkatini tamamen orada yoğunlaştırıyorsunuz ve konsantre olmasını sağlıyoruz; hipnoz değil ama. Ve orada, o zihinsel hatırlama tekniklerini, zihinsel yeteneklerini kullanarak, ona uzmanlar ipuçlarını hatırlatabiliyorlar; mesela, hatırlamadığı elbise rengini hatırlatabiliyorlar, araba plakasını hatırlatabiliyorlar; ama hipnoz değil bu.

Hulki Cevizoğlu - Anladım.

Ahmet Kule - Yeni geliştirilen bir teknik, daha tam oturtulmamış.

Hulki Cevizoğlu - Bir telefonumuz var, onu da alacağız ama, "kitabı anneler de alıyor, hanımlar da alıyor" dediniz, ben de oradan bir örnek vereceğim. O bölümleri, inşallah daha dikkatlice okuma fırsatımız da olur, benim de kreşte olan bir oğlum var, akşam eve geldiği zaman, "acaba kreşte birisiyle kavga etti mi, onu nasıl öğrenebilirim?" diye düşünüyorum; o, bize bir şey söylemiyor tabii.

Ahmet Kule - Kesinlikle bu kitap size faydalı olacak.

Hulki Cevizoğlu - Evet, bu kitabın o bölümlerini de okuduğumuz zaman, ben 4 yaşındaki oğlumu konuşturabileceğim, öyle mi?..

Ahmet Kule - Kendiniz, üzerinde daha iyi gözlemler yapabilirsiniz. "Ben şu hatayı yaptığımda, davranışlarım şu şekilde değişiyor ve bunu karşı taraf anlıyor" diye, kendi üzerinizde gözlem yapabilirsiniz.

Hulki Cevizoğlu - Ona gerek yok ama; ben oğlumun okulda kavga edip etmediğini anlarsam, o beni hiçbir zaman...

Evet, iyi geceler efendim.

(İzleyici)
SORGULAMA UZMANI - İyi geceler.

Hulki Cevizoğlu - Buyurun.

Sorgulama Uzmanı - Hulki Bey, öncelikle böyle bir programı yaptığınız için polis camiasının bir ferdi, bir sorgulama uzmanı olarak size teşekkür ediyorum. Son olarak da, Ahmet Kule'ye teşekkür ediyorum.

Hulki Cevizoğlu - Sorgulama uzmanı olarak size, adınızı sorabilir miyim?

Sorgulama Uzmanı - Ben terörde sorgulama uzmanıyım. Öyle olunca biz, terör örgütlerinin de hedefi olan insanlarız, onun için ben ismimi vermedim. Biz senelerdir sorgu yapıyoruz; 90 yılından beri Ankara'da çalışıyorum ben, Ankara'nın o en kötü günlerinden bugünlerine kadar, hâlâ daha bizzat sorguculuk yapıyorum. Bu geldiğimiz noktada biz bir kısım uygulamalar yapıyorduk; tatbikî olarak, teknik olarak güzel şeyler ortaya koyuyorduk, fakat bir gün Ahmet Kule'nin kitabını okuyunca, "Yahu, bizim yaptığımız şeyler burada da varmış, bunlar da bizim gibi yapıyorlarmış" diyerek, yaptığımız şeyleri o kitapta bulduk. Yani bir yönüyle kendimizi bulduk. Tabii, bizimkisi terör sorgusu...

Hulki Cevizoğlu - Yani, "Yeni bir şey öğrendik" demiyorsunuz, "Orada bulduk" diyorsunuz. Yani, siz de o düzeyde Amerikan sorgulamasını yapıyor muydunuz?..

Sorgulama Uzmanı - Şimdi Hulki Bey, tabii biraz tanımakla alâkalı. Bu, biraz da iddialı bir şey olacak ama; bu kursu görmüş bir Amerikalıyla görüşürken ben bizim uyguladığımız taktikleri anlatınca, aynen şöyle dedi; "Bu çok güzel" diye bağırıyordu adam; yani kitabı okumadan önceki görüşmemizde. (...) Terör sorgusu, adî suçların sorgulamasından ayrı. Çünkü terör sorgulamasında insan, böyle psikozlarla bir şov yapan değil de, yaptığı şeye inandığı için yapan insanlar var; daha bilinçli bir kitle var karşınızda. Bizim de onunla ilgili, "terörle mücadelede sorgulama" üzerine kitap çalışmamız var; Ahmet Kule'ye de, bu yönüyle bize ilham olduğu için teşekkür ediyoruz.

Hulki Cevizoğlu - Demin, "Amerikalı uzman hayran kaldı, biz tekniklerimizi anlatınca" dediniz. Belki Amerikalı uzman, sizi konuşturmak için hayran kaldığını söylemiştir; "Acaba başka ne tür gizli teknikler uyguluyorlar?" diye...

SORGUCU AHTAPOT GİBİ Mİ OLMALI?

Sorgulama Uzmanı - Yok, öyle değil. Bu kitabı yazan şahıstan kurs da almış bir insandı ve bir vesileyle yine görüşüyorduk bu sorgulama üzerine taktiklerle ilgili. Zaten kitap çıktığında siz de göreceksiniz, oradaki benzerlikleri de bulacaksınız. Şuna inanabilirsiniz: Biz akademi mezunları olarak çok güzel çalışmalar yapıyoruz. Şu an bizim Ankara Terör'de 15 tane amir dil kurslarına devam ediyor, bunlardan 10 civarındaki master yapıyorlar üniversitelerde. Biz, arkadaşlara şunu söylüyoruz: Avrupa'da bu işi nasıl yapıyorlar? Amerika'da nasıl yapıyorlar? Bizim, o düzeye gelmemiz için neler yapmamız lazım?..

Zaten, bizim idealimizde şöyle bir şey vardır Hulki Bey; iyi bir sorgucu, bir ayağı üniversitelerde; bir yanında psikologlar, bir yönüyle akademik çalışmalar...

Hulki Cevizoğlu - Ahtapot gibi olacak yani?..

Sorgulama Uzmanı - Yani, böyle bilimadamlarının katkılarıyla, akademisyenlerin katkılarıyla çalışmalarına yön verecek ideallerle büyüyen insanlar.

Hulki Cevizoğlu - Peki, siz sorgulamayı nerede öğrendiniz?..

Sorgulama Uzmanı - Ben senelerce, "Kitabı yazılmayacak bir şey varsa, o da sorgulama" diyordum. Çünkü, bize Akademi'de de öğretmişlerdi. Bizim Terörle Mücadele Daire Başkanlığı'nın kursuna gittiğimde, orada da öğrettiler; "işte şöyle taktikler, şöyle yaklaşacaksınız" diye, ama bazen bir taktik uyguluyorsunuz, o tutmuyor. Yani, Ahmet Kule'nin kitabında da var; birine farklı yaklaşırsınız, değişik netice verir. O nedenle yıllarca ben hep onu söylüyordum, "Kitabı yazılmayacak bir şey varsa, o da sorgulama" diye. Çünkü, neticede insanlar üzerinde çalışıyorsunuz, insanlar da böyle, bazen 2 kere 2'nin 4 etmediği bir varlık işte...

Hulki Cevizoğlu - Sonradan bu fikriniz değişti mi?..

Sorgulama Uzmanı - Sonradan fikir değişmedi. Belli bir yerden sonra zaten şeye ulaşıyorsunuz. Yani, belli bir noktadan sonra konsantre çok önemli, yani sorguya konsantre.

Hulki Cevizoğlu - Hissettim diyorsunuz, 'hissi kablel vukû' oluyor yani?..

Sorgulama Uzmanı - Yok, öyle 'hissi kablel vukû' da değil tabii de, şimdi Hulki Bey ben şunu söyleyeyim: Biz devamlı yanımıza akademi mezunları alıyoruz yetiştirmek amacıyla, bunlara bizim söylediğimiz bir şey var.

Sorgu uzmanı olacak şahıs, sorgulanacak insan varken boş durmaz, gider onlarla, hiç değilse böyle sohbet havasında konuşur, mutlaka bundan da kazanacağı bir tecrübe vardır.(...)

TERÖRDEKİ SORGULAMA

Hulki Cevizoğlu - Evet, demin, "Kitabı yapılamayacak tek şey sorgulamadır, bu fikrimiz de değişmedi" dediniz ama, Ahmet Kule'nin kitabının bu fikri çürüttüğü anlaşılıyor. Siz de "Terördeki sorgulama konusuda bir kitap hazırlıyoruz" dediniz galiba sözlerinizin başında? Düşünceniz değişmemiş ama, eyleminiz değişmiş...

Sorgulama Uzmanı - Zaten Ahmet Beye ben onun için teşekkür ettim; yani bize bir ufuk oldu. Hakikaten bu genç yaşta; 92 mezunu yani mesleğinin 5. yılında, 2 sene bizimle "sorgucu" olarak çalıştı.

2 yıl sonra geldiği nokta açısından bizlere ilham oldu. Eski yıllarda bir insan tutuklanınca, üstlerimize anons eder ve takdir alırdık. Sonraki yıllarda bunun bir yol olmadığını anladık ve geldiğimiz nokta itibarıyla şunu söylüyorum, ne kadar insan kurtarırsak, bizim için o başarıdır.

Bakın, bir örgüt mensubu vardı, bu örgütün ilk 10 insanı arasındaydı. Biz bu insanı sorguladık, sorgularken bizim yaklaşımımız hep şuydu: "Gel seni kurtaralım; çünkü, kendine yazık ediyorsun, ailene yazık ediyorsun."

Ve bunun neticesinde bu insan bıraktı, bunun bırakmasıyla binlerce insan bıraktı; çünkü onu tanıyan, onun örgütlediği insanlar vardı.

Hulki Cevizoğlu - Suçunu itiraf ettiği zaman cezasız mı kalıyordu ki, "kurtardık" diyorsunuz?..

Sorgulama Uzmanı - Zaten suçunu itiraf etmedi, yani, "Ben konuşmam" dedi.

Hulki Cevizoğlu - Nasıl kurtardınız?..

Sorgulama Uzmanı - "Peki, o zaman siz konuşmayabilirsiniz, bu sizin doğal hakkınız ama, şu yaptığınız işi sorgulayalım" dedim. 15 gün; -o zaman gözetim 15 gündü, şimdi 4'e düştü biliyorsunuz. 15 gün boyunca böyle kafasını açtık; yani, yaptığının yanlış olduğunu anlattık ve netice itibarıyla bize şunu söyledi: "Ben bir daha geri dönmeyeceğim" dedi. Yani, "Bir daha beni örgütsel faaliyetlerde bulamazsınız" dedi, ama maalesef, örgüt tarafından cezaevinde öldürüldü.

Hulki Cevizoğlu - "Sorgu uzmanları olarak bizler birbirimize söylüyoruz; iyi bir sorgu uzmanı boş durmaz, gider sohbet eder, çay içer; o bile sorgudur" dediniz, değil mi?..

Sorgulama Uzmanı - Yani şu var Hulki Bey: Bu insan hareketleri; yani nerede ne netice vereceğini, nasıl davranacağını, farklı neticeler alacağınızı; hani o demin "hissetme" dedim de, siz de "hissi kablel vuku" diye bir espri yaptınız...

> *(Konuşma düzeyi, sorgulama uzmanının eğitim ve kültür düzeyi hakkında bize ipucu veriyor. Cümle yapısı, kullandığı sözcükler, vurgulamaları çok üst düzeyde olmadığı izlenimini doğuruyor. Ancak, tüm bunlara karşın önemli sorgulamalar yaptığı anlaşılıyor. Acaba, polisteki sorgulamada, eğitim-kültür düzeyinden çok yetenek mi önemli? Ya da, kötü olasılıkla poliste uzman sıkıntısı nedeniyle bu duruma katlanılıyor mu? - HC)*

Hulki Cevizoğlu - Evet.

Sorgulama Uzmanı - Yani, o noktaya ulaşmak için, insanı çok iyi tanımak lazım; yani insanı...

Hulki Cevizoğlu - O zaman kimse sizinle dost olamaz. Sizi tanıyan insanlar, apartman komşularınız bile "Ahmet Bey yanımıza geldi, acaba bizimle dost mu, yoksa sohbet niyetiyle bizi mi sorguluyor" diye, sizinle dostluk kuramaz. Sizin, o zaman büyük...

Sorgulama Uzmanı - Yok Hulki Bey. Bizi insanlar çok seviyorlar, çünkü biz o insanları anlıyoruz. Yani, bizi çok seven, belki anne babamızdan çok bize dua eden, belki dünya kadar örgüt mensubunun ailesi var, dünya kadar. Çünkü, bir çıkmaza girmişlerdi o insanlar ve yaptıklarının doğru olduğuna inanıyorlardı; yani, inandıkları için yapıyorlardı, sonra aksini gösterme fırsatı olunca, farklı yaklaşınca, -onlar polisi hep dışarıdan örgütlerin yayınlarıyla, okuduklarıyla bilen insanlar böyle olunca da, bunlar hep geldiklerinde farklı bir "polis" imajı buluyorlar.

Hulki Cevizoğlu - Siz, bu kitapta sözü edildiği gibi mi davranıyorsunuz, terörle mücadele sorgulamasında?..

Teröristi sorgularken, "bay, bayan" diye mi hitap ediyorsunuz, gönlünü mü alıyorsunuz?.. Deminki örnek, biraz gönül almaya benzedi.

Sorgulama Uzmanı - Doğrudur bir yönüyle. Yani ona, hiç değer verilmediği kadar değer veriyoruz biz. Çünkü, dışarıda hep böyle itilmiş, belki yalnız kalmış, neticede kendini anlamasını, düşünmesini sağlama; bu da belli bir noktaya getiriyor o insanı.

PSİKOLOJİK SORGULAMA

Hulki Cevizoğlu - Anladım.

Peki, bir psikolojik eğitim eksikliği duydunuz mu, siz bu mesleğinizi uygularken?.. Karşılaştığınız bir sıkıntı var mı?..

Sorgulama Uzmanı - Anlayamadım sorunuzu?

Hulki Cevizoğlu - Sorgulama yaparken, bu mesleğinizi icra ederken, karşılaştığınız büyük bir sıkıntı var mıdır size engel olan? Ya da hiçbir şey engel olmadığı için sizde sıkıntı yaratan bir unsur var mıdır?.. Psikolojik eğitim eksikliği hissettiniz mi; yoksa, çok iyi bir psikolojik eğitim mi aldınız?..

Sorgulama Uzmanı - Çok iyi bir psikolojik eğitim almadım. Bana örgüt mensupları da şunu çok sorarlar, "bu eğitimi nereden aldın?". Eğitim almadık, pratiğin getirdiği bir şey, fakat şununla ilgili bir çalışmamız var: Bir psikolog bulduk; bir uzman ve ondan biraz eğitim almak için şu an girişimlerimiz var. Şu an belki Ankara rahatladı yani, biz şöyle düşünüyoruz: Bir devlet memuru mantığından ziyade, -gerçi, sanki devlet memuru ilgilenmiyormuş gibi, Ankara'da bir bomba patlayınca bizim evimizde patlamış gibi ya da birini vurunca, mesul biziz gibi o yaklaşımla, onların sıkıntısını yaşadık. Benim şu an yaşım 28, gören herkes "40 yaşındasın" diyor. Bu da bizde mesleğin getirdiği yıpratma.

Hulki Cevizoğlu - Siz mi 28 yaşındasınız?

Sorgulama Uzmanı - Evet efendim.

Hulki Cevizoğlu - Bende de, hakikaten sesiniz daha yaşlı bir insan havası bıraktı; demek ki, yanılmışız.

POLİS SORGUSUNDA SİYASİ BASKI?

Peki. Siz sorgulamaları yaparken, siyasî bir baskıyla karşılaşıyor musunuz, zaman zaman?..

Sorgulama Uzmanı - Yok efendim. Yani, bizim teröre siyasî bir baskı yok. Yani, o yönüyle rahatız ve bir şey daha var. Bakın biz, 7 yıldır çalışıyoruz, kurulmuş bir ekip var Ankara'da ve kimse, hiçbir iktidarın, "Bu ekibi değiştirelim, şöyle yapalım" diye hiçbir çalışması olmadı ve bilakis, her Genel Müdürümüz geldiğinde, her Ankara Emniyet Müdürümüz geldiğinde her türlü desteği verdiler. Şu an gelinmiş bir nokta var; Hulki Bey şu an, Orta Doğu Teknik Üniversitesi'nden bir profesör hocamızla şunun çalışmasını yapıyoruz. Yani, Bakanımıza da ulaşmadık, Genel Müdürümüze de; sizin vesilenizle ulaşmış da olalım. Şu gelinen noktada, yine bugün terör aşağılara çekilmiştir ama, saysanız Türkiye'nin problemlerini, ilk 3-4 problemi arasına yine terörü yazmak durumundasınız.

Şu gelinen noktayı daha ileri nasıl taşırız; daha hiçbir olay olmadan?.. İşte, en son İstanbul'da polisi taradılar. Bu da olmadan nasıl olabilir?.. Ve bakın, İstanbul'da polisi tarıyorlar, polis, 2 gün sonra sanıkları alıyor.

Hulki Cevizoğlu - Şimdi başka bir soru soracağım size. Birkaç sene önce Büyük Millet Meclisi lojmanlarında, İzmir Milletvekilinin oğlu öldürüldü. Bu cinayetin soruşturması da yapıldı Ankara Emniyeti tarafından. Siz o zaman hangi bölümde sorgulama uzmanıydınız bilmiyoruz ama, bu bir adî cinayet olarak varsayıldı, düşünüldü. Böyle bir adî cinayetin sorgulaması bile başarıya ulaşamadı -ki, hâlâ o milletvekilinin oğlunun katili bulunamadı-. Bu, bir başarısızlık değil mi?.. Ya da bazı insanları, milletvekillerini, Meclis lojmanları içindekileri sorgulayamadınız da mı, o ortaya çıkmadı?..

Sorgulama Uzmanı - Şimdi, o mesele asayişle ilgili, biz teröre sorguculuk yapıyoruz; onun için, bilmediğimiz konuya girmek olacak...

Hulki Cevizoğlu - Ama, sonuçta bir sorgulama işi o da; ya iyi sorgulama yapılamadı ki, katil bulunamadı ya da sorgulama yapmak istediğiniz insanların dokunulmazlığı vardı ki, sorgulayamadınız...Hangisine katılıyorsunuz?..

Sorgulama Uzmanı - Şimdi Hulki Bey, bu Türkiye'deki problemleri hep beraber canlı yaşıyoruz. Yani şimdi, "sorgu" konusunun dışına çıkar bu söyleyeceklerimiz. Fakat şu var: Bize terör bölümü olarak, -diğer birimler için söylemiyorum- herhangi bir siyasî baskı yok; sıralı bütün müdürlerimizin, Genel Müdürümüzün, Bakanımızın bilakis desteği var. Fakat, şuna dikkat etmek durumundayız hepimiz. Terör örgütleri -söyledim onu yani polisi yıpratmak için elinden ne geliyorsa yapıyorlar- hususiyle terör polisini. Çünkü, terör polisi iyi olmazsa... Bakın, Ulucanlar Cezaevi'nde, "Ankara Terör'de çalışanları konuşmayın, polisi konuşmayacaksınız" demişler, yasak etmişler. Çünkü, polisi konuşurlarsa ya başarımızı konuşacaklar; ya onlara insanlık yapmışız ya yardımcı olmuşuz ya yemek yedirmişiz, farklı böyle kendi çıkan tabldotun dışında; onu konuşacaklar, dolayısıyla polise düşmanlıkları erimiş olacak. Zaten şu an Ankara'da gelinen noktayla da, bu kadar erimenin, bu kadar terörün aşağı çekilmesinde en önemli unsurun da, biz, bunun olduğuna inanıyoruz.

Hulki Cevizoğlu - Peki, bir başka konu var, ona cevap vermenizi istiyorum doğrusu. Çünkü, Ahmet Kule, sizin önemli bir sorgulama uzmanı olduğunuzu söyledi; biz tanıyamadık ama.

Susurluk Komisyonu'nda görev alsaydınız, bir milletvekili olsaydınız; -belki günün birinde olursunuz- o işi çözebilir miydiniz siz bu sorgulama tekniklerini kullanarak?..

Sorgulama Uzmanı - Hulki Bey, kusura bakmayın, çok da zamanı aştım ama orijinal bir misalle bir şey anlatacağım.

Numune Hastanesi'ne bir yazı götürdüm; resmî, kişiye özel. Orada Başhekim Yardımcısı bir şey yaptı, o çok hoşuma gitti. Ben, "kişiye özel" diye yazmıştım; gizli, kişiye özel, "Yahu kardeşim, Türkiye'de `gizli, kişiye özel bir şey mi kaldı?" dedi. Yani, en küçük bir ailenin bile gizli şeyleri olabileceğini düşünüyorum, ama devletin... Şimdi orada biri ifade veriyor, öbür taraftan basına bilgi veriliyor...

Bakın, bu hukukçular herhalde, poliste ilk hazırlık soruşturması gizlidir, soruşturmanın gizliliği esastır, hükmünü boşuna koymamışlar. Ama, onlar da bizim boyumuzu aşacağı için, şimdi oraya da bir şey demeyeyim; bu kadarıyla söylemiş olayım.

Hulki Cevizoğlu - Boyunuzu aşmaz; boyunuzu ölçemediğimiz ve göremediğimiz için, göremeyenler de boyunuzu aştığını düşünmezler, onun için siz, isterseniz yine görüşünüzü söyleyin.

Sorgulama Uzmanı - Fakat, şunu söylüyorum ben: Hulki Bey, Türkiye'de mafya, organize suçlar, organize suç büroları kuruldu, fakat şu an bir işlerliği yok. Organize suçlar, terörle mücadele çerçevesine alınır ve devlet güvenlik kontrolünde yürütülürse, ben ciddî neticeler alınacağına inanıyorum.

Ama tabii, bunlar; medyanın da hükümetin de herkesin de desteğini alarak yapılması gereken bir çalışma biliyorsunuz. Belki, terörde bizim başarımızın en önemli unsuru, o yıllarda medyanın da ciddî desteğinin olmasıydı. Çünkü terör herkesi rahatsız ediyordu, herkesi huzursuz ediyordu.

Şimdi bu mesele bir problemse; -ki, problem bu- herkesi de huzursuz ediyorsa, herkesin desteği alınarak, terör çerçevesinde, terörle mücadele kapsamında bir mücadele verilirse, ben başarılı olacağına inanıyorum.

Bana programda bu kadar yer ayırdığınız için teşekkür ediyorum. Ahmet Kule'ye...

Hulki Cevizoğlu - "Susurluk Komisyonu'nda olsaydınız bu işi çözer miydiniz?" sorusuna cevap vermediniz.

Sorgulama Uzmanı - Şimdi, tabii Susurluk Komisyonu çalışması tekniğiyle, bizim çalışma tekniğimiz çok farklı. Yani, orada çağırıyorsunuz, gelmesi gereken gelmiyor, bir yazı gönderiyor... Böyle çözülmedi, yani netice de alınmadı, aylardır çalışma oldu; belki gelişme oldu ama, bir netice alınmadı.

O, biraz iddialı olur; yani farklı bir şey.

Hulki Cevizoğlu - "Bizim yöntemimiz farklı. Biz çağırınca mecburen gelecek ve konuşacak" diyorsunuz?..

Sorgulama Uzmanı - Tabii, "konuşacak" demiyoruz, ama şu var: Mutlaka birinin konuşması olur; o, ona delil olur. Şimdi, biri konuşuyor, biri bir şeyler söylüyor, ama onu öbür tarafa uygulamazsanız, söylediğinin bir manası kalmıyor ki yani.

> *(Bu sorunun amacı:*
> *1- Uzun süre konuşulup, samimiyet kurulduktan sonra, sorgu uzmanından ilginç bir açıklama alabilmek...*
> *2- Vereceği yanıta göre, düzeyini, dahası kimliğini çözebilmek... - HC -)*

Hulki Cevizoğlu - Bana önemli bir sırrınızı açıklayabilir misiniz?..
Sorgulama Uzmanı - Önemli bir sırrımızı mı?..
Hulki Cevizoğlu - Evet.

Sorgulama Uzmanı - Hayatımda hiç unutmadığım bir şey var; yani benim en çok hoşuma giden. Terörle Mücadele'ye ilk başladığımda, bir kız çocuğu bir suç üzerine yakalanmıştı; ben, onunla çok yakın ilgilendim ve onu kurtardım. Hayatta ilk terör başarım olarak bunu addediyorum; ailesine kavuştu.

Hulki Cevizoğlu - Yani, siz de, yanlış anlamayın ama, sorgulama uzmanı olmak yerine itfaiyeci olmalıymışsınız, genellikle herkesi kurtarıyorsunuz...

Sorgulama Uzmanı - Şimdi Hulki Bey, netice itibarıyla şey çözmüyor... Yani, Ulucanlar Cezaevi'ne 450 tane sorguladığımız insan girdi; yani, yıllara dağıtırsanız öyle. Şu an belki 40 kişi var orada; ama hiçbir şey çözülmedi.

Bir kız çocuğu vardı, -bunu da yine bir sır muvacehesinde söylemiş olayım bizden ayrılmıyordu; "Ne olur beni kurtarın, ben bu işler içine giremeyeceğim" diye, ama yaptığ eylemler de vardı ve kurtaramadık, o kız tekrar örgütün içerisine döndü ve cezaevinde birinin öldürülmesine katıldı.

Şimdi, netice bu değil. Yani, bizim meselemiz, başarılı polislik yapmak, başarılı sorgu yapmaktan ziyade, terörü aşağı çekmek. Aşağı çekmek de, bu insanları vazgeçirmekle olur. Çünkü, hususiyle; demin ilk başladığımda anlatmıştım, üst düzey birinin vazgeçmesiyle, onun örgütlediği komple bir yapı, bırakıp gidiyor.

Şimdi bizim için de mesele, terörü aşağı çekmek, terörü engellemek; yoksa şunu, bunu yakalamak değil.

(Sorgu uzmanının düzeyinden söz ettik... Bu sözleri ile "kişiliğini" de ölçmüş oluyoruz..

İyi niyetli, babacan ve milliyetçi-muhafazakar bir yapı çiziyor. - HC)

Hulki Cevizoğlu - Tabii, tek tek sorgulama uzmanlarının çabalarıyla terörün önleneceğini beklemek de, herhalde pek mantıklı olmasa gerek.

Sorgulama Uzmanı - Pek mantıklı olmaz ama, şu var: İşte, Ankara'nın durumunu hep misal veriyorum, Türkiye'nin de durumu öyle. Türkiye, metropollerde, Diyarbakır da dahil, örgütlerin o eski hızları yoktur. Bu da polisin; tabii bütün polise mâl etmek de mümkün değil, medyanın da buna katkısı vardır, ama, polisin de başarılı çalışmalarıyla gelinen bir noktadır.

SABANCI VE GÖKTEPE CİNAYETLERİ SORGULAMASI

Hulki Cevizoğlu - Peki, ben size teşekkür edecektim ama, iki konu daha aklıma yeni geldi; "sormamız uygun olur" diye düşündüm.

Sabancı cinayetinde de Terörle Mücadele ekipleri mi İstanbul'da sorgulama yaptılar?

Sorgulama Uzmanı - Doğrudur; bakın...

Hulki Cevizoğlu - Peki, ama o sorgulamadan bir şey çıkmadı; sonra zanlı gitti, kendisi -Suriye'de miydi, neredeydi yurtdışında teslim oldu Elçiliğe. Yani, o sorgulama, demek ki pek başarılı olmamış.

Sorgulama Uzmanı - Hulki Bey, şimdi sorgulama şudur: Sanık yakalandıktan sonra sorgulama başlar. Orada...

Hulki Cevizoğlu - Ama, başkalarını da, belki tanıkları da sorgulayarak siz, sanığın izine ulaşmak durumunda değil misiniz?

Sorgulama Uzmanı - Şimdi Hulki Bey, orada polisin güzel çalışmaları vardı. Fakat, bu, ayrı bir yapıydı, yani sonradan açığa çıktı. Ve ulaştılar bir yere, ulaştıklarından kısa bir sürede terk etmişlerdi orayı; o, basında da çıktı, hatırlarsanız, ondan bir kaç ay önce ve ondan sonra da yurtdışına çıktılar, Türkiye'yi terk ettiler.

İşte, başarılı sorgulama...

Hulki Cevizoğlu - Ama affedersiniz, sizin dediğiniz mantıktan gidersek, "tespit edilmişti, yerlerine gidildi, ama yurtdışına kaçmışlardı" demek, şöyle bir sonucu ortaya çıkarıyor: Bunların kim olduğunu, bu cinayetin failini tespit etmiştiniz ama, yakalayamamıştınız... Öyle mi?..

Sorgulama Uzmanı - Zaten, o zaman da medyaya da verildi Hulki Bey. İstanbul'un bir çalışması ama, medyaya da verildi. Şahıslar isim olarak belirlendi, fakat ulaşıldığında; yani sizin demin söylediğiniz gibi de, tanıklar sorgulanarak, diğer türlü çalışmalarla ulaşıldı, ama tabii bu ulaşma bir süreç istiyor. Yani, onu sorgulayacaksın...

Hulki Cevizoğlu - Ama, basına yansıması galiba öyle olmadı. Çünkü, o cinayetin faili, yurtdışında bizim Elçiliğimize gidip teslim olduğu zaman, "Bir adam geldi, 'Sabancı cinayetini ben işledim' diyor, bu adama güvenebilir miyiz?" diye bizim yetkililer kuşkuya kapıldı, Türkiye'ye getirildi, yine "cinayeti ben işledim" diyen bir vatandaş var ortada. Sizin dediğiniz doğru olsaydı, siz, "falanca kişi bu işi yaptı" diye, zaten daha önceden belirlemiş olduğunuz için, bu kişi gelip hakikaten, "bunu ben yaptım" dediğinde, hiçbir kuşku kalmaması gerekirdi...

Sorgulama Uzmanı - Hulki Bey, şöyleydi o olay; siz de belki orasını kaçırmışsınız. Şahısların isimleri belirlendi. Yani, olaydan bir kaç gün sonra Fehriye Erdal'ın da, Mustafa Duyar'ın da isimleri belliydi, ama şahıslara ulaşmada problem yaşandı, işte o arada terk ettiler.

Hulki Cevizoğlu - Peki, son bir konu daha. Gazeteci Metin Göktepe sorgulamasında, bu sizin söylediğiniz çok başarılı sorgulama yöntemlerine rastlanamadı. Tam tersine; gazeteci, gözaltına alındıktan sonra öldürüldü. Bu konuda bir değerlendirmeniz olacak mı?..

Sorgulama Uzmanı - Şimdi Hulki Bey, konu, sorgunun dışına bayağı bir çıktı. Orada bir toplumsal olay var. Sadece şunu söyleyeyim: Bakın, Dil Tarih'te de (DTCF) bir olay yaşandı, orada 83 tane yaralanan polis vardı. Toplumsal olayda polis de ölebilir. Yani, o olay, toplumsal olay; ben, onun için...

Hulki Cevizoğlu - "O, sorgulama değildi" diyorsunuz, öyle mi?..

Sorgulama Uzmanı - Yok. Sorgulamayla alâkası olmayan bir olay, toplumsal bir olay. Zor kullanılıyor; belki kastı aşan zor kullanma var, ama sorgulama değil.

Evet, çok teşekkür ediyorum.

Hulki Cevizoğlu - Çok teşekkür ederiz.

Sorgulama Uzmanı - Bu kadar bana müsaade ettiniz.

Hulki Cevizoğlu - Estağfurullah, sağ olun.

Sorgulama Uzmanı - Ahmet'e de teşekkür ediyorum, bizim ufkumuzu açtı. Ve bundan sonraki çalışmalarında başarılar diliyorum.

Hayırlı geceler.

Hulki Cevizoğlu - Size de iyi geceler, sağ olun.

Ahmet Kule - Beyefendinin konuşmalarına bir kaç şey eklemek istiyorum.

Ben, az önce belirttiğim gibi, Beyefendiyi tanıyorum ve normal uygulanan sorgulama yöntemleriyle; yani normal, herkesin uyguladığı, bütün ülkelerde uygulanan sorgulama yöntemleriyle yetinecekleri halde, "bunu nasıl daha iyi hale getirebiliriz, yurtdışındakiler ne yapıyor, ODTÜ'deki psikologlar ne düşünüyor, bunun teorik eğitimini alan, İngiltere'de master'ını yapmış olan, Kanada'da master'ını yapmış olan kişiler bu konuda ne düşünüyor?" diye merak eden ve ondan sonra uygulamalarını buna göre geliştirmeye çalışan bir insan. Ve bence, olması gereken; herkesin yapması, bütün birimlerde çalışanların, bütün kurumlarda kendini ilerletmek için çalışanların yapması gereken bu. Ve ben bu açıdan, onların çalışmalarını takdirle karşılıyorum.

Bu arada, yine aynı şekilde kitapla ilgili olarak, Ankara Emniyet Müdürlüğü'nde çalışan başka bir ağabeyimin sözünü nakletmek istiyorum; Ankara Emniyet Müdürlüğü Cinayet Büro Amiri Başkomiser Ercan Taştek, Cinayet Büro Amiridir ve faal olarak dışarıda çalışan, sevilen, orada başarılı birisidir, kitabın ikinci baskısının yorumlarını istediğimde bana aynen şöyle dedi: "Ahmet, ben 7 yıldır burada çalışıyorum ve kitapta okuduğum tekniklerin hiçbirisi, 7 yıldır öğrendiklerime ters değil. Keşke, daha 7 yıl önce bu kitabı okusaydım da, zaman kazanmış olsaydım" dedi.

Şimdi birimlerde, mesela asayiş farklı olabilir, terör farklı olabilir, terör tam uygulanmayabilir; ama sorgulama prensipleri, genelde aslında çok farklı değil. Bu açıdan baktığımızda, bize "kitap uygulanır mı, uygulanamaz mı? Çok fazla teorik değildir; askıda kalmıyor mu? Amerikan kültürüne göre yazılmış bir kitap bizim için ne kadar geçerli olur?" gibi sorular geliyor.

Hulki Cevizoğlu - İşte onu soran, herhalde, az önce kitaptan örnek verdiğimiz duruma düşüyor; "Ulan, sen bana yalan söylüyorsun" diye tokat atan bir sorgucu herhalde?..

Ahmet Kule - Her kesimden böyle sorular geliyor. Yani sorgulama yapmayanlar da soruyor, "acaba bize uyar mı?" diye. Fakat, bizzat ağabeylerimizin, arkadaşlarımızın, başarılı bir şekilde uygulamayı devam ettirenlerin yorumları, kitabın bu konuda çok olumlu olduğu ve ufuk açtığı yönünde.

Fakat bu, "Biz, bu kitabın daha iyisini yazamayız ve daha iyisini uygulayamayız" demek değildir. Bu, bize ufuk açar, düşüncelerimizi geliştirir, biz eksikliğimizi ve fazlalığımızı görürüz. Ve daha iyisini yaparız. Emniyet Teşkilâtı da bunun daha iyisine lâyık.

SORGULAMADA DİKKAT EDİLECEK UNSURLAR

Hulki Cevizoğlu - Sorgulamada dikkat edilecek unsurlar da kitapta yer alıyor. "Sorgulama odasının konforu, -az önce bazı bölümlerine değindik- sorgucunun, ağzının sarımsak kokması bile sorgu olayını etkiliyor" diyor kitap.

Ahmet Kule - Evet.

Hulki Cevizoğlu - Doğru mu?

Ahmet Kule - Evet. Sorgulama odasının, kesinlikle olayın ciddîyetini etkilemeyecek şekilde olması lâzım ve sarımsak kokusu, normalde her insanı rahatsız edebileceği gibi, sorgulamada da kesinlikle tavsiye edilmiyor; yani sigara gibi.

ŞİDDET KULLANMAK YENİLGİ Mİ?

Hulki Cevizoğlu - Sorgulamada şiddet kullanmak, sorgulayanın bir zafiyeti ya da -bir anlamda karşılıklı beyin savaşı olduğuna göre- yenilgisi anlamına mı geliyor?.. Beyin gücü yetersiz kalan, işkence gücüne mi sığınıyor?

Ahmet Kule - Evet, kesinlikle öyle. Bir açıdan baktığımızda, sorgulama, psikolojik bir savaştır. Ve psikolojik olarak düşünce bazında üstün gelen, karşı tarafı kendi düşünceleri içerisinde, kendi psikolojisi içerisinde eriten taraf kazanır. Eğer zor kullanıyorsa herhangi bir sorgulama görevlisi, - Amerika'da da olabilir; bunun örnekleri vardır, İngiltere'de de olabilir, Türkiye'de de olabilir- kendi acziyetini itiraf etmiş oluyor hareketleriyle.

Hulki Cevizoğlu - Sorgulamada şiddet kullanmanın, zaman zaman faydalı olmayacağına mı inanıyorsunuz?..

(İşte bu "tuzak bir soru".

Buradaki amaç, Türkiye "şartlarında" sorgulama yapmış bir "uzmanın", gerçekten şiddete başvurup başvurmadığını ölçmek. Belki de "hissetmek". Çünkü öyle bir yanıt alabilirsiniz ki, bu ne tam yanıt olur, ne de tekrar sorabilirsiniz. Burada, uzman sorgucunun "samimiyeti", "kullanacağı sözcükler", uzun ya da kısa yanıt vermesi yani "kullanacağı süre" gibi unsurlar çok önemli. Bunlara bakarak "gerçeği hissedebilirsiniz". Sorgucu çok açık sözlüyse, hisse gerek kalmadan doğrudan gerçeği öğrenebilirsiniz.

Niçin doğrudan "siz işkence yaptınız mı?" diye sormuyoruz da, "Sorgulamada şiddet kullanmanın, zaman zaman faydalı olmayacağına mı inanıyorsunuz?" diyoruz?.. Çünkü, az önceki ifadeleri "çağdaş", "psikolojiye önem veren" ve "şiddete karşı" bir imaj veriyor. Sorduğunuz öyle bir soru ki, "Şiddete karşınız ama, zaman zaman şiddete birazcık başvurmanızda sakınca yok." Havası veriyorsunuz. Yani, -varsa- onun günahlarını affedebileceğinizi imâ ediyorsunuz. Dikkat ediniz. Bunu yaparken, "şiddeti onaylamıyorsunuz."

Bakalım nasıl yanıt geliyor? -H.C)

Ahmet Kule - Reel sonuçta, olumlu bir sonuç getirmez bize. Yani, reel açıdan baktığımızda, o kişiyi konuşturabilir; yani biraz önce Çekoslovakya örneğinde verdiğimiz gibi, fakat amacımız, sadece konuşturmak değil, suçu ortaya çıkarmaksa başarılır, ama, toplumsal bünyeye verdiği zararı düşündüğümüz zaman, hiçbir başarı elde edemediğimiz ortadadır yani.

(Şimdi, gazetecilik öğrencisi, gazeteci adayı genç arkadaşlarımıza görüşümü söylemeden, kendi görüşlerini soruyorum... - 1 dakika düşününüz.-

Benim görüşüm şu: Sorgu uzmanının vurgulamalarına dikkat ediniz. Kelime tekrarlarına dikkat ediniz. "Yani" diyerek birkaç kez açıklama sıkıntısı çekip çekmediğine dikkat ediniz. Amaç farklılıklarında neler yapılabildiğine dikkat ediniz. "... ama toplumsal bünyeye verdiği zararı düşündüğünüz zaman, hiçbir başarı elde edemediğimiz ortadadır, yani." Sözlerinin ne anlama geldiğini düşününüz. -H.C)

Hulki Cevizoğlu - Tabii toplumsal açıdan bakınca uzun soluklu bir başarı söz konusu.

Türkiye'de sorgulamalarda şiddet kullanılmadığını ya da yüzde kaç kullanıldığını söyleyebilirsiniz?..

Ahmet Kule - Şimdi, ben daha en başta söyledim; yani, Emniyet Teşkilâtı adına veya genel uygulamalar adına benim açıklama yapacak herhangi bir pozisyonum yok. Bu konuda yayınlanmış...

Hulki Cevizoğlu - Bildiğiniz kadar söyleyin.

Ahmet Kule - Bu konuda yayınlanmış bir istatistik de yok. Fakat, gerek basında, gerekse kendi içerimizde; mesela adlî, idarî davalarda bu konuda problemi olan meslektaşlarımız oluyor; yani, idarî olarak yargılanan veya adlî olarak ceza alan meslektaşlarımız oluyor; o kadarını biliyoruz. Fakat, ben bunun istatistiğini, azlığını-çokluğunu, doğrusu bilmiyorum.

Hulki Cevizoğlu - Bu konuda bir istatistik nasıl tutulabilir? Şiddet kullanan insan, "Ben şiddet kullandım" mı diyecek ya da sorgulama sırasında şiddete uğrayan insanlar mı şikâyet ederek, bu ortaya çıkacak. Yoksa, bu, polisin insafına mı kalıyor, "Ben şiddet kullandım ama, hata yaptım; bundan sonra kullanmayacağım" diyerek mi, bunlar istatistiklere giriyor?..

Ahmet Kule - Bence, en doğru sonuç şöyle olabilir...

Hulki Cevizoğlu - Affedersiniz!

Sayım memurları geldiği zaman, polisleri sayarken, "Sorgulamada şiddet kullanıyor musunuz?" diye sormaz, öyle bir soru yoktur.

Ahmet Kule - Tabii ki.

Yani, hiçbir ülkede, ne polislere sorarak, ne de sanıklara sorarak bunun gerçek sonucuna ulaşılamaz. Çünkü, ben biliyorum, mesela grup olarak, özellikle siyasî suçlularda, nezaret altından çıktıktan hemen sonra, toplu olarak, işkence iddiasıyla işkence dilekçesi verenler var; yani grup olarak veya adî suçlarda da öyle.

Şimdi, polislere sorsanız sonucu alamazsınız, sanıklara sorsanız yine alamazsınız, taraflı olup olmadığını bilemezsiniz; ama, bu konuda ispatı...

Hulki Cevizoğlu - Nereden alacağız?..

Ahmet Kule - Adlî tıptan, delillerle ispatlanmış olur. Mahkemede zaten işkence davaları veya sûi-muamele davaları, mutlaka ilk önce idarî olarak, daha sonra adlî olarak sonuçlanıyor. Bu...

Hulki Cevizoğlu - Bu davalardan yola çıkılarak bir istatistik tutulmuş mu?..

Ahmet Kule - Evet. Bu konuda; bilemiyorum, yani tutulmuş olabilir veya olmayabilir. Benim bu konuda bilgim yok.

Hulki Cevizoğlu - Peki. Türkiye'de sorgulama, daha çok terörle mücadelede mi oluyor, yoksa her alanda mı?..

Ahmet Kule - Hayır. Sorgulama her bazda oluyor. Yani...

Hulki Cevizoğlu - Yoğunluk açısından soruyorum. Yani, Türkiye'de "sorgulama" deyince, akla terörle mücadele sorgulaması mı geliyor?..

Ahmet Kule - Şimdi, sayısal olarak baktığımızda, adlî birimlerde; mesela özellikle karakollarda, kesinlikle sorgulama çok daha fazladır; fakat sayısal olarak, nicelik olarak fazladır, nitelik olarak...

Hulki Cevizoğlu - Ama, karakollardaki de çok profesyonel bir sorgulama değil herhalde?

Ahmet Kule - Tabii. Basit suçlar; çünkü karakolda ele alınan suçlar basit suçlar.

Fakat, ciddî suçların sorgulanmasında; yani nitelik açısından, ciddîyetine baktığımızda, Siyasî Şube, Asayiş Şubesi, Kaçakçılık Şubesi,

Narkotik Şubesi gibi ciddî suçların ele alındığı şubelerde sorgulamalar, çok daha ciddî ve profesyonel olarak ele alınır. Organize suçlar vardır, ciddî boyutlarda suçlar vardır.

Hulki Cevizoğlu - Peki ama, sorgulama Türkiye'de bu kadar profesyonelce ele alınsa "Sorgulama Daire Başkanlığı" ya da "Sorgulama Genel Müdürlüğü" gibi ayrı bir birim olup, bu işin bilimsel yöntemlerinin araştırılması gerekmez miydi?.. Öyle bir daire başkanlığı yok galiba Türkiye'de?..

Ahmet Kule - Evet.

Hulki Cevizoğlu - Her birimin içinde sorgulama birimleri var?

Ahmet Kule - Yani bu, olur mu, olabilir mi-olamaz mı, faydası olur mu, bilemiyorum. Bu, tartışmaya açılabilir, tartışılmayacak bir şeyi yok. Bu, bizim bir eksiğimiz olabilir, eğer eksik olarak görülürse, giderilebilir; bunu bizim büyüklerimiz düşünebilirler.

BİLİMSEL TEKNİKLER Mİ, "İŞTE BİZ ADAMI BÖYLE YAPARIZ" MI?

Hulki Cevizoğlu - Sorgulamada sanığı yanıltmak, psikolojik bir tedbir, bir taktik sayılabilir mi, yoksa kabul edilemez bir tutum mudur?..Yanıltmadan nasıl konuşturacaksınız?

Ahmet Kule - Evet.

Bizde bu konuda ölçü ne bilemiyorum. Çünkü sorgulama konusunda yani "teknik ve taktikler" konusunda yazılmış herhangi bir kitabımız olmadığı için bilemiyorum. Genelde, dediğim gibi, bu konuda yazılmış kitaplar hukukî yönlerini ele alıyorlar.

Fakat, Amerikalılar ölçüyü şöyle koymuşlar; "Biz numara yapabiliriz, tuzak soru sorabiliriz, yanıltabiliriz." Fakat, ölçüyü şöyle koyuyor: "Eğer yaptığımız iş, söylediğimiz söz, yaptığımız hareket, karşıdaki masum olduğu halde, suçu itiraf ettiriyorsa, kesinlikle yaptığımız geçersizdir ve gayri hukukîdir. Eğer, karşı taraf suçluysa ve bu suçu itiraf etmesini kolaylaştırıyorsa, o zaman kesinlikle kabul edilebilir." Ölçü bu.

Yani, sorgulama görevlisinin yaptığı hiçbir hareket, söylediği hiçbir söz, masum bir insanı, hak etmediği, (suçlu olmadığı) halde yönlendirip, suçu itiraf ettirmeye (zorla kabul ettirmeye -HC-) götürmeyecek nitelikte olmalı. Götürecek nitelikte olduğu anda, ölçü bitti; orada kapanıyor.

Hulki Cevizoğlu - Anladım.

Siz bu kitabınızda ve uygulamalarınızda diyorsunuz ki, "bilimsel çok ince teknikler var sorgulama sırasında." Peki, madem bunlar var ise ve uygulama alanı geniş ise Türkiye'de, niçin uygulanmıyor? Ekranlarda hep birlikte gördük. Aczimendilerin lideri Müslüm Gündüz'ün saçından sürüklenerek, -günlerce "Fadime Şahin olayı" diye yansıdı basına- polis tarafından götürülüşünü izledik. Orada, Müslüm Gündüz'ü daha kibar biçimde götürüp sorgulamak, daha faydalı bir yöntem miydi, yoksa kamuoyuna, "İşte biz adamı böyle yaparız" diye psikolojik bir mesaj vermeyi mi amaçlıyordu?..

Ahmet Kule - Yok. Ben, kesinlikle öyle bir psikolojik mesaj verileceğini veya öyle bir niyetle hareket edildiğini zannetmiyorum. Sadece, oradaki görevlinin bir hatası, bir eksikliği veya bir düşüncesizliği olarak kabul ediyorum.

Hulki Cevizoğlu - Yani, "hataydı" diyorsunuz?..

Ahmet Kule - Tabii, muhakkak.

Hulki Cevizoğlu - Türkiye'de sorgulamaların mükemmel yapıldığını söyleyebilir miyiz?..

Ahmet Kule - Ölçü aldığımız yer önemli; yani, neresini ölçü alıyoruz?.. Almanya'yı mı alıyoruz, Amerika'yı mı, İngiltere'yi mi alıyoruz, Yunanistan'ı mı alıyoruz. Ölçü aldığımız yer önemli. Fakat, bence Türkiye'de sorgulamalar yeterli.

Az önce, ismini vermeyen ve terörde sorgulama yapan beyefendiyi dinledik, yaptıkları çalışmaları dinledik.

Bence, yeterli seviyede yapılıyor ve geliştirmek için de yeterli gayretler var. Yani, Emniyet Teşkilâtı bu konuda gerçekten gayretli. Büyüklerimiz yardımcı oluyorlar; yurtdışına gönderiyorlar, Amerikalı uzmanlar geliyorlar, sorgulama konusunda dersler veriyorlar, insan hakları konusunda çok ciddî çalışmalar var.

(Burada, sorgulama uzmanı genç bir polisin, "izin" alarak geldiği bir TV programındaki sözlerine çok dikkat etmesi gerektiği zorunluluğu; amirlerinin eleştiri ve "sorgulamalarına" muhatap olmama -dahası ceza almama- düşüncesi "seziliyor." -H.C)

Bunlar, tabii tamamen benim kişisel olarak gördüklerim. Yani ben, Emniyet Teşkilâtı adına böyle nasıl bir çalışma yapılıyor, bilemiyorum tabii; fakat sadece kişisel gözlemlerim.

Kesinlikle, bence Türkiye'de sorgulama yeterli. Fakat bu, daha iyiye götürülemez, uluslararası bakış açısı yakalanamaz, psikolojik olarak değerlendirilemez değil. Beden dili mesela; sorgulamada beden dili kullanılmıyor şu anda...

Türkiye'de sorgulama "mükemmel" diyebilir miyiz, diyemez miyiz; ayrı bir yorum ama, bence yetersiz değil.

Hulki Cevizoğlu - Yeterli?..

Ahmet Kule - Yeterli. Ama, daha iyiye götürülebilir.

Hulki Cevizoğlu - "Mükemmelliğe götürülebilir" diyorsunuz?..

Ahmet Kule - Evet.

KARŞINIZDAKİNİN AYAKKABISINI GİYMEK

Hulki Cevizoğlu - Kitabınızın adı "*Suçlu Sorgulamaları.*" Ama, örneğin; bir satıcının müşteriyi tartmasına da yer veriliyor kitabınızda; bu da bir "gizli soruşturma" olarak mı değerlendiriliyor?

Müşteri kapıdan içeri girdi, otomobil alacak...

Ahmet Kule - Evet. Orada diyalog ilişkisine önem veriyor. Yani bir satıcı, karşısındaki alıcı konumundaki insanın fikirlerini nasıl değiştirir, bunu nasıl anlar ve onu nasıl kendi lehine olacak şekilde yönlendirebilir. Bu konuda örnek veriyor, "Aynısını sorgulama görevlisi, sanığa karşı kullanabilir" diyor. Yani, bir satıcının olumlu ve olumsuz taraflarını yansıtarak...

Hulki Cevizoğlu - Bir örnek verebilir miyiz?..

Ahmet Kule - Kitapta, mesela galericiyi örnek vermiş.

Geliyor, alıcılar sadece arabalara bakıyorlar. "Bir şey almak istiyor musunuz?" deyince, "Hayır, sadece bakıyoruz." "Şu modelle ilgilenir misiniz?" "Hayır" vesaire...

Fakat, ondan sonra ona kendi fikirlerini soruyor; "Siz, nasıl bir modeli almak isterdiniz?" diye. "Ben, şöyle şöyle bir şey almak isterdim." "Peki, fiyat nasıl olurdu sizin için?" "Benim için fiyat şu olurdu."

Orada yapılan hareket şu: İlk önce kendi ayakkabılarımızdayız ve bakıyoruz, müşteriye hitap edemiyoruz, ondan sonra kalkıyoruz, "onun ayakkabılarını giyiyoruz" ve bir de onun açısından bakıyoruz.

Hulki Cevizoğlu - Bu ayakkabı dar geliyor...

Ahmet Kule - Ondan sonra çıkıyoruz ve orta noktada buluşmaya çalışıyoruz.

PARANOİD BİR İNSANIN SORGULANMASI

Hulki Cevizoğlu - Sorgulamalarda bazı unsurlar da yer alıyor; insanların jestlerinden, mimiklerinden, oturmasından, kalkmasından, bakışlarından söz ediliyor. Ama, bir de -izleyicilerimizden bir tanesi de söyledi- paranoid, hastalıklı bir insanı da sorgulayabilirsiniz. Sorgulama öncesinde, o insanın hasta olduğunu bilmeyebilirsiniz, sağlıklı görünebilir. O sırada, o sağlıklı insan için ikna önemli. İşte yine sizin deyimlerinizle; "iç sıkıntısını çözme" önemli, "mesajı internalize etme" önemli; ama, paranoid bir insan için, onu ikna etmek söz konusu olamayacağı...

Ahmet Kule - Kesinlikle öyle.

Hulki Cevizoğlu - Ayrıca, paranoid bir insanın davranışlarından, onu çözmeniz de mümkün değil, çünkü sizi yanıltacaktır. O zaman ne yapıyorsunuz?..

Ahmet Kule - İşte o zaman, anlayana kadar; yani sorgulama görevlisi karşısındakinin hastalıklı olduğunu anlayana kadar problem var. Anladıktan sonra problemi çözmüş olacaktır. Yani, ya onun tedavisi cihetine gidilecektir ya da hastalıklı şekilde ele alınabiliyorsa, o şekilde hastalıklı olarak sorgulanacaktır. Ama, anlayana kadar problem var. Çünkü siz, karşıdakine normal tepkiler gösteren, normal hareket eden, anlayışı normal olan bir insan olarak bakıyorsunuz. İlk önce onun anlaşılması gerekiyor. Hemen, yani en kısa zamanda, ne kadar kısa zamanda anlarsa sorgulama görevlisi, o kadar iyi. Anladıktan sonra problemi halletmiş olur, ama çözümsüzlüğe de girebilir. Yani, bize hiçbir tepki vermeyebilir ve biz de onu çözemeyebiliriz; o zaman tedaviye havale edebiliriz ve sonuç alamayabiliriz.

Kişinin içinde bulunduğu depresyon durumu, ilaç kullanıp kullanmadığı, uyuşturucu kullanıp kullanmadığına, herhangi bir psikolojik rahatsızlığı olup olmadığı, daha önce mesela bir dengesiz tutum sergileyip sergilemediği çok önemli; bunlar, sorgulamalarda insanı...

Hulki Cevizoğlu - Bunlar sorgulamanın hemen başında mı soruluyor ki, anında tespit edip, ona göre davranmak durumu olsun?

Ahmet Kule - Mümkünse, back-ground bilgilerinden şahitlerden, akrabalardan elde edilmeye çalışılıyor. Mesela Amerika'da da, deliller çok kuvvetliyse, delilik iddiası; yani "sanığın deli olduğu, aklî dengesinin bozuk olduğu" iddiası çok yaygın bir savunma tekniği...

Hulki Cevizoğlu - Türkiye'de de son zamanlarda yayıldı. Biz onlara "deli" demiyoruz, "meczup" diyoruz galiba?..

Ahmet Kule - Evet.

Hulki Cevizoğlu - Bu da, bizim suçlulara ya da "zanlılara" diyelim; Amerikan suçlu yöntemlerinin kullanmasından mı kaynaklanıyor?..

Ahmet Kule - Evet. Savunma makamı bunu kullanıyor. Çünkü, savunma makamı daha uyanık, daha profesyonel...

Hulki Cevizoğlu - Polisten yapılan açıklamayla veya siyasîlerden yapılan açıklamayla, o kişiler önce meczup ilân ediliyor. Basının da çok sevdiği bir deyim bu, ama belki de meczup değil. O zaman bir doktor raporu mu isteniyor?..

Ahmet Kule - Zaten polis, kendi başına meczup olduğuna karar veremez; muhakkak doktor raporu gerekebilir. Savunma delilik iddiasında bulunduğunda, polis böyle bir delilik iddiasını sezerse, delilleri kuvvetliyse, suç ortadaysa, hemen yapılan ilk şey şu: Sanığın akrabalarıyla, yakın arkadaşlarıyla görüşülür ve sanığın normalliği hakkında ifadeleri alınır, bundan sonra da "delilik" iddiasına karşı konulur.

İÇ SIKINTISINI ARTIRMA - İTİRAFLA RAHATLAMA

Hulki Cevizoğlu - Sürekli belirtiyorum, siz de kitapta sürekli belirtmişsiniz zaten. Kitapta, "iç sıkıntısını azaltma yönteminden ve bu durumun sorgulama uzmanı tarafından sorgulama sırasında takip edilmesinden" söz ediliyor.

Sorgulamalarda, sanığın için sıkıntısını artırarak mı bir itirafa zorlamaya çalışıyorsunuz?.. Yani, hani "ver, kurtul" gibi sanık psikolojik baskı altında kalırsa, "itiraf edeyim de kurtulayım buradan; nasıl olsa mahkemede işi çözerim" yöntemine mi gidiyor?..

Ahmet Kule - Yok. İç sıkıntısı şöyle: O, sanığın anlayışıyla alâkalı bir durum, sanığın problemli bir vicdanı var, çeşitli motivasyonları oluyor. Mesela, bir aileyi geçindirmek, çocuğunu okutmak, karısının borçlarını ödemek, kendi borçlarını ödemek gibi dürüst motivasyonları da olabilir, adîce motivasyonları da olabilir. O motivasyonlara göre, sanık kendisini haklı görüyor. Ama, sanığın bir de problemli vicdanını etkileyen diğer tarafı var. Orası neresi?.. Toplum genelinde kabul edilen değerlere göre hırsızlık suçtur ve hırsızlığı yapan kötü insandır; adam öldürmek, adam bıçaklamak suçtur. Yani, bir taraftan kendi haklı motivasyonları var, diğer taraftan da, herkesin kabul ettiği değer ölçüleri var. İşte bu noktada, sanığın iç sıkıntısı var. Yani, sanık çok rahat değil, problemli bir vicdanı var.

Hulki Cevizoğlu - Açtım, soygun yaptım; ama, soygun yapmak da kötüdür ve bir ikilem arasında kalıp...

Ahmet Kule - Evet. Çünkü, okulda, çocukluğundan beri televizyondan, gazeteden doğru olarak öğrendiği her şey ona, onların kötü olduğunu söylüyor. Ama, bir de kendi kişisel motivasyonları var. İşte, bunlar içeride çarpışıyor, çarpışınca ortaya bir iç sıkıntısı çıkıyor. Bizim burada yapmamız gereken şu: Sorgulama görevlisinin onu, itiraf etmesinin doğru olduğuna inandırması gerekiyor. Yani, "Bak, sen şu şu şusun, sen hırsızsın ve bu şekilde devam edersen suçlu kariyerinle şuraya varacaksın ve senin oraya varmanın, ne ailen için, ne çocukların için, ne anne baban, ne de etrafındaki arkadaşların için hiçbir olumlu sonucu yok. Ama, sen şurada kesersen ve itiraf edersen, senin bu yaptığını herkes olumlu karşılayacaktır. Herkesin ufak tefek suçları vardır, olumsuz tarafları vardır. Sen bunu kabul edersen, millet seni takdirle karşılayacaktır ve herkes çok fazla suçlamayacaktır. Bu suçunu herkes kabul etmesine rağmen, daha sonraki aşamalarda seni takdirle karşılayacaklardır. Ama suçluluk kariyerine devam edersen, itiraf etmezsen, kimse sana dürüst bir insan muamelesi yapmayacaktır."

İşte bu noktadan baktığımızda...

Hulki Cevizoğlu - İtiraf ederse, dürüst bir insan konumuna mı geçiyor toplumun gözünde?..

Ahmet Kule - O açıdan baktığımızda öyle. İtiraf etmezse, güvensiz bir ortam yaratmış oluyor. Diğer taraftan...

Hulki Cevizoğlu - Öyle olsa, bazı politikacılar hemen itiraf ederler!

Ahmet Kule - Evet. Ama, onlar politikacılar. Emniyet suçları açısından baktığımızda, bu şekilde sanığın kendi kişisel motivasyonlarıyla, sosyal değerleriyle karşılaştırdığımızda, sorgulama görevlisi, sosyal değerleri bir tarafa çekip sanığı ona yaklaştırırsa, sanık sonuca ulaşmış olur ve itirafla bir rahatlama gelir.

"SUÇLAMA KÜLTÜRÜ - KURTARMA KÜLTÜRÜ"

Hulki Cevizoğlu - Peki, bu güzel sözlerinizin yanı sıra Türkiye'de polisin, "sanıkların üzerine suçu yıkma" yöntemi var mı? Bir başka deyişle, polislerin sahte deliller uydurması hiç mümkün değil mi?..

Ahmet Kule - Şimdi, "Mümkün değil" diye bir şey söyleyemeyiz. Yani, "Ne Türkiye için, ne başka bir yer için mümkün değil" diyemeyiz. Ama, adalet mekanizması, sadece polisten ibaret değil, sadece savcıdan da ibaret değil. Adalet mekanizmalarının farklı birimleri var; savunma makamı var, iddia makamı var ve yargıç konumunda olan kişiler var. Yani, bütün bu adalet mekanizmasını düşündüğümüzde, hâlâ ortada birtakım problemler varsa, bu, polisin değil, önce adalet mekanizmasının problemleridir.

Hulki Cevizoğlu - Adalet mensuplarından birisi telefon hattımızda, biraz bekletiyoruz; o da buna cevap verir inşallah.

Siz sayın izleyici, unutmayın bu sözü, cevabını sizden rica edeceğim.

Polislerde; bütün dünyada polislerin güçlü bir "suçlama kültürü" mü var, yoksa polisler sanıklara karşı, suçlama kültürü yerine, az önce sizin tanıdığınız, adını vermeyen sorgulama uzmanının dediği gibi, onları "kurtarma kültürüne" mi sahipler?..

Ahmet Kule - Belki de dengesi. Yani, şimdi...

Hulki Cevizoğlu - Adamına göre değişir mi?..

Ahmet Kule - Yok, yok. Ortada, bence bir yerde buluşuyor onlar. Yani, sadece suçlamayla sorgulama görevlisi nereye varabilir? Tabii suçlama, işin bir yönü, yani suçlayacaksınız. Kabul ettiğimiz şey ne? Karşıdaki sanık, polise göre suçlu; yani orada önemli olan, hukukî geçerliliği değil. Polise göre karşısındaki adam suçludur; polis, öyle olduğuna inanıyordur ve karşısındaki sanıktan suça dair, suçu yaptığına dair cevaplar almaya çalışıyordur. O zaman mecburen suçlayacak, ama bu, sadece işin bir kısmı. Sanık itirafa başladığında, sorgulama görevlisi oturup itirafçıyla birlikte; yani itiraf eden sanıkla birlikte ağlayabilir de. Bunlar yaşanmış olaylardır.

Hulki Cevizoğlu - Evet, ona uygun bir atasözü söylenebilir ama...

Sorgulamada psikolog bulunuyor mu Türkiye'de ya da yurtdışında?..

Ahmet Kule - Hayır, öyle bir uygulama yok.

Hulki Cevizoğlu - Ama, sizin gibi kendini yetiştiren ya da kitap okuyan insanlar, kendilerini psikolog yerine koyma tehlikesiyle karşı karşıya değiller mi?..

Ahmet Kule - Zannediyorum kısmen, yani belli bir ölçüde o görev kendilerine kalıyor. İtiraf eden sanığın, daha itiraf etmeden önce birtakım psikolojik ihtiyaçları varsa ve siz de bu konuda ona yardımcı olabilecekseniz, o sırada görev ona kalıyor.

Ama, bir psikologa talep olduğunda veya ihtiyaç hissettiğinde sorgulama görevlisi veya emniyet birimleri, dışarıdan çağırmamaları için hiçbir sebep yok. Ama, "Oradaki psikolojik ihtiyaç kısmen sorgulama görevlisi tarafından karşılanıyor" diyebiliriz. Yani mesela, itiraf etti sanık ve ağlamaya başladı; "beni ailem nasıl karşılayacak, anne babam nasıl karşılayacak, ben onların yüzüne nasıl bakacağım?" dediğinde, burada rahatlatma görevi veya birtakım olumlu yaklaşımlar gösterme görevi, sorgulama görevlilerine düşüyor.

Hulki Cevizoğlu - Ama bir polis, bir psikoloji bilimini ne kadar bilebilir ki; eğitimini almış bir psikoloğun yanında?..

Ahmet Kule - Muhakkak, yapabildiği kadar. Ama, sizin dediğiniz husus da, emniyeti aşan, polisi aşan bir görev yani. Psikolojik olarak...

Hulki Cevizoğlu - "İdarecilerin düşünmesi gerekir" diyorsunuz?.. "Onlar bu önlemi alıp, sorgulamada psikolog bulundursunlar..."

Ahmet Kule - Polisin görevi zaten yeterince ağır; yani, daha fazla çok ciddî yükler altına sokamayız.

Hulki Cevizoğlu - Peki. Bazı sorgulamalar, günlerce sürüyor. Günlerce süren sorgulamaların anlamı, sanığı, kendi iç sıkıntısı içine hapsetmek ve konuşturmak, itirafa zorlamak mı, yoksa, onun dayanma gücünü kırmak mı? Bu sanığına göre değişir mi? Bir sanık 3 günde çözülebilir, dayanma gücü o kadardır, bir tanesi de 15 günde çözülmez; onun için mi ek süreler alınıyor?

Ahmet Kule - Gözetim süreleri, kesinlikle sorgulamaya göre ayarlanmıyor; yani, "Bu şahısların sorgulaması ne kadar sürer, bu şahıs kaç günde çözülür?" diye düşünülmüyor. Zaten, gözetim sürelerini tespit edenler hukukçular ve hukukçular da, polisin pratikteki uygulamalarını çok fazla dikkate almazlar. "Dikkate almazlar" derken şunu kastediyorum: Yani polis kaç günde çözer; bu suçlu siyasî suçlu, diğeri türlü...

Gözetim süresi o olayın delillerinin ve tanıkların toplanması ve sanıklar sorgulandıktan sonra, evrakların hazırlanması ve adliyeye nakledilmesinin alacağı zamana göre belirlenir. Yani, sadece sorgulama değil. Zaten, bir ay da gözetim süresi verilse, sorgulamanın saatleri bellidir; sanığı yıpratamazsınız, belli bir zaman dilimini aşamazsınız, sanığın kesin olarak psikolojik sağlığı yerinde olmalıdır. Ama, gözetim süresi, kesinlikle sadece sorgulanmaya göre belirlenmiyor.

İNSANLAR NİÇİN İTİRAF EDERLER?

Hulki Cevizoğlu - Psikolojiyi incelediniz; insanlar, niçin itiraf ederler? İtiraf etme düşüncesi insanlarda niye vardır? Bazı insanlarda da bu sürede yalan söyleme durumu olabiliyor ama, itiraf etmenin psikolojik temeli nedir?

Ahmet Kule - İtiraf etmenin psikolojik temeli...

Hulki Cevizoğlu - Sayfa 312'de bunu vermişsiniz ama, ezberinizde mi bakalım?

Ahmet Kule - Tam olarak hatırlamayabilirim tabii.

Hulki Cevizoğlu - Evet, siz mi biraz düşünürsünüz, ben mi okuyayım size buradan?

Ahmet Kule - Yok. Ben. ilk önce şu konuyu söyleyeyim: İtiraf etme psikolojisi, oldukça derin bir psikoloji. Yani, mesela dediğim gibi, *Suç ve Ceza*'da Dostoyevski bunu 2 cilt halinde incelemiş ve bunun bir kısmı itiraf; yani insanı itirafa götüren sebepler.

Diğer taraftan da, dışarıdaki etkiler ve içerisindeki etkiler. Yani, insan niçin itiraf ediyor, içerisindeki dengeler nasıl, problemli vicdan nasıl hareket ediyor, dışarıdan ona göre gelecek tepkiler nasıl...

Hulki Cevizoğlu - Tabii, aslında bu soruyu farklı şekilde yöneltmek de mümkün: "İnsan niye suç işler?" diye de sormak lâzım, değil mi?

Ahmet Kule - Evet, aynı soru.

Hulki Cevizoğlu - Onunla bağlantılı olarak belki, "insan niye itiraf eder?"in cevabı da bunda.

Ahmet Kule - "İnsan niye suç işler?" ve "niye itiraf eder?", her ikisi de çok kompleks sorular.

Hulki Cevizoğlu - Kitapta şöyle söylemişsiniz; bunda ben size biraz yardımcı olayım. "İnsanın niçin itiraf ettiğini değerlendirmek faydalı olacaktır. Kişi, itirafın sonuçlarının, aldatmadan kaynaklanan iç sıkıntısının devam etmesinden daha fazla arzu edilebilir olduğunu anladığı zaman itiraf eder ve gerçeği söyler" diyorsunuz.

Burada sorgulamaya da bir tanımlama getirmişsiniz; "Sorgulama, aldatmanın çözülmesidir" diyorsunuz. Yani, karşınızdaki sanık sizi aldatıyor varsayıyorsunuz, o aldatmayı çözüyorsunuz.

Ama, her sorgulama, mutlaka aldatmanın çözülmesi demek midir? Yoksa, araştırdığınız, sorguladığınız konunun, ayrıntılarına ulaşmak da olabilir; karşınızdaki sanık suçsuz olabilir, ama o size başka bilgiler verebilir, ayrıntıya ulaşırsınız. Yani, mutlaka aldatmanın çözülmesi oluyor mu orada?..

Ahmet Kule - Masumla suçlunun ayrılması, sorgulamanın ilk safhalarında olan bir olaydır. Sorgulamanın son safhalarına gelindiğinde; sanığın masum mu, suçlu mu olduğu anlaşılmıştır ve sanık, suçlu olduğunu hareketlerinden, sözlerinden, açıklamalarından belli ediyordur. İşte o aşamaya geldiğimizde, sorgulamada sanığın suçlu olduğunu kabul ediyoruz. Ve o açıdan baktığımızda, sorgulama, aldatmanın çözülmesi. Yani sanık, size bir tavır koyuyor, mesela delilleri yanlış yönlendiriyor...

Hulki Cevizoğlu - Sizi aldatıyor?..

Ahmet Kule - Aldatıyor. Siz diyorsunuz ki, "Sen şöyle şöyle yapmışsın, deliller şöyle gösteriyor." O da tam tersini veya yan çizerek başka bir şey söylüyor.

İşte, sorgulamanın yarısından sonraki safhalarında, eğer karşı taraf da suçluluk emareleri gösteriyorsa ve biz bundan eminsek ve bunu itirafa yaklaştırmaya çalışıyorsak, son itiraf aşamalarına geldiğinde, sorgulama, aldatmanın çözülmesidir.

Ve yine, itiraf psikolojisine geldiğimizde; aynı *"Suç ve Ceza"*nın sonunda, kahramanın gidip savcının önünde, kendi kendine, hiçbir ispat olmadığı halde, ondan şüphelendikleri halde, ispatlayamadıkları halde, itiraf etmesi, aynen o örneği açıklıyor.

Hulki Cevizoğlu - İtirafı, en büyük delil mi kabul ediliyor?..

Ahmet Kule - İtiraf, "Ben suçluyum cinayet işlemişim; ama bunu ömür boyunca içimde saklayamam." şeklinde.

Mesela, kitapta verilen başka bir örnek var; 20 yıl önce işlenmiş bir cinayet. 20 yıllık bir cinayeti, herhangi bir insan içinde sakladığı zaman, bu çok büyük bir derttir. Yani, kesinlikle onun sıkıntısını 20 yıl üzerinizde taşıyamazsınız; saçları ağartır, yüzü kırıştırır, başka hastalıklara sebep olur. Çünkü, normal bir olay değil; yani cinayet, normal değil. Siz cinayet işliyorsunuz ve bunu 20 yıl içinizde taşıyorsunuz. Niye? Korkularınızdan, hapis korkunuzdan, sosyal statünün kaybolma korkusundan, vesaireden...

Hulki Cevizoğlu - Siyasî suçlarda da böyle midir?..

Ahmet Kule - Siyasi suçlarda; eğer sanık tamamen doğru olduğuna eminse her şekilde, yani...

Hulki Cevizoğlu - Ya da kendini ona inandırmışsa mı?..

Ahmet Kule - Evet. Tamamen ona inanıyorsa, o geçerli olmayabilir. Ama ben, siyasî suçlarda da şüphe olduğuna, problemli bir vicdan olduğuna inanıyorum. Çünkü, sizin dışınızdaki çoğunluk kitle, sizin tam tersinizi düşünür. Yani, siyasî suçlardakiler de azınlık psikolojisinde aslında.

İşte son aşamada, itirafa gelindiği anda, insan içindeki o problemli vicdanı, iç sıkıntısını taşırken bir yere geliyor ki, artık rahatlama isteği hissediyor kendisinde ve bunu siz, sorgulama görevlisi olarak destekliyorsunuz. Ve itiraf etmenin, suçu ortaya çıkarmanın kendisi için daha iyi olacağına inanmaya başlıyor; bu inanç başladığı zaman, itiraf geliyor.

İTİRAF SORGULAMAYI SONA ERDİRİR Mİ?

Hulki Cevizoğlu - Peki. Suçun itirafından sonra sorgulama biter mi, yoksa, itiraftan sonra da sorgulama devam eder mi? Sorgulamanın sonu, itirafla mı noktalanıyor?

Ahmet Kule - Hayır. Kesinlikle sorgulama itirafla bitmiyor. İtirafla, gelinen nokta suçun aydınlatma aşaması. İtiraftan hemen bir sonraki aşama, itirafın yazılı hale getirilmesi. Ama bir de çok önemli, özellikle sorgulama görevlileri için müthiş kıymetli olan bilgiler vardır ki, bu da, itiraf sonrası mülâkatlarla elde edilir; itiraf sonrası sanıkla görüşülür.

Hulki Cevizoğlu - Yani, ikinci bir sorgulama aslında o?..

Ahmet Kule - Evet. Yani, "Seni itirafa götüren neydi, itiraftan soğutan neydi? Kaçtığın neydi, en çok korktuğun neydi?" Bunun cevaplarını aldığı zaman sorgulama uzmanı, hayatının en kıymetli prensiplerini elde eder.

Hulki Cevizoğlu - Sözlü sorgulamanın yazıya dökülmesinin çok önemli olduğunu söylediniz. Ama, polisin yaptığı sorgulamalar mahkemeye gittiği zaman, sanık "Ben baskı altında kaldım ve onu imzaladım" diyor; bu da, galiba ciddî olarak kabul ediliyor?..

Ahmet Kule - Zaten, Amerikan Hukukuyla Türk Hukuku arasında o konuda ciddî bir fark var. Mesela, Türk Hukukunda polisin yaptığı işe "sorgulama" denmiyor, "ifade alma" deniyor. Yani, bizim bu bütün söylediğimiz şeyler, Türk Hukukunda, polis yapıyorsa, ifade almaktır.

Hulki Cevizoğlu - Yani soru sormuyor, anlat mı diyor?

Ahmet Kule - Ceza Muhakemeleri Usulü Kanunu'na göre, sorgulamayı sadece hâkim yapar; savcının ve polisin yaptığı ifade alma işlemidir ve hukukî bir geçerliliği yoktur.

Ama, benim kişisel fikrim; ister Amerika'da, ister Avustralya'da, ister Türkiye'de olsun, polisler aynı işi yaparlar. Adına ister "ifade alma" deyin, ister "mülâkat" deyin, ister "sorgulama" deyin, isterseniz başka bir şey deyin, sonuçta yaptıkları şey aynıdır. Sanıktan, kendisini suçlamaya yönelik ve suçu kabul edici yönde ifadeler almaya çalışırlar. Yani, isim aslında çok önemlidir; fakat bu konuda hukukî yönden Amerikan Hukukuyla Türk Hukuku uyuşmuyor; zaten biz Ceza Hukukumuzu İtalya'dan almışız.

Hulki Cevizoğlu - Bizim hukukumuza göre de, "asıl sorgulamayı hâkim yapar" ilkesi mi geçerli?..

Ahmet Kule - Evet.

Hulki Cevizoğlu - O zaman sorgulama...

Ahmet Kule - İsim değişikliği.

Hulki Cevizoğlu - Anladım.

O zaman, sizin gibi sorgulama uzmanlarına, böyle bir mesleğe ne gerek var? Sadece karakola gider ya da karakola getirilir sanık, "Konuş bakalım, ifadeni ver" denir; verir gider, hâkime kalır bu iş...

Ahmet Kule - Aslında uygulamaya baktığımızda tam tersi gibi görünüyor. Hâkimin karşısına geçiyor, hâkim "anlat bakalım" diyor.

Hulki Cevizoğlu - Bu, hâkimin iş yükünün artmasından mı kaynaklıyor, yoksa, polis kendisine bunu, "ben yaparım" diye görev mi ediniyor?..

Ahmet Kule - Yok yok. Bu normal bence. Yani, ben hukukçu olmadığım için bu konuda kesinlikle görüş belirtemem tabii. Dediğim gibi, ismi ne olursa olsun, bütün dünyada polisin yaptığı iş aynı iş. Yani, suçun delillerinin toplanması ve suçlunun suç konusunda ifadelerinin verilmesi ve bunun mahkemeye nakledilmesi. İsim çok önemli değil, ama Türkiye'de buna "ifade alma" deniyor, hâkimin yaptığına "sorgulama" deniyor. Ama, Amerika'da sorgulama, polisin yaptığı.

ESKİ BİR SORGUCU: MEHMET AĞAR

Hulki Cevizoğlu - Peki, telefonumuza dönelim.
İyi geceler efendim.

(İzleyici)
MEHMET AĞAR - (Elazığ Milletvekili) - Hayırlı geceler.
Hulki Cevizoğlu - Buyurun Sayın Ağar.
Mehmet Ağar - Bugün gündüz beni aramışsınız. Ben, ileri bir saatte bu programı seyretmeye başlayınca, bağlantılı olarak aradığınızı düşündüm. Çok iyi ve keyifle izlediğim bir program halinde şu saatlerde.
Hulki Cevizoğlu - Sizin eski mesleğinizi ilgilendiren bir konu tabii.
Mehmet Ağar - Evet, çok keyifle izliyorum.
Hulki Cevizoğlu - Eksik olmayın.
Mehmet Ağar - Son derece başarılı genç bir meslektaşım.
Nasıl, zor oluyor değil mi, iyi bir sorgulama uzmanını sorgulamak?.. Mükemmel bir performans sergiliyor.

> (Eski "usta" bir sorgucu olan Mehmet Ağar'la soru-yanıtlara özellikle dikkat etmenizi rica ediyorum.
> Ahmet Kule'yi kastederek, "İyi bir sorgulama uzmanını sorgulamanın zor olduğunu" söylüyor. Ama, daha usta olan Mehmet Ağar'ın "amatör" ve "profesyonel" düzeydeki sorgulama "ilgisi" hakkında acaba ipuçları alabilecek misiniz?
> –H.C)

Hulki Cevizoğlu - Evet, ama şuna dua etsin: Ben bir sorgulama uzmanı değilim, sadece bir televizyoncuyum; başarısı oradan geliyor, ama...
Mehmet Ağar - Fena değilsiniz, siz de program gereği alışkanlık kazandınız bu sorgulama işinde.
Ben burada şunu vurgulamak istiyorum: Türk polisinin geldiği nokta olarak, çok belirgin bir örneğiyle karşı karşıyayım. Yurtdışında gayet iyi eğitim görmüş, pratiğini teoriyle birleştirmiş ve meseleleri gayet vâkıf bir şekilde açıklıkla ortaya koyabilen ve meselelerin altında ezilmeyen bir yapıyı görüyorum. Bu, sadece bir boyutun yansıması. (...)
Ben de eski bir sorgulamacıyım. 1980 yılında, en yoğun zamanda fiilen sorgulamada uzun süre çalıştım. O günden bugüne gelinen noktada polis,

gerçekten çok büyük aşama kaydetti. Biraz evvel konuya giren diğer bir meslektaşımızın da ifade ettiği gibi, polisin bugün başarı performansı çok yüksek; Avrupa rakamlarının da üzerinde, özellikle polis mıntıkasında. Büyük şehirler...

Hulki Cevizoğlu - Elinizde belli bir oran var mı, bu başarıya ilişkin?

Mehmet Ağar - Var var, tabii.

Özellikle büyük şehirlerde, 1994-95 yıllarını ben çok iyi biliyorum; faili meçhul olaylarda %95'lere varan bir oranda büyük bir başarı elde edildi. Tabii, 80'den 90'lı yıllara gelinene kadar poliste, müthiş bir "teknolojik devrim" denilebilecek ölçüde bir gelişme kaydedildi. Ve bu gelişmeye adapte olan bir genç ordusu, özellikle bizim Akademi mezunlarımız müthiş bir gelişme gösterdiler; bilgisayar alanı başta olmak üzere. Lisan, bilimsel yayınların takibi ve bunu pratikteki başarıyla özleştirmeleri sonucu ve istihbaratta sağlanan olağanüstü gelişme, terörle mücadelede dünyaya emsal teşkil edebilecek bir patlamayı getirdi başarı açısından.

Bunun da somut örneklerini, programda ben ancak iki konuyu takip edebildim. Bir; Ahmet'i takip ediyorum şimdi, bir de telefona katılan diğer arkadaşımı takip ettim. Özellikle Topaç olayını anlattı; gerçekten literatüre geçecek ölçüde çok başarılı bir sonuç. İstanbul'da hepimizi üzen olayın, 12-15 saat sonra failinin yakalanması, geçmiş senelere bakıldığında, -ki, bizim yüreğimizi çok yaralayan olaylar olmuştur- mükemmel bir performans. (...)

Dünyanın geleceğinde de, Türkiye'nin geleceğinde de güvenlik, çok ön plana çıkacak, her zamankinden daha fazla. Özellikle bilgisayar teknolojisinin gelişimi, bilgisayar teknolojisiyle ilgili yeni suç şekillerini ortaya çıkaracak. Dolayısıyla, buna karşı ön tedbirler alınacak, belki de polisin içerisinde ayrı bir bilim ve teknolojiyle ilgili suçları önlemeye yönelik yeni bir yapının da bununla birlikte oluşması gerekecek.

Hulki Cevizoğlu - Ama, bu gece bu bilgiler ışığında şunu gördük; istihbarat kadar, sorgulamanın da çok önemli olduğunu, bunun Türkiye'deki bazı yakınmalarda yaşandığının, kaba kuvvet uygulandığı iddialarının aksine, bilimsel, özellikle psikoloji ilminden yararlanılarak yapılması ve bunun çok olumlu sonuçlara götürmesi gerektiğini gördük.

Demek, işin bir tarafı istihbarat. İstihbaratla kişiyi yakalıyorsunuz, sanık ortaya çıkıyor ya da takiple sanık yakalanıyor, ama aslında, ondan sonra sorgulama yöntemleri çok önemli.

Mehmet Ağar - Onu şöyle bir klasik metotla veya klasik örnekle cevaplayalım: Askerde de, "Zafer, piyadenin süngüsünün ucundadır" gibi bir terim var biliyorsunuz; poliste de nihai başarı, sorgulamacının işleminin veya eyleminin sonucunda ortaya çıkıyor.

İstihbarat, hiç şüphesiz, olayın çok temel bir başlangıcı, teknolojik yapının gelişmesi, delilden suçluya doğru gidiş; hepimizin arzuladığı teknik bu oluyor. Elbette ki sonucu, nihayetindeki sorgulamacı, sorgucu tayin edecektir.

Çok zor bir görev; polisin, emin olunuz ki, en zor görevi. Şimdi çok şükür, daha iyi binalarımız, imkânlarımız var; 80'li yılları hatırlıyorum, izbe, sigara dumanlı, ayakta zor durulacak odalarda ve o dönemdeki suçlu yoğunluğunu da hesap ettiğiniz vakit, cansiperane çalışan insanların vardığı sonuçların yanında, bugün sağlanan imkânlar, sorgucunun daha bir önünü açıcı, daha bir yön gösterici. Ve sorgucunun bu başarıya ulaşmasında daha rahat imkânların var olduğu bir dönemi yaşıyoruz. Bence sorgucuya, sorguya daha hazır bir halde olabilmesi konusundaki imkânların arttırılması sürecinden hiç vazgeçmemek gerekiyor. Ama dediğiniz gibi, bilimsel anlamda, sabırlı, bu tekniği iyi bilen, modern metotları yakın takip edebilen arkadaşlarımıza sürekli imkânlar sağlanmak suretiyle, hem yabancı literatürden yararlanmak hem bu konudaki yerli çalışmaları hızlandırmak gerekiyor. (...)

Hulki Cevizoğlu - "Eski bir sorgulamacıyım" dediniz, siz sorgulamayı nereden öğrendiniz? Yine siz de, Ahmet Kule gibi yurtdışında mı öğrendiniz, yoksa Türkiye'deki kitapları okuyarak mı?..

Mehmet Ağar - Hayır, değil. Fiilen usta-çırak ilişkisi suretiyle İstanbul Terörle Mücadele Şubesinde, onun pratiğiyle; ben, aşağı-yukarı 1980 döneminin yoğun zamanında 1,5 sene, hiç kopmaksızın sorguda çalıştım. Yurtdışında da daha sonra imkânlarımız oldu tabii; daha üst seviyedeki rütbelerde gittik. Fiilen o tür kurslara değil de, daha başka seminerlere katıldık. O eksikleri gördüğümüz için, biz, o tür imkânlar elimize geçtiğinde, Emniyet Genel Müdürlüğü makamına geldiğimizde, özellikle bu genç arkadaşlarımızın yurtdışı imkânlarını arttırma konusunda oldukça önemli gayretler gösterdik. Bizden önce de vardı, bizden sonra da hâlâ devam ediyor.

Hulki Cevizoğlu - Siz sorgulama yaparken, iç sıkıntısı yaşadınız mı? Psikolojik bir sıkıntı yarattı mı bu sizin üzerinizde? Çünkü, kitapta bundan da söz ediliyor; hem sanığın üzerinde bir psikolojik baskı oluyor, hem de sorgulayanın üzerinde.

Mehmet Ağar - Oluyordu tabii; suçluyla uğraşıyorsunuz nihayetinde. Suçlu yakalamak çok keyif verici bir iş değildir; insanların suça karışmasını istemiyoruz tabii. Hiç kimse keşke suç işlemese, böyle bir toplum içerisinde olabilsek ama, bir yandan da, mağdur olmuş insanları mağdur eden kişileri, delilleriyle beraber yakaladığımızda, o da ayrı bir psikolojik rahatlık veriyor. Nihayetinde; tabii ki fizyolojik olarak, psikolojik olarak o yorgunluğu yaşıyorsunuz.

Bir de o dönemleri hatırladığınızda, hem nicelik açısından, hem nitelik açısından çok yetersiz kadrolarla çalışıldığı dönemlerde, binaların fizikî durumları çok yetersizdi ve o dönemde de, olağanüstü bir suçlu akımı var idi. Olayların çok yoğun olduğu dönemlerdi. O dönemlerde görev yapan arkadaşlarımın, hakikaten büyük bir özveri gösterdiklerini vefa ile hatırlıyorum.

Bu yolda hayatlarını kaybeden, şehit olanlar var, onları da rahmetle anıyorum. Zor dönemlerdi; şimdi, nispeten daha iyi zamanlardır.

Hulki Cevizoğlu - Bunlar biraz dışarıdaki sıkıntılar oluyor, ben içinizde hissettiğiniz bir iç sıkıntıdan söz ediyorum. Psikolojik olarak, "Ben falanca kişiyi sorguluyorum ama, konuşturamadım, karşımdaki insan benden daha zeki" ya da "çok profesyonel" deyip de, "ben bunaldım artık bu sorgulamadan" dediğiniz ya da Sayın Kule'nin dediği gibi, "Bir aile faciasını görüyoruz orada, bu bizi üzüyor sonuçta ama, kısmen de buna bizim neden olduğumuzu hissediyoruz" diyor; bu gibi örneklerden yola çıkarak bir iç sıkıntısı duydunuz mu? "Ben bu işi, sorgulamayı yapmayayım artık" diye düşündünüz mü?..

MEHMET AĞAR: "SORGUCULUK, MÜTHİŞ BİR HASTALIKTIR"

Mehmet Ağar - Bundan vazgeçemiyorsunuz. Bu sorguculuk, müthiş bir hastalıktır, işi yakaladığınız vakit bırakmanız mümkün değil; ama, yorulduğunuz vakit, sizin yerinizi alacak insanlar var tabii. Bu, sorgunun sürekliliği çok önemli, işin halkalarının kopmaması bakımından. Kendinizi tamamıyla ona konsantre ediyorsunuz ve o işten kopabilmek mümkün değil; neticeyi alana kadar canla başla çalışmak durumundasınız.

Sorguculuk, emin olun polisin, en zor bölümlerinden bir tanesi, belki de en zoru. Hakikaten, çok yetişkin, çok nitelikli ve dediğim gibi, teorik anlamda çok ciddî eğitim almamakla birlikte; belki formasyonun dışında, o günün şartları içinde, usta-çırak ilişkisini de ben son derece önemsiyorum ama, gelinen dönemde bunu teorik bilgilerle, gelişen literatürle beslediğiniz vakit, içindeki var olan cevherin bir ölçüde, çok net olarak ortaya çıkışı görülüyor ve çok başarılı arkadaşlarımı görüyorum.

Hulki Cevizoğlu - Peki; "Sorgulamacılıktan insanın kendisini kurtarması pek kolay değil" dediniz.

Mehmet Ağar - Ben, en üst rütbelerde bile sorguya girdim, arkadaşlarım bilirler; büyük vilayetlerde Emniyet Müdürü olduğum dönemde bile. O, işin ayrı bir amatör zevkidir. Meseleye girip, izledim arkadaşlarımızın çalışmalarını; belki de ihtiyaç gördüğünüz noktada müdahil olmak açısından ve de çok haksız yere yıllarca sıkıntılara girmiş arkadaşlarımızın, o sıkıntılara girmesinde de sorumluluğa ortak olmak açısından da, onları moralize etme açısından da, uzun süreler devam ettim.

Hulki Cevizoğlu - Yani, "İnsan bu duyguyu atamıyor içinden" diyorsunuz?..

Mehmet Ağar - Gayet tabii.

Hulki Cevizoğlu - Peki, daha sonra...

Mehmet Ağar - İşi çözmek, neticeye ulaşmaktan daha ziyade insana zevk veren bir şey yoktur.

Hulki Cevizoğlu - Başka mesleklere geçtiği zaman da bu huy insanda devam eder mi?..

Mehmet Ağar - Yok artık; onunla bağınızı kopardığınız vakit, amatör bir ilginin dışında bir şey kalmıyor.

Hulki Cevizoğlu - Peki. Eski bir sorgulama uzmanının, daha sonraki bir mesleğinde sorgulanması zor mudur? Dediniz ki, Ahmet Kule çok iyi performans sergiliyor, mesela sizin için de bu söz konusu mudur?..

Mehmet Ağar - Tahmin ediyorum.

Hulki Cevizoğlu - Tahmin?..

Mehmet Ağar - Tahmin ederim; herhalde öyle olması lâzım, yani aklınızda birşeyler kalıyor.

Hulki Cevizoğlu - Susurluk Komisyonu bunlardan bir örnek mi?..

Mehmet Ağar - Şimdi, o farklı bir iş tabii. Ben, konusu mahkemede olan meseleler hakkında fazla detaya girmek istemem; bir de benim, tabii uzun yıllar taşıdığım bir sorumluluk vardır. O sorumluluğun getirdiği devlet geleneği vardır, hangi platformda ne söylenmesi gerekiyorsa onu söyleme konusundaki sınırları iyi bildiğimi zannederim ve o ölçüler içerisinde de, ihtiyaç olan noktada lâzım gelenleri söylerim.

Hulki Cevizoğlu - Evet, "Beni aramışsınız bugün" dediniz. Biz sizi, başka bir konu için aramıştık, başka bir program için aramıştık; ama, siz de eski bir sorgucu olduğunuza göre, biz sizi buraya da davet ediyoruz, burada da iyi bir performans göstereceğinize inanıyoruz, onun için buraya gelmenizde hiçbir sakınca yok. Her zaman başımızın üstünde yeriniz var, bekliyoruz, haftaya inşallah, burada başka bir konuda olursunuz. Olur musunuz?..

(Mehmet Ağar, ne o hafta, ne de yıllar sonra Ceviz Kabuğu programına hiç gelmedi. -H. C.-)

Mehmet Ağar - Şimdi, objektif programcılık anlayışınızı beğendiğimi ifade ederim. Geçmişten beri de tanırım ve bilirim sizi.

Hulki Cevizoğlu - Sağ olun.

Mehmet Ağar - Siz de bilirsiniz onu. Zaten, Büyük Millet Meclisi'nde bir konuşma yapacağım ve söyleyeceğim bir şey var: Benim muhatabım millet ve tarihtir; Türk milleti ve Türk tarihidir. O konuşmayı bir yapalım, orada bir zabıtlara geçelim, ondan sonra istediğiniz platformda beraber oluruz. (...) Daha sonraki bir aşamada beraber oluruz.

Hulki Cevizoğlu - (...) Çok teşekkür ederim. İyi geceler.

Ahmet Kule - Sayın Mehmet Ağar Beyefendi, bizim eski Bakanımız ve Genel Müdürümüzdür ve...

Hulki Cevizoğlu - Sizin de ustanız mı? Usta-çırak ilişkisinden söz edildi; ustanız oldu mu?

Ahmet Kule - Ben, usta-çırak ilişkisi kadar ona yakın değildim; çünkü biz öğrenciydik onun zamanında, fakat Emniyet Teşkilatına gerçekten çok büyük katkıları olmuştur. Bizler, genç nesil, onların eseriyiz, biz bulduğumuz imkânı onlar sayesinde bulduk. Ve ben de burada, hem söylediklerinden dolayı, hem de daha önce Teşkilata vermiş olduğu hizmetlerden dolayı, genç nesil olarak kendisini takdirle yadettiğimizi, minnetle andığımızı söylemek isterim.

SORGULAMADA "SABIR ŞOVU"

Hulki Cevizoğlu - Evet.

Şimdi, ben sizden soru sorma tekniğinden birkaç tane örnek rica edeceğim. Kitapta, "Sorgulamada sabır" ve özellikle "sabrın ötesinde bir ısrarın zorunluluğundan" söz ediliyor.

Bu sabrı, sorguladığınız sanığa nasıl gösteriyorsunuz? Sabırlı olduğunuzu, özellikle o sanığa karşı hissettirmeniz şart mıdır? Yoksa, ben sabırlıyım, sanık hissetse de, hissetmese de, konuşsa da, geç konuşsa da ben sabredeceğim, konuşturacağım mı diyorsunuz? Özellikle bu sabrınızı gösteriyor musunuz?

Ahmet Kule - Sabır gösteririz.

Hulki Cevizoğlu - Sabır şovu yapıyor musunuz yani?..

Ahmet Kule - Şov değil ama, normal derecede sabrımızı gösteririz. Bunun için ölçü şudur; bu genel bir prensiptir; sorgulama uzmanının, sonuca ulaşmak, itirafa gitmek için, istediği her türlü zaman vardır. Yani sorgulama görevlisi, dünyadaki bütün zamana sahiptir, ölçü bu. Ve bunu sabır olarak göstermelidir; yani sabredecek, yeterince zaman var, sonuca ulaşmak için her türlü imkânı var, bunu da sanığa hissettirecek. Yani, "Sen ne yaparsan yap, gördüğün gibi, ben kızmıyorum, sinirlenmiyorum, gayet temkinli olarak seni olumlu sonuca vardırmaya çalışıyorum"...

Hulki Cevizoğlu - "Dünyanın bütün zamanına sahiptir" diyorsunuz ama, yasalar sizin gibi düşünmüyor; 4 gün süre tanıyor galiba...

Ahmet Kule - Evet. O, tabii diğer boyut. Bu sorgulama görevlisinin sabırsızlığına karşı getirilmiş bir prensip.

Hulki Cevizoğlu - Mecazi anlamda diyorsunuz?..

Ahmet Kule - Evet. Sorgulama uzmanının sabırlı olmasını gerektiren prensiplerden bir tanesi; sorgulama uzmanı yeterli zamana sahiptir ve bunun için de 3-4 saat yeterlidir yani.

Hulki Cevizoğlu - Sizi tebrik ederim; sabrın yanı sıra, sorgulamada, zannediyorum hafıza da çok önemli. Daha önce de söyledik; "Sorgulama sırasında kağıt kalem, mümkün olduğu kadar -belki isim, adres için yazılacak ama- ortadan kaldırılacak ki, dikkati dağılmasın sanığın" dediniz; kitapta da böyle yazıyor.

Ben bu program boyunca şunu gördüm ki, siz, benim sorduğum sorulara -kitabınızdan tabii sorular soruyorum size- ama 329 sayfa mıydı bu kitabınız?...

(Takdir ederken, burada da bir "hafıza testi" yapıyorum. -H. C.-)

Ahmet Kule - 329.
Hulki Cevizoğlu - 329 sayfalık kitapta ne yazıyorsa ya da nasıl çevirdiyseniz, -tabii bu çevirideki sözler size ait özgün sözler- onları hafızanızda tutmuşsunuz. Kitabınızdaki sözcükleri kullanıyorsunuz; hafızanıza da hayran kaldım, tebrik ederim sizi. Çünkü burada da, "Sorgu uzmanı dünyadaki bütün zamana sahiptir" görüşü var. Bir çok sözünüzde bunu yakaladım; hakikaten, kitaptaki kalıp sözlerle konuşuyorsunuz.
Ahmet Kule - Ben şunu ilave etmek isterim; kitaptan alıntı yapan başka yerler oldu, yani, kendi kitaplarına alıntı yapan şahıslar oldu. Ben o kitapları alıp incelediğimde, hiç kendi kitabımla karşılaştırmadan; daha ilk bakışta, hangi ifadelerin benim tercümelerim olduğunu hemen anladım. Hemen anladım; çünkü ben bunu tercüme ettim, el yazısıyla yazdım, daha sonra bilgisayara geçirdim, ondan sonra tek tek redaksiyonunu kendim yaptım. Ve tercümelerim...
Hulki Cevizoğlu - Başında da söylemiştik; siz bu kitabın yazarı değil, çevirmenisiniz ama, yazarı kadar özümsemişsiniz bu kitabı, kendinize mâl etmişsiniz.
Ahmet Kule - Evet.
Hulki Cevizoğlu - Bunu, pek çok çevirmen belki yapabilir, ama aklında tutamaz; aklında tutmak ayrı bir şeydir. Pek çok şair şiir yazıyor, ama "ezbere oku" dediğiniz zaman, okuyamayan çok şair var; bu da normaldir. Ama siz, özellikle hafızanızda tutmuşsunuz.
Ahmet Kule - Teşekkür ederim.
Hulki Cevizoğlu - Bakalım, hafızanızda olan başka bir noktaya geçelim, onu öğrenelim sizden; ısrar konusunda.
Sabrınızı gösterdiğiniz karşınızdaki sanığa; ısrarınızı nasıl göstereceksiniz ve ısrar nasıl devam edecek; hangi yöntemi uyguluyorsunuz?..

Ahmet Kule - Belirli bir yaklaşım sergiliyoruz zaten insanlara karşı ve belirli bir konu geliştiriyoruz ve ondan sonra, o konunun doğrultusunda sanıktan aldığımız cevaplarda; mesela, ret getirmesine izin vermiyoruz, bizi kesmesine izin vermiyoruz, inkâr etmesine izin vermiyoruz.

Ondan sonra sanığa, bir konu geliştiriyoruz, mesela diyoruz ki, "Mehmet, sen suçu, görünür olarak şu şu şu sebeplerden işlemişsin ve seni suça götüren sebepler bunlardır ve sen bunlarla devam edersen şuraya ulaşacaksın, olumlu kanaldan devam edersen buraya ulaşacaksın." Ve sanık buna inkâr da getirse, ret de getirse, biz buna müsaade etmeden kendi yaklaşımımızı devam ettiriyoruz, ısrarla devam ettiriyoruz. Bizim yaklaşımımız; yani bizim geliştirdiğimiz konunun, sanığı sonuca ulaştırmasını sağlamaya çalışıyoruz.

Hulki Cevizoğlu - Türkiye'deki sorgulama uzmanlarının sabırlı olduğuna inanıyor musunuz?

Ahmet Kule - Şimdi, dediğim gibi, kendi birimimde ne kadar gördümse, o kadardır. Yoksa ben, Türkiye'de, kaç tane sorgulama görevlisi vardır; yüzbinlerce, binlerce vardır...

Hulki Cevizoğlu - Bildiğinizi söyleyin; kendi biriminizdekilerin sabırlı olduğuna inanıyor musunuz?..

Ahmet Kule - Evet, ben gerekli sabrı gösterdiklerine inanıyorum. Çünkü, 3-4 saat bir suçla ilgili olarak oturup bir kişiyle konuşmak, onun ayrıntılarını aklınızda tutmak, ondan sonra da sanığı yönlendirmeye çalışmak, ikna etmeye çalışmak çok zor bir iştir.

SABIRSIZLIK TEHDİTE GÖTÜRÜYOR

Hulki Cevizoğlu - Aksini söyleseydiniz, çok olumsuz bir cümle gelecekti kitaptan size karşı.

Burada diyor ki: "Sabırsızlık insanı öfkeye götürebilir, tehditlere ve fiziksel zorlamaya yol açabilir." Demek ki, sabırsız bir sorgu uzmanı, karşısındakinin sabrı karşısında şiddete başvuracak; dayak atacak, işkence yapacak... Türkiye'de de bunlardan söz edildiği dönemler oldu, şimdi de söz ediliyor kısmen. Demek ki, sabırsız bazı sorgulama uzmanları hâlen var.

Ahmet Kule - Tabii.

Orada bir ibare daha var; yani sabrın noktasını göstermek açısından.

Diyor ki: "Sona geldiniz, artık bırakma aşamasına geldiniz ve bir sonuca ulaşamayacağınızı zannediyorsunuz, bir-iki dakika daha devam ettirin. Bu şekilde çok örnek vardır ki, o son bir-iki dakikada sanık ya itirafa yaklaşmıştır ya da itiraf etmiştir veyahut daha sonraki aşamalarda, 'biraz daha devam ettirseydiniz ben aslında itiraf edecektim' demiştir." diyor. Son, böyle iyice sabrınızın tükendiği noktada; "artık bu iş olmuyor, burada bırakalım dediğinizde, bir-iki dakika daha devam ettirin, çok faydasını göreceksiniz" diyor.

Hulki Cevizoğlu - Bu olayın nedeni nedir?..

KIRILMA NOKTASI

Ahmet Kule - Evet. Sorunuzu çok iyi anladım. Sorgulama uzmanının bırakma noktası, kırılma noktası, aslında sanığın kırılma noktasıdır. Yani, sorgulama uzmanının sabrının tükendiği an, sanığın da sabrının tükendiği andır.

Hulki Cevizoğlu - Peki, ben şu kitabı böyle kapatıyorum, sizin kitabınızı. Bu soruyu, kitabın hangi sayfasından sordum size, tahmin eder misiniz?..

Ahmet Kule - Yani, sayfa olarak söyleyemeyeceğim tabii de...

Hulki Cevizoğlu - Baktıysanız, gördüyseniz, onu da söyleyebilirsiniz, onu da kabul ediyorum.

Ahmet Kule - Yoo, hayır, bakmadım, görmedim. Yani, sayfa olarak hangi sayfada ne var, onu da bilmiyorum. Yalnız...

Hulki Cevizoğlu - 195. sayfa bu söylediğiniz.

Ben şimdi izleyicilerimize buradan bu bölümü okuyacağım, sizin sözlerinizle karşılaştırsınlar.

"Siz oradan benim önümdeki kitaba bakarak, zihinsel bir fotoğrafını çekerek mi cevap veriyorsunuz?" demiştim; o da güzel bir yetenektir.

Ahmet Kule - Hayır.

Hulki Cevizoğlu - Ama, var mı sizde bu yetenek?

Ahmet Kule - Bilemiyorum da, şu anda ben hatırlamıyorum oralarını. Yani, yazı olarak baktığımda hatırlamıyorum, okuyamıyorum şu anda, göremedim.

Hulki Cevizoğlu - Anladım.

Değerli izleyiciler, sorgulama uzmanı konuğumuz Ahmet Kule'nin şimdiki açıklamalarını duydunuz. Bunlar kitapta bakın nasıl yer alıyor:

"Yazarlar, tam sorgu uzmanının bırakmaya hazır olduğu veya gerçekten bıraktığı anda, suçlunun itiraf ettiği veya daha sonra itiraf etmeye karar verdiğini söylediği pek çok olay, örnek gözlemlemişlerdir." Bu olayın nedenini sordum, cevabını aldık. Kitapta şöyle diyor: "Bu olayın nedeni şu gerçektir: Sorgu uzmanının cesaretinin kırıldığı an, sanığın yalan atmaya devam etmenin faydasızlığını farkettiği anla kesişmektedir" diyor. Neredeyse, kitap ezberlenmiş gibi cevap geliyor.

(...) Diyelim ki, siz Ahmet Beyi sorguluyorsunuz sorgu odasında. Sorgu odasından çıkarken sanığa karşı nasıl bir taktik uyguluyorsunuz?

Ahmet Kule - Sorgu odasından çıkarken, eğer ara vermişsek...

Hulki Cevizoğlu - Ara?..

Ahmet Kule - Evet, ara verdik.

Hulki Cevizoğlu - Örneği kastediyorum, evet.

Ahmet Kule - Sanığı kesinlikle, daha sonra devam etmeye uygun bir psikolojide bırakıyoruz. Yani bu, şu demektir; hemen şöyle söyleyim: Son sorduğumuz sorularla, sanığı biraz meşgul edecek pozisyonda bırakıyoruz ve "döndüğümüzde, o soruların cevabını biraz arasın" diye düşünüyoruz. Yani, mesela şöyle bir soru iletiyoruz: İşte, "Ahmet, bak, sana şöyle şöyle söylüyorum, sen biraz düşün, ben geldiğimde bunu tekrar soracağım." Ve geldiğimizde diyoruz ki, "Evet, Ahmet en son sana söylediklerim, sana sorduklarım konusunda ne düşünüyorsun?" Böylece, sanığı biraz kendi haline bırakmış oluyoruz. Fakat o, bizim yönlendirdiğimiz ortamın dışına çıkmıyor; yani suçtan, suçluluk psikolojisinden uzak kalmıyor, itiraftan uzaklaşmıyor. Biz geldiğimizde hemen ona tekrar devam ediyoruz, "Evet, bu konuda ne düşündün?", diyoruz ve hemen kaldığımız yerden devam ediyoruz.

Hulki Cevizoğlu - Sanık ne diyor size? Siz ona, "Evet, Ahmet geldin, ne düşünüyorsun?" deyince, o da size, "Evet Sayın Kule, ben düşündüm, itiraf ediyorum" mu diyor?..

Ahmet Kule - Her ikisini de diyebilir. Amacımız, onu itirafa yaklaştırmak olduğu için ve itirafa yaklaşan bir sanıksa "sanık, itirafa bir adım daha yaklaşmış" demektir ve olumlu sonucu verebilir bize.

Hulki Cevizoğlu - Peki, sanıkların tiplerinden nasıl bir sonuç çıkarıyorsunuz? Karşınıza geldi oturdu, çok katı ve itiraf etmesi çok güç gözüken bir sanıkla; tam tersi karakterli daha kolay konuşan, itiraf etmesi daha rahat izlenimi veren bir sanık arasında fark var mı? Varsa, hangi davranışlarından anlaşılıyor?

Ahmet Kule - Şimdi, ikisi arasında seçme şansı olursa, mesela iki sanık varsa veya suç ortakları pozisyonundaysalar, muhakkak ki diyaloğu kolay olandan başlarız. Bize daha yakın olandan başlarız, uzak olandan başlamayız. Ama...

Hulki Cevizoğlu - "Önce çözeceğimiz düğümü ele alıyoruz" diyorsunuz?..

Ahmet Kule - Evet. Yani, bizimle diyaloğa açık olandan başlarız, ondan sonra diğerine gideriz. Diğer türlüsü vakit kaybı olur.

Fakat, tam tersi; elimizde tek sanık var ve hiç de diyaloğa açık görünmüyor. Ne yapacağız? Yine onunla uğraşacağız ve mümkün olduğu kadar diyaloğa açık tutacağız ve onun zayıf taraflarını bulmaya çalışacağız. Mesela, eğer katıysa, öyle bir görünüm sergiliyorsa, bunun sebebi, motivasyonu bir zayıflık olabilir yani; kendisini ele vermek korkusu olabilir.

SUÇLUNUN İTİRAF ÖNCESİ DAVRANIŞI

Hulki Cevizoğlu - Suçlu olan sanıklar genellikle suçu daha ortaya çıkmadan, itirafı ortaya çıkmadan hangi tür davranışları sergiliyorlar sorgu uzmanı karşısında?..

Ahmet Kule - Şimdi, bunu kategorilere ayırmak lâzım; yani, davranış olarak var, sözlü olarak var, psikoloji olarak var. Çok farklı boyutları var; biraz geniş boyutlu.

Hulki Cevizoğlu - Çok ayrıntısına girmeden, ama genel çerçevesinde; hem sözlü, hem davranış olarak neler yapıyor örneğin?..

Ahmet Kule - Mesela; suçlu sanık, içeri girdiği andan itibaren pasif bir ruh hâleti sergileyebilir. Konuşmaları, daha çok...

Hulki Cevizoğlu - Yani yıkılmış, kendini koyuvermiş...

Ahmet Kule - Evet. Tabiî değil, daha çok yapmacıktır hareketleri. Yani şaşkınlığı tabiî değildir. Sonra, sözlü tepkileri. Mesela siz sorarsınız, "Bunu öldürdünüz mü?" dersiniz, "Hayır, benim silahım yok" der. Hâlbuki onun vermesi gereken tepki nedir? "Hayır, ben kesinlikle böyle bir şey yapmadım, hayatımda hiç adam öldürmedim" demesi gerekir.

Hulki Cevizoğlu - Yani, masum bir insan böyle cevap verir...

Ahmet Kule - Evet. Normal. tabiî tepkiler bunlardır; fakat yalan söyleyen sanık normal tepki gösteremez; çünkü düşünür. "Acaba yakalanır mıyım, acaba bu konuda ne düşünür; böyle dersem ileride açık verebilir miyim?" gibi bunun şüpheleri vardır.

DÜŞÜNCENİN KİLİTLENMESİ

Hulki Cevizoğlu - Çünkü yalan, birbirine bağlantılı olması gerektiği için, bir sonraki yalanın da mantıklı olması lazım.

Ahmet Kule - Tabii. Aslında, çok zor bir vicdandır; yalanı devam ettirmek ve o psikolojiyle, daha sonra söylediklerinin birbirine ters düşmemesi, çok zor bir ihtimaldir ve sanık, bazen kafasında öyle kilitlenir ki, saçma sapan cevaplar verebilir. Yani bunlar hep suçlu sanık, ama çok geniş özellikleri vardır.

Hulki Cevizoğlu - Yani ne yapar?..Mesela kitapta örnekler veriyorsunuz; elbisesinin düğmesinin ipliğiyle oynamak falan... Ben size ipucu vereyim biraz, siz çözün bakalım.

Ahmet Kule - Tabii. Birincisi "el ve yüz mimikleri" olarak geçiyor. Mesela, Kalkıp, "sanığın gözlüğüyle oynaması, elleriyle oynaması, toplu vücut hareketleri" diye geçer. Toplu vücut hareketlerini yapar; oturuş pozisyonunu değiştirir, ayaklarını geriye alır, kollarını çaprazlar, açar, biraz rahatlamaya çalışır. Bunlar toplu vücut hareketleri.

El ve yüz mimikleri neler?.. "Elbisemde küçük bir toz var veya iplik var; onları çekiyorum, gözlüğümü düzeltiyorum, düğmemi düzeltiyorum, kravatımı düzeltiyorum..."

Hulki Cevizoğlu - Ama bunu, normal zamanda da yapan insanlar var; yani polisin karşısında olmayıp da, günlük yaşamında yapan çok insan var.

Ahmet Kule - Zaten şu var: Sorgulama görevlisinin, sanığın normal davranışlarıyla, sapma gösteren davranışlarını ayırdetmesi gerekiyor. Yani sanık, aslında, hem sözlü tepkilerinde, hem sözsüz tepkilerinde, hem de genel olarak yansıttığı psikolojide suçluluğa ait bir izlenim veriyor; fakat bunların hiçbirisi tek başına bir gösterge olmuyor. Toplu olarak bütün şartlarıyla; delillerle, en başından en sonuna kadar takip edilen prosedür içerisindeki bütün verilerle birlikte değerlendirilir.

Yoksa sadece, mesela sanığın hareketleri; sadece psikolojisi, sadece durgunluğu, sadece inkârları, sanığın suçlu olup olmadığına karar verdirmez. Bunlar, hepsi bir arada değerlendirilir.

Hulki Cevizoğlu - Peki, bir de bu işin ters tarafı var. Şimdi bazı olaylarda, özellikle mafya olaylarında suç birisinin üstüne yıkılıyor. Karşınızdaki sanık diyor ki, "Bu işi ben yaptım." Oysa, o yapmadı, başkasını kurtarmak için üstleniyor. Şimdi siz bir de, böyle bir sanığı konuşturmak durumundasınız. O da bilerek -eğer bu programı izleyen birisiyse- ceketiyle, düğmesiyle oynuyor, bu belirtileri gösteriyor ne sorarsanız, "Evet, ben yaptım" diyor. O zaman, o doğruyu nasıl tespit edeceksiniz ve arkasındaki gerçek suçluyu nasıl bulacaksınız?..

Ahmet Kule - O zaman sorgulama görevlisi, tam tersi bir yolla, sanığın, suçu kabul ederek doğru söylemediğini ispata gitmek zorunda.

Hulki Cevizoğlu - Bu sefer sorgulama görevlisi mi iplikle oynayacak, ayaklarını uzatacak?..

Ahmet Kule - Hayır. Fakat şu var: Sonuçta, karşınızdaki sanık suçu kabullendiği halde, yine doğruyu söylemiyordur, yine yalan söylüyordur, yine aldatmanın çözülmesi gerekiyordur, yine suçlu psikolojisi ve aldatan psikolojisini sergiliyordur. Verdiği sözlü ve sözsüz tepkiler, yine aldatan insanın tepkileridir; işte buradan yola çıkmak gerekiyor.

Hulki Cevizoğlu - Ama, orada çok dikkat edilmesi gereken ince bir nokta var galiba.

Daha önce dediniz ki, "Cinayet işleyen bir insan, 20 sene örneğin, bunun psikolojik baskısı altında dayanamaz, gelir, itiraf eder. Yaşlanır, çöker bir insan." Karşınıza bir insan geliyor, "3 sene önceki bir cinayeti ben yaptım" diye üstleniyor. O, belki para karşılığı tutulmuş, kiralık katil gibi... Kiralık ne diyorsunuz ona, kiralık sanık mı deniyor?.. Böyle bir insan diyelim, "Sen git bu suçu itiraf et" deyince, ne sorarsanız, "Evet ben yaptım" diyor; hakikaten zor bir durum.

Siz o zaman yanılabilirsiniz, daha önceki düşünceden kaynaklanarak, bunu...

Ahmet Kule - Sorgulama görevlisinin oradaki en büyük kozu şu: Delillerin hepsini açıklamamış olmak. Sorgulamada temel prensiptir; asla, sorgulamanın son safhasına kadar delillerin hepsini açıklamazsınız.

Hulki Cevizoğlu - Sanığa açıklamıyorsunuz?..

Ahmet Kule - Sanığa açıklamazsanız o şekilde her zaman kontrol şansınız var.

Hulki Cevizoğlu - Ama ya sanık çok iyi donanımlı geldiyse, hakikaten cinayeti işleyen bir insan onu gönderdiyse; o, ona açıklamıştır her şeyi...

Ahmet Kule - Evet, bunun örnekleri var. İngiltere'de, sırf hastalık olarak veya meşhur olmak için, gidip meşhur suçları üstlenen insanlarla karşılaşılmış, bunun örnekleri yaşanmış.

Hulki Cevizoğlu - Son günlerde de görülüyor galiba? Ünlü sanatçılar öldürüldüğünde falan...

Ahmet Kule - Yani, bütün delilleri sanığın bilmesi çok zor. Televizyon filimlerindeki gibi oluyor da, sanığın bütün delilleri ayrıntılı olarak; mesela işte, almış bıçak şuradan şuraya konulmuş... Bıçak bulunduğunda mesela bunların fotoğrafları çekilir; hangi pozisyonda, dikey pozisyonda mı yatay pozisyonda mıymış?.. Bunları sanığa açıklamadıysak, her zaman kontrol şansımız vardır. Fakat...

ANLATAN SANIK AÇIK VERİR

Ahmet Kule - Ama sanık onu unutmuş olabilir. Gerçekten o cinayeti işleyen insan da unutmuş olabilir, o olayın heyecanıyla. Onu nasıl fark edeceksiniz?..

Ahmet Kule - "Unuttum" diyorsa ve gerçekten de bir şey söylemiyorsa, o zaman problem yok.

Hulki Cevizoğlu - "Unuttum" demiyor ama, anlatıyor size bir şekilde.

Ahmet Kule - Ama, anlatan bir sanık, mutlaka açık verecektir. Yani, karşımızdaki insan suçu üstleniyor, suçu kabul ediyor, fakat aldattığını biz biliyoruz, bizi kandırdığını biliyoruz; Bunun bir açığını arayacağız. Mesela, "Sen böyle diyorsun ama, -ters, numara yapacağız, tuzak soru kullanacağız, olta soruyu atacağız- işte bıçak masanın altındaydı, bu konuda bir daha düşün bakalım" diyeceğiz. Sanık orada kesinlikle tereddüt edecektir. Yani bir, iki, üç... Çünkü, sanık deplâsmanda. Yani, bizim kurallarımıza göre oynanıyor oyun ve biz, tecrübelerimizden ve sanatkârlığımızdan, sanığın bir sonraki basamaklarını biliyoruz. Nereye gitmek istediğini biliyoruz. Onu, orada çok rahat tuzağa düşürebiliriz.

Hulki Cevizoğlu - Sorgulamada polisin suçlanmasıyla da karşılaşılıyor..

Ahmet Kule - Polisin masum olduğunu ispatlaması çok zor. Örnek veriyorum, benim yaşadığım bir örnek. Ben, bir bayan sanığa, bırakın sui-muamele yapmayı, bizzat pizza ve kola ısmarlamıştım. Normalde, nezarethanede sanığın yiyeceği şeyler bellidir; devlet ne veriyorsa, 3 öğün verilen istihkak öyledir ve onları yerler.

Hulki Cevizoğlu - "Bunların içinde pizza yok" diyorsunuz?..

Ahmet Kule - Evet yok. Biz, bizzat diyaloğa girmek için, "daha kolay anlaşalım ve sonuca ulaşalım" diye pizza ve kola ikram ettiğim, yani en küçük bir sui-muamele yapmadığım sanık, çıktıktan sonra tutuklandı, hapse girdi ve ilk girdiği gün, işkenceden dilekçe verdi. Şimdi ben, burada masum olduğumu nasıl ispatlayabilirim?.. Avukatlar gelir, polisin sorgulamasında görev yapar, fakat, avukat gece-gündüz kalmıyor orada. Avukat diyebilir ki, "Evet, ben oradayken işkence yapılmadı, ama ben çıktıktan sonra yapılmış olabilir, gece nöbette yapılmış olabilir." Burada polis, masum olduğunu nasıl ispatlayacak?..

Hulki Cevizoğlu - Burada, dediğiniz gibi, polisin masum olduğunu ispatlamasındaki zorluk kadar, polisin suç işlediğinin ispatlanması da çok zor...

Ahmet Kule - Tabii, her ikisi de öyle.

RASYONALİZASYON (GERÇEĞE UYARLAMA) VE PROJEKSİYON (YANSITMA)

Hulki Cevizoğlu - İkisi de zor. O, ayrı bir konu, biz şimdi sorgulama tekniklerine devam edelim; zamanımız ilerledi.

Bu kitap, sanığın içine düştüğü ya da uyguladığı iki tane yöntemden söz ediyor. Birincisi rasyonalizasyon, yani gerçeğe uygun hale getirme.

Ahmet Kule - İkincisi, projeksiyon.

Hulki Cevizoğlu - Evet, ikincisi de projeksiyon. Yani, yansıtma. Nedir bunlar; örnekleriyle söylerseniz?..

Ahmet Kule - Rasyonalizasyon; sanığın işlediği suçu, kendi gerçeklerine veya etrafındaki gerçeklere uygun hale getirmeye çalışmasıdır.

Hulki Cevizoğlu - Bir örnek lütfen...

Ahmet Kule - Gerçeğe uygun hale getirme; yani rasyonalizasyon. Mesela, ben hırsızlık yapıyorum. Bunun sebebi, belki de kumar, ama, bunu kendi kendime şöyle açıklıyorum: "Benim ihtiyacım vardı, çoluk çocuğumu geçindirmek zorundaydım. Zaten, o benim hırsızlık yaptığım adam da vergi kaçırıyordu, o da zaten çok adaletli iş yapmıyordu; bu, aslında benim hakkım sayılır."

Hulki Cevizoğlu - Yine burada; daha önce de dedik, bir (Selçuk) Parsadan modeli mi ortaya çıkıyor?.. "Ben, dolandıranı dolandırıyorum" diyordu Parsadan, basına yansıyan açıklamada.

Ahmet Kule - Bir kısmı öyle.

Hulki Cevizoğlu - "Arsen Lüpen modeli" belki. O da, "Ben soyguncuyu soyarım" yöntemi. Ama, kimin soyguncu olduğuna da kendisi karar verdiği için, dediğiniz gibi, bir rasyonalizasyon, gerçeği kendine göre uydurma da olabilir...

Ahmet Kule - Aslında burada şöyle bir psikoloji var: Ben hatalıyım ama, başkaları da hatalı. Onun hatası olması, beni haklı çıkartıyor yani.

Projeksiyonda da, yansıtmada da ne oluyor?.. Ayıbı, suçtan kaynaklanan sorumluluğu, kısmen veya tamamen başkalarının üzerine atıyoruz.

Hulki Cevizoğlu - "Beni teşvik ettiler." diye...

Ahmet Kule - "Teşvik etti, sebep oldu, onlar haksızdı, benim zayıf anımı yakaladılar..." Yani, bunun çok geniş açıklaması olabilir ama, başkalarının üzerine yansıtıyoruz.

Hulki Cevizoğlu - Bir tecavüz örneği var, onu hatırlıyor musunuz?..

Ahmet Kule - Ayrıntılı olarak hatırlamıyorum ama, zannediyorum şöyle...

Hulki Cevizoğlu - Ben söyleyeyim: "Projeksiyon sırasında şahıs, kendi düşüncelerine ya da hareketlerine ait ayıbı bir başka kişiye veya bir olaya kaydırır" diyor.

Örneğin tecavüz sanığı, kurbanının açık seçik elbise giydiğini, kendisini tahrik ettiğini, cinsel arzularını uyandırdığını ve bu nedenle tecavüz ettiğini ileri sürerek, bir yansıtma; kendisine, bir yerde de bahane, mazeret yaratma yolunu seçer.

Ahmet Kule - Tabii. Ve haklı olduğu nokta da; %20 falan haklı o insan. Çünkü...

Hulki Cevizoğlu - Ama, bu sizin söylediğiniz de tartışılıyor bazı feminist gazetelerde ya da gazetelerin kadın sayfalarında. Polislerin belli bir oranı; -onun istatistikleri vardı, ne kadar doğru bilemiyorum ama, bir oran tespit edilmiş bu orana göre -bu tür olaylarda, sanık masumdur- sizin dediğiniz %20 oranında karşı taraf tahrik ediyor diyorlar. O zaman da şu soruyu sorabilir feministler size: "Karşıdaki kadın çırılçıplak bile olsa, tecavüzü gerektirir mi?" sorusuna ne cevap verirsiniz?..

Ahmet Kule - Hayır, gerektirir değil. Ama, sadece karşı tarafın haklı olduğu bir şey vardır; yoksa, onun yaptığı fiili haklı çıkaracak bir durum değil, ama motivasyonda haklılık var. Yani, suçun işlenmesine imkân veriyorsanız; bu, kısmen sorumluluğun sizde olmasını gerektiriyor. Yani, o adam kesinlikle haksız ve suçun cezasını alacak; bunu baştan kabul edeceksiniz.

Hulki Cevizoğlu - O zaman, ben cüzdanımı şuraya düşürürsem, buradan birisi alırsa, paramın çalınmasında benim hatam mı var?

Ahmet Kule - Cüzdanı düşürmek değil, ama kasıtlı olarak koyuyorsanız, farkındaysanız yaptığınız hareketin; mesela...

Hulki Cevizoğlu - Ama, niye kasıtlı olarak ben paramın çalınmasını isteyeyim? Ya da bir kadın, kasıtlı olarak niye kendisine tecavüz edilmesini istesin?

Ahmet Kule - O tür kadınlar var. Yani, tecavüz edilmesini isteyen değil, erkekleri tahrik etme motivasyonu olan kadınlar var.

Hulki Cevizoğlu - Ama o kadın, ya isteyerek ya da para karşılığı ilişkide bulunabilir; niye tecavüz edilmesini istesin?.. Yani, ruhsal bir hastalık mıdır bu?..

Ahmet Kule - Hayır. Orada kastedilen, tecavüz edilme arzusu değil; ama kadın, farkında olarak, bilinçli olarak tahrik edici giyinebilir ve bu da karşı tarafı haklı çıkarmıyor aslında. Ama...

Hulki Cevizoğlu - Afedersiniz; ona bakarsanız, sizin kullandığınız bir After Shave de bir kadını tahrik edebilir, ama kastettiğimiz o değil tabii...

Ahmet Kule - Tabii değil.

Hulki Cevizoğlu - Suça yönlendiren bir teşvikten söz ediyoruz.

Ahmet Kule - Evet.

Şunu kabul ediyoruz: Birincisi; suçlu, kesin suçludur ve bunun cezasını çekecektir. Ama, suçluyu haklı çıkaran sebepler de olabilir; yani kısmen haklı çıkaran veya sanığın motivasyonunu güçlendiren şeyler olabilir. Zaten burada önemli olan konu şu: Biz, sanığı itirafa yaklaştırırken olumlu kanallardan giriyoruz. Ama, amacımız ne?.. Sanığa itiraf ettirmek. Ve burada biz sanığa, "Evet, sen o kadına tecavüz etmekte aslında haklıydın, ben de olsaydım, ben de tecavüz edebilirdim..." Ve sanık bu şekilde itirafa gittiğinde, suçunu kabul ettiğinde, bizim kaybettiğimiz bir şey yok. Yani, sanığı itirafa götürürken bunu da... Sonuçta sanık, "Evet, ben yaptım" dediği anda, cezayı hak etmiştir, itirafını da yapmıştır ve suç kabul edilmiştir. Ama, sanığa bizim haklılık payı verdiğimizde, kaybedeceğimiz bir şey yok, sanığın da kaybedeceği bir şey yok; hukuken de kaybedilecek bir şey yok.

Hulki Cevizoğlu - Sırf sorgulama açısından sorgulama odasındaki tavrı söylüyorsanız, sanığı konuşturmak için başka, ama az önceki gibi...

Ahmet Kule - Aslında realitede de, diğer tarafta da hepsinin derecesi farklıdır. Fakat, suça sebep olan motivasyonlardan bir kısmı, sanık için haklılık sebebidir. Buna zaten; mesela ağır tahrik var, hafifletici sebepler var, vesaire vesaire var denir. Bir zamanlar tartışılıyordu; hayat kadınına tecavüz edildiğinde ne olur? Cezada indirme olur mu olmaz mı?

Yani realitede de, aslında suça teşvik eden bazı şeyler var. Yani siz, suç ortamı oluşmasına zemin hazırladıysanız ve karşı taraf gelip suçu işlediyse, sizde de %10, %20 pay olabiliyor; ama, bunun cezası yok.

Hulki Cevizoğlu - Ama, ona katılmak pek mümkün değil. Hayat kadını "Ben, para karşılığında bu işi yaparım" diyor, "Ben, tecavüz karşılığında bu işi yaparım" demiyor. Ama, şu olayla benzerlik mi kuruyorsunuz siz?.. Bir cinayette adam öldüren kişi, "Karşı taraf da bana hakaret etmiş dinime, imanıma küfretti ya da sırtına Allah yazısı yazdı, dinime hakaret etti, ben de onu öldürdüm" derse veya bir başka olay söyleyelim; "Beni azmettirdi. Küfür etti, küçük düşürdü beni. ben de onu öldürdüm" derse haklı mıdır?..

Ahmet Kule - Suçu işleyen kişinin haklı olduğu bir taraf yok; fakat onu...

Hulki Cevizoğlu - "Konuştururken, bunu kullanıyoruz" diyorsunuz?..

Ahmet Kule - Evet.

Hulki Cevizoğlu - Peki, konuştururken, bir de sorgu uzmanı inanılır olmalıymış. "İyi bir sorgu uzmanı samimi olacak, samimiyet iyi bir göz kontağıyla, açık el hareketleri, mimiklerle sağlanacak. Oturduğu sandalyede ileri doğru duruş pozisyonu ve açık yüz ifadeleriyle sağlanacak..." Örneğin, benim gibi oturmayacak, şöyle oturacak...

Ahmet Kule - Yok, sizin duruş pozisyonunuz, oradaki ifadelere uygun.

Hulki Cevizoğlu - Uygun mu?

Ahmet Kule - Evet. Bunu, çok katı düşünmemize gerek yok, sadece hâkim bir hava sergileyecek yüz ifadeleri.

Hulki Cevizoğlu - Mutlaka böyle spiker gibi oturması gerekmiyor?..

Ahmet Kule - Hayır.

Hulki Cevizoğlu - Peki.

Bir de, sorgu uzmanı sanığa karşı bu samimiyeti sözlü olarak da sağlayabiliyor; bunlar nelerdir, nasıl konuşulacak örneğin?..

Ahmet Kule - Sözlü olarak nasıl ifade edebilir?.. Yani, ona sempati ifadeleri olabilir; daha başka...

Hulki Cevizoğlu - Örneğin; yavaş konuşması, hızlı konuşması...

Ahmet Kule - Kesinlikle yavaş konuşması gerekiyor tabii.

Hulki Cevizoğlu - Karşıdaki sanık anlasın diye mi; güven duysun diye mi?..

Ahmet Kule - Hızlı bir konuşma, tam ne yaptığını bilemeyen, süreklilik arz edemeyen davranışların göstergesi. Hatta orada, kitapta "ateşli satıcı" örneği veriliyor. Ateşli bir satıcı geliyor, hemen; "Ne istersiniz, şunu mu istersiniz?.. Bunu isterseniz, şunu yapalım, bunu edelim" diye, hızlı bir şekilde konuşuyor. Fakat bu, güvensizlik sergiliyor; yani, karşı tarafa güven vermiyor. Onun her şeyiyle; hareketleriyle, davranışlarıyla, sözleriyle inanılırlığı sergilemesi gerekiyor ve kendinden emin olduğu ifadeleri kullanması gerekiyor.

Hulki Cevizoğlu - Bazen de sanığa blöf mü yapacaksınız?..

Ahmet Kule - Tamamen duruma göre. Yani, blöf de yapabilirsiniz, tamamen doğruları da söyleyebilirsiniz; orada çok fazla teknikler var. Zaten, daha önce de söylemiştim; bu, harfiyen uygulanması gereken bir reçete değil, işimize geleni alıp uygularız ve sonuca ulaşabiliriz.

Hulki Cevizoğlu - Bu blöf yapma, Türk filimlerindeki polis hikâyelerine benziyor galiba. İki kişi varsa, bir tanesini sorgularken, "Arkadaşın bize her şeyi söyledi, sen de anlat, kurtul" yöntemi galiba. Değil mi? O yöntem hâlâ geçerli mi?..

Ahmet Kule - Evet, geçerli. Klasik bazı yöntemler, hâlâ geçerli.

Hulki Cevizoğlu - Başka ne vardır mesela böyle klasik?..

Ahmet Kule - Mesela onun uygulanış tarzı; gözlem odasından bahsetmiştik, sorgulama odasının yan tarafından. Siz sanıkla belki de havadan sudan muhabbet ediyorsunuz, sonra bir şeyleri not alıyorsunuz, sonra diğer sanığa gösteriyorsunuz bunu; fakat o, sizin ne konuştuğunuzu duymuyor, orada birtakım yazılarla not aldığınızı gördüğü zaman, "itiraf etti" diye düşünebiliyor...

Hulki Cevizoğlu - Yani siz de, bir anlamda televizyonların haberlerde yaptığı gibi, canlandırma mı yapıyorsunuz?..

Ahmet Kule - Evet, canlandırma yapabiliyoruz; hatta bu, çok ciddî rol de olabiliyor. Mesela; sekreter odasında bulunduruyorsunuz suç ortağını; içerideki sanık hiçbir şey anlatmadığı halde, çağırıyorsunuz sekreteri diğer sanık görsün diye, "Kağıt, kalemle gel" diyorsunuz, sekreter eline kağıt kalemi çok ciddî bir şekilde alıyor, geliyor, içeride 10 dakika kalıyor.

Hulki Cevizoğlu - Sekreter bu oyunu daha önceden bildiği için tabii?..

Ahmet Kule - Evet, tabii.

Geliyor sekreter, içeride 10 dakika kadar kalıyor, ondan sonra çıkıyor ve gidiyor, daktiloya başlıyor elindeki notları geçmeye, hatta aklına soru geliyor, suç ortağına, "İçeridekinin soyadı neydi?" diyor. Ondan sonra o adam, aldanabilir, çok rahatlıkla kendisini ele verebilir.

Hulki Cevizoğlu - Peki.

Siz bu yöntemleri televizyonda bu kadar anlattıktan sonra; -çünkü bizim programımızı cezaevlerinde de izleyen çok insan var, dışarıda da- potansiyel sanıklar var; daha mı dikkatli olacaklar, yoksa hiç fark etmez mi sizin bu yöntemlerinizi öğrenmiş olmaları? Yöntemleri anlatmanız sizin, sanıkları konuşturmakta ileride sıkıntıya düşeceğiniz anlamına gelir mi?..

Ahmet Kule - Ankara'da kitapçılara kitabı dağıttığımızda bana ilk önce onu söylediler, "En başta siyasî suçlar ve diğer organize suçlarda yer alanlar bu kitabı alıp, kesin okuyacaklardır ve poliste sorgulandıklarında kullanacaklardır" dediler. Ben de dedim ki, "Hiç problem değil. Polis de daha iyisini yapsın, geliştirsin. Suçlular da öğrensin, polisler de öğrensin ve hangisi daha iyi yapıyorsa, o kazansın."

Hulki Cevizoğlu - Ya da "Pehlivanın, çırağına öğretmediği bir son numarası vardır. Bizde de var. Onun kitabını yazmadık" diyorsunuz?..

Ahmet Kule - Benim son söyleyeceğim bu konuda şu: Gerçeğin, her zaman bir ağır tarafı vardır. Yani, aldatanın, yalancı tarafın zayıf tarafı olduğu gibi, doğru tarafta olanın, her zaman için avantajları vardır.

Hulki Cevizoğlu - Çok doğru söylüyorsunuz, size katılıyorum ancak, o gerçeği bulmak zor oluyor, o gerçeği bulduktan sonra bu sözü söylemek çok kolay. Politikada olsun, sorgulamada olsun, yaşamın diğer alanlarında olsun, o gerçeği bulmak çok zor; hayatımız, o gerçekleri aramakla geçiyor galiba.

Burada, son olarak sorgu uzmanının bir davranışından söz edeceğim, sonra kapatıyoruz programımızı; sizin sözleriniz yoksa.

Sanığın, sorgu uzmanına karşı uyguladığı bir yöntemden söz ediyorsunuz. Daha önce de söz ettiniz; "Beklemeden, direkt olarak, kafasında bir yalan senaryosu kurmadan cevap verirse, daha inandırıcı olur" demiştiniz.

Burada bir başka örnek daha var; "Direkt göz kontağını sürdürebilen, sandalyede dimdik oturan ve meydan okuyan bir şekilde sorgu uzmanına doğru yönelen bir sanık, daha fazla bir iç sıkıntısı toleransı yani sabır gösterecek, sorgu uzmanının işini de zorlaştıracak" diyorsunuz?..

O zaman, siz daha mı fazla dik oturuyorsunuz?..

Ahmet Kule - Tabii, hareketlere bağlamaya gerek yok konuyu. Biz, sanığın iç sıkıntısını arttırıyoruz ve belli bir şeyden sonra sanık boşalmaya gidiyor. Yani, biz, psikolojik olarak giriyor ve sanığın kendini haklı zannettiği yerleri projeksiyonla, yansıtmayla çürütüyoruz. Şahsın, sanığın haklı olduğu noktaları ilk önce çürütüyoruz, temelleri çürüyor. Ondan sonra, haksız olduğu noktalarda onu köşeye sıkıştırmaya başlıyoruz. "Bak, sosyal değerler böyle böyle, sen böyle yaptın" diyoruz ve bir noktaya geldiğinde sanığın toleransı kalmıyor. Ama, sanığın toleransı ne kadar güçlüyse, yani iç sıkıntısına, bizim köşeye sıkıştırmamıza ne kadar çok dayanabiliyorsa, süreyi o kadar uzatacaktır ve bizi o kadar zayıflatacaktır.

Hulki Cevizoğlu - Evet. Sorgulamada, psikolojinin bu kadar çok kullanılması, tabii işkence yapmaya göre, çok tavsiye edilebilecek bir yöntem sayılabilir; fakat savaşta kimyasal silah kullanmak kadar da sakıncalı bir şey değil mi? İnsanın psikolojisiyle de oynamak; sonuçta beyniyle oynuyorsunuz, beyninin kimyasallarıyla oynuyorsunuz, bir kimyasal silah kullanmak kadar insanlık dışı bir yöntem sayılabilir mi?..

Ahmet Kule - Tamamıyla katılıyorum. Yani, sorgulama görevlileri kötü niyetli olurlarsa; dengesiz insanlar topluma çıkabilir. Çünkü, sorgulamada şuna çok dikkat edilmesi gerekir: Sorgulama yaparken, sanığın beden sağlığı olduğu kadar, zihin sağlığına da zarar verilmemesi gerekir.

Hulki Cevizoğlu - Evet. Çünkü, sağlıklı bir sanık bile, bu psikolojiyi yanlış uygularsanız, paranoid olarak çıkabilir sorgu odasından?..

Ahmet Kule - Tabii, tabii. Yani, bizim savunma avukatlarının veya doktorlarımızın en çok vurguladığı husus, beden sağlığı. Ama, zihin sağlığı da, en az onun kadar önemli ve sorgulamanın, kesinlikle zihin sağlığına da zarar vermemesi gerekiyor. Sanığın, sorgudan çıktıktan sonra, toplumda normal bir fert olarak yaşamaya devam etmesi gerekiyor.

Hulki Cevizoğlu - Evet.

Ben size, geldiğiniz için çok teşekkür ediyorum. (...)

Ahmet Kule - Benim, kitap hakkında son söylemek istediğim şeyler şunlar: Biz, genç nesil olarak, yani genç polisler olarak daha güzeli yapmak istiyoruz ve bu konuda da herkesten destek bekliyoruz.

Ben, 1988 yılında Polis Koleji'ni dönem birincisi olarak bitirdim, 1992 yılında Polis Akademisi'ni dönem dördüncüsü olarak bitirdim ve FBI Akademisi'nde eğitim görürken, oradaki en genç birkaç kişiden birisiydim. Ve bu genç yaşımızda, "daha güzele, daha iyiye nasıl ulaşırız?" diye araştırmalar yapıyoruz. Üniversitelerden destek bekliyoruz, eğitim-öğretim kurumlarından destek bekliyoruz. Bu konuda Teşkilâtımızın büyükleri, bize her konuda destek olmaya açıklar ve "daha iyisini, daha güzelini yapalım" diyoruz. (...)

Bir de eklemek istediğim küçük bir husus; kitabın ikinci baskısında başlık farklı olacak. Hukukçularımız "suçlu" kelimesinin kullanılmasını uygun bulmadılar. Biz, yaptığımızın farkındaydık fakat, polisiye anlamda düşündüğümüz için, "suçla bir ilgisi olsun kitabın" dedik ve "Suçlu Sorgulamaları" dedik.

Hulki Cevizoğlu - Suç mu işlediniz yani?..

Ahmet Kule - Hukukî olarak yanlış yapmıştık, bunu anladık. Kitabın ikinci baskıdaki başlığı farklı olacak.

Hulki Cevizoğlu - "Hukukî olarak yanlış yaptık" demenin Türkçe'si, "suç işledik" demektir. Çünkü, suçu tanımlarken, "normal davranışlardan sapma" demiştiniz; yani suç mu bu kitabın adı?..

Ahmet Kule - Bu, küçük bir suç, kusur, hata; öyle kabul ediyoruz.

Hulki Cevizoğlu - Peki.

Çok teşekkür ediyorum size, programa katıldınız ve cesaretle fikirlerinizi; kısmen kendi fikirlerinizi, kısmen de bilimsel fikirlerinizi ortaya koyduğunuz için.

Değerli izleyiciler, bu gece suçlu sorgulamaları ve itirafların nasıl yapıldığına değinmeye çalıştık.

Pilot Komiser; ama, eski sorgulama uzmanı, bu işin profesyoneli Sayın Ahmet Kule konuğumuz idi.

Zannediyorum, önemli mesajlar verildi; hem potansiyel sanıklara, hem mevcut sanıklara, hem sorgulayacak insanlara. Umuyoruz, hepsi insanî ölçüler içinde gelişir, devam eder.

Haftaya görüşmek dileğiyle, iyi sabahlar.

Hoşça kalın.

5. BÖLÜM
ÇOK YÖNLÜ BİR RÖPORTAJ ÖRNEĞİ
(21 yıl önceki sorularım)

AZİZ NESİN
(DÜŞÜN VE MİZAH USTASI İLE RÖPORTAJ)[116]

SUNUŞ (Hulki Cevizoğlu)- İyi akşamlar efendim. Bu akşam çok tanınan, çok boyutlu bir konuğumuz var. Herkes onu değişik boyutlarıyla, değişik biçimde tanıyor. Biz bu akşam kendisiyle, bütün bu boyutlarını ele alarak tartışacağız. Sizlerden gelen telefonlara da sayın konuğumuz cevap verecek. Bu akşamki konuğumuz Gazeteci Yazar Sayın Aziz Nesin.

Hoş geldiniz efendim. Siz genellikle, anılarınızdan söz etmeyi sevmeyen bir insan olarak tanınıyorsunuz. Ya da benim istihbaratım o yönde. Ama bu akşam zaman zaman geçmişte kalan gerçeklere de dönerek anılarınızdan söz edeceğiz. Dilerseniz, önce edebi yönünüzle ve yaşantınızla başlayalım.

Size, "Günümüzün Nasreddin Hocası" diyen çevreler var, siz bu tanımı kabul ediyor musunuz? Nasreddin Hoca ile benzerliğiniz var mı? Mizahçı ve hicivci olarak tanınıyorsunuz da, siz kendinizi nasıl tanımlıyorsunuz?

Aziz Nesin - Teşekkür ederim. Nasreddin Hoca ile özdeşleşmek bir onurdur. Tabii bir bakıma benzer yanlarımız var, ama Nasreddin Hoca, aslında bir Lejander, toplumsal bir kişidir. Yani yaşayıp yaşamadığı bile kuşkulu. Birtakım belgeler bulunmuştur hakkında ama, o fıkraların, Nasreddin Hoca fıkralarının, kendisinin olup olmadığı kesin değildir.

Ama Nasreddin Hoca'nın belli bir felsefesi vardır, her fıkra ona maledilemez, bazı fıkraları kabul etmez, reddeder ve böylece bir maşeri (kollektif) mizah kahramanı olarak ortaya çıkıyor. Yaşamış olması yani tarihsel bir kişi olması o kadar önemli değil, ama toplumsal bir kişiliği var ki, asıl önemli olan da budur.

O bakımdan benzetmek, o felsefeye uygun gülmece yazmam bakımından doğrudur. Bu felsefenin, tabii bu mizah türünün özelliği bütün dünyadaki halk mizahına koşut olmasıdır. O da ayrı bir konu. Hangi

---

[116] Cevizoğlu, Hulki, **Ceviz Kabuğu Programı**, HBB Televizyonu, 21 Kasım 1994, Pazartesi. Bu TV röportajının tam metninin yayınlandığı kitabım için bakınız: Cevizoğlu, Hulki, **"Ceviz Kabuğu- Geçmiş Zaman Olur ki"**, Ceviz Kabuğu Yayınları, Ankara, Haziran 2009, s.1-75.

gülmece, halk gülmecesidir gibi bir konu. Ben bunla övünç duyarım tabi o benzetmeden dolayı, 750 senelik meslektaşım.

"AYIPTIR AMA, ELBETTE USTAYIM"

Hulki Cevizoğlu - Siz kendinizi "mizahçı" olarak mı görüyorsunuz, "hiciv ustası" olarak mı görüyorsunuz? Kendinize "usta" diyor musunuz?

Aziz Nesin - İnsanın kendisine usta demesi ayıptır. Evet Türkler bunu söyleyemez. Örneğin başka uluslar, hatta bizim Türk soyundan gelen uluslar bile kendilerine alim, bilgin, birinci, şair diyebilirler. Türkler, şairler de kendilerine ben şairim diyemezler. O bakımdan, ben usta mıyım, değil miyim, bu benim kararımla olacak bir şey değil. Ama içimden geçeni söyleyeyim ki, kendime elbette usta diyorum.

Hulki Cevizoğlu - Efendim ustalığınıza döneceğiz. Bugün 79 yaşındasınız sanıyorum, geçtiğimiz günlerde de Amerika'daydınız ve Amerika'dan yeni bir ödülle döndünüz. Sizin altınla başlayan, yani Altın Palmiye gibi pek çok ödülünüz var. Bu Amerika'daki ödül basın özgürlüğü ödülü idi. Bundan biraz söz eder misiniz?

Aziz Nesin - Amerika'daki ödül, Basın Özgürlüğü Komitesi, Gazeteciliği Koruma Komitesi diye bir komite var, büyük de bir bütçesi var, onların düzenlediği bir ödül. Üç kişi vardı, aslında beş kişi ama üç tanesi oraya gelmişti.

Ödülü alan kişiler, kişi veya birlikler vardı, ben kişi olarak bu ödülü almış oldum. Şimdiye kadar verdiğim savaşım dolayısıyla bu ödülü aldım.

Orada daha çok ben bu ödül dolayısıyla kendi mesajımı vermeye çalıştım. Daha önce İsveç'te de aynı şeyi yapmıştım, burada da yapıyorum. Beş altı yıldan beri uğraşıyorum, dünya için en büyük tehlike olan dinsel gericilik, Fundamentalizmle savaşım vermek için bir uluslararası konferans düzenlenmesini öneriyorum. İsveç'te bunu önerdim. İsveç Yayın Kulübü'ne Yazarlar Birliği'ne, Milli Ulusal UNESCO Komitesi'ne, aynı şeyleri Amerika'da da yaptım ve çok iyi yanıtlar aldım. Hatta o kadar iyi yanıtlar aldım ki, ben burada da PEN Kulübü'nün kurucu üyelerinden birisiyim. Yazarlar Sendikası'nın hem kurucularından biriyim, hem de 15.5 yıl başkanlığını yaptım. Ama oradaki yaptığım önerileri 5 yıldan beri yaptığım halde her kurultayda bir sonuç alamadım. Doğrusu burada, kendi ülkemde şimdi yeniden bunun savaşını vermekteyim.

"FUNDAMENTALİZM DÜNYANIN BAŞAT SORUNU"

Hulki Cevizoğlu - Yani Amerika'daki mesajınız, dünyadaki köktendincilik akımlarına karşı birlikte olunması mesajı mıydı?

Aziz Nesin - Birlikte olunması ve laiklik, hoşgörü; yani toleransın tam karşılığı mı tartışılıyor, bence tam anlamıyla bir sözcüğün karşılığı bulunamaz, bence karşılıyor hoşgörü.

Hoşgörü, laisizm ve fundamentalizm üzerine bir uluslararası konferans öneriyorum. Çünkü bu tehlike, bir ülkeye özgü bir tehlike değildir. Bütün dünyayı ilgilendiren başat tehlikedir, dünyanın ortaklaşa sorunudur. O yüzden de böyle bir konferansın yapılmasını öneriyorum; her gittiğim yerde bunu konuşuyorum. Bazı gerekçelerle de konferansın İstanbul'da düzenlenmesini istiyorum. Çünkü bunun nedenleri şu: Türkiye fundamentalizmin gittikçe büyüyen, artan, şahlanan durumu karşısında bir tehlike gösteriyor bu bir. İkincisi, coğrafya bakımından bulunduğu yer böyle bir konferansın düzenlenmesine çok elverişlidir. Böyle bir konferans Türkiye için çok önemli ve acil görünüyor.

(...)

Bu büyük tehlike ve herkesin bu tehlikeyi görmesi gerekli. Büyük bir olay, yalnız Türkiye'ye değil. Bugün fundamentalist yönetimin iktidarda olduğu ülkeler var. İran gibi ve onunla hiç benzemez biçimde Suudi Arabistan gibi. Şeriatın yürürlükte olduğu ülkeler var.

Ve bugün İstanbul Belediye Başkanı (RP'li Tayyip Erdoğan) "Ben şeriatçıyım" diyebiliyor. "Ben şeriatçıyım" demek ne demektir? İslam'ın değişmez yasası olan Kuran'ın hükümlerinin tabi ve uygulanması gerekir demektir. Bu ise insan haklarına aykırı bir davranıştır, şeriatçı olmak ve biz buna karşı hiç sesimizi çıkarmıyoruz.

"BİR MÜSLÜMAN, İSTANBUL'DA *'MUHAMMED'İN YOLUNA GİRİN'* DİYE BAĞIRABİLİR"

(...)

... Yaşamımda ilk kez Amerika'ya gittim, 80 yaşımda. Bir aya kala gittim, onun için bütün sorunları bilmiyorum. Ama gözlemlediğim olaylar var. Örneğin New York'ta bir caddede geceleyin bir insan "İsa'nın Yoluna Girin" diye hoparlörle bağırabiliyor. Ve ben bunun bağırmasına da karşı değilim.

Nitekim bir Müslüman da pekala İstanbul'da veya başka bir yerde "Muhammed'in yoluna girin" diyebilir, diyebilmelidir. Ama bunun tersi de olabilmelidir, aynı özgürlüğü dinsize de tanımak gerekiyor. Yani birinin ağzını kapatıp, birinin ağzını alabildiğine açması doğru değildir. Zaten İslamlar bunu her zaman yapıyorlar, çünkü ezan bir İslamlığa çağrıdır.

Hulki Cevizoğlu - Zaten bizim dinimizde, dinsizlere de hoşgörüyle yaklaşım yok mudur? Din bir tebliğdir.

Aziz Nesin - Hayır, efendim hayır. Dinsizleri dine, hak dinine getirmek emri vardır. Dinsizlere hiç hoşgörü yoktur.

Hulki Cevizoğlu - Ama yüce kitabımızda, Peygamberimizin bile görevinin tebliğ etmek olduğu, dinde zorlama olmadığı yer alıyor.

Aziz Nesin - Olur mu efendim? Bütün bu savaşlar nereden çıkmış, her dinde vardır bu zorlama. Misyonerler, gördüğünüz misyonerler, örneğin Filipinler nasıl işgal edilmiştir, nasıl Hıristiyanlık girmiştir? O misyonerler yumuşak görünüşleri altında yapmadıkları kalmamıştır. Tabii yumuşakları da vardır, hele Müslümanlarda haçlı seferleri, bunlar yumuşak şeyler midir yani? Tatlı tatlı yapılmış şeyler mi? İnsanlar ölüyor.

Hulki Cevizoğlu - Ama bunlar, insanların yaptığı hareketler, dine mal edilebilir mi?

Aziz Nesin - Din de insanlar için yapılmıştır, makineler için yapılmamıştır ki. İnsanlar, işte insanlara yol gösteriliyor. İnsanlara gösterilen yol, savaş yoludur.

Bütün savaşların çıkış nedenleri bakımından, siz tabii kendi yetişmeniz bakımından daha iyi bilirsiniz, dinden ve milliyetçilikten çıkmıştır.

Hulki Cevizoğlu - Ekonomi savaşları da olmuştur, günümüzde de var.

Aziz Nesin - Hiçbirisi. Ekonomik savaşlar, esas nedendir, ama dış neden insanları kandırma nedeni, din ve milliyetçiliktir.

Ekonomik nedenle savaş çıkmış gösterilemez, aslında öyle çıkar hepsi ekonomik nedenden çıkar ama, insanlara, çünkü insanlar ekonomik nedenden ölmezler, ama insanlar cennete gitmek için ölürler. Ve öyle ölmüşlerdir.

"SEVMEYENİM ÇOK, HATTA DÜŞMANLARIM ÇOK"

Hulki Cevizoğlu - O bölüme döneceğiz. Siz dünyada, belirttiğiniz gibi çok sayıda ödül aldınız. Ama nedense Türkiye'deki edebiyatçı dostlarınız belki sizi anlamadı. En az ödülü Türkiye'de aldınız. Başka aldığınız ödülünüz var mı? Hatırlatın lütfen.

Aziz Nesin - Başka olacak, bir-iki ödül ama yani...

Hulki Cevizoğlu - Varsa da en az Türkiye'de aldınız, bunun nedeni neydi acaba sizce?

Aziz Nesin - Bunun nedeni, siz anlamadılar falan diyorsunuz, tam tersine Türkiye'de beni en çok anladıkları için az ödül aldım. Hatta o kadar anladılar ki, hiç ödül vermemeleri gerekir.

Hulki Cevizoğlu - Bunlar edebiyat çevresi, sizin çevreniz, sizin meslektaşlarınız.

Aziz Nesin - Bunun birçok nedenleri var, ama nedeni ben söylemek istemiyorum. Onu gerçek bir edebiyat tarihi günün birinde belki yazacaktır. Ama ben hiçbir edebiyat ekolüne, okuluna kliklere, tekkelere, gruplara girmedim. Çok özgürce düşüncelerimi söyledim. Bunlar tabii ödül almak gibi olaylarda, çok aleyhime oldu.

Hulki Cevizoğlu - Uzun yıllar Türkiye Yazarlar Birliği Başkanlığı yaptınız. Nasıl başardınız bunu, bu kadar sevmeyeniniz varken?

Aziz Nesin - Sevmeyenim çok, hatta düşmanlarım çok...

Hulki Cevizoğlu - Peki nasıl başardınız bu başkanlığı?

Aziz Nesin - Belki de o yüzden başardım. Nitekim, yani bunu başkaları söylemelidir. Benim 16 yılda, çok zor koşullarda 7 senesi askeri mahkemelerde geçti. Çok zor koşullarda, arkadaşlarımla birlikte, yönetim kuruluyla birlikte neler yaptığım biliniyor, şimdi de sendika var, çok daha olanaklı. Benim başkanlığım sırasında sendikanın bu kadar maddi gücü yoktu. PEN kulübü de öyle. Herhalde bir yanlışlık var, nerede var onu söylemek bana düşmüyor, istemiyorum, hoşuma da gitmiyor.

"KAHRAMAN TÜRK HALKININ % 90'DAN FAZLASI KORKAKTIR"

Hulki Cevizoğlu - Ama söyleyin. Sizi bulmuş, bu fırsatı yakalamışken, sizin bunları söylemenizde yarar olabilir. Bunlar birer belge yerine geçer.

Aziz Nesin - Ben genel şeyleri söyleyebilirim. Türk aydını % 60 aptal gibi bir laf söylemedim. Tabii bunlar ara sıra konuşulan bir sözdür. % 30 şöyleyiz, % 70 böyleyiz gibi şeyler vardır. Bu oran saptanmış bir oran, istatistik rakamlar değildir. Şimdi ben yine başka bir şey söyleyeyim. Türk halkının % 90'dan fazlası korkaktır, kahraman milletimiz bence korkaktır.

Ama ben aydınları söylüyorum, aydınların da % 90'a yakını korkak. Bu korkaklığı kanıtlanmıştır, korkaklığı ortaya çıkmıştır. 12 Eylül'de ortaya çıkmıştır. Çok ilginç bir şey. 27 Mayıs'ta Anayasa, Türkiye Cumhuriyeti'nin en iyi, en olumlu Anayasası'na insanlar % 60 küsur oy verdiler. T.C.'nin en kötü Anayasasına Türk insanı % 92 oy verdi. Aradaki farka bakın.

Hulki Cevizoğlu - Bu korkaklıktan mı kaynaklanıyor diyorsunuz?

Aziz Nesin - Tabii, aydınların rehber olamamasından, tabii bir çok nedenleri var. Toplumsal olaylar tek nedene bağlanamaz ama başka nedenler vardır.

Türk aydınları korkaktır, ben öyle düşünüyorum. Bu korkaklığı değişik biçimlerde gösterir. Bakarsınız Türk aydınının korkak olduğunu anlayamazsınız, çünkü kendi alanında edebiyat yapıyor, sanat yapıyor, güzel de yapıyor, başarıyor da. Güzel başarılar var, adları hemen aklınıza gelir ben ad söylemek istemiyorum. Roman yazıyor, şiir yazıyor başarılı. Ama politik olarak...

Hulki Cevizoğlu - Cesaretini ve korkaklığını gösterecek bir olayın içinde olmadıkları için mi belli olmuyor diyorsunuz?

Aziz Nesin - Belli olmuyor tabii.

Hulki Cevizoğlu - Peki siz nasıl anlıyorsunuz bunu? 12 Eylül olayının dışında, bunlar madem cesaretlerini, korkaklıklarını belli etmediklerine göre, siz dışarıdan bir gözlemci olarak bu insanların % 90'ının korkak olduğunu nasıl tespit ettiniz?

Aziz Nesin - Onlarla birlikte yaşıyorum ben.

Hulki Cevizoğlu - Yanılmış olamaz mısınız?

Aziz Nesin - Olabilirim, her insan yanılabilir, ben de yanılmış olabilirim. Yüzde yüz doğrudur demek düşüncesi de bir ayrı bağnazlıktır. Yanılma payı bana ait tabii. Ben kendi yanılma payımı göremem, başkaları düşünebilir. Ben bunu kanıtlayabilirim korkaklıklarını, Türk aydınının korkaklıklarını, en dar zamanlarda, Türkiye'nin en çok aydına gereksindiği zamanlarda, seslerini çıkarmamışlardır.

Türk aydını derken yalnız yazarları kastetmiyorum tabii. Dişçisi, hekimi, mühendisi, okumuş ve aydın düzeyine gelmiş bir insan. Yani, daha doğrusu, Türkiye aydını olarak, Türk halkına borçlanmış insanları kastediyorum. En bunalımlı zamanlarda, en sesini çıkarmayan kesim aydınlar olmuştur.

Hulki Cevizoğlu - Peki siz Türk halkının yüzde doksanından fazlası korkaktır dediniz...

Aziz Nesin - Bu rakam tabii istatistik rakam değil, % 90 değildir de, % 60'tır filan neyse.

Hulki Cevizoğlu - Oran önemli değil ama, Türk halkının "aptallığı" cümlesinden sonra bir de "korkaklığını" eklemiş oldunuz.

Aziz Nesin - Başka ekleyeceğim çok şeyler var.

Hulki Cevizoğlu - Mesela ne diyebilirsiniz?

Aziz Nesin - Sahtecilik var, ikiyüzlülük var, tembellik var. Bunlara herkes karşı gelecektir ama, yalancılık var. Ama oranı nedir, orasını bilmiyorum tabii. Türk halkı derken, Fransız halkı zekidir, Amerikan halkı cesurdur, onu demek istemiyorum. Her ülkenin korkakları, aptalları, tembelleri vardır. Oran? Onu o memleketin yazarları söylesinler, düşünsünler ve söylemişler de. Birçok klasik yazarlar kendi ülkeleri halklarının kusurlarını yazmışlar ve söylemişlerdir. Ben daha çok kendi halkımdan sorumluyum, dünyadan sorumlu olmakla birlikte bir yazar olarak, kendi halkımdan daha çok sorumluyum.

"BİR HALK SÜREKLİ DESPOTİZM ALTINDA YAŞAMIŞSA, İYİ OLMASI MÜMKÜN DEĞİLDİR"

Hulki Cevizoğlu - Bizim halkımızın "iyi yönlerini" de teşhis edebildiniz mi?

Aziz Nesin - Bizim halkımızın iyi yönleri, kötü yönlerinden daha azdır. Bunun da nedenleri var yani.

Bir halk sürekli despotizm altında yaşamışsa tarihi boyunca, bu halkın genellikle, çoğunlukla iyi olması mümkün değildir. İyilik Allah tarafından insana verilmiyor, insanın yüreklerine "Bu iyi olsun, bu kötü olsun" diye ayırt yapılamıyor. Çünkü bu en büyük haksızlık olur, ya da zeki, bu insanlar zeki olsun, bunlar aptal olsun. Böyle bir şey yok tabii. Ama Türk insanı taa eski dönemden beri, elbette yani insanı...

Hulki Cevizoğlu - Yani insanlar sonradan oluyorlar.

Aziz Nesin - Aptallaştıran bazı etkenler vardır. Bu etkenler olmasa hiç de aptal olmayız. Nitekim bir kuşak, iki kuşak önce soyları yamyam olan insanlar iki kuşak sonra bakıyorsunuz ki, en uygar yere geliyorlar. Bunları yaşıyoruz, görüyoruz bunları. Birinci sınıf doktor oluyor, birinci sınıf mühendis oluyor. Hatta yaratıcı yere gelebiliyor, iki-kuşak, üç kuşak farkla.

Yani "Türk insanı aptaldır derken" "Türk insanı aptal yaratılmıştır, aptal kalacaktır" anlamına değil tabii. Bu bir üzüntü, bir acı, bir çığlık, niye? Düşünmek gerekiyor, niye % 60'ı aptaldır veya % 70'i. Şimdi ilk kez ben bu lafı söyleyince, itirazlar geldi biliyorsunuz, mahkemeler açıldı, vatandaşlar...

"BU DEVLETİN BANA TÖREN YAPMASINI İSTEMİYORUM"

Hulki Cevizoğlu - Efendim, isterseniz o bölüme girmeyelim, oraya gelince birlikte düşüneceğiz. Türk halkı hakikaten sizin dediğiniz gibi midir, yoksa hakikaten onur duyacağı özel yetenekleri var mıdır? Dünya ulusları arasında yeri nedir? Onu birlikte düşüneceğiz, seyircilerimiz de, izleyicilerimiz de bize katılacaklar.

Ama edebiyatla başladık, önemli bir edebiyatçı konuğumuz var. Biz kendisine bağlanmadan önce, şu Amerika gezinizi bağlayalım. Çünkü daha sonra Amerika ile ilgili başka sorularımız da olacak.

Siz Amerika'dayken, aldığınız bu ödül nedeniyle Cumhuriyet Halk Partisi'nden bir milletvekili Türkiye'de devlet töreniyle karşılanmanız gerektiği yolunda bir açıklama yaptı. Siz, "Bazı sözleri benim söylemem uygun olmaz" diyorsunuz ama, gönlünüzden Devlet Töreni ile karşılanmak geçti mi?

Aziz Nesin - Hiç böyle bir şeyi ne düşünüyorum, ne de istiyorum. Çünkü bu devletin bana tören yapmasını istemiyorum. Bu devlet benim, bakın, yabancı yazarlar kongrelerine sık sık gidiyorum, çağrılı olarak. Yabancı yazarlar konuşurken orada, benim devletim, benim hükümetim, benim bakanım, benim bakanlığım gibi sık sık söylerler bunu.

Hulki Cevizoğlu - Bir ciddiyet duygusu var.

Aziz Nesin- Ben hayatım boyunca, benim devletim, benim cumhurbaşkanım, benim başbakanım, benim parlamentom diyemedim.

Hulki Cevizoğlu - Hükümetle devleti eş mi tutuyorsunuz siz?

Aziz Nesin - Eştir, kesin eştir. Devletin yaptırım organı hükümettir, devletin en büyük organı, en örgütlü olduğu devlettir, hükümet devlettir. Zaten halk da bunu bilmeyerek aynı kalıba sokmuştur ki, doğrudur. Hükümet demek devlet demektir. Devlet, nasıl devlet olduğunu gösterir, hükümet aracıyla gösterir. Hükümetler olması devlet nasıl yapacak.

Hükümetsiz bir devlet olamaz. Ya tek başına olur, hükmeden birisi olacak, ya da birileri olacak.

Hulki Cevizoğlu - Ama bugün beğenmediğiniz bir hükümet yarın değişebilir, beğendiğiniz bir hükümet gelebilir. Bunun için devleti suçlamak doğru mu?

Aziz Nesin - Ben yaşarken olmadı öyle bir şey, yaşamım süresince olmadı; bu gidişle yaşadığım sürece de olmayacak. En uzun vade 10 yıl yaşasam bu görünüşe göre böyle bir hükümet gelmeyecek, gelemeyecek.

Yani imreniyorum, özeniyorum. Ben de diyorum ki, benim devletim, benim bakanım, benim hükümetim diyebileceğim bir hükümet olsun.

"ŞAŞIYORUM, BU KADAR GÜZEL BAYRAĞI NASIL YAPMIŞIZ?"

Hulki Cevizoğlu - Vaktiyle bunları söylemişsiniz Aziz Bey, onları hatırlatacağım size. Vaktiyle "En iyi dalgalanan benim bayrağım" dediğiniz yerler var.

Aziz Nesin - Şimdi yine aynı şeyi söylüyorum, Türklerin çok az iyi şeyleri vardır, bunlardan bir tanesi de bayraktır. Hatta şaşıyorum, böyle, bu kadar güzel, bu kadar estetik bayrağı nasıl yapmışız, nasıl bulmuşuz diye şaşıyorum.

Hulki Cevizoğlu - Türk insanının estetik ruhundan kaynaklanan bir bayrak olsa gerek.

Aziz Nesin - Ama Türk insanlarına bakıyorum, açık ve doğru konuşurum her zaman, konuşmak da gerekir. Bu insanlara bakıyorum, bu insanların estetik.....

Hulki Cevizoğlu - Nasıl çıkmış bu bayrak diyorsunuz, o zaman siz yanılıyorsunuz demek ki.

Aziz Nesin - Olabilir, ben yanılıyor olabilirim.

Ama ben bu insanları görüyorum. Başka bir şeye de şaşırıyorum. Bu Mustafa Kemal nasıl çıkmış?

"BEN ATATÜRKÇÜ DEĞİLİM"

Hulki Cevizoğlu - Siz Atatürkçü müsünüz efendim?

Aziz Nesin - Hayır, ben Atatürkçü değilim.

Hulki Cevizoğlu - (*Telefon hattındaki yazar Demirtaş Ceyhun'a dönerek*), (...) kitabınızda Aziz Nesin için "heykeli dikilecek adam" dememişsiniz de "asılacak adam" demişsiniz.

"BU KAOS DÖNEMİNDE, NE MEZAR TAŞI, NE MEZAR, NE DE HEYKEL İSTERİM"

Aziz Nesin - Eğer böyle bir şey olsa, Türkiye'de heykelimin dikilmesini hiç istemem, çünkü yıkılacak bir şeyi neden diktireyim.

Çünkü Türkiye'de bir kargaşa dönemi yaşıyoruz, bir kaos dönemi yaşıyoruz, böyle bir dönemde ne mezar taşı isterim, ne mezar isterim, ne heykel isterim.

Hele devletten, resmi yerlerden hiçbir şey istemem, iste gölge etmesin başka ihsan istemiyorum devletten ve bugüne kadar da devletten herhangi bir şey almadım, bununla da övünüyorum. Bazı ufak-tefek öneriler de geldi, şu olur musunuz, bunu yapar mısınız? Şu yüksek yere geçer misiniz? Bir defa Yüksek Kültür Kurulu'na girdim, ondan memnunum, çünkü parasızdı. Biz uçak parasını cebimizden vererek Ankara'ya gidip, kültür hizmeti olduğu için bunu yaptım.

Devlete, hükümete, resmi makamlara, hizmet edici hiçbir şey yapmadım. Ben ne maaşlı yurtseverim, ne de böyle bir yurtseverim. Benim hizmetlerim elbette olmuştur. Bunlar hep amatörce ve gönülden olmuştur.

Hulki Cevizoğlu - Kültür Bakanlığı'nın abonelikleri ya da toplu kitap alımları oluyor, çeşitli dergileri, kitapları, yayınları. Sizin çok satan kitaplarınızdan Kültür Bakanlığı aldı mı? Herhangi bir maddi desteği oldu mu? Hükümetten almamışsınız ama, bir kültür desteği biçiminde yayınevinizden kitap almış olabilirler mi?

"KİTAPLARIMA GAYRİ-RESMİ YASAK KOYUYORLAR"

Aziz Nesin - Ben bunu bilmiyorum doğrusu. Yayınevine kitaplarımı vermekten başka ilişkim yok. Adam Yayınevine kitaplarımı veriyorum. Belki almıştır, belki almamıştır, hiç haberim yok. Ama yalnız şunu biliyorum, yakın zamana kadar oldu kitaplığına benim kitaplarım girmedi, okul kitaplığına girmezdi, resmi kitaplıklara girmezdi. Hatta bugün bende, çok acı, çocukların mektupları var, öğrencilerin; elinde benim kitabı görürlerse o çocuğu cezalandırıyorlar, hatta okuldan çıkarıyorlar.

Hulki Cevizoğlu - Yasak kitap sayılıyor.

Aziz Nesin - Gayri resmi yasak kitap, benim kitaplarım yasak değil, açık ve legal kitaplardır. Ama bunlar açıkça ama gayri resmi yasak koyuyorlar. Orduya girmez, resmi yere girmez, okuyanlara kötü gözle bakılır, çünkü adam olacaklar okurlarsa, öğrenecek, bazı şeyleri düşünmesini öğrenecek.

Hulki Cevizoğlu - Ama Sayın Nesin sizin kitaplarınız boyunuzu aştı.

Aziz Nesin - Benim boyum kısa da ondan.

Hulki Cevizoğlu - Onu da söyleyecektim. Muhalifleriniz, boyunuz kısa olduğu için boyunuzu aştı diye size takılıyorlar. Ama boyunuz kısa da olsa, kitaplarınız aştı sonuç olarak boyunuzu. Bu kadar çok kitap yazdınız, kitaplarınız bu kadar çok sattı. En çok satan ve en çok kazanan yazarlardan biri olarak tanındınız Türkiye'de.

Benim kitaplarımı okurlarsa adam olacaklar dediniz ama, bu kadar çabaya rağmen yine kimseyi adam edemediniz mi?

Aziz Nesin - Hayır öyle bir iddia doğru değil. Bu memlekette adam olacaklar derken, ben adam edeceğim anlamına söylemedim. Ama genelde kitapların az satışı, özellikle liberal, demokrat sol kitapların az satışı günden güne; bugün şöyle bir iddia var, "Türkiye'de kitap okunmuyor." Türkiye'de kitap, tarihinde olmadığı kadar çok okunuyor. Hangi kitap okunmuyor, özgür düşünceli kitaplar okunmuyor. Onların okurları gittikçe azalıyor. Dinsel gericilik kitapları, dinsel kitaplar, sağ kitaplar, sağcı kitaplar hiç olmadığı kadar okunuyor ve destek görüyor. Çoğu bankalar, çoğu yarı resmi yerler, askerler, ordu resmi olarak bunları devlet kurumları hep almaktadır, öteden beri.

Bunlara el altından türlü yardımlar yapılmaktadır. Ama demokrat yazarlara böyle bir şey olmuyor ve gittikçe azalıyor okur.

12 Eylül'den sonra büsbütün azalmıştır. Son TÜYAP olayı bir olay, o kadar baskı yapıldı ki, ona karşı bir tepki olarak bu olayı görüyorum.

(...)

SALMAN RÜŞTÜ'NÜN "*ŞEYTAN AYETLERİ*"Nİ ÇEVİRME GİRİŞİMİ

Hulki Cevizoğlu - Peki dediniz ki, özellikle Arap ülkelerinde kitaplarınıza telif ücreti ödemeden, sizin haberiniz olmadan basılıyor, yayınlanıyor.

Ama siz de böyle bir olaya karıştınız, sizde daha sonra tartışacağımız Salman Rüştü'nün kitabını bir gazetemizde yayınladınız, telif hakkı sorunu oldu, sonra Avrupa'ya gittiğinizde sanıyorum karşılaştınız ve-Almanya'da mıydı- barıştınız, aranızda anlaştınız. Siz niye bir başkasının kitabını yayınladınız gazetede?

Aziz Nesin - Olur mu öyle şey?

Hulki Cevizoğlu - Basına öyle yansımıştı, nasıldı o işin aslı?

Aziz Nesin - Ama kaç kere düzelttim. Aydınlık Gazetesi. O çeviri benim çevirim değil ben çevirmedim. Bakın burada ilan ediyorum, gazete bir onu benim haberim olmadan başka birisine çevirtmiştir. Ben yapar mıyım öyle şey? Benim ayrıca, insanların bir geçmiş hayatı var. Ben 55 yıllık profesyonel yazarım. Şimdi, tabii herkes de beni tanımaya mecbur değil. Bilmeye mecbur değil.

Hulki Cevizoğlu - Şu anda tanıyorlar ve biliyorlar ülkenin...

Aziz Nesin - Ama şöyle tanımalarını isterdim doğrusu: Aziz Nesin'de ne adam böyle şey yapmaz telif hakkı ödemeden. Ben Salman Rüştü'nün ajansıyla telif hakkı anlaşması yaptım.

Hulki Cevizoğlu - O, Aydınlık'ta çıkan yazıdan daha sonra mı önce mi?

Aziz Nesin - Önce mi sonra mı bilmiyorum. Fakat onları ben çevirmedim Eğer çevirmiş olsaydım, burada ben çevirmedim diyemezdim. Ama çevirmediğimi, o çevirilerin benim tarafımdan çevrilmediğini kaç kez yazdım.

Hulki Cevizoğlu - Gazete sizin çevirmediğiniz yazı üzerine imzanızı mı koydu?

Aziz Nesin - O çevirilerde benim imzam yok ki.

Hulki Cevizoğlu - Yok. Peki nasıl size mal edildi?

Aziz Nesin - İşte ben ilk çevirme olayını çok daha önceden Yazarlar Sendikası'nın Kongresi'nde söylediğim için. Arkadaşlara şunu söyledim kongrede: Bu kitabı çevirmek gerekiyor, bir yasağa karşı gelmek için. Ve hükümet kararıyla yasaklandığı için. Efendim başka kitaplar da var yasaklanmış, onlara niçin...... Onlar hükümet kararıyla değil, onlar yasal olarak... Bu hükümet kararnamesiyle yasaklanmıştır, buna karşı gelmemi gerekiyor, bu kitabı müşterek imza ile, ortaklaşa imza ile kaç yazar, yüzden fazla yazar imza verdi. Ama sendika buna girişmedi. İkincisi kongrede tekrar söyledim. Ve bugün gerçekleştirmeye çalıştığım konferansın çekirdeğini atmak istedim. Böyle bir konferans yapalım, ulusal toplantı yapalım, yapmamız gerekir, bu bizim görevimizdir, bu korkaklığın gereği yoktur diye.

"EN GÜZEL YAZILARIM DOSYA İÇİNDE DURUYOR, BASILMADI"

Hulki Cevizoğlu - Siz Türkiye'de edebi alanda edebiyatçılığınızdan kaynaklanarak, politika yapıyorsunuz. Önderlik yapmaya çalışıyorsunuz, insanları...

Aziz Nesin - Afedersiniz, hiçbir zaman önderlik yapmaya çalışmıyorum. Yaptığım bazı şeyler var ama hep birlikte yapmak istiyorum. Bazı şeyleri birlikte yapamayınca kendim zorunlu olarak onu sırtlamak durumunda kalıyorum.

Hiçbir zaman önderlik, ben önder olurum, ne politik ne edebiyat bakımından, ne Yazarlar Sendikası başkanı olayım.

Benim bir tek istediğim şey var. Benim zamanım olsun, ben kendimle yalnız kalayım ve durmadan yazayım. Benim yazacak yazılarım, konularım o kadar çok ki, bir gün vakfa gelseniz göreceksiniz, dolaplar dolusu her konuda dosyam var. Diyelim oyun konusunda en az kırk elli tane dosya var, yazılmış notlarla.

Hulki Cevizoğlu - Yani, "Yazdıklarım kadar yazılacak şeyim var" diyorsunuz.

Aziz Nesin -Hayır yazdıklarım kadar değil efendim, yazdıklarımın 20 katı,. 100 katı var. Halen bunların notları var, dosyalar dolusu duruyor. Ne yapacağım bilemiyorum. Şöyle bir şey, hani yemek yerken insan tatlıyı en sona bırakır. Ben de kendime göre en güzel sandığım yazılarımı en sona bırakmıştım.

Hulki Cevizoğlu - Bizim de bazı soruları sona bıraktığımız gibi...

Aziz Nesin - Ama tam o sırada işte yaşlandım ve gözüm zayıfladı. Şimdi mektup, gazete, kitap okuyamıyorum, bunları çocuklarıma okutuyorum. Yazı yazmak da benim için çok zor oldu. İşkence oldu hatta. Ama o işkence içinde ben kendim mutluyum.

NAZIM HİKMET VE ORHAN KEMAL'E BAKIŞ

Hulki Cevizoğlu - Çocuklarım derken, bilmeyen izleyicilerimize açıklayalım. Vakfınızda yetiştirdiğiniz çocuklarınızı kastediyorsunuz değil mi?

Sizin edebiyatçılar arasında iyi geçindiğiniz ve iyi geçinemediğiniz yazarlar var. Bunlardan bir tanesi Orhan Kemal'di. Bir vakitler iyi geçindiğiniz ama kendisini sevmediğinizi söylediğiniz bir yazardı. Daha sonra Nazım Hikmet'i de çok eleştirdiniz siz. Pek çok insan sizi sosyalist bir aydın olarak biliyordu. Nazım Hikmet'i sevdiğinizi zannediyordu ama siz pek çok yazınızda Nazım Hikmet'i eleştirdiniz ve dediniz ki, "Nazım da bir insandır, her insanın zaafları olabilir, ben de Nazım Hikmet'in bu zaaflarını anlatıyorum" dediniz. Orhan Kemal'le, Nazım Hikmet'e bakış açınızı biraz açar mısınız? İkisi farklı galiba sevmemeniz...

Aziz Nesin - Çok farklı, ben çok az yazar seviyorum.

Hulki Cevizoğlu - Kim efendim sevdiğiniz yazarlar? Yaşayanlardan var mı şu anda?

Aziz Nesin - Yaşayanı da, yaşamayanı da söylemek istemem. Çok az yazar seviyorum, çünkü çok az yazar beni seviyor.

Hulki Cevizoğlu - Yani karşılıklı mı?

Aziz Nesin - Tabii karşılıklı, beni sevmeyen insanı ne diye seveceğim.

Hulki Cevizoğlu - Peki siz büyüklük gösterip sevseniz onları, belki onlar da sizi sever.

Aziz Nesin - Hayır, sevgide büyüklük, küçüklük yoktur.

Hulki Cevizoğlu - Eşitlik vardır.

Aziz Nesin - Küçük yazarı da seversiniz, büyük yazarı da seversiniz. Yaş olarak da, şey olarak da.

Hulki Cevizoğlu - Yaş olarak kastettim.

Aziz Nesin - Ama sevmediğim yazarlar değerli yazarlarsa, onlara büyük yazar olmasından dolayı saygı duyuyorum. Benim sevip sevmemem edebiyat yönleri değil, insanlık yönleri. Bazı yazarları hiç sevmiyorum, hatta sevdiğim yazar pek pek azdır.

Hulki Cevizoğlu - Peki sevdiklerinize isim vermiyorsunuz, bu Nazım Hikmet'le, Orhan Kemal...

Aziz Nesin - Nazım Hikmet sevmediğim yazar değil, büyük saygı duyduğum, büyük borçlu olduğum yazardır. Benim sosyalist olmamın başlangıç noktası Nazım Hikmet'tir. Kendisine çok borçluyum ve Nazım Hikmet'i sevmemek benim için değil yani bir Türk için büyük kusurdur, büyük ayıptır. Ben hiçbir zaman böyle bir şey yapmadım.

Ama ben Nazım Hikmet'in gerçek yaşamını üç tefrikada yazacaktım, çok saldırı olunca bana, o tefrikalar uzadı. Ama şimdi işte benim yazacağım, yüzlerce dediğim, binlerce hatta, dosyadan bir tanesi de Nazım'ın biyografisi, monografisidir. Ama bilmiyorum yazabilecek miyim?

Hulki Cevizoğlu - Hangi yönlerini eleştirdiniz Nazım Hikmet'in siz, zaafları var...

Aziz Nesin - Nazım Hikmet'in eleştirilecek çok yönleri var. Burada böyle bir kaç şeyle söylemek olmaz. Ama bu eleştirilecek şeyler, ideolojik konular değildir, her insanın kişisel yaşamında yanlışları, benim de onun da olabilir. Bunları tabii görünce bir yazar yazması gerekir. Görüyorsa, bu, ben çok daha iyiyim, başkaları daha kötü anlamına gelmez.

Yani bütün Türkiye birçok bakımdan görmemiş bir ülkedir bunlardan bir tanesi de ünlü adam, değerli adam görmemiştir. Nazım Hikmet'i tarihimizdeki, işte kimimiz biliriz, işte dış ülkelerde, Nasreddin Hoca, Mustafa Kemal, Nazım Hikmet. Belki bir tane Mimar Sinan denebilir. Bugünkü birkaç kişi, 10 tane adam sayabiliriz, 20 tane adam sayabiliriz dünyada ünlü, yani bizim ünlümüz değil. Ya da müslüman aleminin ünlüsü değil, bütün dünyanın belli bir düzeyde saygı duyduğu insan. Nazım bunlardan bir tanesi.

Ben de ona çok şey borçluyum. Onun için onu eleştirirken, yermek anlamında değil, doğru söylemek, ha görmemiş dedim. Şunu niçin, görmemiş demek, o adamı mit haline getiriyorlar. Türkiye'de Nazım'ı mit haline getirmişlerdir. Mustafa Kemal mit. Nasreddin Hoca kurtulmuş, çünkü tarihsel kişi değil ve üstelik de yaşamıyor. Mit haline insan getirildi mi...

Hulki Cevizoğlu - Yani insanın efsaneleştirilmesine karşısınız.

Aziz Nesin - Karşıyım tabii. Sanatçıların yaptığı yanlışlar hepsi toplumca kabul edilir, Nazımınkiler de öyledir, Nazım'ın bazı yanlışları vardır.

Hulki Cevizoğlu - Nedir efendim onlar, mesela kabul edilen en büyük yanlışı? Hayatının bir kısmı yurtdışında geçti.

Aziz Nesin - Bazı şeyler var ki, kısa zamanda anlatılamaz, ama Nazım'ın kişisel yaşamında yanlışlıklar vardır. Bu geniş olarak...

Hulki Cevizoğlu - Tercihlerinde mi? Bazı özel yaşamında yaptığı tercihlerde mi?

Aziz Nesin - Özel yaşamında, ilişkilerinde, bazı bana göre bazı yanlışlar, eksikler vardır.

Bunlar nelerdir? Bunları ben, şudur diye burada televizyon programında söylersem hep yanlış anlaşılacaktır. Ve nitekim yazdığım da yanlış anlaşıldı. Neden anlaşıldı? Mit çünkü, Nazım mit, ona dokunulmaz, hatta bir şair böyle bir şey yazdı, tabii mit diye, elbette mit, çünkü başka yok. Eğer yüz tane Nazım değerinde adamımız olsaydı, bir Fransa olsaydık, bir İtalya olsaydık, bir Almanya olsaydık bu kadar insanları mit yapmazdık. Bakın çok büyük yazarların, şairlerin en büyük kusur, kusur değil, en büyük insani eksikliklerini bile biyografilerde yazıyorlar, biz yazamayız.

Hulki Cevizoğlu - Siz yazıyorsunuz ama.

Aziz Nesin - Ben yazıyorum, hayır daha tam yazmadım. Çünkü o kadar saldırı oldu ki, çok geniş olarak yazmak gereksinmesini duydum, onun için de geriye bıraktım. Sonra yazarım diye bıraktım.

Belki de yazamayacağım. Ama notları var, başkaları gelip o notlara bakarak, Nazım'ın gerçek yaşamını, Nazım'ı övmek bir insan için büyük avantajdır, bir yazar için. Nazım'ı övmemek dezavantajdır, puan alamazsınız, halktan. Nazım'ı yererek, Nazım'ı küçülterek, Nazım'ı büyülterek puan alabilirsiniz. Benim puan almaya ihtiyacım yok. Ben gerçekçi ve doğruları yazan bir yazarım. Öyle sanıyorum kendimi, belki de başkaları öyle olmadığımı görebilirler.

Hulki Cevizoğlu - Orhan Kemal'le ilgili düşüncelerinizi alamadık.

Aziz Nesin - Ben askerdim biliyorsunuz, her zaman söylerim, askerliğe sonradan olmadım, ortaokuldan başlayarak, küçük yatan başlayarak, askeri okulda okudum. Askeri ortaokulda, askeri lisede, Harp Okulunda, subaylıkta, ben anti-militaristim.

Hulki Cevizoğlu - Askerlikten başladığınız için mi antimilitarist oldunuz?

Aziz Nesin - Genelde anti-militaristim, ama askeri eğitimin insanın insan olmasında çok büyük yararı olduğuna inanıyorum. Bunlardan çok sayabilirim, bir tanesi şudur: Arkadaşlık duygusu askerlikte çok aşırı duygudur. Askerlikten ayrılıp da birdenbire Babıali'ye gelince yazın yaşamına girince, aynı askerlikte olduğu gibi, asker arkadaşlarımı nasıl seviyorsam, yazar arkadaşlarımı da öyle sevmek istedim, çok iyi niyetle onların yanına geldim.

Hulki Cevizoğlu - Aynı disiplinle, aynı sistematik biçimde.

Aziz Nesin - Hayır aynı disiplin değil, aynı sistematik şey değil, o uygulanamaz, aynı olamaz. Bir sevgi. Bakınız askerlerde en çok birbirini seven hangi sınıftır, havacılardır.

Çünkü askerlik ölüm mesleği, öldürmek mesleği, dünyada tek öldürme mesleğidir. Havada ölüm daha yakın olduğu için havacılar birbirine daha çok yakın, sıkıdırlar. Ondan sonra öbürleri gelir, şu gelir, ama askerler çok birbirlerine tutkundur. Ben aynı tutkunluk duygusuyla...

Hulki Cevizoğlu - Orhan Kemal'de de görmek istediniz..

Aziz Nesin - Orhan Kemal'de de görmek istedim, adlarını vermek istemiyorum, şunda, bunda, bunda, bunda görmek istedim.

Dost dergisi 53 yaşında 53 kitap diye. Benim o zaman 53 yaşında 53 kitabım vardı. Anket yaptı yazarlar arasında, Orhan Kemal'in o ankete verdiği bir cevap vardır, Salim Şengil derginin sahibi, geldi dedi ki, böyle bir cevap verdi Orhan Kemal, bunu dergiye koyalım mı? Israrla koydurdum, bu benim iyiliğimden değil, kötülüğümden koydurdum. Orhan Kemal'in ne olduğu çıksın ortaya.

Hulki Cevizoğlu - Neydi o cevap hatırlıyor musunuz? Hoşlanmadığınız bir cevaptı...

Aziz Nesin - Dergide var, edebiyat... alıp okurlar. Hoşlanmadığım cevap, hoşlanmadığım çok şey, çok şey, burada anlatmamın anlamı yok, ama anılarımda oraya kadar gelirsem, "Böyle Gelmiş Böyle Gitmez"de.

Hulki Cevizoğlu - Üçüncü bölümde galiba...

Aziz Nesin - Hayır belki altıncı bölümde, belki beşinci bölümde, yazacağım tabii. Ben Orhan Kemal'i hiç sevmedim.

Hulki Cevizoğlu - Vaktiyle çok sevdiğiniz, kendisine çok iyilik yaptığınız, ama bu iyiliklerin karşılığını veremediğinden dolayı sevmediğiniz de söyleniyor.

Aziz Nesin - Tabii siz bunları sormakta haklısınız, konuşmanın ilginç olması bunlara bağlı.

Hulki Cevizoğlu - Bazı gerçekleri de ortaya koymak istedim.

Aziz Nesin - Bazı gerçekler burada konulamaz, ben burada Orhan Kemal'i sevmediğimi söyledim. Bana bundan dolayı kızanlar olur, sevenler olur. Ne olursa olsun, ama şimdi bunu açıklayamam. Şundan, şundan, şundan. O kadar çok ki, yalnız o değil.

Hulki Cevizoğlu - Yani o kadar çok sevmediniz, o kadar çok nefret de ettiniz belki.

Aziz Nesin - Hayır Orhan Kemal'den nefret etmedim, Orhan Kemal'e acımışımdır. Hep acımışımdır. Nefret ettiğim yazar da var benim, ne yazık ki, nefret ettiğim yazar da var.

Çünkü onun damarını kesseniz, alyuvarlak, beyazyuvarlak değil, hep Aziz Nesin çıkar. Bu kadar nefret ettiğim insanlar var benim.

Ve sevdiğim yazar çok az. Hiç, keşke onlarla ilişkiye hiç girmeseydim.

Hulki Cevizoğlu - Sayın Aziz Nesin, siz en son olarak Orhan Kemal'e kızdığınızı, sevmemek bir tarafa, kızmak bir tarafa, acıdığınızı söylediniz.

Bu çok önemli bir kavram.

Nazım Hikmet'e de tabulaştırılmasına karşı olduğunuzu, efsaneleştirilmesine karşı olduğunuzu söylediniz.

İlk bölümümüzde de belirttiğim gibi, bu bir belge olacağı için edebiyat çevreleri içinde, bu konuları biraz daha açmanızı istiyorum. Orhan Kemal'in acınacak ne yönünü gördünüz, bazı insanların damarını kessen içinden Aziz Nesin akar dediniz. Orhan Kemal o insanlardan biri miydi?

Aziz Nesin - Hayır Orhan Kemal'i kastetmedim o sözümle. Orhan Kemal'in gerçekten acınacak yönleri çoktu, senaryolarını son derece ucuza satmıştır, yazılarını ucuza satmıştır, romanlarını, hep daima madde sıkıntı çekmiş bir yazardır, bunda tabii aslında kendi suçu vardır.

Tabii böyle tek yanlı birkaç yerden söylemek, bütünüyle anlatmayınca eksik ve yanlış anlaşılır tabii. Onun için bu konulara girmek istemiyorum. Örneğin kahvelerde yazı yazan, akşamları işte meyhanelerde arkadaşlarıyla olan. Yazarlık bir disiplin işidir, benim anladığım yazarlık tabii, sıkı disiplin işidir, benim askerliğimin yazar olmama çok büyük yararı olmuştur.

Hulki Cevizoğlu - Yani siz, elinde içki kadehleriyle çeşitli toplantılarda gezip, entel yazarlık yapan insanlara karşısınız, öyle diyebilir miyiz?

Aziz Nesin - Öyle diyebiliriz ama, Orhan Kemal entel değildi. Yani bugün söylenen anlamda entel değildi, entellektüeldi. Ama yine de böyle bir başıboşluk içerisindeydi, aslında o sıkıntıları çekmemesi gereken bir yazardı, çekmeyebilirdi. Disiplinsiz, çerçevesiz bir yazardı, bu bakımdan da sıkıntılar çekti, çok yetenekliydi, ama yetenek yazarlık için tek unsur değil.

Şairler için bu olabilir, ama düz yazı yazan insanlar için, duygudan çok mantıkla, zekayla iş yapan insanlar için çok disiplin, yani bir koşucu, yüz metre atleti gibi, ya da bir mukavemetçi gibi, hatta en doğrusu mukavemetçi gibi, bir yazar mukavemetçi demektir.

Hulki Cevizoğlu - Maratoncu yani.

Aziz Nesin - Maratoncu demektir ve bu maraton bitmeyen maratondur. 30 yaşından sonra maraton yapılmaz, ama 80 yaşından sonra daha çok maraton yapmak zorundasınız, üstelik fizik sizi bıraktığı halde, fiziğiniz sizi bıraktığı halde, enerjiniz bıraktığı halde, siz maratonu sürdüreceksiniz ölünceye kadar. Yazarlık bu, benim anladığım yazarlık bu. Tabii bütün yazarlar böyle olsun diye öğüt vermiyorum, herkesin kendi bileceği konu. Orhan Kemal öyle, kendisini bırakmış bir yazardı.

Hulki Cevizoğlu - Erken yaşta bırakmış.

Aziz Nesin - Yazı yazarken bırakmış, kahvelerde yazılan yazı, kahvede de yazı yazılır, yazılmaz demiyorum tabii, kendini bir çerçeve içine oturtmamış bir yazardı.

En acınacak yanı budur tabii. Yetenekli olan insanlara daha çok acınır. Birkaç şey vardır ki, böyle, evet söylediğim gibi burada söylemek açıklamak istemiyorum ama, bunları eğer yazabilecek ölçüde yaşarsam yazacağım tabii. Bu kadar çok kitap yazan bir yazar olarak edebiyatçı olarak.

"KABUĞU KIRMAK ÇOK ZOR OLDU BENİM İÇİN"

Hulki Cevizoğlu - Siz de sanıldığının aksine çok genç yaşlarda kendi adınıza kitap yayınlanmadı galiba, ilk kendi adınıza yayınlanan kitap 40 yaşınızda mı yayınlandı?

Aziz Nesin - Çünkü ben 30 yaşına kadar askerdim. 30 yaşından sonra profesyonel yazarlığa başladım. Takma isimlerle. Bu kabuğu kırmak çok zor oldu benim için.

Hulki Cevizoğlu - Arayı kapatmak için mi bu kadar çok kitap yazdınız?

Aziz Nesin - Hayır, hayır her şeyden önce benim için yaşam sorunu bu. Yaşayabilmek için, kalabalık ailemi geçindirebilmek için çok yazmak zorundaydım. Ve tabii hiçbir zaman da pişman olduğum tek bir yazım yoktur benim.

Hulki Cevizoğlu - Siz bu kalabalık ailenizi geçindirmek gerekçesiyle aynı kitabınızı değişik adlarla birkaç kez bastırıyormuşsunuz?

Aziz Nesin - Hayır o yalan, o ben hiçbir kitabımı değişik adlarla birkaç kez değil iki kez bile bastırmam. Böyle bir şey yoktur.

Hulki Cevizoğlu - Ama sizin verdiğiniz bir öğüdü hatırlıyorum, sizin yazdığınız bir metinde, kitapta. Nasıl kitaptan para kazanılacağını söylerken, siz diyorsunuz ki, "Önce kitabınızı hemen yayınlatmayacaksınız, gazetenin bir tanesinde tefrika ettirip gazeteden para alacaksınız, sonra bunu bir taşra gazetesinde yeniden başka bir isimle yayınlatacaksınız, taşra gazetesinden para alacaksınız."

Aziz Nesin - Hayır başka isimle değil, mesela Tatlı Betüş öyledir, Gol Kralı öyledir. Önce günlük spor gazetesi çıkarıyordu İlhan Selçuk. Orada benden bir spor romanı istedi, orada tefrika ettim,

Hulki Cevizoğlu - Önce, bir kere orada para kazandınız.

Aziz Nesin - Parayı aldım tabii, ondan sonra kitap halinde çıkardım. Ondan sonra beğenmedim, iki defa basıldı kitap, kitabı beğenmedim.

Hulki Cevizoğlu - Aynı adla mı basıldı kitap?

Aziz Nesin - Her zaman aynı adlı, "Gol Kralı Ofsait". Ondan sonra Yugoslavya'ya gittim, Ohio gölünün kıyısında, Tito'nun köşkünün yanında bir köşk vardı. Orada dinlenmeye gittim, orada bir kez daha yazdım, bir kez yazdıktan sonra başka bir roman oldu, tefrika ettirdim.

Hulki Cevizoğlu - Yani birbirinin tıpkısı değil ama benzeri diyebilir miyiz?

Aziz Nesin - Benzeri tabii benzeri olabilir ama çok az benzer. Yani ilk romanla, tefrika edilen romanla şimdikinin arasında. Örneğin benim beş tane kitabım var ki, henüz ikinci basımlarını yapmadım, en az yirmi yıl oldu, o kitapları bekletiyorum, düzelteceğim de, eğer yaşarsam düzelteceğim de, mesela Erkek Sebahat. Herkes, herkes dediğim ilgililer arıyorlar, nerede Erkek Sebahat? Niye basmıyorsun, başka bunun gibi daha beş tane kitabım var.

Hulki Cevizoğlu - Yani onlar iyice unutulsun, ondan sonra mı basayım diyorsunuz, yoksa zamanım mı yok diyorsunuz?

Aziz Nesin - Hayır efendim, şimdiye kadar 10 basım, 20 basım yapardı bunlar. Aynı biçimde bassaydım yine öyle yapardı. Fakat ben onların o yazılış biçimlerini beğenmediğim için yeni baştan yazacağım onları ben.

Hulki Cevizoğlu - Peki siz, Amerika'da yazarlar genellikle, ya da Avrupa'daki yazarlar da öyledir, çok ünlü yazarlar bir üniversite akademi araştırma heyeti gibi ekip kuruyorlar, kitaplarını öyle yazıyorlar.

Siz tek başınıza her şeyini yapıyorsunuz galiba. Kendiniz kaleme alıyorsunuz, yayınevinden gelen müsveddeleri kendiniz düzeltiyorsunuz, her şeyle kendiniz ilgileniyorsunuz, ama dediğim ülkelerde bir ekip bir bölümünü, bir başka insan üstleniyor yazıyor, tek kişinin imzasıyla çıkıyor.

Zamanım da yok, en fazla on yıl yaşarım diyorsunuz, ama yazdıklarınızdan çok daha fazla eserinizin rafta tezgahta olduğunu söylüyorsunuz. Bunları bir an evvel okuyucuya kavuşturmak açısından böyle bir ekip çalışması yapsanız, sonra kontrollerini yapsanız değişik bir askeri disiplinle çıkmış olmaz mı?

Aziz Nesin - Olur tabii ama, bu çok para ister. Hemen hemen, benim korumalar yolda gelirken konuşuyorlardı, ben emekli maaşıyla yaşıyorum, emekli maaşı dört milyon lira, onun dışında benim gelirim yok. Bütün gelirim vakfa ayrılmıştır.

Ben böyle bir ekibi aydı kaç liraya tutabilirim? Mümkün müdür, en üz üç, dört kişi çalışacak ve onlar gerçek entelektüel olarak, yazıdan anlayacak, yazmasını bilecek. Bu mümkün değil, Türk yazarı için, belki böyle bir yazar vardır da ben bilemiyorum, öyle bir Türk yazarını, biz buna mahkumuz. Ben size bir soru sormak istiyorum.

"EYÇ Bİ Bİ (HBB) LAFINI KINIYORUM"

Hulki Cevizoğlu - Buyurun efendim, çok zor bir soru olmasın.

Aziz Nesin - Bu kanalın adı ne?

Hulki Cevizoğlu - Has Bilgi Birikim Kanalı.

Aziz Nesin - Peki niye öyle söylenmiyor?

Hulki Cevizoğlu - Değişik şekillerde söyleniyor ama daha kısa ve akılda kalanı Eyç Bi Bi (HBB) olarak söyleniyor.

Aziz Nesin - Peki ne diye söyleniyor?

Hulki Cevizoğlu - Yani İngilizce mi Türkçe açıklama mı?

Aziz Nesin - Türkiye'de olduğuna göre bu kanala ne deniyor?

Hulki Cevizoğlu - He Be Be diyenler var. Ha Be Be diyenler var. Eyç Bi Bi deniyor.

Aziz Nesin - Üç tane korumayla geliyorum, burasını arıyoruz biz. Oradan korumanın biri sordu, dedi ki, Hoş Be Be nerede dedi, karşıdaki de ona cevap verdi Hoş Be Be değil o Haş Be Be dedi. Şimdi bir kere bu Eyç Bi Bi bana çok aykırı geliyor. Ne demek, Eyç Bi Bi. Türk alfabesinde Eyç diye bir laf yok.

Hulki Cevizoğlu - Star gibi.

Aziz Nesin - Türkiye sömürge değil, yani biz burada İngilizce kısaltılmışını...

Hulki Cevizoğlu - HBB Televizyonu dünyaya da açılmış, en son işte Libya Lideri Kaddafi'nin de, HBB izliyorum dediğini, basında siz de okumuşsunuzdur. Uluslararası ilişkilerin gelişmesi nedeniyle yurtdışındaki temasların da rahat olması açısından böyle bir isim veriliyor. Ama Türkiye'de çok rahat herkes He Be Be diyebiliyor.

Aziz Nesin - Ben Eyç Bi Bi diye duyuyorum.

Hulki Cevizoğlu - Demek ki, sizin çevreniz daha İngilizce bilen entelektüel bir çevre. Onun için onlar da Eyç Bi Bi'yi tercih ediyorlar.

Aziz Nesin - Tersine, İngilizce bilmeyenler Eş Bi Bi diyor, yani bu manevi yönden empoze edilmiş. Taksim'deki otel The Marmara gibi.

Hulki Cevizoğlu - Oraya da çok yabancı konuk geldiği için. Tabii onu savunacak konumda değilim.

Aziz Nesin - Aman efendim yabancı konuk geldiği için adlarımızı değiştirirsek biz ne yaparız, Türkçe kaybolur. Onun için ben doğrusu açıkça sizi kınıyorum, Eyç Bi Bi lafını ya da Aş Bi Bi lafını kınıyorum. Sahiplerine bu televizyonun benim önerilerim, bunu lütfen Türkçe yapsınlar.

Hulki Cevizoğlu - Biz bunu yanlış telaffuz edenler için yapalım.

Aziz Nesin - Çok güzel bir şey olur. Eğer bu kanal bunu yaparsa, bizim kanalımızın adı Ha Be Be'der diye bunu yaparlarsa, programda anlatırlarsa, çok güzel olur, Ha Be Be, Ha Be Be belki güzel bir şey gelmiyor ama alışır insanlar.

Hulki Cevizoğlu - Ne de olsa siz de onu Arapça veya Farsçaya yakın Ha Be Be diye onu da eleştirirsiniz, siz mizah ve hicivci olduğunuz için tabii hünerinizi burada da göstermeye çalışıyorsunuz.

Aziz Nesin - Benim doğrusu Eyç Bi Bi veya Aş Be Be hiç hoşuma gitmiyor. Bir sömürge ilişkisi gibi. Kaddafi de bizim adımızı o da Ha Be Be ise Ha Be Be öğrenecek. Bugün artık o kadar girmiş ki, endekslendi, nereden öğrenmişler bu endekslenmeyi, ne demek endekslendi? Bu konumuzun dışında, merak ettiğim için söylüyorum.

Hulki Cevizoğlu - Ama siz Türkiye'de daha Türkçe heceler olsun, diye bir öneri getiriyorsunuz.

Aziz Nesin - Türkçesi varsa tabii.

Hulki Cevizoğlu - Has Bilgi Birikim Televizyonu'nun başharfleridir.

Aziz Nesin - Bunun kısaltılmışı da Ha Be Be'dir.

Hulki Cevizoğlu - Sizin bu "Asılacak Adam Aziz Nesin" kitabınızda, sizin bize yaptığınız eleştiri gibi, çeşitli çevreler de eleştirdi ama çok da sattı. Tıpkı bizim televizyonumuzun da sizin yaptığınız eleştiriye rağmen çokça da izlenmesi, ratinglerinin yüksek olması gibi. Sizin bu "Asılacak

Adam Aziz Nesin" Demirtaş Ceyhun'un yazdığı kitabın çok satmasındaki nedeni nasıl görüyorsunuz?

Aziz Nesin - Ben birkaç neden görüyorum. Bir kez ucuz kitap. O boyutta, o oylumda bir kitap 30 bin liraya. Örneğin şimdi, sizin elinizdeki benim kitabım onun 3 katı kadar fiyat, daha ucuza yapamazlar. Birincisi ucuz olması, ikincisi Demirtaş Ceyhun çok akıcı bir biçimle yazmış.

Kitabın çok ucuz olması, çok büyük reklam yapılması, ama tabii medyada bir yazı filan çıkmadı. Hiç çıkmaz benim kitaplarımın onu söyleyeyim.

"DÜNYANIN EN YÜKSEK TELİF ALAN YAZARIYIM"

Hulki Cevizoğlu - Madem kitaplar bu kadar ucuza satılabilirken, siz kendi yazığınız kitapları niye ucuza satmıyorsunuz, daha mı çok kazanmak istiyorsunuz? Yoksa ucuza mı mal edemiyorsunuz?

Aziz Nesin - Daha çok para kazanmak elbette isterim, istemem diye bir şey yok. Ama bu yayınevinin sorunu, bunu yayınevi düşünmelidir. Çünkü benim yayınevim, benim onlarla kitap vermekten başka bir ilişkim yok.

Hulki Cevizoğlu - Siz onlardan belli bir yüzde oranında mı alıyorsunuz?

Aziz Nesin - Tabii yüzde oranında.

Hulki Cevizoğlu - Ne kadardır mesela sizin rayiciniz, yazara göre değişiyor bu, sizin değerinizi de biraz gösterecek.

Aziz Nesin - Ben dünyada en yüksek telif hakkı alan yazarım. % 25. Yani dörtte birini. Kitabın üst fiyatı çarpı tirajı. Onun, çıkanın % 25'ini alırım. Bu yüksek telif hakkıdır.

(...)

"TÜRKİYE ÇOK KÖTÜYE GİDİYOR"

Aziz Nesin - Her konuşan adam asılırsa geriye adam kalmaz. Halbuki ben tersini düşünüyorum. Çok adam kalır ve yazık ki, onun için, eğer tersi olsaydı asılmazdı. Geriye çok adam kalsaydı asılması gerekenler. O insanlar asılmazdı.

Türkiye ileri mi geri mi gidiyor, ben devamlı yazıyorum. Sayın Süleyman Demirel'e sorarsanız Türkiye hep ileri gidiyor, güllük gülistanlık. Başbakan'a göre de öyle, devlet basamaklarında bulunan insanlara göre hep iyiye gidiyor. Onlar aynı adamlar muhalefete geçseler, Türkeye'nin ne kadar berbat yere gittiği ortaya çıkar. Bana göre Türkiye çok kötüye gidiyor. Buna karamsarlık diyorlar. Bu karamsarlık değil, çünkü bana göre karamsarlık da, iyimserlik de doğrusu akılcılık değildir. Nedir akılcılık, gerçekçiliktir. Bugün gerçekçi bir bakışla Türkiye çoktan beri yalnız 12 Eylül'den değil, çok daha öncelerden beri geriye doğru gitmektedir.

Ve şimdi artık çok hızlı gidiyor geriye doğru, bunun umarlarını, bunun önlemlerini almak aydınların görevidir. Onun için aydınlar üzerinde durmaya çalışıyorum.

Korkmadan, yüreklice, ama uygarca yüreklilik, yani yakan bir yüreklilik değil, yabanıl bir yüreklilik değil, uygarca yüreklilikle buna önlem almaya çalışmak gerekiyor. Bu da sağcı, solcu ama aydın olan insanların görevidir, asli görevidir, ben böyle düşünüyorum.

"DİNSİZLİKTE ISRAR EDİYORUM!"

(İzleyici telefonu)
ÖMER YILDIZ (Brüksel - İşçi) - Aziz Bey acaba dinsizlikte ısrarlı mı?
İkinci sorum da şu. Sivas'ta geçen sene Temmuz ayında ettiği bir sözden dolayı 37 tane insanın ölümüne sebebiyet vermiştir. Acaba bundan vicdan azabı duyuyor mu duymuyor mu? Vakfında yetiştirdiği çocuklar olduğunu duyuyorum. Aziz Bey ifade ettiler. Çocukları da dinsiz mi yetiştiriyorlar? Bunu da merak ediyorum.(...)
Aziz Nesin'i sevmediğim halde selamlıyorum, selam bir barıştır.

Aziz Nesin - Önce çocukları dinsiz yetiştirme konusuna geleyim. Buna benzer bir durumdu, vakıfta film çekiyorlardı. Benimle ilgili yabancı televizyon film çekiyordu. O sırada bir Hollandalı gazeteci de bana soru soruyordu. Bir yandan film çekiliyor, bir yandan soru soruluyor, komünist yetiştiriyor, komünist yuvası...

Ben de o kadar kızdım ki, evet komünist yetiştiriyorum dedim. Buna da o kadar gazeteci espri olarak aldı ve Daily News Gazetesi'nde manşet verdi, ertesi günü sağcı gazeteciler, "Aziz Nesin işte komünist yetiştirdiğini itiraf ediyor" diye manşet verdiler ve ne oldu? Savcılık o zaman en küçük çocuğum altı yaşındaydı, altı yaşındakilerden büyüklere kadar savcılık, bu kızgınlığın verdiği ve Daily News'un şaka olarak koyduğu haber yüzünden onları sorguya çekti.

Evet ben bütün çocukları dinsiz yetiştiriyorum. Şimdi size şunu söyleyeyim. Benim üç oğlum var, bunlardan büyük oğlum Müslümandır, ben insanlara kendi öz oğluma karışmıyorum bu konuda. İnsanların vicdan özgürlüğü budur işte. Bir tanesi de Hıristiyan olabilirdi ya da Musevi olabilirdi, ama ister miydim, başka ama olabilirdi. Bu benim istencim içinde bir olay değil.

Çocukları insan gibi yetiştirmeye çalışıyorum, adam gibi adam yetiştirmeye çalışıyorum, dinsiz ya da dinli değil yani sizin gibi benim gibi, doğduğu zaman daha gözü görmeden, kulağı işitmeden Müslüman yazdırmıyorum, yazdırmak da istemiyorum.

Ama onları nüfus kağıdında Müslüman yazıyor, tıpkı benim nüfus kağıdımda olduğu gibi. Haberim olmadan, bu Müslümanlığa uygun geliyor mu acaba? Haberiniz olmadan Müslümandır diye yazmak, dinsizlikte ısrar ediyor mu diye? Tabii ediyorum! Tabii ediyorum, niçin etmeyeyim, neden var mı? Vicdan azabı çekiyor mu, çekmez olur muyum?

Kuzum siz nerede yaşıyorsunuz. Türkiye'den hiç haberiniz yok mu? Benim yüzümden neler oldu neler oldu?

Ben ne yaptım da vicdan azabı çekeceğim. Bir çağrıya gittim. Pir Sultan Abdal çağrısına gittim. Orada konuştuğum sözler gazetelerde yayınlandı, noktasına virgülüne kadar.

Bu kadar yumuşak konuştuğum için kendi kendime kızıyorum. Orada dinsizlikle, bilmem başka şeyle ilgili hiçbir şey yok o konuşmamda. Siz belli ki, o konuşmamı da okumamışsınız. Peki nasıl böyle suçluyorsunuz beni? Siz nasıl Müslümansınız, böyle Müslümanlık olur mu? Böyle herhangi bir dinden insan olur mu? Hıristiyanlık da olmaz, Musevilik de olmaz, Budistlik de olmaz, böyle bir din olmaz. Bir insanı bilmeden suçlarsanız, işte bu her dinde günahtır ve dinsizlikte daha çok ayıptır. Onun için işte böyle bir cevap veriyorum size.

Ben dinsizlikte ısrar ediyorum. Çocuklarımı kesinlikle belli bir din veya ideolojiye, korkumdan değil, doğrusu bu olduğu için yöneltmiyorum. Katiyen de vicdan azabı duymuyorum, çünkü ben oradaki 37 insanı Sivas'ta tanıdım. Daha önce tanıdıklarım 2-3 kişiydi. Bir yere çağrılmışım gittim, konuştum. Konuştuğum yazılarda ortaya çıktı, eğer suçlu olsaydım, beni asmak isteyen DGM Başsavcısı boş durur muydu? Beni bugüne kadar mahkemeye çıkarmaz mıydı? Siz biraz akıllıca olun, düşünün bakalım.

"Aziz Nesin, SEN NESİN?"

Hulki Cevizoğlu - Gelen sorulardan anladığımız kadarıyla sizin daha çok edebiyatçı yönünüz değil, Sivas olayları ve dini inançlarınız, daha doğrusu inançsızlığınız konusunda meraklar var. Biz isterseniz bu edebiyat bölümünü daha sonraya bırakarak, bir soruyla geçelim ve politikaya ve Sivas olaylarına geçelim.

Daha sonra da Sivas olayları konusunda, Sivas olayları sırasında da Belediye Başkanı olan ve daha sonra görevden alınan ve şimdi Belediye Başkanı olan Sivas Belediye Başkanı Temel Karamollaoğlu'na da bağlanarak onun görüşlerini de alacağız.

Edebiyatçılık bölümünde "Aziz Nesin sen nesin?" diye bir slogan ortaya çıktı. Kimi zaman Türkiye'deki bazı çarpık olayları anlatırken de "Tam Aziz Nesin'lik olay" dendiği gibi, size bazı çevrelerde de "Aziz Nesin sen nesin" diye slogan attılar bazı toplantılarda size karşı? Bu nereden çıktı?

Aziz Nesin - Bu edebiyat konusu değil tabii, politika sorusu. Bu sloganları atanlar, DİSK Kongresi'ydi, beni oraya çağırmışlardı, ben o zaman DİSK'in grev konusunda yanlış yolda olduğunu yazmıştım. Bunu anlatan bir öyküm vardı, bu yüzden DİSK yöneticileri, benim aleyhime kışkırtmışlardı oradaki işçileri.

işçiler Spor Sergi Sarayı'nda "Aziz Nesin sen nesin" diye bağırmaya başladılar ve sonra yıllar geçti, birçok yerde oldu bu. Mülkiyeliler Birliği'nde, Kuruçeşme'de bir delikanlı, gözleri yaşlı ve ağlıyor, "ben" dedi "size, Spor Sergi Sarayı'nda "Aziz Nesin sen nesin" diye bağıranlardan biriydim, sizden af diliyorum, ne kadar biz eşekmişiz" dedi, "ne kadar siz doğru yapmışsınız" dedi.

Artık orada da "Aziz Nesin sen nesin" diye bağıranların ne kadar haksız oldukları bugün ortaya çıkmıştır. Onlar grev yaparak işçiyi greve sokarak, patronların ekmeğine yağ sürmüşlerdir. Ve özellikle beyaz eşya fabrikaları stok mallarını karaborsaya sürerek büyük paralar kazanmışlardır, zaten büyük kazandıkları paralara daha da paralar eklemişlerdir. Grev yaparak çok büyük hata etmişlerdir. Ben "Büyük Grev" adlı kitabımda bunu yazdım. İleriyi gören bir yazar olduğum için övünüyorum zaten aydın olmanın başlıca nimetlerinden biri, ileriyi görmektir. Yani burnunun ucunu görmüyorsa bir insan o kitap okumakla, okur-yazar olmakla, olmayan da aydın olabilir, doğrudur, kendi kendini aydın olarak yetiştirebilir. Ama hiç okur-yazar olmazsa aydın olamaz tabii.

"BENZİN DUMANIYLA BOĞULUYORDUK... KORKUNÇ BİR ŞEY"

(Bu arada Sivas olaylarının görüntülerini izlerken soruyorum)

Hulki Cevizoğlu - Burada neredesiniz, otelde, merdivende değilsiniz galiba?

Aziz Nesin - Otelde üst kata çıkmıştı yangın, duvarlar el dokunulmayacak kadar ısınmıştı, camlar eriyordu. Odanın içinde ben Lütfi Kaleli ile beraberdim ve dumandan boğuluyorduk. O anı anlatmak çok zor bir şey. Benzin dumanıyla boğulmak ne demektir? Hala o kokular zaman zaman burnuma geliyor, korkunç bir şey.

Hulki Cevizoğlu - Bu arada telefonlar çalışıyor muydu? Birkaç telefon görüşmesi yapmıştınız çünkü.

Aziz Nesin - Çok telefon görüşmesi oldu. Yalnız ben yapmadım, başka arkadaşlar da yaptılar. Örneğin Prof. Cevat Geray, telefon etti, bana dışarıdan gelen telefonlar vardı. Veli telefon etti, valiye söylediğim şey şuydu. Bizi bir an önce bir araç gönderip buradan kurtarın, dedim. Sonra Başbakan Yardımcısı İnönü iki kez telefon etti, "ayak sesleri geliyor beş-on dakika sonra bir facia olacak" dedim, ondan sonra gazeteci arkadaşlar, telefon etti.

Hulki Cevizoğlu - Erdal Bey size ne söyledi onun üzerine, o telefon üzerine?

Aziz Nesin - Erdal Bey valiyle görüştüğünü, önlem alınmak üzere olduğunu, böyle umutlu şeyler söyledi. Doğrusu ben de bütün bunlar üzerine, o boğulma anından önce, devlet olduğunu, devletin bizi elbette kurtaracağını düşünüyordum ve umuyordum.

Hulki Cevizoğlu - Bu konuşmalar yapılırken, Başbakan Yardımcısı İnönü ile konuşmalar yapılırken de bu dumanlar...

Aziz Nesin - Hayır hayır, dumanlar yoktu. Yangın yoktu, daha önce, beni Lütfi Kaleli beni dördüncü kata çıkardı, aşağıdan bir kadın çığlığı geldi, toplu kadın çığlığı geldi, yangın o sırada başlamış, bir facia koptu, yangın sonra yukarıya doğru çıktı.

Demek ki, bu arkadaşlara göre, zaten böyle düşünenler çok var, bazı yerde soruyorlar, bunlar okur-yazar mı bilmiyorum, ama okur-yazar da değiller galiba, çünkü hiçbir şey okumamışlar. Buradan beni mahkum etmeye çalışıyorlar. Vicdan azabı duydun mu?

Niye vicdan azabı duyacağım? Tabii bir azap duydum, vicdan azabı şunun için duydum, niye daha önce bu memleketi bu hale getirirlerken ses çıkarmadık, bütün aydınlar ses çıkarmadık, bu noktaya gelinceye kadar. Sizin o çıkardığınız sesler yeterli miydi? Takriben yeterli değildi. Keşke daha mahkemelere gitseydik, keşke daha ağır cezalar alsaydık da, uyarsaydık bu insanları. Bu aymaz ve uykudan kalkmaz insanları uyarsaydık.

Hulki Cevizoğlu - Böyle feci bir olay yaşanmasaydı, diyorsunuz.

Aziz Nesin - Ayrıca bu olay önemli değil, daha önemlisi var. Bu olaydan çok daha önemlisi, bundan beş-altı ay sonra Taksim Meydanı'nda 150 bin insan, şimdi bugünkü İstanbul Belediye Başkanı'nın söylediği gibi "Şeriat isteriz" diye yazılar asarak, bağırdılar ve Türkiye'den ses yok, Türkiye Hükümeti'nden, devletinden bunlara karşı ses yok ve Atatürkçü bunlar.

Hulki Cevizoğlu - Siz bu olaylar, Sivas'taki olaylar yaşandığı sırada Sivas Belediye Başkanlığı'ndan da itfaiyeden de bir yardım istediniz mi, bir irtibat kuruldu mu?

Aziz Nesin - Duyduğuma göre, gözle tanık olmadım, zaten kendisi insanları kışkırtıyor veya ne gibi şeyler yaparsa yapıyormuş,

(*Sivas katliamı görüntüleri yeniden ekrana geliyor*)

Hulki Cevizoğlu - Şu anda merdiven dayanıyor.

Aziz Nesin - Merdiven, itfaiye işte. İşte ben böyle çıkıyorum, çıkarken böyle bir adamı asacak DGM Başsavcısı.

Hulki Cevizoğlu - Oradaki insanları o ortamda tanıyabildiniz mi?

Aziz Nesin - Bir tanesini tanımadım, hiçbirini tanımıyorum, zaten bunlar suçlu değil bu adamlar. Bunlar suçlu değil, cezasız kalsın anlamında söylemiyorum, asıl suçlu bunlar değil. O yasaları bunlar kışkırtacak halde boyna yapanlar suçlu. Yani hükümetler suçlu, parlamentolar suçlu, bir tanesi iki tanesi değil, ben bunu başsavcılıkta söyledim. Kimden müştekisiniz? Siz istiyorsunuz ki, dedim, buradaki itfaiye neferinden şikayetçiyim, şundan şikayetçiyim, onları toplayalım bitsin bu iş. Hayır siz bütün bu yasaları, bunları uygun hale getirdiniz. Dediğim insanları mesuldür, onlar da bakanlardır, hükümetlerdir, başbakanlardır ve yalnız bu hükümet değil, bundan önceki hükümetlerdir. Müteselsil olarak hepsi bunların suçludur dedim.

Örneğin ezanı Arapça yapanlardan başlayın, halk evlerini kapatanlardan, köy enstitülerini kapatanlardan, taaa bugüne kadar İmam Hatip Liselerini açanlardan, din ve ahlak dersi adı altında yalan söyleyerek, sahtecilik yaparak, din dersini okullara mecburi yapanlara kadar, bütün bu kanunları çıkaranlar, Kuran kurslarını yapanlar, onların hepsi suçludur. Ve ses çıkarmayan aydınlar suçludur ve halk suçludur.

Her ülke layık olduğu yöntemine kavuşur. Bu çok doğru bir toplumsal yasadır.

Bugün işte Sivas'ta bu Belediye Başkanı varsa, Sivaslılar buna layık, Türkiye'de buna layık. Yani başka türlü olamaz, layık olmasa buna tahammül edemezdi, dayanamazdı. Demek Türkiye buna layık. Ben inanıyorum bu yasaya, bu fizik yasası gibi, toplumsal bir yasadır. Her ülke layık olduğu yönetime kavuşur.

Hulki Cevizoğlu - Bu İslamiyet'in de bir sözü galiba.

Aziz Nesin - Bilmiyorum İslamiyet'in sözü mü. Şimdi aklıma gelmiyor, ben Kuranı çok okudum, ama şu ayet, bu ayet diye burada, yıllardır Kuran okumadım, söyleyemem size. Bilmiyorum var mı yok mu böyle bir şey. Geçen gün bir açık oturumda, eline, beline, diline hakim olmak Kuranda yazıyor dedi birisi. Katiyen böyle bir şey yok diye söyleyebilirdim, ama bunu söyleyemiyorum, böyle bir şey var mı?

"SİVAS BELEDİYE BAŞKANI İLE TARTIŞMA"

Hulki Cevizoğlu - Bu olaylarla ilgili olarak, olaylara değişik boyutuyla tanık olan, Sivas Belediye Başkanı Temel Karamollaoğlu'ndan bir açıklama alacağız.

Aziz Nesin - Efendim tanık diyorsunuz, ben tabii hüküm vermeye selahiyetli değilim, yetkili değilim, bu beyefendi tanık değil, bana göre sanıktır.

Hulki Cevizoğlu - Sayın Karamollaoğlu, siz Sayın Nesin'in bu açıklamalarını duydunuz, olayların tanığı mıydınız, sanığı mıydınız?

(Telefon konuğu).
TEMEL KARAMOLLAOĞLU - (Sivas Belediye Başkanı) - Efendim tabii ben konuşmaları yakından izliyorum. Burada üzüldüğüm bir konu var. Yazar Aziz Nesin kendisini aydın kabul ediyor, ancak kendisi gibi

düşünmeyen herkesi de suçlu, aptal ahmak, bir de korkak ilan ediyor. Türk milletinin de çok büyük bölümü böyledir diyor.

Bu ne biçim aydın olma, ben bunu anlayamıyorum.

Bir defa aydın insan, karşıdakinin fikrine saygılı olan insandır. Aydın insan araştırmadan, tetkik etmeden hüküm vermeyen insandır.

Şimdi Aziz Nesin bir defa beni otomatik olarak suçlu kabul etmiş. Hem de kendisi itiraz ediyor, ben duymadım, diyor kendisi. Müşahade etmediğini söylüyor. Şimdi tabii bu konuda hakikaten ben çok büyük üzüntü duyuyorum.

Çünkü, bu olaylar esnasında o zamanki Sayın Vali Ahmet Karabilgili'nin Emniyet Müdürü'nün talebi üzerine ve bütün basın-yayın organları orada, hak orada, emniyet teşkilatı orada. Ben olayları yatıştırabilmek için bütün gücümle gayret sarfettim.

Benim bu kadar büyük gayret sarfetmem, tam tersten, kışkırtma olarak nitelendiriliyor. Bunu anlamak kesinlikle mümkün değil, bir defa benim konuşmalarım mutlaka polis zabıtlarında da vardır. Yanımda emniyet Müdürü var, birçok insan var. Bunu bu kadar çarpıtmak, hakikaten ben insafsızlık olarak görüyorum. Bunu da aydınlıkla, aydın görüşlü olmakla bağdaştırmam mümkün değil.

Zaten aydın geçinen insanların böyle olması, memleketi felakete götürüyor, benim gibi düşünürseniz iyisiniz, benim gibi düşünmezseniz, bütün suçlamaları onlara karşı yöneltiyorsunuz.

Biraz önce söylenen söz nasılsanız, öyle idare edilirsiniz. Bildiğim kadarıyla, ben ilahiyatçı değilim ama bir hadis-i şeriftir, buna inanıyorum, doğrudur. Ancak şunu belirtmek istiyorum, benim kanaatime göre bir defa Sivas'ta meydana gelen olaylar önceden Sivaslılar tarafından planlanmış bir olay değil. Bu çeşitli vesilelerle kanıtlandı. İkincisi, ancak Sivas'ta bir kıvılcım çakmak isteyen bazı mihraklar bu havayı oluşturmaya gayret gösterdiklerine inanıyorum ben. Bunların genelde yurt dışı kökenli olduklarına da inancım var.

İşte bunlar Sivas gibi, birazcık da hassas kabul edilen, inancına bağlı olan bir bölgede Yazar Aziz Nesin'i konuşturarak bir kıvılcım çakmaya çalıştılar. Ben bunu bir defasında daha söylediğim zaman Aziz Nesin bundan gocundu. Belki alet edilmiş gibi. Ama bundan kendisinin haberi olması gerekmez. Çünkü bazıları bu ortamı oluşturmaya çalışıyor.

KARAMOLLAOĞLU: "AZİZ NESİN KULLANILDI"

Bir kıvılcım çakılsın arkasından ne olursa olsun gibi. Bir defa Sivas'ta bir sünni-alevi çatışması meydana getirilmek istendi kanaatindeyim. Çünkü, bunun arkasından gelen olaylar, yani bir Başbağlar hadisesi, daha sonra bu sene yaşanan bir Sivas'ta Zara'da, Selimiye köyündeki katliam hadisesi, sünni-alevi çatışmasını meydana getirmeye yönelikti. Ama hamdolsun böyle bir çatışma Sivas'ta meydana gelmedi.

Bu Sivas'ta yaşayan Sünnisi'yle Alevisi'yle, Sivaslıların sağduyusu sayesinde sağlandı. Bir defa biz bu gerçeği kabul etmek durumundayız. Çünkü şu anda da Sivas'ta Divriği Bölgesinde, Zara Divriği arasında yine anarşik hareketleri canlandırabilmek için bir gayret var, takriben bir senedir. Bu da gösteriyor ki, Sivas olayları bahane edilerek, bu bölgede bir terörist hava, bir anarşik hava doğurulmaya çalışıldı. Bunu ben Aziz Nesin böyle istedi diye söylemiyorum, ama bilmeyerek böyle bir işte kullanıldı, kendisi de konuşmalarında söylüyor. Pir Sultan Abdal'ın kim olduğunu.

Nitekim Pir Sultan Abdal gibi bir konuda, ihtisas sahibi insanların çağrılması gerekirken, neden bu konuda hiçbir bilgisi olmayan bir kişi çağrılıyor? Şimdi bu hadiselerde benim kanaatim şu. Bir defa bu hadiseleri tasvip etmek mümkün değil.

Biz bu hadiseleri, hadiselerin olduğu günden beri kınıyoruz, bu hadisede gerek vefat edenleri, gerekse bu hadisenin içinde Aziz Nesin gibi acı çekenleri de hakikaten üzülerek karşılıyoruz, onu belirteyim ben. Ölmüşlerine rahmet diliyoruz, ailelerine başsağlığı diliyoruz, bu hadiselerin içinde yaşayanların da ne kadar büyük bir sıkıntı çektiğinin idraki içindeyiz.

Ama bir insan, bir yerde sıkıntı çekiyorum diye, bilmediği hiç muhatap olmadığı insanları suçlarsa o zaman biz bu memlekette hiçbir yere gidemeyiz. İnsanlar asgariden bilmedikleri konularda suçlama yapmamalı, çünkü suçlamak da bir suçtur, bu kanunlarda suç olmasa bile, kamu vicdanında bir suç olur.

Hemen buradan biraz önce İstanbul'dan arayan bir vatandaşımız, suçsuz, yani burada doğrudan doğruya Refah Partisi'ni suçlama yolunu tercih etti, halbuki bu hadiselerin içinde tutuklananlar her türlü görüşe sahip insanlar. SHP'liler var, DYP'liler var, Büyük Birlikçiler, ANAP'lılar, bunların içinde o gün o sokakta bulunan meyhaneden çıkıp gelen, sarhoş olanlar var. Bütün bunlar varken efendim burada Refahçılar vardır demek tamamen Refah'a mal etmek asgariden önyargılı olmaktır. Bu yargı ise adaletin köküne kibrit suyu eker.

Hulki Cevizoğlu - Sayın Karamollaoğlu, isterseniz burada Sayın Nesin'e soralım?

Temel Karamollaoğlu - İnsanlar da suçludur iddiasıyla sevk edilir, suçlu olmayabilirler. Şimdi zanlıdır bunlar. Zanlı insanları baştan suçlu kabul etmek, bunların mahkeme edilmeden cezalandırılmasını istemek bu da en büyük adaletsizliktir.

Bizim hukuk sistemimize göre zanlılar, avukatlar tarafından müdafaa edilir. Şimdi bir avukat, zanlıları müdafaa etmek için bir yere gitmişse, bu insanı suçlamak hangi adalet duygusuyla bağdaşır Allahaşkına? Bunun için ben bu konuda önyargılı olunduğu kanaatindeyim.

Hulki Cevizoğlu - Aziz Nesin Sivas'taki olaylardan direkt olarak Refah Partisi'ni sorumlu tutuyor mu, yoksa izleyiciye mi cevap verdi, kendisine soralım. Bu olaylardan Refah Partisi'ni sorumlu tutuyor mu tutmuyor mu? Burada netliğe kavuşturalım.

Aziz Nesin - Hayır Refah Partisi'ni tek başına suçlu tutmuyorum, böyle bir şey söylemedim.

Temel Karamollaoğlu - Yalnız burada ben demin, ben ona atıfta bulunmuştum, telefon eden bir vatandaşımız Refah Partisi'ni suçladı ve maalesef genelde de Refah Partisi suçlanmaya çalışıldı, bunu ben belirtmek istedim.

Bir de tabii bana şahsıma doğrudan doğruya ithamlar oldu.

Halbuki burada bulunan bütün, Sivas'ta bulunan insanlar, kamu görevlisi, basın yayın organı mensupları, vatandaşların hepsi, benim konuşmalarıma şahittir. Bunların içinde bir kelime ile tahrik unsuru yoktur, olması mümkün değil, deli insan yapmaz bunu.

Aziz Nesin - Benim, Sivas'taki konuşmamda Pir Sultan Abdal hakkında bir şey bilmediğim çok yazıldı, bu sağcılar tarafından ve beyefendi de aynı şeyi söylüyor. Ben, imkanı var mı bir edebiyatçı Pir Sultan Abdal'la ilgili bir şey bilmesin? Hiç değilse Lise mezunu ise bilir. Herhangi bir lise mezunu pir Sultan Abdal, benim zamanımda okutuyorlardı, şimdi okutuyorlar mı bilmiyorum. Ama kaldı ki, şunu da ben, Pir Sultan Abdal hakkında en azından üç-dört kitap okumuşumdur.

Yalnız şu var, ben bir yere konuşmaya giderken çok hazırlanırım. Neden? İnsanlara saygımdan. Şimdi uzun zamandır bunu yapamıyorum.

Gözlerim görmediği için okuyamıyorum, çocuklara okutmak da, okutarak hazırlanmak da zor. Onun için eski bilgilerimle gittim. Benim konuşmam ortada. O konuşmamda Pir Sultan Abdal hakkında hiçbir şey bilmeyenin konuşması mıdır o. Onu bir defa okuyun, ha neden öyle söyledim, bu bir alçak gönüllülük. Yani dedim ki, ben anlatamadım tabii orada, söylemek istemediğim, hazırlanmadan geldim, bu da size bir saygısızlıktır. Yeteri kadar size bilgi veremeyeceğim.

Ama o konuşmamda Pir Sultan Abdal hakkında çok önemli şeyler söylediğim ortada ve söylenmemiş şeyler söylediğim ortada. Demek ki, bazı şeyler biliyorum. Ama eski bilgilerim. Yani hiç olmazsa o yine bir kitaptan önemli okurdum, hazırlanırdım. Hep ben öyle konuşmaya giderim, insanlara saygı budur, konuşmadan öyle kalkıp gitmem. Ama son zamanlarda bunu yapamıyorum, gözüm görmüyor, eski bilgilerimle gittim.

Eski bilgilerim de öyle yabana atılacak bilgiler değil. Çünkü orada okuduğumuz gazetelerde çıktı. Onun için bunu söylemeyin, bu doğru bir şey değil. İnsan hiç bilmediği konuda nasıl bilmem ne ... hiç bilmediği konu olur mu, en azından hiçbir şeyi bilmediğim zaman liseyi bitirmişim. Pir Sultan Abdal'ı biliyorum demektir. Ama o bilgiyle orada konuşulmaz, onun ötesinde kaç kitap okuduğumu anımsamıyorum ama, Pir Sultan Abdal hakkında doğrudan veya dolaylı olarak en az beş-altı kitap hatta daha fazla kitap okumuş bir insanım. Bazı düşüncelerim var, o düşünceler ilk kez söyleniyor Türkiye'de. Bu kadar açık.

Temel Karamollaoğlu - Yalnız ben tabii bu atıfta bulunurken, doğrudan doğruya Aziz Nesin'in ifadelerini zikrettim. Kendisi konuşmaya başlarken, diyor ki, ben Pir Sultan Abdal hakkında bilgi sahibi değilim. Onun için söyledim ben bu sözü. Kendisinin tabi Lise çağındaki elbette ki, bilgi, ihtisas elemanının bilgisi değildir. Yoksa hepimiz mutlaka birtakım bilgilere sahibiz. Burada yalnız benim bir istirhamım var. Burada birtakım suçlamalar oldu. Benim hakkımda, gazetelerde bana ait olmayan resimler basıldı, yanlış olarak, sonradan bunların yanlış olduğu tekziplerle belirtildi.

Hulki Cevizoğlu - Cafer Erçakmak adında Belediye Meclis Üyesi bir kişiyle sizin çok birbirinize benzediğiniz ve o nedenle bir karışıklık olduğu söylenmişti. Cafer Erçakmak bugün ne yapıyor efendim, Belediye'de mi yoksa sanıklar arasında mı?

Temel Karamollaoğlu - Bizim hiçbir bilgimiz yok, yalnız kendisi sanık olarak aranıyor.

Hulki Cevizoğlu - Bir buçuk yıla yakın oldu halen aranıyor mu?

Temel Karamollaoğlu - Tabii, ancak şunu hemen belirteyim, bu iddia gazetede bana ait olduğu yazıldığı zaman bunu tekzip etmek için ben hemen bir basın toplantısı tertip etmiştim, arkasında da mutlaka Cafer Erçakmak'ın çıkarak gerekli izahını yapacağını söylemiştim. Ama tahminen söyledim tabii, kendisini görerek çağırmadığım için, ama çıkmadı. Tabii ben onun nerede olduğunu bilmem de zaten mümkün değil. Ümit ediyorum ki, mutlaka bir gün çıkıp gelecektir.

Aziz Nesin - Belediye Başkanını ben tabii açıkça suçladım, bunları neye göre suçladım. Doğrudur ben görmedim, gazetedeki beyanları var, şimdi burada ezbere konuşacağım belki tam söyleyemeyeceğim ama, Gazanız Mübarek Olsun diyen adam.

"GAZANIZ MÜBAREK OLSUN"

Temel Karamollaoğlu - Gazanız Mübarek Olsun lafı ilk baştan beri söylendi, ben bunu ilk başta tekzip ettim. Bu laf ilk defa Kültür Sitesi önünde yaptığım konuşmayla ilgili söylendi. Halbuki bir yerde neyin gazasını tebrik edeceksiniz siz, olayı yatıştırmaya gitmişsiniz, olaylar daha yeni başlamış, bir gaza tebrik edecek hadise yok ki ortada.

Bunlar çarpıtmalar hep, ne polis zabıtlarında ne başka bir yerde bana bu söz gösterilemedi. O gün Cuma idi. Büyük ihtimalle benim aklıma gelen, belki ben halkı yatıştırırken bir diyalog kurma babından "Cumanız mübarek olsun" diye başlamış olabilirim, bunu da bulamadılar aslında, çünkü zabıtlarda o da yok. Böyle olunca nereden çıktı bu söz? Birisi söylüyor, ondan sonra da başkaları bunu kaynak yapıyor. Bunun orjini, kim nerede başladı bu söz belli değil.

O sırada Sivas'ı birçok parlamenter grup ziyaret etti. Benimle de görüştüler, ancak SHP'den mesela kimse gelmedi. Bunun üzerine ben bu tip sözler çıkınca, SHP İl Başkanlığı'nı aradım, kendilerine de dedim ki, bakın sizin birtakım arkadaşlarınızın yanlış beyanları var. Halbuki benimle konuşmadan, bana hiçbir şey sormadan bu iddialar ileri sürülüyor, yani siz kabul etmeseniz bile bana da sorun. Benim fikrimi aldıktan sonra deyin ki, böyle dedi ama, kabul etmedik, ama benim fikrimi alın, sayın Ziya Halid'le görüştüm o arada da. Bakalım, görüşelim, düşünelim dediler. Bir kere bile gelip benim fikrimi almadılar.

Şimdi tabii bir ülkede yaşıyoruz, insanlar hiç sebepsiz yere itham ediliyor, ben Yazar Aziz Nesin'in bile bu konuda, bana kendisi de bunu açıkça söylüyor. Bunları düşündükten sonra suçlayacağını zannetmiyorum, bilmeden yapılıyor. Zaten memleketimizde de en büyük tehlike insanların bilmeden suçlanması. Bugün içeride bulunan, tutuklu bulunan insanlar da sanki suçluymuş gibi hemen cezalandırılmalıdır, deniliyor. Kanaatim şu, suçlular mutlaka cezalandırılmalı ama, suçsuzlara da suçluların vebali, günahı yüklenmemeli. Bunu hiç kimse istemez, istemeye de hakkı yok.

Aziz Nesin - Şimdi efendim ben bu konuda belgelerle gelmedim. Zaten beyefendinin de televizyona çıkıp konuşacağını bilmiyordum. Bilseydim gelirdim, onları getirirdim. Onun için ezbere böyle birdenbire bir şey söyle...Bilseydim belki de bazı belgeler getirirdim.

Öyle geldim. Bu belgeler nedir? Belgeler görgü belgeleri değil, tanık olmadım ben çünkü, ben hep içeride kaldım. Yalnız dışarı çıktım, işte o merdivenden inerken, başka bir şey görmedim.

Belgeler dediğim benim, gazetelerin yazılarıdır. Gazetelerdeki yazıların hangilerini yalanlamış, hangilerini yalanlamamış bilmiyorum. Ama o yazılar Belediye Başkanı'nın açık olarak benim kanıma göre suçlu olduğunu gösteriyor. Adalet bakımından suçludur, suçlu değildir. Yalnız benim değil, birtakım insanlar bunu böyle görüyorlar. Şimdi gayet zarif, incelikli konuşuyor, teşekkür ederim. Ama yine de gerçeğe aykırı konuşmaları var. Pir Sultan Abdal'ı ben bilmiyorum, hiçbir şey bilmediğim, lise bilgisiyle, "Hayır beyefendi lise bilgisiyle değil" böyle bir iddiada bulunamam. "Ben daha çok biliyorum, sen daha az biliyorsun" böyle şey söyleyemem. Ama Türkiye'de pek az aydın zannediyorum ki Pir Sultan Abdal hakkında, uzmanlar dışında, ortalama bir aydın Pir Sultan Abdal hakkında benim kadar okumuş olsun.

Ayrıca bu belli, çok belli, çünkü orada konuştuğum sözler bu konuda ilk söylenen sözlerdir. Bir insan hiç bilmediği konuda böylesine şey söyler mi? Bir alçakgönüllülük gösterdim, yani bir taze ön hazırlığım yok, demeye getirdim. Onun için bu konuları ben bilmiyorum gibi. Siz çünkü Sivaslısınız, daha çok biliyorsunuz, yani bu anlamda bir alçakgönüllülük gösterdim.

Yoksa ben bilmiyorum, dangul, dungul arada gidip de konuşayım, öyle şey olur mu, bir edebiyatçı, bir yazar nasıl bilmez Pir Sultan Abdal'ı? Ayrıca solcu bir yazar nasıl bilmez? Olur mu böyle şey.

Hulki Cevizoğlu - Aziz Nesin olaylarından önceki sohbetimizde Vakfındaki çocukların dinsiz yetiştirilmesi konusunda bir söz söylediğini, ama yabancı gazeteciye kızdığı için bunu söylediğini, bunun bir şaka olarak gazetede yayınlandığını, sonra gerçek gibi olduğunu söyledi. Sonra Pir Sultan Abdal konusundaki cümlesinin de mütevazilikten kaynaklandığını, onun da yanlış anlaşıldığını ve Abdal'ı çok iyi bildiğini söyledi. Siz "Gazanız mübarek olsun" dedim, "Onu da bulamadım" dediniz, sonra Cafer Erçakmak da, sizin fotoğrafınızın gazetelerde yanlışlıkla basılmasında da bir gariplik var. Yani burada Aziz Nesin diyor ki, ben böyle söyledim, ötekiler doğru değildir; siz diyorsunuz ki, ben böyle laflar etmedim, fotoğraflar yanlış basıldı, yanlışlıkla suçlandım.

Temel Karamollaoğlu - Burada benim söylediklerimin hepsi delilli. Ben burada zaten, "Pir Sultan Abdal'ı bilmiyorum" demesini suçlamak için söylemedim. Sadece kendisi tarafından söylenen bu sözü söyledim, kendisi de kabul ediyor. "Söyledim ancak bunu alçakgönüllülükle söyledim" diyor ama ben bunu bilemem.

Yalnız benimle ilgili suçlamalar, hiçbir tanesi delile dayanmıyor. Bakın gazetede bana atfediliyor, arkasından benim olmadığım anlaşılıyor. Gazanız mübarek olsun dediğim söyleniyor, bir tane delil bulunamıyor. Ben de dedim ki, "Söylemedim böyle bir söz". Bunun dışında tahrik edici konuşmalar yapıldı deniliyor, bir tane tahrikle ilgili söz yok, bir tane bile. Ki, ben şunu hemen ifade edeyim, ben bunu Meclis Araştırma Komisyonu'na da söylemiştim, bir topluluğu yatıştırmak için, o topluluğun suyuna gidilip, teskin edilir, yumuşatılır, o sırada onlara denilse ki, yahu siz ne istiyorsanız yapalım, ama hele bir gidin yarın gelin de yapalım dense, bu bile o topluluğu yatıştırmak için söylenen bir sözdür. Yoksa o toplulukla aynı fikirde olduğunu beyan manasına gelmez. Ki, böyle bir şey de söylenmiş değil zaten.

Şimdi benimle ilgili iddialarda, ispatlanan, ortaya konulan hiçbir şey yok. Gazetelerde de, benim birçok beyanatlarım çıktı, tekziplerimin de büyük bir kısmı çıktı. Ancak bazıları ısrarlı, "Siz suçlusunuz". Peki neden suçluyum? Şimdi böyle bir suç iddiası olmaz, ben bunu asgariden insanlık ölçüsüyle bağdaştıramıyorum. Eğer benim yerimde Refah Partili Belediye Başkanı değil de, aynı hadiselerin olmasını göz önüne alarak, ANAP'lı, DYP'li, SHP'li bir belediye başkanı olmuş olsaydı, bu suçlamaların hiçbirisi olmazdı, emin ve takdir edilirdi o belediye başkanı. TRT'de ilk defa takdirkar bir söz söyledi. Çünkü benim ne kadar Sivas'ta bu hadiseleri yatıştırmak için çaba sarfettiğim biliniyor. Ama arkasından sırf RP'li bir Belediye Başkanı olduğum için bu suçlamaların üzerine gidildi. Burada da maksat ben değildim, şahıs Temel Karamollaoğlu değildi. Benim mensup olduğum parti suçlanma yoluna gidildi.

Hatta biraz daha ileriye gidilerek, Sivas'ta bir Sünni-Alevi çatışması ortaya getirilmeye çalışıldı. Biraz önce de söylediğim gibi, hadiselerin arkasında meydana gelen birtakım olaylar Başbağlar gibi, Zara'daki Selimiye köyünün basılması olaylar da, bunun en açık kanıtıdır zannediyorum.

Hulki Cevizoğlu - Sayın Karamollaoğlu. Ortada korkunç bir katliam var, burada söz suçlu değilsiniz, görevinize iade edildiniz.

Sanıklar yargılanıyor, suçlu olup olmadıkları ortaya çıkacak. Fakat Aziz Nesin de "Ben kimseyi tahrik etmedim" diyor, "Yumuşak bir konuşma yaptım, keşke daha sert bir konuşma yapsaydım, yapmadım" diyor.

Ama ortada 37 tane ölü var. Ya sizin dediğiniz gibi, hakikaten ülkeyi karıştırmak için bunlar bir provakasyon; ülke olarak çok dikkatli olmamız gerekiyor, basın olarak da çok hassas, kuyumcu terazisinde tartarak haberlerin yazılması gerekiyor. Bakınız gazete haberleri yüzünden...Aziz Nesin sizin hakkınızda gazetelerde okuduğunu söylüyor, siz "böyle değil" diyorsunuz. Siz Aziz Nesin'in sözlerini yorumluyorsunuz ama "Ben bunu kastetmedim" diyor. Ama ortada 37 tane ceset var, ölü var, katliam var.

Şimdi bu konularda demek ki, ülke olarak daha duyarlı olunması gerekiyor. Sizin bu konuya ekleyecekleriniz var mı? Bu olaylar, gerekli önlemler alınsaydı önlenebilir miydi?

Temel Karamollaoğlu - Bu olaylar aslında önlenebilirdi. Kasten önlenmedi demiyorum, onu da ifade edeyim.

Bu arada adete bir basiret bağlanması olduğu kanaatindeyim yönetimde. Yoksa 7 saat bir topluluk bir yerde bulunacak ve o topluluk dağıtılmayacak. Bu pek mümkün değil. bu arada kasıt yok kanaatime göre. Ancak hakikaten bir basiret bağlanması var. İkinci olarak da şunu hemen, ilk söylediğiniz konuya gelmek istiyorum, bu ülkenin içinde bizler yaşayacaksak, farklı görüşte bulunan insanlara hepimiz mutlaka tahammül etmek mecburiyetindeyiz. Konuşmalarını, fikirlerini, düşüncelerini beğenmeyebiliriz, ama zanla hüküm verilmez. Bu mühim bir kaidedir, ben şahsen benim fikrimde olmayan bir insanın düşünce, fikir, inanç, hürriyetinin garantörlüğünü üstlenirim ama, benim karşımda bulunan fikren insanların da aynı tarzda kendileri gibi düşünmeyen insanların yine fikir, inanç, düşünce, özgürlüklerinin garantisi olması lazım.

Halbuki biraz önce bakıyorum, açıkça, Aziz Nesin "Ben dinsizim" diyor, olabilir, kendi inancıdır. Biz, dinde zorlama yoktur, bu inançtayız. Bu inancını değiştirmesini isteriz, ümit ederiz ki, hayatının son zamanlarında bu fikrini değiştirir, bu bizim temennimiz. Değiştirmezse kendi bileceği bir iş.

Ama bu inancı ayrı bir konudur, bizim ülkemizde bun söylerken, ama inanan insanı, İmam Hatip Okulunun açılmasını, Kur'an kurslarının açılmasını, Türkiye'de birtakım fikirlerin dile getirilmesini kendisi tasvip etmediği için, "Bunlar önlenmelidir, durdurulmalıdır, baskıyla adeta ortadan kaldırılmalıdır" diyor.

Bu ne biçim basın özgürlüğü, bu ne biçim inanç özgürlüğü, bu ne biçim insan hakkı ve bu ne biçim saygı birbirimize?

"İMAM HATİPLİLER, HARP OKULUNA GİREBİLMELİ"

Aziz Nesin - İmam Hatip Liselerinin açılmasıyla, fikir özgürlüğünün hiçbir ilgisi yok. Kuran kurslarının açılmasıyla ve çoğaltılmasıyla hiçbir ilgisi yok, onların ilgisi şu. Devlet kademelerine her dalda İmam Hatip'lileri sokmak, ki öyle olmuştur, yargı, içişleri hatta dışişleri, kültür bütün bu kadrolar İmam Hatip Lisesi mezunlarının doldurduğu yerlerdir.

Bu inançlı insanlar, dinsel inançlı insanlar odur ki, aslında, bugünkü din dersi de yanlış, din dersleri okutulmalıdır şöyle, dinler tarihi okutulmalıdır, her din orada okutulmalıdır. Göksel dinlere, doğal dinlerden nasıl gelindiği, çok tanrılı dinlerden göksel dine, tek tanrıya nasıl gelindiği bütün bunlar arasında mukayeseler yapılmalı. Yani bu bir felsefedir, bu bir toplumsal sosyolojidir. Bunlar okutulursa elbette gereklidir.

Ama gidip de orada namaz ayetleri okutulursa, ezberletilirse insanlara ve bu insanlar böyle yetiştirilerek, aradan devletin taa yüksek kademelerine çıkarsa, bunlar parlamentoya girerse nasıl olacak bu özgürlük. Bu düşünce özgürlüğü müdür, bu nasıl düşünce özgürlüğü? Böyle düşünce özgürlüğü olur mu?

Ben hak veriyorum. Harp Okulu'na almıyorlar İmam Hatip Lisesi'nden çıkanları. Öbür fakültelere giriyorlar da niye Harp Okulu'na girmesin? Ne ordu, devrimci ordu, Kemalist. Böyle şey olur mu? Oraya da girmeliler ve ben başörtüsü örten kızlara hak veriyorum, o çocukların ne günahı var? Başından beri din dersini İslamlık dersini ve yalnız Sünnilik mezhebini okut onlara, ondan sonra saçının telini kendi mahremi dışında kimseye göstermeyecek, ondan sonra da üniversiteye girip saçını aç. Ne o, Kemalizm olacak bu.

Bu yanlış, yasalar baştan yanlış yapılmıştır. Kimse ses çıkarmamıştır, aydınlar susmuştur. Birkaç aydın, çok az sayıda aydın bunlara karşı gelmiştir, çoğunluk onlardadır, bugün parlamentoya dolmuşlardır. Bakanlıklara dolmuşlardır, devlet mekanizmasının her tarafına dolmuşlardır ve her gün daha da bunlar artıyor.

İmam Hatip liseleri çok mu lazımdı? Bunların ilk çıkışını anımsıyorum ben, gerekçe şuydu. Ölülerimizi yıkayacak imam yok. Ölü mü yıkıyor bu adamlar? İmam Hatip Lisesinden niye meslek lisesi gibi imam yetişmiyor? Yalnız, ayrıca bu konu genişletilsin istemiyorum. Diyanet İşleri Başkanlığı'nın devletin içinde olması, bir bakanın ondan sorumlu olması hükümetin kontrolü altında olması. Dışişlerinde dinsel ataşeler bulunması, hiçbir laik ülkede yoktur bunların örneği. Bana gösteremezsiniz bir laik ülke ki, o dış ülkedeki temsilciliklerinde bir de din ataşesi bulundursun, ortodoks, protestan ya da Musevi bir din ataşesi yoktur.

Ataşe lafı gavurca, din lafı Müslümanca. Böyle şey olur mu? Ben bunları katiyen kabul etmiyorum. Bu söylediklerimizin gerekçeleri var, çünkü oturup kendi kendime atmıyorum.

"İMAMLARIN MAAŞI, GENELEV'DEN"

Tabii ben ne istiyorum? O söyledikleri çok doğru. Hoşgörüyle bakmak gerekiyor, ben Müslümanlara hoşgörüyle bakıyorum, yalnız Müslümanlara değil, Hıristiyanlara da, bütün dinlere hoşgörüyle bakıyorum. İsterse puta tapsın, ona da; isterse doğaya tapsın ona da hoşgörüyle bakıyorum ve bakılmasını istiyorum. Ama bugün bakılmıyor bunlara, o kadar gericilikle boğulmuş, sıkıştırılmış durumdayız ki, hangi birini söyleyeceksiniz.

Örneğin şimdi bu beyefendi, Arapça ezandan başlayacağım ben, oradan başlamıştır. Türkçe okursa, anlarsa insanlar onun ne olduğunu, anlar. Niye Arapça okunuyor, niye Arapça okunuyor, niye Arapça'ya dönüldü? Kendisi benden çok daha iyi bilir elbette.

Hac diye bir farize var, hacca kim gidebilir, borcu olmayanlar gidebilir. Sizin inancınıza göre Türk milletinin borcu yok mu? O borç yalnız hükümetin borcu mu, gırtlağına kadar dış borç, iç borç içinde bir millet hacca nasıl gider? Arap çöllerine para döker?

Bunlar, söylenecek o kadar çok konu var ki, bunlar bir saldırı değildir İslam'a. Daha başka şeyler de var, bazen yazıyorum, bazen yazamıyorum. Bugün imamların, vaizlerin, müftülerin aldığı para bütçeden geliyor, o bütçeye giren para genelev kadınlarının kazancından alınan vergilerdir. Bugün Türkiye'nin en çok vergi veren kadını Bayan Matild iki kere Maliye Bakanı'ndan nişan almıştır. bu nasıl imamdır ki, bu parayla evine, çoluğuna, çocuğuna bakar? Ne olsun, özerk olsunlar. Müslümanlar da, Hıristiyanlar da, Aleviler de, Sünniler de, Yahudiler de, Türkiye'de yaşayan insanlar özerk olsunlar. Kendi imam okullarını kendileri açsınlar, ne kadar imam lazımsa o kadar lise açsınlar. Yoksa ben o liseden çıkan insanın yargıç olmasını istemiyorum. Çünkü o yargıcın inançları dışında bir karar vermesi mümkün değildir.

Temel Karamollaoğlu - Burada üç konuda fikir beyan etmek istiyorum. Bir tanesi, mesela ezan denildi, bu ezanla Aziz Nesin camiye çağrılmıyor, ben çağrılıyorum. Bırakın benim istediğim lisanda olsun.

Aziz Nesin - Ben de dinliyorum.

TÜRKÇE EZAN KONUSU

Temel Karamollaoğlu - Yani bu konuda Türkiye'deki ezana icabet edecek olan insanlar bundan rahatsız olmuyor da, niye başkaları rahatsız oluyor?

Aziz Nesin - Beyefendi sizin kulağınıza okursa doğru. Ezanı sizin kulağınıza okursa, Arapça okusun, Fransızca okusun. Ama bütün alana Türkiye'ye okuyor, bütün alan Arapça bilmiyor, müslümanlar da bilmiyor ayrıca.

Temel Karamollaoğlu - Bazı konular vardır ki, enternasyonal diyeceğimiz, milletlerarası, cihanşumuldür.

Kur'an'ı Kerim de Müslümanlar tarafından Allah Kelamı olduğu için cihanşümül olarak kabul edilmiştir. Türkiye'de de, Amerika'da da, orada okunduğu yerlerde, Asya'da da, Afrika'da da Arapça okunur. Müslüman nereye giderse gitsin, ezanı duyduğu zaman bilir. Her yerde Allahuekber denir.

Bunun için, bundan başkalarının rahatsız olmasını anlamak mümkün değil.

ikinci konu İmam Hatip konusu. Şimdi İmam Hatiplerde bir tane bina yoktur ki, devlet yaptırmış olsun. Bunların tamamını halk kendi parasıyla yaptırmıştır. Şu anda da 200'den fazla İmam Hatip Okulunun binası hazır, yapılmış, sadece müsaade bekliyor. Eğer devlet müsaade etse, vatandaş bu okuldaki öğretmenlerin parasını bile ödeyecek. Bu bir hürriyet, bu bir hak meselesi.

Bırakın vatandaş istiyorsa, eğer hürriyet varsa, demokrasi varsa, insan hakkı varsa, eğitimde seçme özgürlüğü varsa, isteyen oraya gitsin.

Bundan sonra üçüncü noktaya geliyorum. Yani İmam Hatip Okulundan yetişen bir insan, yani inançlı bir insan avukat olmasın, hakim olmasın, subay olmasın, mühendis olmasın deniliyor. Neden? Bugün bakın Türkiye'de rüşvet her yanı sardı, ama inançlı insanlarda rüşvet yok. Bazen şaşkın olan varsa bile milyonda bir çıkıyor. Neden bu böyle, çünkü inançlı olan insanda bunu bu dünyada kimse görmese bile, ahirette hesap vereceği korkusu vardır. Bundan dolayı o insan Aziz Nesin'in zannettiği gibi haksızlığı bu dünyada yapamaz. Neden? Allah'tan korkar da onun için. Halbuki Allah'tan korkusu olmayan insan, "Kork Allah'tan korkmayandan" demişler büyüklerimiz. Onlardan her şey beklenir, çünkü görmezse insanlar, tamam işte yanına kar kaldı manasına gelir. Bu kadar basit bir farkı görmezsek bu bir fecaat olur.

Bakın tarihten iki misal vermek istiyorum. Birisi Endülüs. Müslümanlar Endülüs'e girdiler, orada bir İslam medeniyeti oluşturdular. Ama kiliseleri yıkmadılar. Hıristiyanları katletmediler. Ne zaman ki, Müslümanlar İspanya'dan çıkarıldı, bir tane Müslüman bırakılmadı geride. Bakın toleransa, Müslümanlar olduğu zaman fikir, inanç hürriyeti, onlar çekildiği zaman zulüm, istibdat.

Ben bundan takriben 20-25 sene önce, BBC'den, Bamba Gassoy diye bir takdimci vardı, onun bir açık oturumunu dinlemiştim. Bir papaz, bir haham, bir üniversite profesörü, bir de sendikacı vardı. Tolerans konuşuluyordu. Toleransı en yüksek olan din hangisidir diye, tabii herkes kendini savundu, ancak oradaki biri dedi ki, "Bana bunun İslam'dan başka bir dinde olduğuna inandıramazsınız" dedi. "Bakın İspanya'ya, Müslümanlar çekildikten sonra orada bir tane Müslüman bırakılmadı" dedi. Ama bugün Suriye'de, Irak'ta, Müslüman olmayan küçücük Hıristiyan köyler var. 1400 yıldır bu köyler kendileri güçlü olduğu, kendilerini Müslümanlara karşı koruyabildikleri için ayakta durmadılar. Müslümanlığın onların yaşamasına imkan verdiği için. Bu bizim konumuzla yakından alakalı. Bugün hiç kimse endişe etmesin. Türkiye'de inanan insanlar iktidara geldiği zaman, inanmayanların bile inanmama özgürlüğü olacak, ama bir şey sağlanacak, inananlara da kimse zulmedemeyecek, baskı yapamayacaktır.

Hulki Cevizoğlu - Gördüğüm kadarıyla bazı konularda hemfikir oluyorsunuz.

Aziz Nesin - Hemfikir olmuyorum, öyle hemfikir olduğum yok. Şimdi ezan Arapça okununca ben niye rahatsız oluyorum, ben rahatsız olmuyorum. Ama yanlış bir şey de onun için. Eğer Türkçe okursa anlar insanlar. Arapça okursa, Arapça isterse, tabii kulağına okusun. Şimdi bir sürü şey var walkmanler var, bir sürü şey var, onu belli saatte okusun.

İSTANBUL EMNİYET MÜDÜRÜ NECDET MENZİR:
"DEVLETE KARŞI ÇIKIYORSUNUZ"

(İzleyici telefonu).

NECDET MENZİR - (İstanbul Emniyet Müdürü) - Aziz Nesin'e soruyorum, bizim koruma tedbirlerimizi niye kaldırıyor? Kendisi, biz onu Türk toplumuna yaptığı güzel eserleri vardır, güzel olayları vardır, ona destek vermek için yoğun gayret sarfediyoruz, niye bizim aldığımız tedbirlere karşı çıkıyor?

Aziz Nesin - Evimin önünde bir minibüs dolusu polis, silahlı polis, gece-gündüz, yaz-kış soğuk-sıcak bekliyorlar.

Ben o eve 10 günde bir gidiyorum, bir ya da iki gece kalıyorum. Bu insanlara acıyorum ve memleketin bütçesine verdirdiğim zarara acıyorum.

Orada insanlar maaş alıyor. Niçin? Evi bekliyorlar, evi bombalarlar. Bombalamazlar, ama orada bir mangadan fazla silahlı polis var. Bekliyor o insanlar, bir defa bu. İkincisi, jandarma var, sizi ilgilendirmiyor zannederim ki, o jandarmalar kimi beklediklerini bile bilmiyorlar. Bizim erlerimiz, bizim insanımız. Yazık bu söylemek istemediğim şeyler ama, bahçeye girdikleri zaman, bahçeye zarar veriyorlar, söyledikleri sözler yanlış şeyler.

Bir gece merdivenden saat birde inerken bir jandarma erini gördüm. Orada benim kız çocuklarım var, şey var, nasıl olur, böyle şey olur mu? Olmaz tabii, bütün bunları, söylemediğim başka şeyler de var. Yoksa ben kişi olarak da memnunum, benim korumalarımdan, insan olarak da. Gayet nazik çocuklar, bana da çok iyi davranıyorlar, saygılı davranıyorlar. Bazı şeyler de yapıyorlar tabii, olabilir. Ayrıca Devlet'e yük olmaktan da çok rahatsızım.

Necdet Menzir - Sayın Aziz Nesin, sizi devlet koruyor mu?

Aziz Nesin - Koruyor. Ayrıca şu var, devletin koruma niyetinden de çok eminim, güvendiğim, ama bu tür bir korumaya da anlam veremiyorum.

Bir koruma ne demektir. Gerektiği zaman kendisini benim için feda edecek. Benim için niye, o adam benimle aynı düşüncede değil ki, değil ya da düşüncede, bunu da saçma buluyorum.

Necdet Menzir - Sayın Aziz Nesin. Siz devlete karşı çıkıyorsunuz, bazı konularda. Ama devlet yine sizi koruyor. Korumak devletin görevidir, sizi konuna kadar koruyacaktır.

Aziz Nesin - Peki, yani korusun. Ben bir şey söylemiyorum. Memnunum da korumasından dolayı. Ben devlete karşı çıkıyorum, elbette karşı çıkacağım, beni koruyorlar diye ben karşı çıkmayacak mıyım, gördüğüm yanlışlara? Örneğin bu konuşmanızı beğenmedim.

Necdet Menzir - Hayır, şundan söyledim. Size karşı, bir itfaiye erine sizi kurtardığı için söylediği laflardan dolayı söyledim. Bir itfaiye eri kurtarıyordu orada. Devlet kurtarıyordu sizi onun için söyledim lafı.

"İTFAİYE ERİ BENİ DÖVMEYE BAŞLADI"

Aziz Nesin - İtfaiye eri kurtarmadı beni beyefendi. Filmleri görmediniz mi? İtfaiye eri beni de kurtaracak zannettim. İtfaiye eri geliyor, merdivenden bana yaklaşınca, başladı beni dövmeye ve itti merdivenden aşağıya. Filmi görmediniz mi? Hangi beni kurtarmaya geliyor? Devlet neredeydi Sivas'ta? Lütfen, yani söylemek istemediğim şeyleri bana, beni söylemek zorunda bırakmayın.

Necdet Menzir - Gittiniz ödül aldınız, ödül aldınız geldiniz. Ödülü Türk toplumu size verdi. Türk toplumundan ödül aldınız. Türk toplumuna iyi hizmetler ettiğiniz için ödül aldınız. Bu ödülün kıymetini bilerek aldık. Ben de bir ödül aldım geldim. Bu ödülleri bu topluma hizmet etmek için yapmaya mecburuz. Beraber çalışmaya mecburuz, birlikte bu ülkenin çıkarı için çalışmaya mecburuz.

Sayın Aziz Nesin, ben sizin çocuğunuz yaşındayım. İstanbul Emniyet Mürüdü'yüm. Ve birlikte bu ülkenin çıkarına hareket etmeye mecburuz. Kimseye yanlış yapmaya mecbur değiliz.

NESİN'DEN MENZİR'E "YAZIK Kİ SİZİ İYİ YETİŞTİREMEMİŞİM"

Aziz Nesin - Efendim, çok teşekkür ederim. Tabii çocuğum yaşında bir görevlinin bana öğüt vermesi hoşuma gidiyor. Ama ben eğer öyleyse, sizin dediğiniz gibiyse, ben yazık ki, sizi iyi yetiştirememişim. Bu benim suçum. Yani ben veya benim yerimde olanlar sizi, devleti yanlış anladığınız ortaya çıkıyor. Olabilir ben de birlikte çalışmayalım demiyorum, tam tersine birlikte çalışmaktan yanayım.

Burada sağ-sol, Müslüman-dinli-dinsiz ayrımı yapmadan, birlikte çalışmaktan yanayım. Hoşgörüden yanayım. Bütün yazılarımda bunu anlatmaya çalıştım. Yazık ki, iyi sonuç alamamışım. Durum bu, teşekkür ederim.

Necdet Menzir - İnsanları ayırmayacağız, laik-antilaik olarak ayırmayacağız. İnsanlara bir tek noktada kendi hissettikleri yerde, düşündükleri yerde birlik ve beraber olacağız, yüce Atatürk'ün dediği gibi, siz ister inanın ister inanmayın "Ne mutlu Türküm diyene." (Burada bağırıyor)

Aziz Nesin - Ben sizin gibi düşünmüyorum.

Hulki Cevizoğlu - Sayın Menzir, Sayın Nesin sizin gibi düşünmediğini söyledi bu konuda. Siz de Sayın Nesin'e -düşüncelerinde özgür -sizin konumuzla ilgili ekleyecekleriniz var mı acaba?

Necdet Menzir - Ben bir daha tekrar ediyorum. "Ne Mutlu Türküm Diyene." (Bağırıyor) Aziz Nesin Beye ve toplantıya katılan herkese teşekkür ediyorum.

Hulki, sana da candan teşekkür ediyorum, böyle güzel bir konuyu dile getirdin. Toplum da bunun mesajını almıştır. insan kendini Türk hissedebilir, insan kendini Arap hissedebilir, insan kendini Boşnak hissedebilir, insan kendini göçmen hissedebilir. Ama bir tek şey vardır. "Ne Mutlu Türküm Diyene." Biz bu çizgide birleşiyoruz. Ve sana candan, gönülden teşekkür ediyorum sağ ol.

"EN ZORU İNSANIN KENDİSİNİ İNSAN HİSSETMESİDİR"

Aziz Nesin - Bu söyledikleriniz çok doğru Bay Necdet Menzir, çok doğru. Ama insan kendisini şu, şu hissedebilir. Bunların içinde en zoru insanın kendisini insan hissetmesidir.

Hulki Cevizoğlu - İslamiyet'e aykırı olan iki yazar var. Salman Rüştü ve son zamanlarda da Teslime Nesrin. Bu insanlarla ilişkileriniz ne düzeyde, temasınız var mı?

Bunların yaklaşımlarını, görüşlerini, yazdıkları kitapları, bir benzerlik içinde buluyor musunuz, kendi ülkelerinde?

Aziz Nesin - Hayır. Ben benzerlik var mı, yok mu bunun için Salman Rüştü'nün bütün yaşamını bilmek, ya da bütün eserlerini okumak gerekiyor. Ben bunu yapmadım tabii. Yalnız konu şu. Salman Rüştü'nün kitabının laik Türkiye'de yayınlanmasını istiyorum. Bu benim yurttaşlık hakkımdır, yalnız ben istemeyeceğim bunu. Bunu Türkiye'deki bütün aydınlar, başta yazarlar isteyecekler.

Hulki Cevizoğlu - Demin dediniz ki, Sivas Belediye Başkanına Sayın Karamollaoğlu'na, "Ezanı yalnızca sizin kulağınıza okurlarsa Arapça, ben rahatsız olmam. Kulağınıza okusunlar. Şimdi bir Müslüman ülkede Salman Rüştü'nün İslamiyet'in Peygamberi Hazreti Muhammed'in aleyhine yazdığı bir kitabı Türkçe'ye çevirmek de Müslüman insanları rahatsız etmeyecek mi? Mesela alıp yalnız siz okusanız.

Aziz Nesin - Okumasın, ezan gibi değil.

Hulki Cevizoğlu - Siz de dinlemeyebilirsiniz.

Aziz Nesin - İsterse okumasın, kitap öyle mi?

Hulki Cevizoğlu - Şimdi bu propaganda kapsamına girmez mi?

Aziz Nesin - Tabii girer, insanlık budur, uygarlık budur. Sen arkadaş yanlış yazmışsın, eğer bunu kanıtlayabilirsen o adan rezil olur, kamu önünde rezil olur. Bilimsel dünyada rezil olur.

Hulki Cevizoğlu - Salman Rüştü'nün kitabının Türkçe'ye çevrilmesinin, yanlış ve doğru olmadığını savunan bir kesim var, bir de -siz tersini savunuyorsunuz -sizin yapacağınız girişimin yanlış olduğunu söyleyenler çoğunlukta. Bu yanlışlıksa, yanlışlıkta ısrar edecek misiniz? Mutlaka çevireceğim diyor musunuz?

"ALLAH'TAN KORKMUYORUM, ÇÜNKÜ KORKACAK BİR ŞEY YAPMIYORUM"

Aziz Nesin - Efendim ben çeviremem, çevirteceğim. Ama işte ben korkak dedim ya. İngilizce'ye çevirmek isteyen arkadaşlar geliyorlar, iki sene oldu hala çevirtemedik, çevireceğiz diyorlar, başlıyorlar, beş-on sayfa sonra bırakıyorlar.

Çünkü korkuyorlar, yani korku. Bakın korku, "Kork Allah'tan korkmayandan." Ben öyle düşünmüyorum. Ben Allah'tan da korkmuyorum, korkacak bir şey yapmıyorum. Kim korkar, korkacak bir şey yapan korkar. Ben korkacak hiçbir şey yapmıyorum, onun için de korkmuyorum.

Bu arkadaşlar işte öldürülmek, ne olacak peki, bütün Türkiye öldürülmekten korkarsa, bütün aydınları korkarsa, ne olacak peki sonra? O kitap basılmayacak bunun sonu yok, bunun sınırı yok. Ayrıca o kitaba hayran olduğum için çevrilsin istemiyorum. Bu hükümet kararıyla yasaklanmış olması, anti-demokratik olması bir, anti-laik olması iki, anayasamıza aykırı olduğu için üç. TC Anayasası ikinci maddesine göre, laik bir devlettir, buna aykırı olduğu için, daha başka nedenler de var. Türkiye'nin İslam Konferansı'na girmesi kadar yanlış ve anti-laik bir olay olamaz. Türkiye demin sayın Menzir söyledi, başka yönden "Ne Mutlu Türküm Diyene" dedi. Bugün Türkiye, sağ tarafa Arap dünyasına başını dönüyor, "Esselamünaleyküm" diyor; sol tarafa dönüyor batıya "Good morning" diyor. Böyle bir politika, işte oraya gidiyor Müslümanım diyor, oysa İslam Konferansı'nın kendi tüzüğünde, Müslüman olmayan devlet o konferansa katılamaz, yani laik devlet katılamaz. Türkiye öyle bir kararla gitmiş ki, böyle ne laik-ne Müslüman böyle bir karar almış, giremez, girmemesi gerekir.

RECEP TAYYİP ERDOĞAN: "AZİZ NESİN'İN DİNSİZLİĞİNDEN RAHATSIZ DEĞİLİZ"

(İzleyici telefonu)
RECEP TAYYİP ERDOĞAN - (İstanbul Büyükşehir Belediye Başkanı) - Benimle ilgili Aziz Nesin Bey bir ifade kullandı. "İstanbul Büyükşehir Belediye Başkanı, ben şeriatçıyım diyor, işte böyle diyenlerin olduğu Türkiye'de filan, onları yetiştirenler filan." Bu arada İmam Hatip okullarına saldırılar filin bunlar yapıldı. Ben bir şeyi merak ediyorum. Aziz Nesin Bey kendisinin aydın olduğunu söylüyor. Tabii aydınlığın tarifini de karanlığın tarifini de anlamak mümkün değil. Bu nasıl aydınlık ki, "Ben şeriatçıyım" diyen bir insana kalkıp bundan rahatsız olduğunu ifade ediyor.

Bu Türkiye'de % 98'i Müslümanım derler. Bilmiyorum Aziz Nesin Bey buna katılır mı katılmaz mı?

Ve Aziz Nesin "Ben dinsizim" demekle maruf birisidir. Az önce de nitekim Allah'a inanmadığını falan da söylemiştir. Biz Aziz Nesin'in Allah'a inanmadığından rahatsız değiliz. "Ben dinsizim" demesinden de rahatsız değiliz, olur veya olmaz, o da bizi o kadar ilgilendirmez.

Biz inandığımız doğruları söyleriz, kendisi de inandığı doğruları söyler ve biz fikir planında da buna saygı duyarız. Ama biz fikir planında, düşünce planında saygı duyduğumuz, bu anlayışa karşı, bizim de düşüncelerimize, fikirlerimize saygı duymalarını isteriz.

Ben şahsen Aziz Nesin Beyin "Ben şeriatçıyım" derken neden bu ifadeyi kullandığımı öğrenmesini, okumasını isterdim. Demek ki, o da sadece gazetelerde çıkan haberlerin o siyah başlıklarını okuyor, devamını okumuyor. Bu ifade Meydan Laurousse'daki şeriatın açıklamasından kaynaklanan ve bir soru üzerine verilen cevaptır. Eğer kendileri de lütfederler, 1985 yılının baskısı Meydan Laurousse'ın II. cildinin 764. sayfasına bakabilirlerse, orada şeriatı Fransızların basmış olduğu Meydan Laurousse şöyle açıklıyor: Şeriat Kur'an'daki ayetlerden, hadislerden çıkarılmış dihi esaslara dayanan Müslümanlık yasası, İslam Hukuku, Tanrı Buyruğu, Şeriatı Garra, İslam dini, Tanrı Buyruğu, İsa Peygamberin şeriatı, Musa Peygamberin kullara ilettiği Tanrı Buyruğu, yani bugünkü İsrail'in yapısı.

Şimdi burada şeriatı bu şekilde açıklıyor ve İslam dininin şeriat olduğunu söylüyor. Müslüman kimdir, İslam dinine inanan insan demektir. "Elhamdülillah ben Müslümanım" dediğime göre, bu tarife göre, "Elhamdülillah ben şeriatçıyım" deme hakkına da sahibim.

Buradaki tarifen ancak bu ifade ortaya çıkar. Şimdi Sayın Nesin ve dinsizim deme hürriyetine, hakkına sahip oluyor da; ben Müslümanım, ben şeriatçıyım deme hakkına ben niye sahip olamıyorum, bu mudur fikir ve düşünce özgürlüğü, bu mudur aydınlık anlayışları?

Aziz Nesin - Evet, çünkü Anayasaya aykırıdır da onun için. Şeriatçılık anayasaya aykırıdır. TC Anayasası'nın 2.nci maddesi TC devletinin laik olduğunu yazar, ya o Anayasayı değiştirirsiniz ki, yakında galiba değiştirilecek şeriat girecek onun yerine, öyle görülüyor. Ya da Anayasaya uyarsınız.

Hem şeriatçı hem laik olunamaz. Ve bu mümkün değildir. Ben Müslümanların şeriatçı olmalarını söylemelerinden yanayım, ama Anayasaya aykırı davranmalarından yana değilim.

Siz bana dayanamazsınız, dayanamadığınızı kanıtladınız. Belediye Başkanı olduğunuz gün İstanbul'a "İstanbul'dan Aziz Nesin'in adını kazıyacağım" dediniz. Siz benim varlığıma dayanmıyorsunuz, zaten benim adım yok ki, İstanbul'da. Neyi kazıyacaksınız, neyi kazıyacaksınız, hangi adımı? Bunu söylediniz ve bunu yalanlamadınız. Siz beni nasıl kazıyacaksınız? Şeriatçısınız, daha benim gibi ne kadar aydını kazıyacaksınız? Elinize bir güç geçse, güç geçince onu kullanacaksınız.

Recep Tayyip Erdoğan - Bakınız, ben bu ifadelerinize gülüyorum. Benim Aziz Nesin'in ismini kazımak diye bir derdim yok ve ben İstanbul Büyükşehir Belediye Başkanı olarak da, kendi Meclisime yeni bir teamül getirmişimdir. Bunu da kendi düşüncenizdeki insanlardan sorup öğrenebilirsiniz.

Aziz Nesin - Beyefendi, bunu söylediniz, bunu bütün gazeteler yazdı.

Recep Tayyip Erdoğan - Hayır ben böyle bir şey söylemedim.

Aziz Nesin - Ve siz yalanlamadınız, yalanlayın, şimdi yalanlayın. "Ben Aziz Nesin'in adını İstanbul'dan kazıyacağım demedim" deyin.

Hulki Cevizoğlu - Sayın Erdoğan bu sözü dediniz mi, demediniz mi?

Recep Tayyip Erdoğan - Demediğimi söylüyorum. Belediyeye ben yeni bir teamül getirdim. Ve bu teamül de şudur: İstanbul'un caddelerine, sokaklarına, parklarına verilmiş isimleri değiştirme teklifiyle gelmeyiniz, teamüldür. Zira bu on sene sonra, on beş sene sonra, bir sokağın bir caddesinin tanınmasında sıkıntılar doğuruyor. Ama yeni bir cadde açıyorsunuz, yeni bir park açıyorsunuz oraya istediğiniz ismi koyabilirsiniz. Nitekim bu hafta bile yine meclisimizde böyle bir müzakere geçmiştir.

Ben böyle bir şey söylemedim. Medya benim hakkımda bu konularda çok şeyler söylüyor. Ben "Tiyatroyu kapatacağım" demediğim halde, medya tiyatroyu kapatacağımı yazdı.

Artık ben medyanın her yazdığına cevap vermeye kalksam, Belediye Başkanlığını bırakmam lazım. Ancak onlara cevap yetiştirmek için oturmam gerekir. Ben bu tür böyle basit konularla uğraşmıyorum. Ben sizin isminizi kazısam ne olur, kazımasam ne olur? Asıl olan sizin fikriniz, ortada ne kadar kalır, ne kadar süre devam eder, o ayrı meseledir ve ben buna da saygı duyacağımı açıkladım.

Kaldı ki, bizim anlayışımızda, ilkemizde şu var. Ben Aziz Nesin'in düşüncelerini kabul etmiyorum. Ancak Aziz Nesin'e insan olarak saygı duyuyorum. Benim inancıma göre sizi yaradan Rabbim'dir. Beni de yaratmıştır. Ve biz "Yaradılanı severiz, yaradandan ötürü" anlayışı bizim ilkemizdir. Bunu bir tarafa koyuyorum.

Ancak ben Müslümanım. Bakın devlet şeriatçı olur, olmaz o ayrı mesele. Anayasada belirtilen budur.

Ama şahsın şeriatçı olmasına bir şey diyemezsin. Ben Müslümanım. Ben Müslümanım diyen bir insan, ben şeriatçıyım demeye mecburdur. Bu tarife göre, bilim bunu böyle emrediyor. Bilimin istediği budur, ama devletin laik olması ayrı olaydır. Onla onu birbirine karıştırmayalım. Ben şahsımı, şahsımı söylüyorum. "Ben Müslümanım" dediğime göre, bir Müslümanım diyen şeriatçıdır. Bilim bunu böyle emrediyor.

Hulki Cevizoğlu - Ferdi görüşünüzün ve inancınızın dışında efendim, Belediyede bu şeriatçı görüşünüzü uygulama yönünde bir çabanız var mı? Yoksa yalnızca, "Ben bireysel olarak bu görüşteyim" mi diyorsunuz?

Recep Tayyip Erdoğan - Hayır, kendi şahsım, dini inancım bu. Yani ben Şeriatı Garra'yı şu anda yaşıyorum. İslam dinini yaşamıyor muyum? Bir Müslüman olarak, İslam dinini yaşadığıma göre, İslam dini eşittir, şeriatı muhammediyedir.

Ben onu yaşıyorum ve onu demek istedim.

Ben burada devlet düzeniyle alakalı bir şeyi konuşmadım. Ama ne yazık ki, yıllardır bu, toplumumuzda yanlış anlatılıyor. Ve ben şunu söyleyeyim, "Elhamdülillah ben Müslümanım" derken, neyi anlatmak istiyorsan, "Elhamdülillah ben şeriatçıyım" derken de aynı şeyi anlatmak istiyorsun.

Ve Meydan Laurousse gibi bir ansiklopedi bunu tespit ediyor. Ve açsınlar diğer ansiklopedileri aynı şeyi görecekler, bilim bunu böyle tespit ediyor. Bunun devletin yapısıyla alakası yoktur. Devletin yapısını konuşmuyoruz.

TÜRKÇE EZAN, HAC, İMAM HATİP TARTIŞMASI

Bir diğer olay beni rahatsız etti, o da şudur. Ezan sesinin Türkçe olması konusunda. Bir İmam Hatip mezunu olduğum için bunu duygulanarak söylüyorum. O da şu. Ezan Rabçe'dir, Allah'dan böyle gelmiştir, Arapça'dır ve ezan evrenseldir. Yani bugün bir Müslüman Malta'ya gittiği zaman ezan okunuyorsa, Malezya'ya gittiği zaman, okunuyorsa, Asya'nın bir ucuna, Avrupa'nın bir ucuna gittiği zaman ezanın evrenselliği onu bağlar. Duyduğu zaman, namaz oldu der, ezan okunuyor ve ona yönelir.

Ama eğer bu, her ülkenin kendi diline göre olacak olursa, o zaman ben Türkçe konuşulacak, Türkiye'nin ezanı Türkiye'den başka bir yerde duyamayacağıma göre bir namaza çağrıyı da duymamış olurum. Türkiye'de ezan sesinden Aziz Nesin'in rahatsız olması beni şaşırttı. Nasıl aydınlık bu? Türkiye'de bugün afedersiniz saatlerce çalan, saatlerce gürültü kirliliğiyle meşru olan yerler var. Bunlar rahatsız etmiyor sayın Aziz Nesin'i ama günde beş vakit, ikişer dakika-üçer dakika süren ve bu ülkenin yüzde 98'i Müslüman, Müslüman olan bu ülkede ezan sesi Aziz Nesin'i rahatsız ediyor. Ve diyor ki, şimdi bir de, o da çok ilginç, gülünç de bir olay, neymiş kulaklarımıza, kalkacağız, walkman takacağız.

Bu olacak şey mi yahu? Yani biz kalkıp da % 98 Müslüman birer tane walkmanı sipariş edeceğiz şimdi. Bunlar çok gülünç şeyler.

Bir diğer konu. Türkiye'deki Müslümanlar hacca nasıl gider, diyor. Devletin borçlu olması ferdi bağlamaz, burada lütfen, niçin, Aziz Nesin Bey afedersiniz, her gün, her yaz mevsiminde ülkelere turist olarak gidenleri konuşmuyor da, hac mevsiminde dini inancını yerine getirmek için hacca gidenleri konuşuyor? Çok ilginç bir şey. Bu tamamen, "Ben Müslümanım, inancımı yaşamak istiyorum" diyene, saygısızlıktır, hakarettir.

Ondan sonra kendileri saygı bekliyorlar, böyle ikilem olmaz, böyle çifte standart olmaz.

Bir diğer konu ki, bugün Türkiye'de devletin borçluluğu karşısında ızdırap duyan ve bunun için gecesini gündüzüne katarak çalışan bir topluluğun bütünüdür. Bu topluluk Müslümandır. % 98'i kastediyorum.

Bir değer konu İmam Hatip Lisesi konusu, ben Sayın Aziz Nesin Beyin İmam Hatip Liselerinde hangi derslerin okutulduğunu biliyor mu, bilmiyor mu onu bilemem. Ben İmim Hatip okulunu bitirdiğim zaman beni üniversiteye de almıyorlardı. Ben o zaman Eyüp Lisesi'nden gittim, ayrıca fark imtihanları verdim o fark imtihanlarından sonra ben Akademiye girdim.

Şimdi beyefendi, yasaların koyduğu engelleri aşarak, yasaların koyduğu üniversite imtihanlarına girerek bu imtihanlardan başarılı olduğum halde benim tıp fakültesine, hukuk fakültesine, mühendisliğe girmeme dünyada hangi güç engel olabilir? Bunu siz hangi bilimle bağdaştırabilirsiniz? Bu totaliter bir anlayışın, cehaletin bir icabıdır. İmim Hatip okulundan mezun olmuş, imamlık yapmıyor. "Ben" diyor "Hukukçu olacağım, mühendis olacağım." Ve bunun için de şu anda Türkiye'deki yasanın koyduğu kaidelere göre imtihana giriyor, bu imtihanı da başarıyor. Siz bu imtihanı başaran insana nasıl dersiniz bunu yapıyor.

Almanya'da bugün Kohl papazdır. Siz şimdi Kohl'e nasıl devletin başına geliyorsun diyebilir misiniz? Bu ayıptır bu.

Bir diğer konu üzüldüğümüz bir konudur bu. Mesela İslam Konferansı'na Türkiye'nin girmesini laikliğe aykırı görüyor Sayın Aziz Nesin. Kendi düşüncesine göre haklı olabilir. Türkiye'de yıllardır, Hıristiyan Demokrat partiler Birliği'ne üye partiler var Türkiye'de. Niçin bunu konuşmuyorsunuz. Bakın o da bir dini birliktir. Ama aynı şeyi bir başka parti İslam ülkeleri arasında yapsa, yaygarayı koparacaksınız.

Bu çifte standartlardan kurtulmamız lazım. Yani barış içinde yaşayan bir toplum olabilmemiz için, birbirimizin düşüncelerine saygılı olduğumuz zaman bir barış toplumunu meydana getiririz. Eğer siz benim inancıma, düşüncelerime saygı duymazsanız, ben sezen inancınıza düşüncelerinize saygı duymazsam, biz o zaman bir barış toplumunu nasıl kurarız.

Aziz Nesin - Devletin borcunu kim ödeyecek? Devlet diye bir somut varlık var mı, demek ki biz ödeyeceğiz, çocuklarımız, torunlarımız ödeyecek. Demek ki, borçlu olan biziz, devlet borcu aldığı zaman onu halka versin, yararına kullansın kullanmasın, o borcu fiilen kendisi almamış olsa bile, halk ödeyecektir, yani hacca gidenler ödeyecektir.

Hulki Cevizoğlu - Sonuçta faturası bize çıkıyor diyorsunuz?

Aziz Nesin - Bize çıkacak tabii, borçluyuz, hepimiz borçluyuz. Hiç ondan nasiplenmesek bile biz borçluyuz.

Hulki Cevizoğlu - Ama İslamiyet'te "Devlet borçluysa hacca gitmeyin" diye bir şey yok. Birey ve akrabaların maddi durumu iyiyse farzdır.

Aziz Nesin - O zamanki devletle bugünkü devlet başka. Devlet gidiyor borç alıyor, niçin alıyor bu borcu, bu insanlar için alıyor. Bu insanlarda ödeyecek bunu başka çaresi yok. Devlet dediğiniz somut bir varlık yok. İmam Hatipten çıkanlar gidiyor, ben belediye başkanından yanayım, hatta dedim ki, Harp Okuluna niye girmiyorlar. Harp Okuluna da girsinler çok istiyorum. Hangi nedenle almıyorlar oraya. Kemalist ordu diye almıyorlar. Ama her sene de üç yüz, beş yüz, bazen bin tane subayı, astsubayı ordudan çıkarıyorlar. Bu yüzden çıkarıyorlar. Ben ondan yana değilim.

Ama varsın bu şeriatçılık varsın, bir uç noktaya gitsin. Devlet nedir, olmayan bir şeydir devlet. Aslında bir anlamda somut olarak bir varlık değil. Mahalle bekçisinden Cumhurbaşkanına kadar devlettir. Hepsi devleti temsil eder. Bu yüzden de düğmesini kopardığın zaman bekçinin, eskiden öyleydi, bundan mahkemeye giderdin.

Gazeteleri açarsanız, bir sürü insan devlete hakaret etti. Bu konuda hikayeler yazmışımdır. Hepsi bunların devlettir. Onun için devlet şeriatçı olmaz, kim devlet ki, şeriatçı olsun?

İnsanların toplumun, bu sık sık söyleniyor, % 98'i Müslüman. İstatistik mi yapıldı, bir. İkincisi istatistikte insanlar doğru mu söylüyorlar? Bugün Müslüman olmayan bir sürü insan var, söyleyebilir mu? Doğduğu zaman konuşmasını, görmesini bilmediği zaman İslam diye yazılmış olan bir çocuk, büyüdüğü zaman o baskıdan kurtulup da söyleyebilir mi, Müslüman olmadığını. Bugün insanlar, Müslüman mezarlığına gömülen insanlar hepsi Müslüman mı? Ne kadarı tören istemiyor, bunu açık açık söyleyebilirler mi? Onun için bu % 98 olayı başka.

Şeriat olunca, ne olur? Şeriat olunca Taksim Alanı'na cami yapılır. Ne olur cami yapılırsa? Halk istiyor, işte böyle halk istetilir, bu eğitimle istetilir, bu kültürle, İmam Hatiplilerle, bu eğitimle, bu kültürle bunu isterler tabii. İsteye isteye, isteyenler çoğalır, bunun adı demokrasi olur, oysa demokrasi bu değil, demokrasi.

"HAKKARİ'DEKİ ÇOBANLA, İSTANBUL'DAKİ PROFESÖRÜN OYU AYNI DEĞİLDİR"

Hulki Cevizoğlu - Çoğunluğun istemesi olarak almıyor musunuz demokrasiyi?

Aziz Nesin - Çoğunluğun istemesi ama hangi çoğunluğun? Yani halkın halk tarafından, halk için yönetilmesi, demokrasi bu. Ve bunu ancak çoğunluk oylarıyla belirtir. Ama çoğunluk, daha önce bir yerde söyledim. Yalnız anlaşıldığı gibi, çoğunluk, Hakkari'deki çobanla, İstanbul'daki üniversitede profesör aynı oyu verir demek değildir.

Bunu tabii yanlış anladılar, ha ben demokrat değilim niye. Çünkü çoban ayrı oy verecek, Prof. ayrı. Onu demiyorum.

Bakın şimdi şehre bakalım, yüksek apartmanlar var. Bir de gecekondular var. Kültürsüz çobanla bir prof. arasındaki fark da kültür apartmanı arasındaki farktır. Bunları ortalamaya getirmeyince bunların oyu sahiden makbul değildir. Bana karşı gelenler de inanmıyorlar.

Bir profun oyuyla, okuma yazma bilmeyen bir çobanın eşit olacağına inanmıyorlar, ama inanmadan demokrasi adına böyle olması gerekir. Hayır demokrasi adına böyle olması gerekmez. Onları belli bir yerde tıpkı o zenginler gibi, o farklılığı azaltmak gerekiyor, bu azaltmak da demokratikleşmeyle olur.

Hulki Cevizoğlu - Ama bu Türkiye'nin sorunu değil ki, demokrasinin felsefi düzeydeki sorunu değil mi?

Aziz Nesin - Türkiye'nin sorunu şu: dünyanın her yerinde önce demokratikleşme olmuştur. Bunun sonucu, zorunlu sonucu olarak demokrasi olmuştur. Bizde demokratikleşme hiç olmadan, İsmet Paşa'nın emriyle 24 saatte Türkiye'ye demokrasi gelmiştir.

Hulki Cevizoğlu - Fransa'daki çobanla, Fransa'daki prof da aynı sandığa oy atmıyorlar mı?

Aziz Nesin - Atıyorlar ama, aradaki fark, örnek vereceğim doğru ya da yanlış ama aktarılan şu. İsrail yeni kurulduğu zaman bir çoban elinde kitap okuyormuş koyunları otlatırken. Gelip bakmışlar Decart, bu abartılmış bir örnektir. Bir fark olacak tabii, olmayacak değil, o fark belli. Bir insanlar ayrı ayrıdır zeka bakımından, kültür bakımından, yetişme bakımından, ama bugünkü Türkiye'deki kadar fark olursa demokrasi zaten olmaz.

Hulki Cevizoğlu - Bizim Cumhurbaşkanımız da vaktiyle "Çoban Sülü" diye hatırlanıyor. Ama o Descartes'tı. Biz de Süleyman Demirel var şu anda Cumhurbaşkanı.

Aziz Nesin - Düzey meselesi bu. Gerçekten Hakkari'deki bir çobanla, üniversite profesörü, çok ayrı dünyaların insanı olunca, zaten çok belli. Bu millet bu halk kendi lehine çalışacak bir partiyi iktidara getirdi mi bugüne kadar?

Hulki Cevizoğlu - Bu umutla getirdi ama... Hangi iktidar olursa olsun, bu umutla iktidara getirildi.

Aziz Nesin - Bu umutla getirildi başka. Gelenler böyle çıkmadı. Yani demokrasi geldiğinden 1945'ten bu yana birçok partiler iktidara geldi. Bunları insanlar bizim lehimize çalışacak diye getirdiler. Hiçbiri de lehine çalışmadı. Bu kesin, bu belli bir şey.

Neden peki bu? Kendi lehine çalışacak olanı bilmek için bilinç gerekiyor, bilgi gerekiyor, asgari ölçüde bilgi gerekiyor.

Hulki Cevizoğlu - Bir de insanları o makama getirmeden, eline yetki verilmeden nasıl davranacağını hiç kimse bilemez ki, siz bilebilir misiniz, seçmeden bir insanı?

Aziz Nesin - Bilemem ama, bilgili bir adamın seçeceği insan başkadır, hiç bilgisiz bir insanın, eline yüz lira verip de seçeceği insan başkadır.

Veya başka çıkarlarla, bir çobana "Sana 10 tane daha koyun vereceğim" dersen, örneğin yani, artık onun bilgisi başkadır, kalın çizili bir örnek veriyorum. Bu böyle değildir de.

Bu halkın bilinçlenmesi için, orta yerde birleşmek gerekiyor, tıpkı servetler gibi, ad vermeyeceğim, üç tane beş tane zengin aile. Bir de yanında binlerce en yoksul, çaresiz insanlar. Şimdi bunların arasında bir denge kurulmazsa demokrasi olmaz. Demokratikleşme olmayınca olmaz. Biz demokratikleşmeye 1989'da 90'da konuşulmaya başlandı, konuşulmadı, lafı bile edilmedi.

Hulki Cevizoğlu - Siz katılmıyorsunuz ama, bu demokrasinin genel sorunu Türkiye'ye özgü bir sorun değil. Amerika'da da Harlem'deki sefil durumdaki zencide gidip Amerikan Başkanını seçerken sandığa oyunu atıyor. Amerika'daki en büyük Yale Üniversitesi'ndeki prof. da gidip oyunu atıyor, o da Cumhurbaşkanını seçiyor. Orada da tabii aynı sorun var.

Aziz Nesin - Aynı değil efendim. Orada da var ama böyle değil. şimdi ortalamasının alırsanız millet topluluğunun 60 milyon insanın belli bir yerde müşterek payda olması gerekiyor. Bizim bu paydamız yok. Kültür, servet farkı kadar kültür farkı daha fazla. Çok daha fazla, üniversite açmakla da olmuyor. Belli bir biçim olarak, bina olarak üniversiteyi açıyorsunuz, atelyesi yok, laboratuvarı yok, hocası yok. Yani bu farkı azaltmadıkça, demokratikleşme olmaz. Sağlıklı demokratikleşme, eğitimde demokratikleşme, her şeyde demokratikleşme gerekiyor ki, ondan sonra demokrasi olsun, yoksa olmuyor demokrasi.

"BENİ DİNDEN EDEN KURAN'DIR"

Hulki Cevizoğlu – (...) Şimdi başka bir konuya geçmek istiyorum. Efendim bu inançsızlık konusunda siz özgürce söylüyorsunuz her yerde.

Aziz Nesin - Durup dururken de, ben dinsizim demenin anlamı yok. Yani gayet saçma olur.

Hulki Cevizoğlu - Bu konuda sizin evrende bir güce inandığınız, bizim "Allah" dediğimiz, sizin demediğiniz, ama bir güce inandığınız konusunda geçmişte yaptığınız konuşmayı tespit ettim ben.

Kültür eski Bakanı Namık Kemal Zeybek'le bu konuda bir diyaloğumuz olmuş. Sayın Zeybek'in Kültür Bakanlığı döneminde, sizin evrende böyle süper bir güç, kainatı idare eden, sistemleri idare eden bir güce inandığınızı söylediğinizi biliyorum. Böyle bir konuşmanız oldu mu efendim?

Aziz Nesin - Buna benzer, oldu. Bütün bunların kendiliğinden olduğunu sanmak bana doğru gelmiyor, dinsel propaganda filmlerinde gösterilir, işte bir çiçeğin açılması, tohumun fidan olması gibi şeyler. Doğasal olaylar gösterilir insanlara, zihni bakımdan yetişsin diye. Şimdi bu kendiliğinden olmuş olamaz. Ama biz kendinden olamaz, birisi yapmış bir şey yapmış, bir kuvvet yapmış diyoruz ya, o kuvveti SGS bilimleriyle ölçmeye kalkıyoruz, başkası da mümkün değil, çünkü, bir insan bulunduğu mekanın dışına çıkamaz. Yani tavandan daha yukarı çıkamaz. Mümkün değildir, biz neye göre ölçüyoruz SGS, yani santim, gram, saniye. Üç tane bizim dilimimiz var, ne kadar bunun üstüne çıkmaya çalışılırsa çalışılsın, çıkamıyoruz.

Örneğin karikatürler yapıldı. Merih'ten gelen insanlar, onları bizim yaşadığımız, bizim çevremizde olan insanlara benzetmemeye, çalışıyorlar karikatürcüler, ama yine de benziyordu. Göz antendeydi. Kulak şeydi, yani mümkün değil, neden mümkün değil, çünkü biz ister istemez, SGS'nin içinde bağımlı olarak yaşıyoruz.

Hulki Cevizoğlu - Samimi olarak bir şey sormak istiyorum, siz hiç mi inanmadınız, yoksa doğduğunuz zaman inançsız değildiniz herhalde, ne zaman inançsız oldunuz, hangi olay sizi inançsızlığa itti?

Aziz Nesin - Tek başına bir olay değil, bütün olaylar. Ben, hemen hemen 30 yaşına kadar, tabii yavaş yavaş sarsıldı inançlarım, ama 30 yaşından sonra yavaş yavaş böyle bir inanca sahip olmadım.

Hulki Cevizoğlu - Askerdeyken de inançlıymışsınız, 29 yaşında mıydı?

Aziz Nesin - Evet ama, o zamanki inançlarım, şüphe, Müslümanlıkta şüphe oldu mu olmaz zaten. Şüphe ile din inanç, olmaz. O şüpheler yavaş yavaş gelişti ve Kuran'ı çok okudukça, en çok beni dinden eden Kuran'dır.

Hulki Cevizoğlu - Ama Kur'an'ın yeniden yorumlanması, çağımızdaki bilim ve teknolojiye göre yeniden bazı kavramların açıklanması tartışılıyor.

Aziz Nesin - En büyük yanlış o. Sıkı Müslümanlar orada haklı. Gerçek Müslümanlar, her zamana göre Allah kelamı, Allah'ın kelamı, o nasıl yazıldıysa öyle olacaktır.

Kızlara mirasın yarısı verilecek diyorsa yarısı verilecek, kanun değişti, hayat değişti, kızlara da erkekler gibi miras verilsin olmaz.

Hulki Cevizoğlu - Mesela bizim kitabımızda, "Güneşi bir gün söndüreceğiz" diye bir ayet var. E bugün bilim adamları güneşteki lekeleri tespit ediyorlar ve güneşin kısmen sönmeye yöneldiğini ortaya çıkartıyorlar. Bu açıdan yeni bir yorum. Yoksa Allah'ın sözünü değiştirmek anlamında söylemiyorum. Bilim geliştikçe kavrayışımız gelişiyor.

Aziz Nesin - Sizin söylediğiniz çok önemli bir şey, bütün Müslümanlar, "Kuran'da her şey yazılıdır". Bir şey keşfedilir. "Bu Kuran'da vardı, biz anlamadık". Ne keşfedilse, mesela AIDS'ın ilacı bulunsa, diyecekler ki, bu Kuran'da falan yerde vardı şöyle diyordu. İman böyle anlatılıyordu ama biz onu 1400 yıldan beri Müslümanlar Kuran okuyor, hiç anlamıyorlar mı? Ya hep Hıristiyanlar, dinsizler, gavurlar anlıyorlar da buluyor, çıkarıyor keşfediyor, Müslümanlar hiçbir şey keşfedemiyor.

Hulki Cevizoğlu - Ama anladıkları dönemler vardır İslamiyet'te.

Aziz Nesin - Ne anladılar, yani bir keşif, bir icat var mı, Müslümanın yaptığı? Söyleyin mesela bir Fransız çocuğuna Fransız icadı deseniz 10 tane 20 tane çocuk sayar, siz şimdi üniversiteyi bitirmiş bir insan olarak ben size 600 yıldan beri Müslümanların bulduğu bir keşif bana söyleyin.

Hulki Cevizoğlu - Tabii ben şu anda onları sayabilecek durumda değilim. Ama ben Fransızları da say deseniz ben hangi buluşun şu anda Fransızlar tarafından bulunduğunu da söyleyecek durumda değilim.

Aziz Nesin - Ama çok önemli bu, sizin sayamamanız, Fransızları söylersiniz, La Va Zi, rahat söylersiniz. Ohm Kanunu söylersiniz, çok sayarsınız, fizikte tıpta. Siz değil, en okur-yazar bile sayarlar, az-çok okur yazarlar bile söylerler, Almanları, Fransızları.

Hulki Cevizoğlu - Bu konunun cevabını alalım isterseniz, Sayın Zeybek hatta, bu konunun sevabını da verecektir.

Sayın Nesin'in inançsızlığı konusundaki bir anekdotu ben aktardım. O konudan başlayarak, sonra İslamiyet'teki buluşlar konusunda siz daha deneyimlisiniz, ehil ellerden biz bu bilgileri alalım efendim.

(...)

"İNANMIYORUM AMA, VARSA CENNETE GİDECEĞİM"

Hulki Cevizoğlu - O çağrısına nasıl cevap vereceksiniz Sayın Zeybek'in. Evet deyin burada bitsin.

Aziz Nesin - Hayır öyle bir niyetim yok, ama belli olmaz. İnsanlar yaşlanınca bunar, mümkündür, o zaman daha da yaşlanabilirim, ya da aklı muhtemel olur, değişir. O zaman belki de bunlar olabilir. Voltaire de öyle söylemiş. "Ben" demiş "İhtiyarlayınca, günün birinde dindar olduğumu söyleyebilirim, inanmayın, o ihtiyarlık arazıdır, asıl doğrusu şimdikidir" demiştir.

Hulki Cevizoğlu - Siz söyleseniz de kabul edilir sanıyorum.

Aziz Nesin - Ama belli olmaz, İslam'ın bir yanı, iyi yanı ya da başka yanı neyse, bir kelimeyi şahadet getirirsiniz her şey şey der.

Ben şimdi eğer, cehenneme gideceksem, niçin gideceğim, dinsiz olduğumu söylediğim için mi? Yoksa ben İslam dini veya öbür dinlerin men ettikleri hangi şeyi yapıyorum? Mesela hırsızlık mı yapıyorum, vergi mi kaçırıyorum, ahlaksızlık mı yapıyorum, ırza mı geçiyorum, kötü denen hangi şeyi yapıyorum? Eğer varsa cennet-cehennem, ki kesinlikle inanmıyorum olduğuna, varsa ben elbette cennete gideceğim. Ben elbette cennete gideceğim.

Hulki Cevizoğlu - Dinlerin yasakladığı hiçbir şeyi yapmıyorum, diyorsunuz.

Aziz Nesin - Ben 20 yaşımdan bu yana hayatımda bilerek yaptığım hiçbir kötülük yoktur, hiç. Ne yalan söyledim, 20 yaşıma kadar tabii elbette çok şeyler yapmışımdır, başka. Ne kötülük, hep iyilik yapmaya çalıştım. Örneğin varsa onların dediklerine göre, niye gitmeyeyim yahu?

"TÜRKLERİN % 60'I APTAL YERİNE % 40'I AKILLI DESEYDİM!"

Hulki Cevizoğlu - Biz de dua edelim hep beraber, sizin yeriniz de cennetlik olur inşallah ileride.

(...)

Ben efendim toparlamak istiyorum, Türklük konusu da tartışıldı. Efendim 1977 yılında "Otobüs" filmi çevrildiği zaman, bir eleştiri yaptınız, Milliyet Sanat Dergisi'nde çıkmıştı. "Türk halkına bu filmde çok hakaret edilmiş, ben katıksız bir Türk'üm" demiştiniz. Daha sonra 1970'li yıllarda yine sanıyorum, Helsinki'ye gittiğiniz zaman "Ben burada yazarlar arasında yalnızım, tek bizim bayrağımız yalnız dalgalanıyor. Ama en iyi dalgalanan bizim bayrağımız" demiştiniz. Siz hakikaten "Türk değilim" demiyorsunuz. Türklerin % 60'ı aptaldır dediğiniz zaman, hangi grupta olduğunuzu söylemediniz, herhalde akıllı grupta sayıyorsunuz kendinizi.

Aziz Nesin - Ben bir yanlışlık yaptım o konuşmada. % 60 Türkler aptal demeyecektim, % 40 akıllı deseydim, herkes kendisini akıllı sanacaktı. Tabii benim de aptal, her milletin aptalı vardır, onları söylemek o milletin yazarlarına kalır. Ben % 40, % 60 filan derken, bu istatistik rakamı sayısal değil. Müslümanların % 92 Müslüman dedikleri gibi, gelişigüzel söylenmiş bir laf, zaten konuşma arasındaki sözü gazeteci arkadaş, bir gazetecilik yaparak onu manşete çıkardı, öylece ortaya bir tartışma konusu çıktı.

Hulki Cevizoğlu - Siz, yalnızca Türk büyüklerini küçük düşürdüğünüz için yargılanmadınız, yabancı devletlerin büyüklerini de küçük düşürdüğünüz gerekçesiyle yargılandınız. Hatırladığım kadarıyla, Kraliçe Elizabeth, İran Şahı Pehlevi ve Mısır Kralı Faruk'un da manevi şahsiyetlerini küçük düşürdüğünüz için yargılandınız ve hapis yattınız mı? O nasıl oldu?

Aziz Nesin - Hapis yattım altı ay. İddianamede okunduğuna göre, Ankara'daki İngiltere Büyükelçisi, arabasıyla İran Büyükelçisi'ne gidiyor. Marko Paşa'daki yazıları gösteriyor. "Bak" diyor, "İşte bu adam sizi bizi ve Mısır'ı münasebetlerimizi bozuyor Türkiye ile. Dava açalım" diyorlar, ikisi beraber arabaya biniyorlar, Mısır Büyükelçisine gidiyorlar ona anlatıyorlar. Üçü bir oluyor ve benim hakkımda dava açıyorlar.

Bu dünya tarihinde ilk kez görülmüş bir olaydır. Başka bir örnek yok. Sonra dava başladı, bu yazılar imzalı yazılar değildi. Ben "Benim yazım değil" dedim, ayrıca benim yazımdı. Bilirkişiye götürdüler.

Hulki Cevizoğlu - Yalan söylemişsiniz orada.

Aziz Nesin - Yalan söyledim. Hiç o zaman bir kitabım yoktu, ünlü bir yazar değildim, üç kişilik bilirkişi adlarını vermiyorum, ama yazacağım günün birinde, hayır bu yazılar Aziz Nesin'indir dediler, o yazıları okuyarak ve mahkum oldum.

Yalnız Elizabeth'den mahkum olmadım. Çünkü Elizabeth o zaman prensesti, kraliçe değildi. Devleti temsil etmiyordu. Üç ay Şahtan, üç ay da Kral Faruk'tan mahkum oldum.

Üsküdar Paşakapısı Cezaevi'nde yatarken bir gün, "Senin bir ziyaretçin var" dediler.

Ziyaretçi yerinin dışında Paşakapısı Cezaevi'nde bahçeye çıkardılar, bahçede tel örgü vardı, karşıda tanımadığım bir adam, iki tane paket vardı, gardiyanlar iki paketi getirdiler verdiler bana. Paketleri açmadım, duruyor konuşuyor, fakat İranlı, ama zannediyorum Azeri'ydi. "Şahımızın mahsus selamları vardır zatınıza. Diyor ki, bu dava bir şahsi şikayet davasıdır, siz eğer bir af dilekçesi, istidası verirseniz sizi affedecektir şah."

Ben bunu üzerine şaşırdım tabii, elimdeki o bana verdikleri paketin bir tanesini herifin yüzüne attım. Ve burada söylenmeyecek bir laf söyledim. "Sen o şahına ....menden selam söyle o şahına, ben onun" diye gönderdim adamı. Sonra o tele üzümler yapıştı. Öbür paketi elimde kaldı. Ne yazık ki, telden sokamadım. Ondan da cigaralar vardı, o zaman cigara içiyordum. Altı ay yattım.

"ŞİMDİ UTANDIM..."

Hulki Cevizoğlu - Süleyman Demirel'in başbakan olduğu bir sırada, Türk halkının aptallık konusu tartışıldığı sırada "Bu hükümet de aptal" dediniz. Şimdiki hükümeti nasıl değerlendiriyorsunuz? Arena dergisine bir açıklama yapmıştınız.

Aziz Nesin - Öyle söyledim mi acaba, ayıp etmişim bir kere. Böyle bir şey söylememem gerekirdi, doğrusu şimdi utandım. Eğer böyle bir şey söyledimse yanlış yapmışım, büyük yanlış yapmışım.

Hulki Cevizoğlu - Bugünkü hükümet için de düşünceleriniz var o zaman.

Aziz Nesin - Hayır hayır, benim hükümetler için hiçbir iyi düşüncem yok bir kere, onu söyleyeyim.

O sıralarda sanıyorum, çok akıl dışı bir şey olmuş olması gerekir, yani akılcılığa çok aykırı bir şey yapmış olmaları gerekir ki, yine de böyle bir şey söylemek, doğrusu yine de kendime yakıştıramadım.

Hulki Cevizoğlu - Biz uzun bir zamanı geride bıraktık, hafta başıydı, bizi izleyen değerli izleyicilerimiz yarın işlerinin başına gidecekler, soramadığım çok sorular var tabii. Sizin 79 yıllık yaşamınız süresince, uzun bir edebiyat hayatınız boyunca yaşadıklarınız, tümüyle ekrana gelemedi, bu program boyunca, 3-3,5 saati doldurduk.

Umarım başka programda yine bu konuları değerlendirme, tartışma imkanı bulabiliriz, sizin bu akşamki konuşmaları kapatırken söyleyeceğiz,

"Ah şunu da söyleseydim keşke" deyip de, söyleyemediğiniz bir söz varsa onu alalım. Siz de söz çoktur.

Aziz Nesin - Teşekkür ederim ama, ah şunu da söyleseydim diyecek çok şeyler var, çok uzattık konuşmayı, yarın da iş günü değil mi? İnsanlar eğer bizi seyrettiler, dinledilerse işlerinden kalacaklar, ben de işimden tabii kalacağım. İyilikler diliyorum herkese, hoşgörü diliyorum. Bütün Türkiye insanlarına hoşgörü, bağnazlıktan, dinsel gericilikten, yobazlıktan, arınmalarını ve kurtulmalarını diliyorum. Örneğin bu şimdi ki hükümet benim Vakfın bahçesinde gömülme dileğime karşı bazı bakanlar, DYP'li bakanlar karşı koydular.

"BENİM VÜCUDUM GÜBRE OLMALIDIR. YARARLI OLMALIYIM"

Hulki Cevizoğlu - Bir ara sizin öldükten sonra yakılmayı istediğiniz söylendi. Sonra kendi Vakfınızın bahçesine defnedilmeyi istediğiniz...

Aziz Nesin - Hiç bir zaman yakılmayı istemedim. Neden istemedim? Ben çok cimri bir adamım, yakılıp duman olunca sanki ziyan olacakmışım gibi geliyor, oysa benim vücudum gübre olmalıdır, bitkiler yeşermelidir, dünyaya yararlı olmalıyım. En kötü biçimde gelip bir hayvan otu yer et olur vs., vs, Onun için hükümet böyle bir kararı verilmişse o demin ki beni şimdi utandıran sözü söylemiş olabilirim.

Hulki Cevizoğlu - O cimrilik konusunda da sizin hayvanların yararlanmasından yanasınız, vakfınızda mesela inek besliyorsunuz, etinden, sütünden, askerliğiniz döneminde bir köpeğin derisini yüzdürdüğünüz ve bundan koltuk kılıfı yaptırdığınız ama köpek derisinin gözeneksiz olması nedeniyle, çok büyük bir kokuya neden olduğu ve bunu yok ettiğiniz de yazıldı.

Siz etinden, sütünden ve derisinden yararlanılmıyor diye kediyle, köpekleri beslemiyormuşsunuz bu gerekçeyle, doğru mu?

Aziz Nesin - Hayır gerekçe yanlış. Demirtaş tabii iyi niyetle çok güzel şeyler yazmış, bazı şeyleri yanlış yazmış.

Ben çok kedi ve köpek seven insanım, bütün hayvanları seviyorum. Şimdiki Prof. olan oğlum küçükken, daha on yaşındayken kedi yavrularını alıp eve gelirdi. Evde 20 tane kedi oldu, bir yandan doğuruyorlar. Ben Kadıköy'e pazara giderdim, ciğer alırdım, gelirdim, kaynatırdım.

Bir gün, yağmurlu bir hava, yine bir kedi yavrusu almış getirdi. "Baba baba" yalvardı. "Aman oğlum" dedim, "bak" dedim, "Burada 30 tane kedi var ne olur bunu almayalım". Ağlamaya başladı. "Bir de sosyalist olacaksın" diye kızdı.

Çok seviyorum kedi-köpeği, köpekte besledim, kedi de. Şimdi vakıfta çocuklarım var ve insanlar hayvan beslemenin sorununu, sorunluluğunu bilmiyorlar, bütün yanımızdaki çiftlikler, evler hepsi kedi-köpek besliyor ve bunlar doğurunca bizim bahçemize özellikle getirip bırakıyorlar. Vakıfta burada beslerler diye, düşünün bizim halimizi, çocuklar çok seviyorlar.

Kist diye hastalık vardır, o yüzden ölmüş olan birçok arkadaşlarım var benim, değerli bir heykeltıraş vardı o da öldü. Çok korkuyorum, ama diyeceksiniz ki, o kedileri, köpekleri alında kısırlaştırın, hangi birini alıp bakacağım, o yüzden kedi-köpek almıyorum, yoksa son derece seviyorum.

Hulki Cevizoğlu - Efendim bu değerli sohbetimize katıldığınız için size çok teşekkür ediyorum. Bazı konularda hakikaten kamuoyunun bilmediği veya yanlış bildiği konulara da açıklık getirdiniz, sağ olun.

6.BÖLÜM
İTİRAF ETTİRİCİ (AÇIKLAYICI) BİR RÖPORTAJ ÖRNEĞİ

FAZİLET PARTİSİ İSTANBUL MİLLETVEKİLİ MERVE KAVAKÇI :
"EVET, ABD VATANDAŞIYIM!"[117]

Hulki Cevizoğlu- Türban olayının asıl kahramanı şu anda aramış bizi, telefon hattında, Sayın Merve Kavakçı.
Sayın Yaşar Topçu da hattımızda.
Sayın Topçu siz ayrılmayın.
İyi geceler Sayın Kavakçı.
Merve Kavakçı- İyi akşamlar diliyorum.
Hulki Cevizoğlu- İyi akşamlar, buyurun.
Buyrun efendim.
Merve Kavakçı- Efendim, ben şu anda televizyonu açtım.
Hulki Cevizoğlu- Nereden arıyorsunuz bizi?
Merve Kavakçı- Dışarıdaydım. İstanbul'dayım şu anda.
Hulki Cevizoğlu- Çünkü, bu gece haberlerde sizin birdenbire yok olduğunuz, nerede olduğunuzun bilinmediği haberlerini izledik çeşitli kanallarda.
Merve Kavakçı- Hayır efendim, bunlar doğru değil.
Hulki Cevizoğlu- İstanbul'da mısınız?
Merve Kavakçı- İstanbul'dayım, zaten dün de TGRT'deydim biliyorsunuz.
Hulki Cevizoğlu- Babanızla mı buluştunuz İstanbul'da?
Merve Kavakçı- Hayır efendim, babamla buluşmadım.
Hulki Cevizoğlu- Babanız Türkiye'de mi?
Merve Kavakçı- Evet.
Hulki Cevizoğlu- Peki, İstanbul'da mı babanız?
Merve Kavakçı- Hayır, Ankara'da.
Ben, isterseniz, tam olarak detaylı bilmiyorum, çünkü şu anda açtım televizyonu, fakat hakımda ve babamla ilgili bazı iddialar var, onlara cevap vermek istiyorum.
Hulki Cevizoğlu- Ben isterseniz özetleyeyim.

---
[117] Cevizoğlu, Hulki, **Ceviz Kabuğu Programı**, Show TV, 7 Mayıs 1999, Cuma, Saat 22.30.

İddiaların sahibi Sayın Yaşar Topçu da diğer hatta, birlikte sizi görüştürme olanağımız var.

Sayın Topçu dediler ki, "Merve Kavakçı'nın babası ruhanî liderdir Amerika'da, Almanya'daki Kaplan'dan ne farkı vardır? Merve Kavakçı'nın Amerika'nın dışında İngiltere'de de ilişkileri var, yakında bunlar da açıklanacak dedi. Özetle, Türkiye aleyhine ilişkileri var dedi.

Merve Kavakçı- Evet.

Hulki Cevizoğlu- Özetle bunlardı, bunlara karşı yanıtınızı rica ediyorum.

Merve Kavakçı- Efendim, Sayın Yaşar Topçunun ithamlarını aynen kendilerine geri iade ediyorum. Çünkü, benim babam bir İslâm Hukuku Profesörüdür. Hem İlahiyat Fakültesi mezunudur, hem de avukattır, İstanbul Hukuk mezunudur ve şu anda da Amerika'da İslamic Assocation...

Hulki Cevizoğlu- Bir saniye izninizi rica ediyorum.

Merve Kavakçı- Evet.

Kamer Genç- Neyse, özel arıyor.

Hulki Cevizoğlu- Bir saniye.

Sayın Genç şu anda Cep telefonuyla canlı yayında konuştuğu için önce onu kapattıralım.

Kim aradı efendim?

Kamer Genç- Birisi canlı yayına şey ediyor.

Hulki Cevizoğlu- Siz unutmuşsunuz demek ki; kapatın.

Buyurun Sayın Kavakçı.

Kamer Genç- Yok ben unutmadım...

Merve Kavakçı- Devam edebilir miyim lütfen?

Hulki Cevizoğlu- Buyurun, buyurun.

Merve Kavakçı- Ve şu anda IENC denen, İslamic Associaton Of North ...'un direktörüdür, Başkanıdır. Ruhanî lider demekle neyi kastettiğini bilemiyorum. Burada basında bazı peygamberlik iddialarından söz edildi, bunlar tekzip edilmektedir ve haklarında gerekli davalar açılacaktır bunları iddia edenlerin.

Babamın başkanlığını yürüttüğü IENC teşkilâtı ve benim bazı konferanslarına katıldığım, bir tane konferansına katıldığım IENT'yi, İslamic Assocation For T... ve bir diğeri de...

Hulki Cevizoğlu- İsterseniz, şu anda Sayın Kavakçı Türkiye'deyiz, İngilizce bilmeyen izleyicilerimiz olabilir, Türkçe konuşalım Türkiye'de.

Merve Kavakçı- Elebette, fakat bunların açılımlarını yapacağım, o açıdan.

Hulki Cevizoğlu- Açılımlarını yapın, buyurun.

Merve Kavakçı- İSNA, yani Filistin İslamî Derneği, birilği değil, Derneği ve Kuzey Amerika İslamî Toplulukları Derneği de, Amerikan Hükûmeti tarafından legal olarak kabul edilmiş, yıllardır orada çeşitli sosyal faaliyetler yapan organizasyonlardır. Bunların herhagi bir yasa dışı örgütle bağlantıları yoktur, bunlar tamamen legaldir. Ve bu, enternasyonel alanda, çerçevede değerlendirilmesi gereken organizasyonlardır.

Bu organizasyonlar, her sene yıllık toplantılar yaparlar, bu toplantıların bünyesinde çeşitli sosyal faaliyetler, kültürel faaliyetler, eğitim faaliyetleri, gençliğe yönelik spor faaliyetleri...

Hulki Cevizoğlu- Söylediğiniz, belki babanızla başka bir program yapmak durumunda kalırsak...

Merve Kavakçı- Efendim, bu toplantılar...

Hulki Cevizoğlu- Affederseiniz Sayın Kavakçı, bir saniye.

Merve Kavakçı- Evet, buyurun.

Hulki Cevizoğlu- Çok teşekkür ederim babanızla ilgili bu açıklamalarınıza, belki babanızla karşılıklı stüdyoda bir karşılıklı canlı yayın gerçekleştirebilirsek onların ayrıntısını sorarız, ama siz şu anda canlı yayındasınız; sizinle ilgili Sayın Topçu'nun başka iddiaları vardı, "İngiltere'de de Sayın Kavakçı'nın...

Merve Kavakçı- Alo...

Hulki Cevizoğlu- Duyuyor musunuz efendim?

Sayın Topçu'nun sizin hakkınızda başka bir ididası oldu az önce; zannediyorum onu tekrar edecek, kendisi de canlı yayında bulunuyor. "İngiltere'de Türkiye aleyhine başka ilişkileri de var Sayın Kavakçı'nın, yakında yakında bunlar da açıklanacakß dedi. İngiltere ile sizin ne gibi bir bağlantınız var?

Merve Kavakçı- Hayır efendim, benim İngiltere ile hiçbir bağlantım yok, çünkü İngiltere'ye hiç gitmedim ömürümde. Bunu da aynın iade ediyorum, gerekli hukukî çalışmalar bu konuda da yürütülecektir.

Benim bu iki organizasyonla ilgili konuşmamın sebebi, oralarda yaptığım konuşmalarla alakâlıdır. Bunlar, basında âdeta gizli örgütler gibi gösterilmiş ve toplantılarına katılmış olmanın çok yasa dışı bir şeymiş gibi gösterilmiştir. Ben Hanımlar Komisyonunda çalışan bir insan olarak birçok uluslararası konferansa katılmış bir insanım.

Hulki Cevizoğlu- Peki Sayın Topçu hattımızda, bağlayalım, cevabını alalım.

Sayın Topçu duyabiliyor musunuz?

Yaşar Topçu- Dinliyorum.

Hulki Cevizoğlu- Efendim, iddiaları size iade etti Sayın Kavakçı, İngiltere'ye hiç gitmedim dedi.

Yaşar Topçu- Geri iade etti, iade etmedi.

Geri iade etti, Türkçeyi bilmiyor; tabiî "geri iade" galattır ama, neyse, dışarıda bulunmasına bağlayalım. Geri iade galattır, ona söyler misiniz, iade kâfi?

Hulki Cevizoğlu- Duyuyor sizi şu anda.

Yaşar Topçu- İade zaten geri göndermek demektir, evvelâ onu bir düzeltelim.

İkincisi, babasının hukukçu olduğunu söyledi.

Hulki Cevizoğlu- Evet.

Yaşar Topçu- Babası hukukçu ise bilmesi lâzım, kızına da söylemiş olması lâzım; bir Türk, yabancı derneklere, cemiyetlere veya kuruluşlara girebilmek için devletten izin almak zorunda. Almış mı babası?

Merve Kavakçı- Efendim, bunlar sosyal faaliyettir, neden bahsediyorsunuz siz? Herhâlde sizin fazla uluslararası, enternasyonal tecrübeniz yok.

Yaşar Topçu- O derneklerin HAMAS'la bağlantısı var; ben yanlış olduğunu söylemiyorum.

Merve Kavakçı- Eğer zaten bu toplantılardan haberiniz olsaydı, bunlar Amerika'da herkese açık, herkesin katılabildiği toplantılardır ve dünyanın çeşitli yerlerinden Amerika'ya gelmiş olan Müslümanlar her sene birlik ve beraberliklerini bir şölen şeklinde kutlarlar. Bu amaçla yapılmış sosyal faaliyetlerdir.

Yaşar Topçu- Sayın Cevizoğlu, ya o konuşsun, ya ben konuşayım. Ben, onunkini dinledim.

Hulki Cevizoğlu- Şimdi o konuşuyor, az sonra sizin hakkınız.

Merve Kavakçı- Bu toplantılara Hulki Bey, Clinton, Al Gore tebrik mesajlarını yollar ve Amerikan Senatosunun değerli üyelerinden, meselâ

Bony Blair bu toplantıya bizzat katılmıştır. Bunlar Amerikan Hükûmeti tarafından kontrol edilen toplantılardır.

Yalnız şu konuya değinmemiz gerekiyor.

Hulki Cevizoğlu- Sayın Kavakçı, Sayın Kavakçı...

Merve Kavakçı- Buyurun.

Hulki Cevizoğlu- Sayın Kavakçı, Sayın Topçu hatta, şimdi o da cevap verecek ama, önemli...

Yaşar Topçu- Efendim, babam buraya konuşmacı olarak katıldı demiyor.

Hulki Cevizoğlu- Sayın Topçu, bir saniyenizi rica ediyorum.

Sayın Kavakçı, Sayın Yaşar Topçu'nin iddiası şu idi, siz bağlanmadan evvel: "Babasının Almanya'daki Kaplan'dan ne farkı var? Türkiye'de bölücü faaliyetleri var, Türkiye'de bir İslâm devleti kurmak istiyor" dedi. Ona cevabınızı istiyorum.

Merve Kavakçı- Efendim, babamın hiç böyle bir amacı yoktur. Ne demeye çalışıyorlar, bunun ispatı nerededir? Hukuk karşısında bunlara nasıl cevap verecekler? Bir ilim adamından söz ediyoruz.

Hulki Cevizoğlu- Alalım cevabını, buyurun Sayın Topçu.

Merve Kavakçı- Bunun ispatını lütfen rica ediyorum Yaşar Bey.

Yaşar Topçu- Var efenedim, var; kendisi de söylüyor zaten. İkimiz beraber konuşamayız. Kendisi de diyor ki, ben buraya cihata geldim.

Hulki Cevizoğlu- Şu anda sustu efendim, dinliyor sizi, buyurun.

Yaşar Topçu- İslâm'da cihat'ın ne anlama geldiğini hepimiz biliyoruz bir.

"Babam bu kuruluşun başkanı" diyor...

Merve Kavakçı- Konuyu karıştırmadan cevap verir misiniz?

Hulki Cevizoğlu- Sayın Kavakçı, bir saniye lütfen. Buyurun efendim.

Yaşar Topçu- Telaşlanmasına gerek yok canım, ben onu dinliyorum.

Hulki Cevizoğlu- Buyurun efendim, Sayın Topçu, buyurun.

Yaşar Topçu- "Babam bu kuruluşun başı" diyor, oradaki Amerika'daki. Bir Türk bu tür işlerle uğraşamaz devletten izin almadan eğer Türk vatandaşıysa, iyi niyetliyse. Devletten izin almak zorunda, devlet de bunları bilmek zorunda. Bunlar, resmî kayıtlarla belgelenmek zorunda.

Falanca adam, burada da, Türkiye'de de benzeri Filistin Kurtuluş Örgütünün Türkiye'de de temsilciliği var. Yani, birisi oraya girip çıktığı zaman bu suç değil, ama Filistin Kurtuluş Örgütüne üye olursa bu suç.

Merve Kavakçı- Hulki Bey, buna cevap vermek istiyorum.

Hulki Cevizoğlu- Vereceksiniz, bir saniye.

Yaşar Topçu- Bunun nesine cevap vereceksiniz, Türkiye Cumhuriyeti kanunları bu.

Merve Kavakçı- Sayın Yaşar Topçu'nun hiç genel kültürü yok herhâlde.

Hulki Cevizoğlu- Sayın Topçu, bir saniye.

Sayın Kavakçı cevap vereceksiniz not alın; bulunduğunuz yerde kağıt kalem var değil mi?

Merve Kavakçı- Evet, lütfen, lütfen müsaade ediniz.

Hulki Cevizoğlu- Sayın Topçu, toparlayın.

Sayın Topçu konuşuyor, bir saniye.

Yaşar Topçu- Bana, "ben idade ettim" diyor, neyi iade etti? bana ruhanî liderliği mi iade etti?

Merve Kavakçı- Hayır efendim.

Hulki Bey, müsaade ediniz lütfen.

Hulki Cevizoğlu- Buyurun Sayın Kavakçı.

Merve Kavakçı- Yaşar Beyin hiç genel kültürü olmadığı anlaşılıyor. Babamın IENT'nin Başkanı olmasıyla, hükûmetten izin almasının ne alakası vardır. Yasal bir kuruşsa, tamamiyle yasa çerçevesinde çalışan, eğitim faaliyetleri yapılan bir kuruluşun başındadır.

Hulki Cevizoğlu- Sayın Kavakçı, Amerikan hükûmetinden izin almak söz konusu mu?

Merve Kavakçı- Bunu iade ediyorum. Ayrıca, İngiltere ile benim hiçbir alakâm yoktur, bunu da iade ediyorum. Ve Sayın Yaşar Topçu, asıl bu konularla belki ilgilenmemeli, kendi hakkındaki yolsuzluklara da cevap vermeli. Yalnız bunlar beni hiç ilgilendirmiyor, lütfen genel kültür...

Hulki Cevizoğlu- Konumuzu dağıtmayalım, Sayın Topçu'ya onları da sorarız.

Sayın Kavakçı, bir saniyenizi rica ediyorum.

Lütfen, ben konuştuğum zaman, benim sesimi duymaya çalışın ki, karşılıklı her ikinizin dediğini de her ikimiz de hepimiz anlayalım, siz de birbirinizi anlayın.

Siz Amerikan vatandaşı mısınız?

Bu soruya vereceğiniz cevap, belki bu toplantılara katılmanızla da bağlantılı olabilir.

Buyurun.

Merve Kavakçı- Ben, Amerikan vatandaşı olan eşimle yaptığım evlilikten dolayı bazı haklarım var.

Hulki Cevizoğlu- Neyiniz var efendim?

Merve Kavakçı- Amerikan vatandaşı olma hakkım var, yaptığım evlilikten dolayı.

Hulki Cevizoğlu- Bu hakkı kullandınız mı; Amerikan vatandaşı oldunuz mu?

Merve Kavakçı- Evet.

Hulki Cevizoğlu- Şu anda Amerikan vatandaşısınız?

Peki, merak edilen, kamuoyunun merak ettiği başka bir nokta var. Bir Amerikan vatandaşı, siz olmasanız da, genel bir soru bu, Türkiye Büyük Millet Meclsinde milletvekili olabilir mi? Çünkü Amerikan vatandaşları, vatandaşlık yeminini yaparken Amerika'da, tercih etmek durumunda kaldıkları zaman Amerikan menfaatlerini korumak üzerine yemin ediyorlar. Siz, Türkiye'nin menfaatlerini mi korumak üzere Türkiye Büyük Millet Meclisindesiniz, Amerikan menfaatlerini korumak üzere mi?

Merve Kavakçı- Efendim, ben, eşimle yaptığım evlilikten dolayı otomatikmen böyle bir hak sahibi oldum.

Hulki Cevizoğlu- Boşandıktan sonra Amerikan vatandaşlığından çıktınız mı?

Merve Kavakçı- Onu söylemek istiyorum.

Hulki Cevizoğlu- Buyurun.

Merve Kavakçı- Ve şunu da ifade etmek istiyorum: Türkiye'de biliyorsunuz, insanların Amerika'ya gitmesi üzerine "green" kart almak üzere insanlar teşvik edilmekte, hatta sosyetede insanlar, çocukları Amerikan vatandaşı olsun diye Amerika'ya gidip doğumlarını orada yapmaktadırlar. Bence, asıl konudan burada müthiş şekilde sapılmakta, onun için insanlar, daha doğrusu bazı medya çevreleri konuyu saptırarak buralara getirmeye çalışıyorlar ve benim şahsımda ve değerli ailemi, annemi, babamı yaralamaya çalışıyorlar; buna inanmaktayım.

Ve hakkımda yapılan ithamların, annem ve babamla ilgili yapılan ithamların da gereğinin yapılacağını dile getirmeye çalışıyorum.

Hulki Cevizoğlu- Sayın Kavakçı, çok teşekkür ediyorum.

Bir şeyi daha merak ediyorum, affedersiniz.

Merve Kavakçı- Ben bugüne kadar sessiz ve vakur hâlimi koruma gayreti içerisinde oldum, ama haklarımız Anayasa çerçevesinde korunmaktadır ve bunun da gereği yapılacaktır.

Yaşar Topçu- Sayın Cevizoğlu, Sayın Cevizoğlu...

Hulki Cevizoğlu- Sayın Topçu bir saniye, bir saniye Sayın Topçu.

Yaşar Topçu- Sayın Cevizoğlu, şu anda vatandaş mı, şu anda?

Hulki Cevizoğlu- Bir saniye efendim, ben soracağım.

Yaşar Topçu- Şu anda vatandaş mı, onu sorar mısınız?

Hulki Cevizoğlu- Efendim, bir saniye izin verin Sayın Topçu, ben soracağım.

Sayın Kavakçı, size uzun söz hakkı tanıyacağım ben, endişe etmeyin, her şeyin cevabını verebileceksiniz, sözüm kesilecek diye endişeniz olmasın. Lütfen sorulara cevap verin.

Şimdi, merak ediyoruz, Sayın Topçu da zannediyorum onu söyleyecekti, Amerikalılar çifte vatandaşlığı kabul ediyor mu? Amerikan vatandaşı olduktan sonra Türk vatandaşlığından çıktınız mı?

Merve Kavakçı- Evet, hayır; Amerika da, Türkiye de çifte vatandaşlığı kabul etmektedir efendim.

Hulki Cevizoğlu- Anlayamadım; evet mi, hayır mı?

Yani, şu anda hem Amerikan, hem Türk vatandaşı mısınız?

Merve Kavakçı- Evet efendim.

Hulki Cevizoğlu- Evet.

Sayın Topçu, buyurun.

Merve Kavakçı- Bu konuda da herhangi bir sorun yoktur zaten.

Hulki Cevizoğlu- Bir saniye ayrılmayın.

Sayın Topçu, buyurun.

Yaşar Topçu- Şimdi bakınız, bizim söylediklerimizin tümünün doğru olduğu anlaşılıyor.

Şimdi diyor ki mazeret olarak, "Ben evlendiğim için Amerikan vatandaşı oldum." O, Amerikan vatandaşlığını kazanma yolu, metodu. Ama, Türkiye Cumhuriyeti'ne gelip, Türkiye Cumhuriyeti milletvekilliği, Türk milletini temsil eden bir parlamenter olurken, bu vatandaşlığı bırakmak ihtiyacını duymuyor, bu vatandaşlığı bırakmıyor. Bu vatandaşlıkla beraber geliyor.

Şu anda Türkiye Büyük Millet Meclisinde aynı zaman da bir Amerikan vatandaşı var.

Hulki Cevizoğlu- Sayın Topçu, bir saniyenizi, sükûmet rica ediyorum.

Biz de sorduk, demin cevabını alamadık. Galiba şimdi cevabını vermek istiyor Sayın Kavakçı.

Sayın Genç, bir saniye lütfen.

Buyurun Sayın Kavakçı, buyurun.

Merve Kavakçı- Teşekkürler.

Zannedersem, Sayın Yaşar Topçu aldığı alkolün tesiriyle benim ifade ettiklerimi pek anlayamıyor.

Hulki Cevizoğlu- Efendim, hakaret etmeden konuşalım. Ben mümkün olduğu kadar size de hakaret ettirmemeye çalışıyorum. Lütfen hakaret etmeden konuşalım.

Buyurun.

Merve Kavakçı- Teşekkür ediyorum.

Bu kesinlikle konunun dışındadır.

Ben istiyorum ki, benim adaylığımdan beri hep insanlar beni başörtülü milletvekili adayı olarak gördüler. Ben istiyorum ki, insanlar beni bu vatana hizmet etmeye hazır bir insan olarak görsünler.

Hulki Cevizoğlu- Bir saniye; ben size başka bir soru sordum, onun cevabını alayım, sonra söylemek istediklerinizi de hayhay söyleyin.

Yaşar Topçu- İzin verirmisiniz, bir dakika...

Hulki Cevizoğlu- Efendim, izin veremiyorum. Bir saniye Sayın Topçu, bir saniye.

Efendim, sesi kesmek zorunda kalacağım. Bir saniye, az sonra cevap vereceksiniz Sayın Topçu.

Yaşar Topçu- Efendim, alkol işine bir açıklık getireceğim.

Hulki Cevizoğlu- Yönetmen arkadaşdan rica ediyorum, eğer benim sözümü dinlemeyen, duymak istemeyen olursa, lütfen hattan alın, hatta tutun konuğumuzu...

Yaşar Topçu- Şimdi Hulki Bey...

Hulki Cevizoğlu- Bir saniye Sayın Topçu, söz hakkınız var, ama beni dinleyin lütfen.

Yaşar Topçu- Efendim, diyor ki, "aldığı alkolü" diyor; ona bir açıklık getireyim...

Hulki Cevizoğlu- Hayır efendim, bir saniye. Sayın Topçu'nun sesini kesiyoruz, sesini alın hattan.

Sayın Kavakçı, sorumun yanıtını rica ediyorum.

Siz boşandıktan sonra, Ürdün asıllı Amerikalı eşinizden boşandıktan sonra Amerikan vatandaşlığından çıktınız mı? O sorunun cevabını rica ediyorum, sonra istediğinizi söylersiniz.

Buyurun efendim.

Merve Kavakçı- Hayır efendim, ben zaten çocuklarımın da orada doğması sebebiyle bu haklara sahibim, onun için de zaten ondan sonra Türkiye'ye döndüm, oraya da gidip geldim. Onun için de böyle bir şeye ihtiyaç duymadım.

Burada konu, benim Türkiye Büyük Millet Meclisine girmeye halk tarafından, millet tarafından girme hakkına sahip olmam ve bunu en hukukî şekillerde, demokratik zeminlerde bu hakkımı korumaktır. Onun dışında benim herhangi bir endişem yoktur.

Hulki Cevizoğlu- Sayın Kavakçı, yine yanıtını alamadım.

Merve Kavakçı- Yalnız... Müsaade eder misiniz?

Hulki Cevizoğlu- Efendim, ama sorumun cevabını alırsam müsaade ederim, sorumun cevabı olmazsa izin veremiyeceğim; çünkü çok dağılıyor, bizi izleyenlerin de kafası karışmasın. Siz, dediğim gibi, her şeyi söyleyebilirsiniz burada, ama önce sorularıma cevap verin, vermek istemezseniz onu da belirtin.

Şunu soruyorum: "Zaman bulamadım" dediniz, ama şu anda Amerikan vatandaşlığından çıkmak gibi bir düşünceniz var mı? Bir eyleminiz olmamış.

Merve Kavakçı- Efendim, ne zaman bulamadım dedim?

Hulki Cevizoğlu- Efendim?..

Merve Kavakçı- Ben zaman bulamadım demedim; her hâlde yanlış anladınız.

Hulki Cevizoğlu- Demek ki, hepbir ağızdan konuşunca yanlış anlaşılma oluyor. Doğrusunu siz şimdi söyleyin lütfen.

Amerikan vatandaşlığından eşinizden boşandıktan sonra çıktınız mı? Çıkmadıysanız, çıkmayı düşünüyor musunuz?

Merve Kavakçı- Hayır efendim, çıkmadım; çünkü benim çocuklarım da zaten orada doğduğu için benim böyle hakkım vardı, orada da gidip geldiğim için bu hakkı kullandım. Zaten Türkiye ve Amerika'da da bu konuda herhangi bir problem yok.

Hulki Cevizoğlu- Bundan sonra çıkmayı düşünüyor musunuz efendim?

Merve Kavakçı- Ona şu anda cevap veremem.

Hulki Cevizoğlu- Peki, şu anda ayrılmayın, siz söz...

Merve Kavakçı- Böyle bir hak bana Türk Hükûmeti ve Amerikan Hükûmeti tarafından verildiyse, bu benim bileceğim bir iştir diye düşünüyorum ve konunun bununla alâkası olmadığın düşünüyorum.

Hulki Cevizoğlu- Peki, anladım.

Peki, ayrılmayın söz hakkınız var; ayrılmayın lütfen.

Sayın Hocam, siz hukukçusunuz, Türkiye'de milletvekili olabilmek için ister Amerikan vatandaşı, ister İsviçre vatandaşı, ister Suudi Arapistan vatandaşı olsun; Türk vatandaşlığının dışında bir başka vatandaşlık, çifte vatandaşlık mümkün müdür, yoksa milletvekili olma şartlarından bir tanesine aykırı mıdır bu?

Mustafa Kamalak- Türkiye, Almanya'daki, daha doğrusu yurt dışındaki vatandaşlarının çifte vatandaşlığa kavuşması için yoğun mücadele veriyor; bu bir.

Hulki Cevizoğlu- Efendim, onu söylemiyorum ben, milletvekilliğine ... olacak?

Mustafa Kamalak- Hayır, engel yok efendim.

Engel şu: bize lâzım olan şu idi, Merve Hanıma sormamız gereken soru da o idi; Türk vatandaşı mısın, değil misin?

Hulki Cevizoğlu- Efendim, ona cevap verdi, çift vatandaş; hem Türk vatandaşı, hem şey.

Mustafa Kamalak- Türk vatandaşı olması yeterlidir.

Kamer Genç- Efendim, Anayasanın 76. maddesi, "30 yaşı dolduran her Türk vatandaşı milletvekili olur." Bana göre, Merve Türk vatandaşı değildir, yani çift vatandaştır. Çitf vatandaş olduğu zaman yemin de, yani şimdi insandır evvelâ yeminini edecek. Meselâ, Türk Anayasasına göre yemin ettiği zaman ya da bu Anayasa yaptığı yemine riayet etmesi; diye bilir ki, "Efendim, ben Amerikan vatandaşıyım, Amerikan kanunlarına göre yemin etmedim ki" diye bilir.

Hulki Cevizoğlu- Evet, onun cevabını şöyle verelim: Çifte vatandaş olmak, Türkiye Cumhuriyeti'nde milletvekili olmaya engel midir?

Kamer Genç- Engeldir bana göre.

Hulki Cevizoğlu- Size göre değil, hukuka göre ... var mı ...

Kamer Genç- Anayasanın 76. maddesi aynen şunu diyor: "30 yaşını dolduran her Türk vatandaşı milletvekili seçilibilir"; değil mi? Onu aynen okur musunuz efendim?

Hulki Cevizoğlu- Orası da mı açık nokta acaba?

Kamer Genç- Açık tabiî, Türk vatandaşı olacak.

Hulki Cevizoğlu- Hayır hayır, yabancı vatandaş olursa aday olmaz diye bir madde mi var, yoksa uygulama mı öyle?

Kamer Genç- Yani bu, Anayasaya ters düşüyor; Amerikan vatandaşı... Ben bilmiyorum, tabiî o konuyu incelememiz lâzım. Şimdi hukukçu... Ben tabiî şu anda çıkardım ortaya.

Hulki Cevizoğlu- Net olarak bilmiyorsunuz?

Kamer Genç- Bilmiyoruz. Yani, Amekiran vatandaşı olan bir kişi Türk vatandaşlığından otomatikman çıkıyor mu, çıkmıyor mu; onu bilmiyoruz.

Hulki Cevizoğlu- Sayın Kamalak'tan öğrenelim. Buyurun.

Merve Kavakçı- Sayın...

Hulki Cevizoğlu- Bir saniye lütfen.

Mustafa Kamalak- Bana göre falan olmaz bu. Hukuk objektiftir, hukuk da Türk vatandaşı olmaktır.

Hulki Cevizoğlu- Yeterlidir?..

Mustafa Kamalak- Yeterlidir.

Hulki Cevizoğlu- Onun dışında 5 tane daha vatandaş olsa olur mu?

Mustafa Kamalak- Şimdi efendim, bakın, eğer tereddüt varsa, seçim ilgili tüm ihtilâfları hâlledecek makam, merci belli; yine Anayasada madde 79; Yüksek Seçim Kurulu var.

Kamer Genç- Ama, Yüksek Seçim Kurulu bu hanımın Amerikan vatandaşı olduğu nereden bilsin canım?

Mustafa Kamalak- Efendim, bakın şunu şey yapalım müsaade buyurursa; daha önce bilmediyse bile şu an biliyor, tamam biliyor. Ama, ben diyorum ki, bu kesin olarak engel hüküm yoktur.

Merve Kavakçı- Sayın Hulki Cevizoğlu, bir şeye cevap vermek istiyorum.

Hulki Cevizoğlu- Sayın Merve Kavakçı, vereceksiniz, bir saniye lütfen.

Mustafa Kamalak- Kesin olarak engel hüküm yoktur; çünkü Anayasanın 76. maddesi gayet açıktır, "30 yaşını dolduran her Türk..."
Kamer Genç- Vatandaşı demiyor mu?
Mustafa Kamalak- Türk vatandaşı zaten.
Kamer Genç- Hayır ama, devamını okuyun, "her Türk vatandaşı..."
Mustafa Kamalak- Hayır hayır, vatandaşı yok efendim.
Birinci fıkra; "30 yaşını dolduran her Türk milletvekili seçilebilir." Ondan sonra gerekli şartlar.
Hulki Cevizoğlu- "Her Türk" diyor?..
Mustafa Kamalak- "Her Türk."
Benim Merve Hanımla aynı Partinin milletvekili olmam hasebiyle beni yakından ilgilendiren önemli bir husus var.
O da şu...
Hulki Cevizoğlu- Başka çifte vatandaşlığa ...
Mustafa Kamalak- Hayır hayır, o nokta değil, özellikle Yaşar Topçu'nun bir beyanıyla ilgili.
Aracılığınızla Yaşar Beye şu soruyu sormak istiyorum.
Hulki Cevizoğlu- Ama, Sayın Kavakçı hattayken Yaşar Topçu'yla, Sayın Kavakçı ve Sayın Topçu bir arada anlaşsınlar, siz soru sorabilirsiniz.
Mustafa Kamalak- Sorum şu: Dedi ki Sayın Topçu, "Sayın Merve Hanım, İngiltere'ye de gitmiş, orada da Türkiye'nin aleyhine birtakım illegal kuruluşlarda aleyhte konuşmalar yapmıştır."
Hulki Cevizoğlu- Sayın Kavakçı da dedi ki, "hiçç gitmedim" dedi.
Mustafa Kamalak- Benim Yaşar Topçu'ya bir devlet adamı olması hasebiyle sorum şu:
Bir; Merve Hanım İngiltereye ne zaman gitmiştir?
Hulki Cevizoğlu- "Gitmedim" dedi Sayın Kavakçı.
Mustafa Kamalak- O zaman, diğer sözler de bunun gibi havada kalan şeyler.
Hulki Cevizoğlu- Onlara girmeyelim, Sayın Kavakçı cevabını verdi.
Buyurun Sayın Merve Kavakçı.
Merve Kavakçı- Efedim, ben İngiltere'ye gitmedim; bunu da ispat edemezler. Zaten Sayın Yaşar Topçu'yu da kendime muhatap olarak görmek istemiyorum. Bunu da kesin olarak ifade etmek istedim.
Hulki Cevizoğlu- Peki, beni muhatap olarak görün. Ben muhatabınız olarak size bir başka soru daha soracağım. Siz eğer yemin edebilseydiniz

Mecliste veya bundan sonra türbanınızı çıkarıp yemin ederseniz hangi şartlar gelişecek bilemiyorum ama, bu milletvekilliği yemininin sonunda diyor ki, "Türk milleti önünde namusum ve şerefim üzerine and içerim."

Türk milleti önünde Türkiye'ye hizmet etmek üzere yemin edecek bir milletvekilimiz, aynı zaman bir başka ülkenin, sizin örneğinizde olduğu gibi, Amerikan vatandaşı olursa hangi ülkeye hizmet edecek? Aynı anda iki ülkeye birden hizmet etmek mümkün mü acaba?

Merve Kavakçı- Ben demin de ifade ettiğim gibi, bu hakkı Amerikan vatandaşı olan eşimden ve çocuklarımdan dolayı kazanmıştım. Ben bir Türküm, her zaman da Türkiye'ye en güzel şekilde hizmet etmeye çalışacağım. Milletvekilliğine soyunmak demek, milletin vekili olmak, Türkiye'ye hizmet etmek demek.

Maalesef, son bir haftadır medyada yapılan çeşitli karalama kampanyalarıyla benim âdeta bir vatan haini olduğum ispat edilmeye çalışılıyor. Ama, inşallah ben bunu zamana bırakıyorum, milletimiz sağduyulu davranacaktır ve bütün bu ithamların üzerine hukukî çerçevede gidilecektir diyorum.

Hulki Cevizoğlu- Bir saniye ayrılmayın Sayın Kavakçı.

Sayın Yaşar Topçu, buyurun.

Yaşar Topçu- Efendim?.. Alo...

Hulki Cevizoğlu- Buyurun efendim; az önce sarhoşlukla ilgili bir şey söylüyordunuz.

Yaşar Topçu- Sayın Kavakçı dedi ki, "Sayın Yaşar Topçu aldığı alkolün etkisiyle" dedi... Akşam benimle beraber miymiş?

Merve Kavakçı- Hayır, bazı ifade etmeye çalıştığım şeyleri bir türlü anlayamdınız. Bu sebeple söylüyorum.

Yaşar Topçu- Benimle beraber miymiş, ne demek aldığı? Alkol benim en nadir başvurduğum bir iş; ayda, yılda bir defa bile başvurmadığım bir olay. sizi evvelâ terbiyeli olmaya davet ederim; bir.

Ben, sizin bildiğiniz o yanınızdaki insanlardan falan değilim. Benimle konuşurken edepli konuşacaksınız.

Hulki Cevizoğlu- Siz de hakaret etmeden istediğiniz şeyi söyleyebilirsiniz.

Yaşar Topçu- Ben hakaret etmiyorum. Ben kendisine hakaret ... hiçbir şey söylemedim. Bana "aldığı alkol etkisiyle" diyen hanıma derim ki, akşam benimle beraber miydiniz? Birincisi bu, tabî o sözün cevabı bu.

İkincisi; vatandaşlık Anayasal bir durumdur ve kazanılmakla herkes o ülkenin vatandaşı olur. Şu anda kendisi hem Amerika'nın vatandaşı, hem Türkiye Cumhuriyeti Devleti'nin vatandaşı; her iki devletin vatandaşı.

Hulki Cevizoğlu- İnkâr etmedi.

Yaşar Topçu- Kendisinin Türk asıllı ana-babadan doğmuş olması durumunu değiştirmez. Nitekim, Türk ana-babadan doğup da Türk vatandaşı olmayanlar var. Yani, vatandaşlık ayrı bir konu, bunları öğrenmesi lâzım.

Hulki Cevizoğlu- Evet, nereye geleceksiniz?

Yaşar Topçu- Sayın Kamalak'a gelince; ben dedim ki, Sayın Kavakçı'nın durumu sadece Amerika'dan ibaret değil.

Hulki Cevizoğlu- İngiltere de var dediniz.

Yaşar Topçu- İngiltere de var dedim.

Hulki Cevizoğlu- Sayın Kavakçı da "yok" diyor.

Yaşar Topçu- Şimdi, Sayın Kamalak bizim arkadaşımız, Anayasa Profesörü.

Merve Kavakçı- İşte, gördüğünüz gibi ifade edemiyorum her hâlde; İngiltere'yle hiçbir alâkam yok, gitmedim oraya.

Yaşar Topçu- Bu sözün içerisinde Sayın Kamalak'ın ban sorduğu sorular var mı orada?

Hulki Cevizoğlu- Sayın Kavakçı, bir saniye.

Sayın, Topçu duyamadık.

Yaşar Topçu- Yani, benim söylediğimi anlamayacak durumda değil arkadaşımız, bizim değerli bir kardeşimiz.

İngiltere bağlantıları var dedim. Kendisi dedi ki, "Ben İngiltere'ye gitmedim. Bağlantı başka, gidip gitmemek başka. Kendisinin başka söylediği yalanlar da var.

Hulki Cevizoğlu- Nedir onlar?

Yaşar Topçu- Bunların hepsi zamanla ortaya çıkacak.

Hulki Cevizoğlu- Yani, İngiltere'ye gitmeden mi bağlantı kurdu diyorsunuz?

Yaşar Topçu- Evet, kendisinin başka söylediği, basında ortaya koy...

Efendim, birtakım bağlantılar var tabiî. Yani, o söylediği olaylar sadece oradan ibaret değil.

Merve Kavakçı- Lütfen açıklasın Sayın Yaşar Topçu, bunlara cevap verelim.

Yaşar Topçu- Burada benim söylemek istediğim şu: Kendisi buraya Türkiye Cumhuriyeti Devleti'nin yüce Parlamentosuna, söylediği gibi, bu millete bizim anladığımız anlamda siyaset yoluyla hizmet için değil, belli bir maksatla gelmiş, dinamitlemek üzere gelmiş. Türkiye'de şeriatçılık kavgasının hangi seviyeye geldiğini göstermek üzere, sözüm ona kahramanlık olsun diye gelmiş bir kişi şimdi yakalanınca, bu hiyetiyle yakalanınca onun paniği içerisinde bir şeyler söylüyor, onları ciddîye almıyorum.

Hulki Cevizoğlu- Peki, bir saniye o zaman, beni ciddîye alınız, hatta kalınız ve Sayın Kavakçı'nın yanıtını alalım.

Buyurun Sayın Kavakçı.

Merve Kavakçı- Yine iade ediyorum bu insanları ve Yaşar Topçu Beyefendiyle hukuk önünde bunu göreceğiz; başka hiçbir şey demek istemiyorum.

Hulki Cevizoğlu- Peki, ben size başka bir şey sorayım o zaman. Yani, "Hukuk önünde hesaplaşacağız, bunlar doğru değil" diyorsunuz, Sayın Topçu da diyor ki, "Yakında bunlar da ortaya çıkacak, hep birlikte bekleyip göreceğiz."

Merve Kavakçı- Hulki Bey, bir şeye değinmek istiyorum, müsaade eder misiniz?

Hulki Cevizoğlu- Buyurun Sayın Kavakçı.

Merve Kavakçı- Biraz önce bu İSNO toplantısından ve Filistin İslâmi Derneğinin toplantısından söz ettik ve orada çeşitli gazetelerde ve Show Tv'de de ve birçok televizyonda İshak Ferhan adında bir insandan söz ediliyor, o beyefendiyle, bir Ürdünlü eski milletvekiliyle aynı ortamda bulunduğumuzdan söz ediliyor. Ben oraya davetli olarak gitmiştim ve İshak Ferhan Beyle de aynı toplantıda bulunmuş olabilirim. Bu zat daha sonra Türkiye'ye Ürdün parlamenterleri ile, daha önce daha doğrusu, 1991 senesinde geliyor ve burada Sayın Demirel ve Sayın Ecevit'le de görüşüyor. Demek ki, bazı insanlarla aynı ortamda bulunmak, insanın çeşitli yasa dışı örgütlerle bağlantısı olduğu manasına gelmez. Bunu ifade etmek istiyorum.

Benim HAMAS'la ve babamın HAMAS'la bağlantıları var deniliyor; bunları şiddetle kınıyorum.

Ve şu örneği vermek istiyorum: Yaser Arafat'ın Hükûmetinde şu anda iki tane HAMAS'tan bakan vardır ve Türkiye de Yaser Arafat'la görüştüğü zaman HAMAS'la bağlantısı mı var demektir?

Maalesef, birçok şeyler çarpıtılarak basına yansıtılmakta ve halkımıza yanlış aksettirilmektedir.

Hulki Cevizoğlu- Evet. Ama, siz de televizyonlara çıkarak yeterince açıklama fırsatı buluyorsunuz galiba, bu akşam olduğu gibi, canlı yayınlarda bunlara cevap veriyorsunuz.

Merve Kavakçı- Bundan sonra zaten basın toplantılarıyla çeşitli açıklamalar yapacağız ve milletimizi aydınlatacağız bu konuda.

Ben teşekkür etmek istiyorum.

Hulki Cevizoğlu- Teşekkür etmeden evvel başka bir şey öğrenmek istiyorum.

Bu sabah yaşanan başka bir gelişme oldu. Yargıtay Cumhuriyet Başsavcısı Sayın Vural Savaş, Fazilet Partisinin, sizin milletvekili olduğunuz partiyi kapatılması için Anayasa Mahkemesine başvurdu.

Sizin bu türbanla Meclise gelmenizle başlayan ya da son damlası olan kriz nedeniyle bu başvuru yapıldı. Bu durum sizi rahatsız etti mi, partinizin kapatılma sürecine girmesi ya da mahkeme sürecine girmesi diyelim, sizi rahatsız etti mi? Bundan sonra Meclisin ilk oturumunda yemin etmeyen bir milletvekili olarak türbanınızı çıkarıp gelip daha değişik bir görüntü vermeyi ya da hukuken böyle bir görüntü vermeyi düşünüyor musunuz ya da başka ne düşünüyorsunuz?

Merve Kavakçı- Ben bir partinin 21. yüzyıla girerken demokratikleşmeye çalışılan bir ülkede kapatılmasına karşıyım elbette ki. Bu üzüntü verici bir olaydır. Bu sadece Fazilet Partisi için değil bütün Türkiye için üzüntü verici bir hâdisedir.

Şunu ifade edeyim açıkça: Benim 2 Mayıs tarihinde Büyük Millet Meclisine olduğum gibi, olduğum gibi, olduğum kıyafetimle, yıllardır olduğum şekilde girmemim tek sebebi, orada diğer 549 milletvekilinden hiçbir farkımın olmadığını düşünerektir. Çünkü, inanıyorum ki, insanların kıyafetleri değil, asıl kıyafetlerinin içindeki o ülkeye verebilecekleri düşünceleri, zihniyetleri ve birikimleridir önemli olan.

Hulki Cevizoğlu- Bir farkınız türban oldu galiba.

Merve Kavakçı- Verebilecek hizmetleridir diye düşünüyorum.

Maalesef Türkiye henüz demokratikleşme yolunda bu aşamada çok fazla bir adım atamadı benim Meclise girmemle. Ben sadece orada bir kesim insanı temsil ediyordum ve sadece de benim gibi düşünen ve giyinen insanları değil, beni takdir eden, Fazilet Partili olmasa da bana oy vermiş, hatta oy vermese de, "evet, böyle genç yaşta, ne güzel, bu tahsille, bu birikimle, hadi git Mecliste bulun" deyip bana destek vermiş insanları temsil ediyordum diye düşünüyordum. Fakat, konu maalesef...

Hulki Cevizoğlu- Siz, ben bir kesim insanları temsil ediyorum dediniz ama, Sayım Kamalak, bütün Türkiye'yi temsil ettiğinizi söylemişti daha önce.

Merve Kavakçı- Tabiî. Ben de zaten oraya gelecektim. O, seçime kadar; ondan sonra, milletvekili seçildikten sonra ben bunu birçok seçim öncesi programlarda da ifade ettim, fakat basına maalesef kesilerek, yansıtılmadı.

Hulki Cevizoğlu- Yok, bizim elimizde fazla...

Merve Kavakçı- Ben, milletin vekili olmak durumundayım ve kendimi çağdaş ve aydın bir insan olarak görüyorum ki, sadece benim gibi düşünen, bana oy vermiş seçmenleri değil, hiçbir ayırım yapmadan, kadın-erkek herkese eşit mesafede olarak objektif bir şekilde hizmet vermek zorundayım. Ama, şu şans bana maalesef verilmedi.

Hulki Cevizoğlu- Sayın Kavakçı, aydın bir insan deyince Sayın Aydın Menderes aklıma geldi. O da aydın bir insan olarak ve partinizin Genel Başkan Yardımcısı olarak, sizin yarattığınız kriz yüzünden istifa etti; bunu nasıl değerlendiriyorsunuz?

Merve Kavakçı- Bunu çok üzücü olarak değerlendiriyorum. Çünkü, burada basının çok tesiri olmuştur. Ben gerekli tekzipleri zaten yaptım.

Hulki Cevizoğlu- Kime, anlayamadım orasını; tekzipleri nereye yaptınız?

Merve Kavakçı- Bunlar, hukukî işlem çerçevesinde şu anda yürütülmekte.

Hulki Cevizoğlu- Hayır hayır, Sayın Aydın Menderes'in...

Merve Kavakçı- Çünkü, basında yansıtılan bazı konuşmalar müthiş derecede değiştirilmiş. Bunlar üzerinde avukatlarım gerekli çalışmaları yapmakta.

Fakat, Sayın Aydın Menderes'in ayrılmasını üzüntüyle karşılıyorum.

Hulki Cevizoğlu- Yani, sizin yüzünüzden istifa etmiş gibi bir durum çıktı ortaya. Yani siz istifa etmediniz, Aydın Bey istifa etti.

Merve Kavakçı- Bu konuda herhangi bir yorum yapamayacağım.

Hulki Cevizoğlu- Sayın Kamer Genç de Mecliste, 2 Mayıs'ta sizin Genel Kurula geldiğiniz toplantıda Sayın Kamer Genç dedi ki davranışınız hakkında, "Bu, lâik Cumhuriyete başkaldırmadır"; lâik Cumhuriyete karşı bir isyandır demek istedi.

Sayın Genç burada, bir cevap vermek ister misiniz?

Merve Kavakçı- Ben mi?

Hulki Cevizoğlu- Evet siz, lütfen Sayın Kavakçı.

Merve Kavakçı- Bu Sayın Kamer Genç'in ifadesidir, onu bağlar. Zaten Sayın Kamer Genç o zaman ve o gece sadece bunları söylemedi; çeşitli kişisel hakaretlerde de televizyon karşısında bulundu. Ben, bunlara cevap vermeye kendimi yakıştıramıyorum açıkçası.

Daha önce de ifade etmiştim, orada lâik Cumhuriyet üzerine yemin etme, ant içme amacıyla bulundum; ona teşebbüs dahi etmedim. Ben sadece, orada kimseyi rahatsız etmeden oturdum. Ve bunu, millet vermişti o yetkiyi de bana. Onun için...

Hulki Cevizoğlu- Kimseyi rahatsız etmeden oturdunuz mu, anlayamadım son cümleyi?

Merve Kavakçı- Efendim, yani kimseye bir rahatsızlık verdim mi o Mecliste ben herhangi bir şekilde? Hayır. Ama, insanlar...

Hulki Cevizoğlu- Bir rahatsızlık orada ama, nereden çıktığını...

Merve Kavakçı- Bence antidemokratik tavırlar içerisine girdiler.

Hulki Cevizoğlu- Anladım. Sayın Genç burada, buna cevap verebilir her hâlde.

Prof.Dr. Mustafa Kamalak- Müsaade ederseniz...

Kamer Genç- Buyurun.

Sayın Kamalak daha önce de şey etmişti; o şey etsin, ondan sonra efendim.

Prof.Dr.Mustafa Kamalak- Efendim, Yaşar Beyden özellikle istirham ediyorum ben. Merve Hanımın...

Hulki Cevizoğlu- Şimdi, Sayın Topçu'ya soracağınız değil de, Sayın Kavakçı'yla ilgili bölümleri alalım, Sayın Genç'le ilgili sözü.

Prof.Dr. Mustafa Kamalak- Ben oraya geliyorum.

Hulki Cevizoğlu- Sayın Topçu'ya teşekkür edip hattan bırakacığım.

Prof.Dr. Mustafa Kamalak- Müsaade buyurursan, hattan bırakacağız zaten, ben onu şey yapıyorum.

Hulki Cevizoğlu- Ama, o konudan ötekine geçiyoruz.

Prof.Dr. Mustafa Kamalak- Tamam.

O bağlantıların neler olduğunu ispata davet ediyorum. Çünkü ben, partinin milletvekili olarak beni ilgilendiriyor; bu bir.

İkinci olarak dediler ki, "Türban..."

Hulki Cevizoğlu- Affedersiniz, daha önce bu bağlantılar sizi ilgilendirmedi de, bundan sonra ilgilendiriyor; o anlamda mı söylüyorsunuz?

Prof.Dr.Mustafa Kamalak- Bundan önce de ilgilendiriyordu, bundan sonra da.

Hulki Cevizoğlu- Peki.

Prof.Dr.Mustafa Kamalak- Çünkü, şu anda ortaya birtakım iddialar atıyor; bunu ispatlaması lâzım. Bu, kendinin şahsiyetiyle de ilgili; devlet adamıdır, benim partimle de ilgili, benimle de ilgilidir. Aksi takdirde müfteri durumuna düşer.

Hulki Cevizoğlu- İkinci sorunuz nedir Sayın Topçu'ya?

Prof.Dr. Mustafa Kamalak- İkinci şey şu: Dediler ki, "Türban bir siyasî simgedir."

Eğer öyleyse problemi çözmek gayet kolaydır. Nedir bu?

Kendileri hayli zamandır hükûmette kaldılar, Başbakanlık da kendilerindeydi.

Diyanet İşleri Başkanlığı, Başbakanlığa bağlı bir kuruluştur.

Benim ricam şu: Yine de hükûmet ortağı olabilirler. O zaman Diyanet İşleri Başkanı çıksın devletin televizyonuna desin ki, "Bunun inançla filan bir alâkası yok, bu bir siyasî simgedir." Tüm hatiplerin, imamların...

Hulki Cevizoğlu- Yani, Diyanet İşleri Başkanı bir fetva versin, ona uyalım diyorsunuz?

Prof.Dr. Mustafa Kamalak- Tabiî, halk rahatlar.

Hulki Cevizoğlu- Rahatlar mı acaba?

Prof.Dr. Mustafa Kamalak- Efendim, öyleyse niye rahatlamasın? Diyecek ki, bunun dinle, inançla alâkası yok.

Hulki Cevizoğlu- Hayır, bir başka tartışma mı çıkar?

Prof.Dr. Mustafa Kamalak- Sayın Topçu'nun dediği gibi, "Bu siyasiî bir simge" diyecek. Çıkacak imamlar, hutbelerinde diyecek ki, "Efendim,

Diyanetten gelen hutbe budur, bugünkü hutbemiz başörtüsü veya türban. Bunun inançla bir şeyi yok." Vaizler kürsüde çıkar bunu anlatır. Bu bir.

Bu da ikincisi; iş kolay demektir o zaman.

Üçüncü olarak da, Sayın Topçu'ya üzüntülerimle birlikte kınadığımı bildiriyorum; yani tahrik ettiği, iftira attığı siyasîyi lince tabiî tuttuğu bir hanım, böyle tepkisini gösterdi diye bir bakan, bir milletvekili olarak yılların tecrübesine sahip bir siyasî kişi olarak, "akşam benimle miydiniz" demesini şiddetle kınıyorum.

Hulki Cevizoğlu- Hayır ama, biz onu o anlamda almadık, ben de müdahale ederdim. Yani, benim içki içtiğimi gördün mü gibi alıyoruz.

Prof.Dr. Mustafa Kamalak- Bakın, o sözün ne anlama geldiği bilinir, terbiyesizce bir sözdür. Merve Hanım, Yaşar Beyin kızı yaşındadır.

Hulki Cevizoğlu- O anlamda olursa, birlikte zaten uyarırız. Şimdi soracağız.

Prof.Dr. Mustafa Kamalak- Tabiî, o anlamda kullandı onu. Terbiyesizce bir sözdür. Milletin huzurunda şiddetle kınıyorum kendisini.

Hulki Cevizoğlu- Galiba öyle hakaret etmek istemedi. Öyle olsa, ben de o söze karşıyım, o tarzda bir konuşmaya.

Sayın Topçu, buyurun.

Buyurun efendim, son sorudan başlayalım isterseniz.

Yaşar Topçu- Tabiî ki, sizin anladığınız anlamda söyledim.

Hulki Cevizoğlu- Benim mi, Sayın Kamalak'ın mı?

Yaşar Topçu- Size söylüyorum.

Beni hiç tanımayan bir kadın çıkıp da benim söylediklerim karşısında bunalıp beni alkolün etkisiyle konuşuyor gibi bir terbiyesizlik, küstahlığın içerisinde bulunursa, ben kendisine döner sorarım "akşam siz benimle mi beraberdiniz, nereden biliyorsunuz, beraber mi içtik". O anlamda sordum; bir.

İkincisi, o terbiyesizlik lâfını Sayın Kamalak'a yakıştıramadım, iade ederim kendisine. O, Merve Hanımın avukatı değil. Merve Hanım kendisini savunuyor.

Hulki Cevizoğlu- Merve Hanım hatta zaten.

Yaşar Topçu- Merve hanım adına bana terbiyesiz diyemez.

Terbiye hudutlarını aşarken kendisi hiç mi üzülmemiş Merve Hanımın Amerikan vatandaşlığını öğrenince? İşte burada benim tartışırken öğrendi; neresi iftira?

Hulki Cevizoğlu- Peki, Sayın Kamalak'ın size sorduğu ve itiraz etmediğiniz başka bir nokta olabilir. "İspat etsin İngiltere bağlantısını " dedi.

Yaşar Topçu- İzin verin efendim.

Hanımefendi yalan söylüyor.

Bakın, demin söyledim. Dedim ki, başka yalanlar da var. Kendisi çıktı dedi ki, "Başımı açtırmadıkları için tıp fakültesini bıraktım gittim." Tıp Fakültesi Dekanı açıklama yaptı, "Hayır, burada üst üste kaldı, Tıp Fakültesini bitiremedi gitti" dedi. Yani, yalanı rahat söyleyen bir insan. Böyle bir insan için Sayın Kamalak'ın kalkıp ...duygusuyla bana terbiyesiz demesini doğrusu fevkalâde kınanacak bir olay olarak görüyorum, profesörlüğüne yakışmıyor. Ben onun anladığı anlamda görmedim.

Zaten Fazilet Partililerin, Refah Partililerin bir alışkanlığı var; kadın deyince hep kadının alt yanı akıllarına geliyor. Bizim öyle gelmez aklımıza.

Hulki Cevizoğlu- Peki, bu tartışmayı o boyutundan uzaklaştıralım.

Sayın Kamalak size söyledi. Siz bu konuda cevabı verdiniz. Sayın Kamalak söyledi.

Yaşar Topçu- Evet. Yani, yalanı rahat söyleyebilen insanlarla kalkıp bana... Kendisine soruyorum ben, hiç mi üzülmemiş Amerikan vatandaşı olduğuna? Türkiye Cumhuriyeti Devleti'nin Parlamentosunda bir Amerikan vatandaşının bulunmasından kendi partisinden yan yana oturduğu, alkışladığı bir insanın bu durumda çıkmasına hiç mi üzülmemiş Sayın Kamalak, hiç mi rahatsız olmamış? Yalan söylüyor.

Hulki Cevizoğlu- Sayın Topçu, sizin de potansiyel bir yalan söylememenizi istediği için Sayın Kamalak, o da rahatsız olacak galiba.

Yaşar Topçu- Efendim, ben niye rahatsız olayım sevgili kardeşim?

Hulki Cevizoğlu- Bir saniye Sayın Topçu.

Diyor ki, "Sayın Kavakçı'nın İngiltere'yle bağlantısı hakkında bir belge versin, yoksa müfteri olur" diyor. Siz de bu konuya açıklık getirin lütfen.

Yaşar Topçu- Sevgili kardeşim.

Hulki Cevizoğlu- Buyurun.

Yaşar Topçu- Ben size diyorum ki, aynen Amerika'daki gibi İngiltere bağlantısı vardır, bu da zaman içerisinde ortaya konacaktır. Ben bunun belgesini bu programda verirsem doğrucuyum, bu programda vermezsem yalancıyım deniyorsa o zaman ben sizin yalan anlayışınızdan şüphe ederim.

Hulki Cevizoğlu- Vallahi siz galiba her şeyden şüphe ediyorsunuz da, şüphelerin belgesini koymanız gerekiyor.

Yaşar Topçu- Olur mu öyle şey? Sayın Cevizoğlu, ne alâkası var? Sizin programınızda söylersem bu müfteri olmam; ne alâkası var?..

Hulki Cevizoğlu- Alâkasını söyleyeyim Sayın Topçu. Alâkası şu: Çünkü, bu iddiayı bizim programımızda ortaya attınız, onun için bunun belgesini de bizim programımızda söylemeniz gerekiyor.

Yaşar Topçu- Hayır efendim, daha önce de söyledim. Siz takip etmemişsiniz, daha önce de söyledim efendim; muhtelif yerlerde söyledim efendim. Efendim, ilk defa burada söylemiş değilim.

Hulki Cevizoğlu- Peki, şöyle söyleyelim, gözümüzden kaçmış olabilir. Şöyle söyleyelim: Daha önce ileri sürdüğünüz Sayın Kavakçı'nın İngiltere'yle bağlantılı konusunu bizim programımızda da tekrar ettiniz.

Yaşar Topçu- Evet, tekrar etmiş oldum.

Hulki Cevizoğlu- Bizim programımızda da tekrar ederek andığınız için bu programda bunun dayanağını da söylemenizi ben rica ettim, Sayın Kamalak da onu soruyor.

Yaşar Topçu- Değerli kardeşim, daha önce Amerika konusunda söylediğim sözlerin de ne olduğunu ben söylemedim. Bana sadece soruldu. Dedim ki, sabredin çıkacaktır ortaya, kendi yerinden çıktı kondu, buradan da Amerikan vatandaşı çıktı.

Ben istiyorum ki, bu İngiltere bağlantısı da kendi mecrası içerisinde çıksın.

Ben, devlet bu işleri doğurduğunu açıklamakla görevli, sorumlu bir kişi değilim.

Hulki Cevizoğlu- Sayın Topçu, belge çıktıktan sonra konuşsanız olmaz mı? Niye belgesiz, ispatsız konuşuyorsunuz siz.

Hulki Cevizoğlu- Evet, söz sahibini konuşturalım.

Sayın Topçu, bir saniyenizi rica ediyorum. Galiba bitti.

Sayın Kavakçı'dan yanıtını alalım ve sizleri hattan alalım.

Sayın Kavakçı, buyurun.

Yaşar Topçu- Tabiî.

Merve Kavakçı- Bir defa, bu Amerikan vatandaşlığıyla ilgili şunu ifade etmek istiyorum: O Parlamentoda, Amerikan vatandaşı olup, Türk vatandaşı olup, yani çifte vatandaş olan sadece ben değilim. Bunu da her hâlde takdir ediyorlar.

Hulki Cevizoğlu- O Parlamento dediğiniz Türkiye Büyük Millet Meclisi mi efendim?

Merve Kavakçı- Büyük Millet Meclisini kastediyorum tabiî ki.

Hulki Cevizoğlu- Hayır, Amerikan vatandaşı olduğunuz için; o parlamento bir Amerika da olabilir.

Merve Kavakçı- Ayrıca, benim okulumla ilgili olarak getirilen iddiaya da şu cevabı vermek istiyorum; bu zaten avukatlarım tarafından yargıya intikal ettirildi: Ben, 1986 senesinde Ankara Üniversitesi Tıp Fakültesine girdim, Eylül ayında, Ekim ayında başörtü yasağı çıktı ve ondan sonra da birinci sınıfı güçle o zaman bitirdim başarıyla, başımı açmadan. İkinci sınıfın sonuna kadar başımı açmadan okudum; tabiî bu kolay olmadı o dönemde. Ve ikinci sınıfın finallerine giremedim, ondan sonra da tatil için Amerika'ya gittim; fakat, oradaki rahat imkânları görünce -orada kıyafet problemi hiçbir şekilde kimse için yok, bunlar, insanların en temel hak ve özgürlüklerinden kabul edildiği için ve orada da eğitimimi yapmak üzere kaldım ve Bilgisayar Mühendisliğine geçtim.

Kesinlikle başarısız olduğum için de okuldan atılmadım; Ankara Üniversitesi Tıp Fakültesini başörtü yasağı sebebiyle bıraktım. Ama, ben şanslıydım, diğer arkadaşlarım gibi olmadı benim durumum. Ben gidip Amerika'da tahsilimi yapıp, tekrar bu memlekete dönüp, hizmet etme imkânı için tekrar çalışmaya başladım.

Hulki Cevizoğlu- Sayın Kavakçı, anladım. Aynı şeyleri tekrar ettiğiniz için...

Merve Kavakçı- Ve bu konuyla ilgili de zaten benim arkadaşlarım da gerekli şekilde mahkemede bana yardımcı olacaklar ifadeleriyle.

Teşekkür ediyorum, iyi akşamlar diliyorum.

Hulki Cevizoğlu- Bir saniye lütfen ayrılmayın; başka önemli bir soru var, son soru, onu soracağım Sayın Kavakçı.

Yaşar Topçu- Ben ayrılabiliyor muyum?

Hulki Cevizoğlu- Sayın Topçu, size çok teşekkür ediyorum, ayrılabilirsiniz.

Sayın Kavakçı, size başka bir son soru soracağım.

Yaşar Topçu- Yalnız, bu hanıma söyler misiniz? Resmî kayıtlar öyle demiyor.

Hulki Cevizoğlu- Peki, onu da soracağız; "resmî kayıtlar öyle demiyor."

Prof. Dr. Mustafa Kamalak- Müsaade buyurursanız, benim elimde resmî belge var.

Hulki Cevizoğlu- Siz buradasınız; vereceksiniz belgeyi.

Sayın Kavakçı...

Yaşar Topçu- Teşekkür ediyorum.

Hulki Cevizoğlu- İyi geceler Sayın Topçu.

Sayın Kavakçı, hattasınız, bir soru daha var.

Sizi bir test etme anlamında değil ama, özellikle, "Türban inancımdır" dediğiniz için ve bu konuda ısrarınızı bütün kamuoyu izlediği için başka bir konuyu merak ediyorum; dinî bilgiler konusunda da derin bilgiye sahip misiniz, bu konuda özel bir eğitim aldınız mı?

Merve Kavakçı- Dinî bilgiler konusunda her Türk vatandaşı kadar bilgim var. Ama ben bir dinî otorite değilim.

Hulki Cevizoğlu- Hayır, mutlaka, biz de değiliz.

Merve Kavakçı- Annem-babam hem dinî bilgiler sahibi, hem de aydın insanlardır; onlardan edindiğim bilgiler vardır.

Hulki Cevizoğlu- Hayır, babanız hoca olduğu için soruyorum özellikle, örneğin...

Merve Kavakçı- Babam Öğretim Üyesi ve Profesördür, İslâm hukuku Profesörüdür.

Hulki Cevizoğlu- Dinî bilgileri, her Türk vatandaşı kadar dediniz ama, örneğin Arapça biliyor musunuz, Kur'anıkerimi Arapça mı okuyorsunuz, Türkçe mi okuyorsunuz, mealini mi okuyorsunuz; onu merak ettim.

Merve Kavakçı- Bunların konuyla ne alâkası var Hulki Bey.

Hulki Cevizoğlu- Olacak, olacak, soracağım şimdi.

Merve Kavakçı- Arapça bilmiyorum, yani bilmiyorum fazla, birazcık, derdimi anlatacak kadar, aç çok üç beş kelime biliyorum. Onun dışında da ne söylememi istiyorsunuz bilemiyorum.

Hulki Cevizoğlu- Bir şey söylemenizi istemiyorum. Ben soruyorum, istediğinizi söyleyebilirsiniz siz. Nisâ Suresinin 59.ayetinde "ulul emre"; yani devlet yöneticilerine, otoriteye itaat etmek emrediliyor. Siz, örneğin Türkiye de devletin koyduğu kurallar var, diyor ki İçtüzükte, "Meclise şu kıyafetlerle girilir, bunların dışında girilmez, dinimizin emri, İslâmiyetin emri olarak, "ulul emre", yani yöneticilere, devlet yöneticilerine itaat etmek emredilirken, siz, bu Nisâ Suresini başka türlü mü anlıyorsunuz acaba?

Merve Kavakçı- Benim veya sizin veya bir başka insanın istediği gibi yorum yapma hakkı yoktur benim bildiğim kadarıyla ayetler üzerinde.

Hulki Cevizoğlu- Benim önümde...

Merve Kavakçı- Ben dinî bir otorite değilim Hulki Bey, onun için bu sorunuza cevap veremeyeceğim. Bunu lütfen Diyanet İşleri Başkanımıza soralım.

Hulki Cevizoğlu- Ama, Diyanet İşleri Başkanı türban takmıyor. Siz taktığınız için ve bu İçtüzüğe uymadığınız için ben size soruyorum. Diyanet İşleri Başkanı olsa, ona sorardım.

Merve Kavakçı- O zaman Diyanet İşleri Başkanlığına, "başörtülü olup-olmamak" konusundaki fikrini soralım, İslâmda ne diyorsa ona göre hareket edelim.

Ben dinî bir otorite değilim; onun için cevap veremeyeceğim.

Hulki Cevizoğlu- Anladım.

Siz, İslâmda tam olarak ne dendiğini bildiniz hâlde mi böyle davranıyorsunuz?

Merve Kavakçı- Şimdi, ben burada bir siyasî kimliğim; onun için, benim inancım benim içindir...

Hulki Cevizoğlu- Sizden de onu soruyorum.

Merve Kavakçı- Herhangi bir dinî otorite gibi de cevap vermek istemiyorum Hulki Bey.

Hulki Cevizoğlu- Peki, galiba gerekli cevap alındı.

Çok teşekkür ediyorum aradığınız için.

İyi geceler.

Merve Kavakçı- Teşekkür ediyorum, iyi akşamlar diliyorum.

Kamer Genç- Bir şey ben size sorayım da, yalnız bir şey soracağım Merve Hanıma.

Şimdi, Sayın Menderes'in istifasını sağlayan, gazetelere intikal eden şöyle bir ifade var: "Dünyadaki bütün Müslümanlar inşallah 21.yüzyılda tek İslâm bayrağı altında birleşeceklerdir. Refah Partisinin ideolojisi dünyada bütün insanlık adına bir cihat başlatmaktır. Türkiye'de, sözde Müslüman

Hükûmete karşı mücadele ediyoruz. Bu, benim kendi cihadım için seçtiğim yoldur" diyor, "Hizbi Refah'ın ideolojisi, insanlık adına cihat yapmaktır" diyor, bu mealde yurt dışında yaptığı konuşmalar, beyanatları çıkıyor.

Hulki Cevizoğlu- Ne demek istiyor mu diyorsunuz?

Kamer Genç- Bir dakika.

Soracağım şu: Bir defa, işte kendi partisinin Genel Başkan Yardımcısı Sayın Menderes, bu beyanatlar gazete çıktı...

7. BÖLÜM
BENİMLE YAPILAN RÖPORTAJLARDAN İKİ ÖRNEK
(SORGUCUNUN YANITLAR KONUSUNDAKİ YETENEĞİ)
Dikkat: Yanıtlarım, 18 yıl öncesine aittir.

Tereciye tere sattık... Ama aldı! Bu sefer masanın "diğer" yanında oturdu. Ceviz Kabuğu'nun yaratıcısı Hulki Cevizoğlu'yla Ankara Temsilcimiz Nedret Arsanel görüştü.

ALİ KIRCA'YI SİLDİM GEÇTİM[118]

İşi soru sormak. Konuğun ya da konunun kamuoyunu bilgilendirmesi ile daha ilgili. Üslubu televizyondakinden çok farklı değil. Yine sakin konuşuyor. Kelimelerini özenle seçiyor, kısaca yanıtlayacağı soru varsa "kelime zaiyatı" yapmıyor. Sorunuz ne kadar gıcıklayıcı olursa olsun zor renk veriyor. Doğrusu biz de "renk" alabilmek için elimizden geleni yaptık. Aldığımızı da söyleyebiliriz. Sağa sola telefonla bağlanarak, ekranda bir sürü çerçeve açarak ya da "kızıştırarak" program yapan "televizyon gazetecileri"ne rağmen ciddi bir başarı sağladı Ceviz Kabuğu. Programın "omurlu çizgisi"ni yaratan Hulki Cevizoğlu sorularımızı yanıtladı.

- Televizyona sadece bir günlük sakalla çıktığı için seçim kaybeden Amerikan başkanları var... Oysa sizin televizyonda vücudunuzu kullanama ritminiz düşük, sesinizin rengi rutin...
Ağzımda geveliyorum yani...

- Size yönelik bu tür eleştiriler olabilir ama sorum şu. Bu kontrollü bir "sakiniyet hakimiyettir" üslubu mu yoksa çizginiz mi?
Her ikisi de doğru. Günlük yaşamda öyle değilim tabii. Programda öyle olunması gerektiğine inanıyorum. Hele bugün geldiğimiz noktada iyice haklı olduğum ortaya çıktı. Türkiye gibi bir ülkede, adaletin bile taraf tuttuğu iddiaları varken, bunların birçoğu da doğruyken; taraf tutulmaması, sakin olunması, insanları sükûnete davet etmesi gereken bazı müesseseler olması gereğine inanıyordum. Bunların başında da basının geldiğine inanıyordum. Ben tek başına basını düzeltemeyeceğime göre, kendi çapımda bir şey yapabilirdim. Bu da program çapında oluyor.

---

[118] Nedret Ersanel, **Macro Economy Dergisi**, Sayı: 29, İstanbul, Mart 1997, s.100-103.

O sakinlik içinde de ben kimsenin ele almadığı konuları ele alıyorum. Benim ağzımdan çıkan sözleri bir başkası söylese belki orası kapanır. Ama ben o sakinlik içinde her şeyi söylüyorum. İnsanların sığınabilecekleri bir barınak, bir liman ihtiyacı olduğunu düşündüm. Programda, gençlerin sevdiği deyimle, bir "geyik muhabbeti" olmaması gerekiyor. Çünkü dört saat süren bir programda "bize ayırdıkları zamanı kazansınlar" istiyoruz. Dört saat beni izleyen insan ben bir şeyler vermek zorundayım ve bunu da sakinlikle yapıyorum. Bu sakinlikten de hoşlanıyorlar. Programa başlamadan önce de "basit şeyler yapacaksın, Türk halkı onu sever" deniyordu. Biz de tam tersine "iyi ve ciddi şeyleri talep eden çok geniş bir halk kitlesi var" diyorduk. Ve bunu ortaya çıkardık.

-Sığınacak bir liman dediniz... Teknik boyutuyla sormak istiyorum, Ceviz Kabuğu izleyicileri "görsel renkliliğe" alışık değiller. Limana sığınmanın teknik ifadesi "daha yalın " bir üslup ve stüdyo ile "konsantrasyonu" sağlamak mı? Bilerek yapılmış bir şey gibi gözüküyor.

Evet, planlı bir şeydi. İzleyicinin dikkatini mümkün olduğu kadar dağıtmamak ve soru cevaba yönlendirmek istiyoruz. Bizimki bir tartışma programı değil. Aynı gün aynı saatte olan Ali Kırca'nın ki bir tartışma programı. Bizimki Türkiye'de yapılan tek televizyon röportaj programı.

-Benzerlikleri var...

Bu insanlar ben tarafım diyorlar. Biz de diyoruz ki, basın olarak basının tarafındayız. Gazetecilik bir tarafsa... Yoksa taraf değiliz. Programın dışında olur ama programın içinde tarafsız yönetim sergileme lazım. Yönetim de değil benimkisi. Şu an sizin yaptığınız gibi, yıllarca yazılı basında ne yaptıysak bu sefer ekranda yapıyorum. Nasıl gazetecilikte şovumuz yoktu... Teybi uzatıp soru soruyorduk. Orada da teyp yerine mikrofonu koyup soru soruyorum. Karşımdaki o görüşten bu görüşten, kötü adam iyi adam olabilir... O beni ilgilendirmez.

-Üslubunuz hakkında mutabık olduğumuza göre, bu sitiliniz alaycı değil mi?

Zaman zaman.

- Neden?

Gerekiyor...

- Bu "soru-cevap" faslını aynı zamanda bir "zekâ oyunu" olarak mı görüyorsunuz?
Ceviz Kabuğu'ndayız galiba?! Evet...

- Sarkastik ifadeniz bunun dışa vurumu mudur?
Eee, öyle diyebiliriz...

- Diğer programlarda hakarete varan tartışmalar yaşanıyor, sizce bu hakarete varan tartışmalar mı daha rahatsız edicidir yoksa zekâ göstergesi görüldüğü için alaycı ifadelerle yapılanlar mı?
Diğerleri daha rahatsız edici.

- Etkisi açısından soruyorum...
Bizimki daha etkili.

- Yani bir insana açıkça hakaret etmektense bunu kibarca, ifadelerle ima etmenin daha iyi olduğunu mu söylüyorsunuz?
Açıkça hakaret etmek yerine gizlice hakaret etmek gibi bir tercihimiz yok. Ama diyelim ki konuğumuz yalan söylüyor... Bir kere daha soruyorum. Hemen peşinden veya bir iki soru sonra yeniden soruyorum. O sorunun cevabını mutlaka almam lazım. Bir daha kaçıyorsa -ya da bazıları sorunun etrafından dolanıyor ya da bazıları açıkça yalan söylüyor- o zaman üçüncü kez sormuyorum. İşte o zaman gülümsüyorum. Yapacak bir şey yok. Ne diyeyim? Bizim izleyicimiz özel bir izleyici. Çok rahat fark ediyor.

- O zaman ben de sorumu değiştirerek tekrarlayayım... Siz bunu zekâ savaşı olarak mı görüyorsunuz?
Satranç bir yerde. Konuşturabilecek misiniz? Soru cevap.

- Soru-cevapsa aslında bu bir sorgulamadır. Her sorgulamada olduğu gibi iki taraf vardır. Soran ve yanıtlayan. Sizin tanımınız nedir? Soran ve yanıtlayan mı yoksa...
Yoksa?...

- Yoksa nedir?
Soran ve yanıtlayan. Veya yanıtlamayan.

- **Bu tanımın içinde "sorgulayan" var ise...**

(İlk defa kızgınlık emaresi göstererek) Sorgulayan değil. Soran. Ama bazen bizim için bazı köşe yazılarında "DGM savcısı" gibi sorular soruyor şeklinde eleştiri yazıları da çıkıyor.

- **Bunu doğru buluyor musunuz? Ayrıca "evet öyle" de diyebilirsiniz?**

Hayır. Gazetecinin yapması gerektiği kadar yapıyorum. Yazılı basında görev yaparken de bu kadar ısrarlı soruyordum. Çünkü bunu yapmazsam bu sefer seyirci beni eleştiriyor.

- **Madem bu bir zekâ savaşı...**

Tam... Bir anlamda zekâ savaşı. Tam anlamıyla bir zekâ savaşı değil. Çünkü zeka savaşı olsa tamamı soru cevap...

- **Peki, o bölümüyle ilgili olarak devam edelim. Programın zeka savaşı bölümünde sizi yenilgiye uğratan çıkmadı mı henüz?**

Kazanmak için çıkmadım.

- **İyi ama soru-cevap ritüelinin yapısında var bu... Siz kaçamayacağı soruyu sorarken veya konuk kaçmaya çalışırken yapılan şey zekâ savaşıdır.**

Zaten cevap veriyorsa ben amacıma ulaştım demektir. Israrlara rağmen cevap vermiyor ve kaçıyorsa...

- **Sizin yaptığınız gibi...**

O zaman zaten yenildi demektir. Kaçarak sizin deyiminizle beni yenmesi mümkün değil. Kaçmayarak cevap vermişse, istediğiniz cevabı değil -taraf tutmadığımız için istediğimiz cevabı beklemiyorum- ama sorunu cevabını vermişse yine ben kazanırım. Her iki şekilde de ben kazanırım.

- **Bazen de konu çok iyi oluyor ama konuk tıkanıyor.**

Bazen insanlar tutuk oluyor. Konu çok kritik bir konu olmayabilir. Ne bileyim verimlilik konusu olabilir. Akademik ya da teknolojik olabilir. Kendi yapısından kaynaklanan bir tutukluk hali varsa o zaman işte vicdanım rahatsız oluyor. Niye?... Kötü bir iş yaptık diye değil. İstediğim şekilde hoş bir söyleşi çıkmadığı için. Eğer iyi bir söyleşi çıkarsa söylenenler kimi rahatsız ya da mutsuz etmiş, o benim için önemli değil.

- Ne sormazsınız?

Her şeyi sorarım... Ne sorduğunuz değil, ne söylediğiniz değil nasıl söylediğiniz önemlidir sözünden hareket ederek, her şeyi istediğim şekilde sorarım.

Bazen sorduğum kişiler bile fark etmiyorlar ne sorduğumu. Bunu bazen bilinçli olarak da yapıyorum. Hem karşınızdaki kişiye hakaret etmemiş olmak için hem de izleyici rahatsız olmasın diye. Mesele "yalan söylüyorsunuz" demem. "bu gerçek değildir" derim. "Söz ola kese savaşı, söz ola kestire başı."

- Programın akışı içinde tartışma keskinleştiğinde, sesi kestiriyorsunuz. Bu da ilk kez yapılan bir şey. Daha doğrusu çok söylenip ilk kez yapılan bir şey.

Bundan sonra başka bir şey daha yaptıracağım. Bir "edep perdesi" koyduruyorum. Diyelim ki durdurmaya çalıştığım halde çok anlamsız bir kavgaya girildi, Bir şeffaf tül inecek. Ses yine kesilecek, görüntüyü görecek izleyiciler. Sakinleştikleri zaman, o "edep perdesi" kalkacak.

- Etik değerleri anlamak mümkün ama dışarıda bırakırsak, bunu neden yapıyorsunuz? Yüksek ölçüde tartışıyorlar. Tartışsınlar. İzlenme oranı için söylemiyorum. Ama bunun dışında ne engel var?

Bıraksam yumruk yumruğa girecek insanlar da oluyor. Biz tartışsınlar istiyoruz ama kavga olmaz. Bunu istesek zaten programın başında bir tek cümle ile bu mümkün. Bu benim için kolay bir iş. Önemli olan onları ileridiki bir çizgiye kadar götürmek. Ve sakin götürmek. Yoksa, meslektaşlarımızın yaptığı gibi kavga çıkartmak bizim için çok kolay bir iş. Zor olan onları kavga ettirmeden orada tutabilmek.

- Aracılık yöntemiyle izleyenlere tatmin duygusu verdiğinizi hissediyor musunuz? Tabii öncelikle siz tatmin duygusu hissediyor musunuz?

Hissediyorum. Müthiş hissediyorum. İşte onu hissettiğim anda -o his bazen çok kuvvetli bazen az oluyor- kendimi rahat hissediyorum. "Görevimi yaptım" diyorum. Ben de kendimi tatmin etmek için program yapıyorum.

Eskiden beri çok soru soran bir insandım. Yanıtların öncelikle beni tatmin etmesini istiyorum. Buna bağlı olarak izleyenler de tatmin ediyor demektir. Bu nedenle programa çıkacak insanlarla yayından önce mümkün olduğu kadar az görüşmeye çalışıyorum ki heyecanım gitmesin.

- Özellikle TV izleyicisi iki tarafı keskin bir bıçak gibidir. Siz seyirciniz ya da kendiniz adına tatmin ararken, bir gün sizin karşınıza sizin kadar "zekâ oyunu" seven biri çıkabilir. Ve izleyiciler bundan da tatmin olabilir. Mesela Larry King. Bir izleyici olarak bu durumda size bakarken ayrıca keyif alacağımı açıkça söyleyebilirim!

Larry King'le karşılıklı bir masaya oturmak, kim daha zeki, kim daha iyi soru soruyor düşüncesine bir cevap olabilir... Ama bizim programımız öyle değil.

- Bu ilişkiyi siz kurdunuz... Ben bunu söylemiyorum. O sizi misafir olarak çağırsa... Oturtsa...

Ya da ben onu çağırsam...

- Evet...

İlginç... Çok güzel bir şeye değindin ama farklı bir yorumla. Ben kendisine bir mesaj yazdım, ulaştı mı bilmiyorum. CNN'in "e-mail"inden gönderdim ama gitti mi gitmedi mi bilmiyorum.

- Yani davet ettiniz.

Evet. Bu daveti iki kişiye yaptım. Birisi Larry King... Bir de Jırinovsky'e. Geliyordu, hem de o sırada bizde TV'lerde gösterilmişti. Birisinin suratına su atmıştı. Gelsin bir de bizim suratımıza su atsın diye.

- Biraz da rakiplerinizden konuşalım. Aynı saat ve günde "Siyaset Meydanı" ile karşılaşıyorsunuz.

Sildik geçtik, rakibimiz yok artık. Açık söylüyorum. Sildik geçtik. Ali Kırca Türkiye'ye çok faydalı işler yapmıştır...

Biraz iddialı konuşalım da Ali Kırca kendine gelsin. Kızsın biraz da. Şu an karşımızda "Siyaset Meydanı" diye bir şey yok. Şeklen var. Bir tabela programı olmuştur o.

- **Ali Kırca için bunları söylemeniz rakip olarak gördüğünüz anlamına da gelebilir.**

Ali Kırca için konuşmadım, kendim için konuştum. Kendim için konuşurken karşımda o olduğu için ona konuşmak durumunda kaldım. Ben Ali Kırca ya da bir başkası için konuşmam. O saatte Kırca değil de başkası olsaydı onun hakkında yorum yapardım.

- **O zaman başka isim sorarım... Mesela Reha Muhtar hakkında ne düşünüyorsunuz?**

Arkadaşım!

- **Bunu vicdani buluyor musunuz? Siz istediğinizi soruyor ve tatmin edici yanıt bekliyorsunuz... Ama tatmin edici yanıt vermiyorsunuz. Melih Gökçek'i konuk ettiğiniz programda da oldu. Siz onun üst üste aynı soruyu sormasına rağmen yanıt vermediniz. Adaletli mi?**

Vermedim.

- **Neden?**

Sıkıştığım için değil. Vermem. HBB'de program yaparken Ali Şen'i çıkardım. Ben küçükken Fenerbahçeli'ydim. Ama şimdi hiçbir takımı tutmuyorum. En azından Beşiktaş'lı ya da Galatasaray'lı değilim. *"Sen Fenerbahçeli değilsin herhalde"* dedi bana. *"Hangi takımı tutuyorsun?"* dedi cevap vermedim. Ben program dışında bu sorulara yanıt veririm ama programda yanıtlamam. Orada insanların etkilenmemesi lazım. Melih Gökçek de, *"Senin annen başını örtmüyor mu?"* diye sordu. Evet, örtüyor ama başında türban yok. Orada konu ben değilim. (2015 notu: Annem, bizim çocukluk yıllarımızda eşarp kullanırdı. Şimdi 83 yaşında. Uzun yıllardır başı açık. Tercihinin benim görüşlerimle hiçbir ilgisi yok. :)

- **Burada konu sizsiniz.**

Konuşuyorum işte.

- **Konuşun...**

Sor.

- **Sordum. İsim önemli değil... Yanıt da... "A kişisi için ne düşünüyorsunuz" sorusuna "tatminkâr" yanıt verebiliyor musunuz?**

Cevabım bu. Arkadaşım.

- "Arkadaşım". Yani arkadaşım olduğu için...
Kendimle ilgili soruları kastettim. Başka birisi için yorum yapmaksa yanıtım bu kadar.

- A kişisinin saçını başını sormuyorum. Sizinle aynı işi yapan kişinin yaptığı iş hakkında soruyorum. Ali Kırca düşmanınız mıdır?
Değildir. Hiç düşmanım yok hayatta.

- Onun hakkında konuştunuz.
Reha Muhtar benimle aynı saate gelirse o zaman konuşurum ama cesaret edebileceğini sanmam.

- Tatmin edici yanıtınız için teşekkür.
Ali Kırca'ya da program saatini değiştirmesini tavsiye ediyorum. Ondan da başka insanların başka türlü yayınlanacağını sanıyorum. Ama o saatte beni izledikleri için seyredemiyorlar.

- Teşekkürler.
Güzel bir röportaj oldu. Bazı soruları sormadınız ama çok iyi sorular sordunuz ve değişik bir yöntemle sordunuz.

İKİNCİ ÖRNEK

Hulki Cevizoğlu, konuklarını kazı-kazan gibi kazıyor. Altında ne varsa çıkıyor!

"BEN CAHİLİM, ONLAR UZMAN"[119]

- Sizi televizyon röportajcısı olmaya motive eden ne?
Belki de kafamda çok fazla soru olması. Ben 81'den 89'a kadar Hürriyet'te çalıştım. Bu kendime göre bir rekor. Orada da röportaj yapmak istiyordum ancak yapamadım. Ekonomi muhabirliğinden, haber şefliğine kadar pek çok iş yaptım ama şartlar röportaj yapmama el vermedi.

- Peki, neden şimdi özellikle televizyon?
Gazeteciler aslında her şeyi bilen insanlar gibi görünür. Ama bilmiyorsunuz bizler genellikle gazetedeki sorularımızı eğer hatalı sorarsak düzeltiriz ama karşımızdaki insan hata yaparsa onun cevabının özellikle olduğu gibi bırakırız, sırf "aman ne ustaymış" demeleri için. Halbuki canlı yayında hatalar ortaya çıkıyor. Ben kendimi tartıya koyuyorum açıkçası büyük bir risk. Gazetecilerin de sade birer vatandaş olduğunu bu halk görsün istedim.

- Cuma günleri (program günü) İstanbul'a gelip otel odasından çıkmadığınızı biliyorum. Nasıl hazırlanıyorsunuz programa?
Ben aslında kendi yaşamımda tepki veren bir insanım. Mesela çalıştığım kanalda idarecilik de yapıyorum ve bu görev sırasında yanlış yapılan bir işe müthiş sinirleniyorum. Kendimi tutmak gibi bir derdim yok. Kendi programımda sinirlenmemem gerektiğine inandığım için sinirlenmiyorum.

- Neden sinirlenmeniz gerekiyor?
Gerekiyor çünkü karşımdaki insanı mümkün olduğu kadar etkilememeye çalışıyorum. Ben insanları oraya susturmaya değil,

---

[119] Yalazan, A.Esra, **Tempo Dergisi**, Sayı: 35, İstanbul, 3 Eylül 1997, s.116.

konuşturmaya davet ediyorum. Tıpkı kimyasal bir olaydaki katalizör gibi soruyu sorup geri çekilmem lazım, konuk etki altında kalmamalı. Ben orada şov yapıp kendisini ön plana çıkaranların aksine kendimi saklıyorum. Bazen "keşke bir perde olsa da yüzümü hiç görmeseler" diyorum.

- **Ben nedense sizi izlerken aslında psikolojik bir savaş verdiğinizi düşünüyorum.**

Bu planlanmış bir şey değil ama sonuçta psikolojik bir oyun olarak değerlendirilebilir. Amaç şu: Ben karşımdaki insana mümkün olduğu kadar kaçacak yer bırakmamaya çalışıyorum. Eğer kavga dövüş olursa insanın kaçacak çok yeri oluyor. Bağırtının arkasında insanlar hem kendilerini hem fikirlerini gizleyebiliyorlar. Kazı-kazan gibi, kazıyorum altında ne varsa çıkıyor. Altından değerli veya değersiz bir şey çıkabilir. Ben asla müdahale etmem, onları yargılamam, görevim olup biteni ortaya çıkarmak.

- **Onlar da tıpkı sizin gibi oyun oynadıklarında konuşmak istemiyor olabilirler. İstediğinizi alamadığınızda agresif olmuyor musunuz?**

Hayır, çünkü konuşmazsa seyirci, hanesine eksi puan yazıyor. İnsana "o programa neden çıktın" diye sorarlar.

- **Elbette ama pek çok politikacını yaptığı gibi kendilerini saklayarak da konuşabilirler.**

Tabii. Bir kere Mesut Yılmaz'ın kardeşi Turgut Yılmaz konuşmamak üzere gelmişti. Program öncesi bana "beni konuşturamayacaksın" demişti. Ben de "konuşmayacaksanız niye geldiniz" dedim. Ben savcı gibi insanların kafasına ışık tutup onları sorgulamıyorum ki. Neyse sonuçta kendi kendine konuştu.

- **Zaman zaman azar tonuyla konuştuğunuza, asık suratlığı olduğunuza sair eleştiriler alıyor musunuz?**

Hayır, ama bazen yazılı eleştirilerde DGM savcısı gibi davrandığımı söylüyorlar.

- **Ne hissediyorsunuz o zaman?**

Herhalde olumsuz bir şey gibi değerlendiriyorlar ama benim hoşuma gidiyor. DGM savcısı ne yapar bilmiyorum ama savcılık yetenek ister. Konusunda uzman olmayı gerektirir.

- **Siz hazırladığınız konularda uzman mısınız?**

Ben hiçbir programımda uzman değilim, cahilim. Benim programımı milyonlarca insan seyrediyor. Onların arasında eğitimli olanlar da var, olmayanlar da. Amacım, beni seyreden insanlara yararlı olabilmek ve herkesin anlamasını sağlamak. Orada çok entelektüel bir konuşma yapabilirim. Eminin kimse anlamadığı için bu bazı insanların çok hoşuna gider.

Halbuki tam tersine ben cahil biri gibi davranmaya çalışıyorum.

- **Cahil olmayıp cahil olduğunu söylemek de başka türlü bir taktik mi?**

Hayır, sadece kendini hiç bilmeyen bir adam yerine koymak kolay soru sormamı sağlıyor. Genellikle "bu soruyu neden soruyor" diye şaşırıyorlar.

- **Sorduğunuz soruların cevabını bildiğinizi de göstermiyor musunuz?**

Tabii, çünkü orası benim neyi ne kadar bildiğimi veya bilmediğimi gösterme yeri değil. Bu hakkı kendime görmüyorum, bilgiçlik taslamanın anlamı yok.

- **Ama sıkıştırmanın anlamı var sanırım...**

Bazen özellikle "böyle demişsiniz" diye başlıyorum, "demedim" diyor. "Önceden demişsiniz" dersem hamle boşa gidiyor. Başlangıçta uzun bir süre konuşturuyorum insanları. Aslında konuşurken söylediklerinin programın sonunda bağlayıcı unsur olduğunu fark edemiyorlar. Bu bir tuzak değil, açık nokta bırakmamak için.

- **Bu anlattıklarınız bir satranç oyununa benziyor. İyi düşünüp hesaplamak şart.**

Evet ama tekrar ediyorum bu bir tuzak değil ki karşımdaki insan da hamle yapıyor.

- **Zaman zaman çuvallıyor musunuz?**

Bu güne kadar hiç çuvalladığımı düşünmedim ama çuvallayabilirim. Kendimi sıkmıyorum. Zaten kendimi anlatmadığım için böyle bir şey söz konusu değil. Kaldı ki böyle bir duruma düşmemek için dersimi iyi çalışıyorum.

- **Siz gündelik hayatınızda da televizyonda göründüğünüz gibi hazırcevap mısınız?**

Ben hiçbir şekilde hazır cevap değilim, doğal halim bu benim. Anladığım kadarıyla hazırcevaplık daha kıvrak bir zekâ gerektiriyor, benim o kadar kıvrak bir zekâm yok.

- **Onu bilemem ama ilkeleriniz var anladığım kadarıyla. İnsanların özel hayatına girmemeye ve tarafsız olmaya özen gösteriyorsunuz.**

İnsanların özel hayatına karışmamak gibi özel bir derdim yok, ancak magazinden kaçıyorum. Mesela sevda Demirel olayında onu çağırmayı hiç düşünmedim. Onu zor duruma düşürecek pek çok soru vardı ve bence Savaş Ay o hataya düştü. Bana göre onunla yapılacak bir programın kamuoyuna bir faydası yok. Yalan söylediği ortada. Zeynep Uludağ olayında da böyle. O kadar çok açıkları var ki, bazen program haricinde "karşılarında ben olsam kaçacak yer bulamazlar" diye düşünüyorum.

- **Siz bir seferinde "tarafsızlığın enayilik olarak" algılandığını söylediniz. Artık böyle mi değerlendiriliyor tarafsızlık?**

Bazı insanlar böyle değerlendiriyor. Ben insanların güvenebilecekleri tarafsız bir program yapmak istedim. Adaletin, polisin taraf tuttuğu, hükümetlerin zaten taraf olduğu bir ülkede insanların böyle bir müesseseye ihtiyaçları var. Benim programımda toplum önünde çok suçlanan bir insanın aslında öyle olmadığı ortaya çıkıyor ya da tam tersi beni tanıyanlar da çok iyi bilir ki, karşıma babam bile çıksa sormam gereken soruyu sorup onu sonuna kadar dinlerim.

- **Genellikle programınız için "sonu olmayan program" diyorlar. Seyircinin sıkılabileceğini düşünüyor musunuz?**

Hayır, düşünmüyorum. Sonu saat olarak belli değil ama mantık olarak belli. Sorulacak bir şey kalmadığı zaman bitiyor. Bu programı seyredenler seçerek seyrediyor. Bence buna saygı duymak lazım.

- **Bir yerde kendinizi Muhammed Ali'ye benzettiğinizi okudum. "Kelebek gibi uçar, arı gibi sokarım" demişsiniz.**

Evet, bunu söyledim. Aslında kelebek zarafetine sahibim ama gerekirse arı gibi sokarım demek istemiştim. Bunu söyleyen Muhammed Ali'den esinlendim. O da vaktiyle çok horlandı. Basının ilgisi ve TV eleştirmenlerinin yorumu açısından kendimi ona benzetiyorum.

- **Hakkınızın yendiğini mi düşünüyorsunuz?**

Benim hakkımı kim nasıl yiyebilir. Geleceğim insanların beni yazıp çizmesine bağlı değil. Ben bir boksör gibi bireysel bir iş yapıyorum. Başarımı kendi söylediklerimle ve konuklarıma söylettirdiklerimle ölçüyorum.

- **Başarıyı düşünmediğiniz zamanlarda gevşemez misiniz hiç?**

Ben böyle rahatım. Gevşemiş halim bu.

- **Kendinizi şımartır mısınız?**

Sadece annemin yanında.

- **Kontrolü kaybettiğiniz oluyor mu?**

Bu kadar kontrollü olmak belki de hayat felsefemdir. Yetişemediğim, ulaşamadığım, öğrenmeye çalıştığım o kadar çok şey var ki vakit yetmiyor. Bir saat boş vaktim olduğunda işimle ilgili okumak yazmak istiyorum.

- **Bu arada yaşamayı ıskalıyor olabilir misiniz?**

Ben de herkes gibi yaşıyorum aslında. İleride pek çok insan gibi büyük bir bahçesi olan bir eve sahip olmak istiyorum. O evde yine kitap okuyup, müzik dinleyip, içkimi içip, oğlumda yalınayak yürüyeyim istiyorum. (2012 notu: hepsi gerçekleşti, ama içki içmiyorum.)

- **Ben de sizin gibi bitireyim bu programı. Eklemek istediğiniz bir şey var mı?**

Hayır, bizi izlediğiniz için teşekkür ederim:)

8. BÖLÜM
İSTİKLAL MAHKEMESİ SORGULAMALARINDAN ÖRNEK
(ATATÜRK'E İZMİR SUİKASTİ DAVASININ 2. AŞAMASI:
"İTTİHATÇILAR DAVASI")

Atatürk'e İzmir suikastiyle ilgili yargılamalar İstiklal Mahkemelerinde yapıldı. İzmir'deki yargılama ve infazlar bitince, bu mahkeme, 17 Temmuz 1926'da Ankara'ya döndü.

Davanın ikinci aşaması "**İttihatçılar Davası**" idi. Eski İttihat ve Terakki Cemiyeti üyeleri 20 Temmuz'dan itibaren sorgulanmaya başladı. Olağanüstü Mahkeme sorgularına örnek olarak, aşağıda, (**31 Mart olaylarında yer alan, padişahlığından önce Vahideddin'i tutuklayan**) eski **İstanbul Emniyet Müdürü olan Azmi Bey**'in 4 Ağustos 1926'daki sorgulanmasını –özüne dokunmadan- özetliyorum.

Tam bir "**ibretlik sorgulama**" örneğidir bu. Sorgulama tekniği dışında da bilgi sahibi olabileceğiniz pek çok ayrıntıyı lütfen gözden kaçırmayın.

İstanbul Polis Müdürü Azmi Bey'in Yargılanması[120]

- *Zâtıâliniz, aslen nerelisiniz?*

- *İstanbulluyum.*

- *Tahsilinizi nerede yaptınız?*

- *İdadi-i askerîde.*

- *Bitirmediniz mi mektebi?*

- Evet. Sonra Mekteb-i Hukuk'a girdim. Adliyeye intisap ettim. Drama müddeiumumiliğine tayin edildim. 324 (1908) senesinden sonra Selânîğe Polis Müdürü oldum. **31 Mart hâdisesinde İstanbul Polis Müdürü oldum.** Sonra Trablusgarp mutasarrıfı oldum. Sonra Şükrü Bey'in yerine 328'de (1912) Siroz mutasarrıfı oldum.

- *Hüseyin Kâzım Bey'den sonra mı?*

- Evet, sonradır. Sonra azlolundum İstabul'a geldim.

- *Niçin azloldunuz?*

---

[120] Kocahanoğlu, Osman Selim, **Atatürk'e Kurulan Pusu (İzmir Suikasti'nin İçyüzü)**, 2. Baskı, Temel Yayınları, İstanbul, Nisan 2005, s.515-528.

- İtilâf Hükümeti gelmişti. Azledildim. Sonra ikinci defa Polis Müdürü oldum. Sonra azloldum. Seferberlikte Konya'ya nakledildim. Oradan Beyrut'a nakledildim. **Mütarekeden on gün evvel İstanbul'a geldim**.

- *İttihat ve Terakki Fırkasına ne vakitten itibaren intisap ettiniz?*

- Meşrutiyetten iki üç sene evveldi. Drama müddeiumumisi iken...

- **Demek adliye ve polis memuriyetlerinde bulunduğunuz halde dahi İttihat ve Terakki Fırkasına intisap etmiş bulunuyordunuz?**

- Evet...

- *Mütareke sırasında firara teşebbüs ettiniz, ne için?*

- **Vahideddin'den korktuğum için. Ben Polis Müdürü iken o, Efendi idi. Kendisini tevkif etmiştim. Padişah olunca korktum.**[121]

- *Vahdeddin'i siz kendiniz şahsen mi tevkif ettiniz, diğer makamatın emriyle mi?*

- Dâhiliye Nazırının malûmatı tahtında idi. On-onbeş gün mevkuf kaldı. Padişah olunca benim vaziyetim müşkülleşti. Kalamazdım.

- *Firarı diğer arkadaşlarla beraber kararlaştırmadınız mı?*

- Ben önce karar vermiştim. Ben vapurla gidiyordum. Sonra tevkif edildim. **İsmet Paşa Hazretleri müsteşardı. Emir verdiler, tahliye edildim**.

- *İsmet Paşa o zaman müsteşar değildi.*[122]

- Müsteşardı efendim. Huzur-u âlinizde yalan söyliyemem.

- *Sonra?...*

- Efendim ben vapura binmiştim. Çıkardılar. Gümrüğe gittim. İsmet Paşa Hazretlerine müracaat ettim. Müsaade ettiler. İkinci defa vapura bindim.

---

[121] Bugün için düşünsenize; tutukladığınız bir kişi sonra devletin en tepesine geliyor! Tüm yetkiler elinde, sözleri kanun ve siz bir müdürsünüz!- HC.
[122] Yargıcın bilgisine bakınız.-HC

- Merkez-i Umumîden para aldınız mı?

- Katiyen, katiyen.

- -Niçin tekrar tekrar katiyen diyorsunuz? Sanki mahzurlu mu buldunuz?

- Bence öyledir.

- Öyle mi?. Sonra?

- Bendenizin Merkez-i Umumîye bir hizmetim sebketmemişti ki para alayım.

- -Peki kaçarken nerede birleştiniz?

- İstimbotta birleştik.

- Siz kendiniz mi girdiniz?

- Evet...

- Demek Cemal Paşa ile daha evvel anlaşmıştınız?

- Evet...

- **Ötekiler ne için firar ediyorlarmış? Haydi, siz Vahideddin'den kaçıyordunuz?**[123]

- Bilmiyorum.

- **Bilmiyorsunuz, öyle mi? Bu da öteki sözleriniz kadar kuvvetlidir. Memleketin felâketi etrafında birleşmişsiniz. Sonra kaçıyorsunuz, sonra ne için kaçtığınızı bilmiyorsunuz. Bunu söylerken aklınız başınızda mı?**

- Efendim, onlar vaziyet dolayısıyla gidiyorlardı. Sebebi hakikisi nedir bilmiyorum. Merkez-i Umumî kararından haberdar değildim. Yolda öğrendim. Enver Paşa çalışmak üzere Azerbaycan'a gitmek istiyor, Talât Paşa aksi fikirde idi: "Biz kaybettik, vatanın evlâtları fikirlerini temizlemekle meşguldür, onları rahat bırakalım" diyordu. Enver Paşa Bahçesaray'da ayrıldı. Biz Berlin'e gittik. O vakit Berlin'de sosyalist bir hükümet vardı. Bizi tevkif edip iade etmeğe kalktı. Binaenaleyh ben Bosnalı Necip Turan

---

[123] Güzel soru.-HC.

namına bir pasaport aldım. Lahey'e gittim, Bir iki ay kaldım. Orada gazetelerde okudum. Lahey pahalı idi, oturamadım. Berlin'e döndüm. Memleketle muhabere etmek imkânı yoktu. Anadolu'ya gelmeğe karar verdim.

- **Anadolu'ya mı gelmek istiyordunuz? İstanbul'dan Anadolu'ya gelmeden Avrupa'ya gittiniz. Şimdi gelmek istiyorsunuz?** [124]

- Müsaade buyurun Reis Bey. Bu sefer Anadolu'ya dönmek istediğim zaman Anadolu'da bir hareket vardı. Orada bir hükümet teşekkül etmişti. Vahideddin o zaman Anadolu'ya hâkimdi.

- Şu halde hepiniz nefsi azizleri kurtarmağa çalıştınız?

- Diğerleri Vahidettin'in hâkimiyeti altında...

- Ne olursa olsun, değil mi ki sözlerinizden bu mânâ çıkar.

- Bu mânâ çıkmaz.

- **Memlekette kalanlara Vahidettin'in fenalığı dokunmaz mı?**

- Onlar benim vaziyetimde değildiler.

- *Peki geliyorsun, gelmeğe teşebbüs ettin...*

- Evet efendim, İtalya tarikiyle Antalya'dan geçtim,

- *Geçerken, İtalya'dan gelirken Kont Sforza'ya müracaat ettiğini ifadenizde söylüyorsun ne görüştün?*

- Gelirken pasaportumu vize ettirmek istedim. Olmadı. Orada Selânikli Kara Salim Bey'e tesadüf ettim, müşkilâttan şikâyet ettim. Kara Salim Bey Kont Sforza'nın dostu idi. Anlatmış. Kont benimle görüşmek istemiş. Gittim, görüştüm. Pasaportumu vize etmediklerini anlattım: "Yaptırırım, siyasî işlerde böyle şeyler, olur, aldırmayın" dedi.

Kont Sforza gene o vakit dedi ki: "Anadolu bizimle niçin temas etmiyor?" Ben de: "Kont cenapları ben diplomat değilim, idare adamıyım. Bizimle muhasebat tesis etmek istiyorsanız, ben gidiyorum. Söylerim" dedim. (...)

---

[124] Yine çok güzel bir soru.-HC.

- *Durunuz öyle ise! Siz Berlin'den İtalya'ya geldiniz, oradan Anadolu'ya gelecektiniz. Bundan arkadaşlarınızın haberi var mı, onlarla görüşmüş mü idiniz?*

- Görüştüm ve Cemal Paşa'nın bir mektubunu hamil idim. Ona "Memleketime gidiyorum, burada yaşamak kabil değil" dedim.

- *O halde siz niçin Mustafa Kemal Paşa ile görüşmek istiyordunuz? Eğer memlekete bir vatandaş gibi, bir ferdi millet gibi girmek isteseydiniz oranın memurları, sizin hakkınızda alelâde muamele yapardı. Siz geliyorsunuz, Refet Bey'i görmek istiyorsunuz, Gazi Paşa'yı görmek istiyorsunuz, bunlardan maksadınız ne idi?.*

- Ne maksadım olabilir! Avrupa'dan parasız geliyorum. Refet Bey arkadaşımdır.

- *Ben anlamıyorum maksadınızı. "Ben İttihat ve Terakki erkânından Azmi Bey geliyorum" demek İstiyorsunuz?*

- Hayır, böyle bir maksadım yoktu. Başka nasıl gelirdim?

- *Böyle gelirsin... Döner, dolaşır, sonra tekrar gider, sonra buraya kadar gelirsin.*

- Mukadderat efendim...

- *Peki Berlin*de ne yaptınız?*

- Berlin'de Dr. Nâzım Bey, Cemal Paşa, bendenize bir programdan bahsettiler. Enver Paşa, Cemal Paşa, Talât Paşa üçü yapmışlar. Bendeniz de okudum. Fena da değildi. Eğer yapılabilseydi, **memleketin haricindeki ihtilâl teşkilâtını tanzim ederek memlekete hücum eden düşmanlar müştereken tazyik edilecekti.** Berlin'de bu tatbik edilemedi. (...)

- *Kimler vardı bu tadilât yapılırken?*

- Enver Paşa, bendeniz, Seyfi Bey, İbrahim Tali Bey, Yusuf Kemal Bey... başkalarını iyice hatırlamıyorum.

- *Devam edin.*

(...)

- *Bakü'de Küçük Talât ve Halil Paşa'ya tesadüf etmediniz mi? .*

- Affedersiniz, unuttum. Bu Enver Paşa bize bir teklifte bulunmuş: "Ruslarla Bakü'de bir Şark Kongresi yapıyoruz, sizin de iştirakiniz lâzımdır" demişti. Bunun üzerine Enver Paşa, ben, Seyfi ve İbrahim Talî Bey hep birlikte Bakü'ye geldik.

- *Enver Paşa gelirken bir torba da İttihat ve Terakki mührünü getirmişti değil mi?...*

- Bilmiyorum efendim.

- *Nasıl bitmiyorsunuz, mektubunuzda bundan haberdar olduğunuz anlaşılıyor.*

- Mektubu biliyorum efendim, fakat mühürlerden haberim yoktur.

- *Sonra?*

- Orada Küçük Talât Bey, Halil Paşa vardı. Talât Bey'i biraz mütereddit gördüm. Kendisi Ruslarla fazla temas etmişti.

(...)

- *Neticeyi anlat.*

- Yazdığım şeyler tamamen vatanîdir. Kendilerinin bir türlü muzır hareketlerine mâni olmak için bazı sözler söylüyorum. İfadatımda tek bir yalan yoktur. Memlekete son defa avdetimden beri katiyen siyasetle meşgul olmadım.

- **Şarlatanlık yapıyorsun. Biz sizin maksadınızı hep biliriz.**

(...)

- *Bunlar hususî hasbıhallerdir. Siz, sarahaten arkadaşlarınız namına teşkilâttan bahsetmişsiniz.*

- Kendilerine şahsım namına hürmetlerimi takdim için geldiğimi arz ettikten sonra af buyurmalarını rica ettim.

- *Sizin ifadenizin mukaddemesi şudur: "Sizin prensipleriniz vardır. Bizim de prensiplerimiz vardır. Bunun üzerine anlaşalım" diyorsunuz. Bu prensipler nelerdir?*

- Tevazün-ü kuvva esasıdır. Hattâ Gazi Paşa sormuşlardı: "Tevazün-ü kuvva nedir, ne demek istiyorsunuz?" diye. Bendeniz de cevap vermiştim: "İcraî, teşriî kuvvetler. Başka da Reisicumhur."

- Bunu hangi tarihte söylediniz?

- Bunu memleketin istihlâsından sonra söyledim.

- Af talebine gelirsiniz. Siyasetle alâkadar olmadığınızı söylersiniz. Fakat diğer taraftan vaziyet alıp prensiplerden bahsedersiniz. Ve bu prensip, bir teklifi, Cavid Bey'in evindeki içtimada kararlaştırılan programda madde halindedir. İkinci grupla birinciyi birleştirmek, sonra memlekette sükûnet lâzım olduğunu söylüyorsunuz.[125]

- Memleketin sükûna mutlaka ihtiyacı olduğu içindir. Herkesin, her memleketi seven insanın düşüneceği şey budur. Herkesin böyle düşünmesi lâzımdır.

- Ali İhsan Bey, "Bu ikinci ile birinci grupları birleştirmekten maksadınız ne idi?" sualime, "Bu kuvvetleri parçalamak" şeklinde cevap vermişti. Sen ne dersin?

- Cinayet derim.

(...)

---

[125] Yargıç çelişkileri yakalıyor.-HC.

9. BÖLÜM
TEHCİR YARGILAMALARINDAN ÖRNEK (1919)
(DİVAN-I HARBİ ÖRFİ: SIKIYÖNETİM, SAVAŞ MAHKEMESİ)

Birinci Dünya Savaşı'nın 2. yılında (1915) Ermenilere **"zorunlu göç"** (**tehcir**) uygulandı. 1919'da Türkiye işgal edilince, işgalciler geriye dönük yargılama istediler.

İngiliz Yüksek Komiseri (işgal komutanı) **Amiral Webb**, **Damat Ferit**'e **talimat verdi**. Damat Ferit de, *"Şimdi güvendiğim yeni bir mahkeme kurdurdum"* diyerek, **Nemrut Mustafa** başkanlığında bir mahkeme kurdurdu: Divan-ı Harbi Örfi. Yani Savaş Mahkemesi (Sıkıyönetim Mahkemesi).

Bu mahkemelerde **işgalciler ve işbirlikçi Vahideddin Hükümeti** çok vatanseveri yargıladı. Duruşmaların *"en cesuru"* Ziya Gökalp idi.

Ziya Gökalp'in Sorgusu[126]

Reis: Ziya Gökalp Bey'i getiriniz. (Ziya Gökalp Bey mahkeme salonuna getirilir). Ziya Bey, ilan-ı Meşrutiyet'ten sonra ne hizmetlerde bulundunuz?

Ziya Gökalp Bey: Diyarbekir vilayeti maarif müfettişi.

Reis: *Daha?*

Ziya Gökalp Bey: Daha memuriyetim yoktu.

Reis: *Hiç bir iş ile işgal etmiyor mu idiniz?*

Ziya Gökalp Bey: Hayır.

Reis: *İttihad ve Terakkî'ye ne vakit intisap ettiniz?*

Ziya Gökalp Bey*:* Meşrutiyeti müteakip Diyarbekir'de.

Reis: *Ne hizmette bulunuyordunuz?*

Ziya Gökalp Bey*:* Hizmetim yoktu.

Reis: *İnkılâptan sonra İttihat ve Terakki Cemiyeti neden faaliyetini temadi ettirdi?*

---

[126] Kocahanoğlu, Osman Selim, **Tehcir Yargılamaları 1919 (Divan-ı Harb-i Örfi Muhakematı Zabıt Ceridesi)**, Temel Yayınları, İstanbul, Eylül 2007, s.55-62.

Ziya Gökalp Bey: Tabii Meşrutiyet, fırkaları istilzam eder. İttihad ve Terakki de ondan sonra bir fırka haline inkılâp etti. İttihat ve Terakki'nin bir fırka-i siyasiye olmasına merkez karar vermiş, vilâyâta tebliğ ettiler.

Reis: *O vakit siz bir teşebbüste bulundunuz mu?*

Ziya Gökalp Bey: Hayır.

Reis: *Vilayette şubeler teşkil olunmadı mı?*

Ziya Gökalp Bey: Zaten bir şube teşekkül etmişti.

Reis: *İttihad ve Terakki Cemiyeti Fırka'ya tahavvül etmeden evvel mi?*

Ziya Gökalp Bey: Ettikten sonra olacak. Çünkü Meşrutiyeti müteakip fırkaya inkılâp etti. Diyarbekir'de bir kaç ay sonra fırka olmuştu.

Reis: *Siz ne vakit İstanbul'a geldiniz?*

Ziya Gökalp Bey: Bendeniz 335 kongresine geldim. Sonra memleketime gittim. 336 kongresinde azalığâ intihab etmişler.

Reis: *Ondan sonra İstanbul'a mı geldiniz?*

Ziya Gökalp Bey: Hayır. Selanik'e gittim efendim.

Reis: *Demek o vakit Selanik'te idiniz. Fırkanın bir programı var mı idi?*

Ziya Gökalp Bey: Vardı. İlan edildi.

Reis: *Merkez-i umumî müzakerâtı ne suretle zabt olunurdu.*

Ziya Gökalp Bey: Azadan biri zabt ederdi.

Reis: *Muntazam bir kayıt var mı idi?*

Ziya Gökalp Bey: Vardı.

Reis: *İmza edilir mi İdi?*

Ziya Gökalp Bey: Tabii kararlar imza edilir.

Reis: *Peki o kararda hazır bulunmayan zevat o karara ittibaa mecbur mu İdi?*

Ziya Gökalp Bey: Ne gibi?

Reis: *Mesela bir husus hakkında karar verildiği zaman hâzır-ı bi'l-meclis olmayan zevat da o kararı kabule mecbur mu idi?*

Ziya Gökalp Bey: *Tabii, karar ekseriyetle verilir. Hâzır olsun olmasın.*

Reis: *Verilen karar içtihadına muvafık olmasa bile kabule mecbur mu idi?*

Ziya Gökalp Bey: *Ekseriyetle karar verilince. Bütün meclislerin kararı ekseriyetle yapılır.*

Reis: *Hazır bulunmayanlar o karara ittibaa mecbur değillerdir. Hatta hazır buhunup da o karara muhalif olanlar reylerini vermemekte serbesttirler. Diğer meclislerde öyle değil mi?*

Ziya Gökalp Bey: *Tabii efendim.*

Reis: *İttihad ve Terakki merkez-i umumîsinde mukarrerat ittihaz edilirken hazır olmayanların da kabul etmesi mecbur mu değil mi?*

Ziya Gökalp Bey: *Tabii kendisi o kararı vermiş değildir. Karar ekseriyetle verildiği için o karar muteberdir.*

Reis: *Muteberdir, şüphe yok.*

Ziya Gökalp Bey: *Tabii, o içtihadına muvafık olarak karar vermemiştir. Onu ekseriyet vermiştir.*

Reis: *O kararı kabule mecburdur demek.*

Ziya Gökalp Bey: *Karar bir şeye yazılır. Kendisine, şahsına ait bir şey değil ki, ekseriyetle verilen karar yazılır.*

Reis: *İcrası uhdesine terettüp eder ve kendi içtihadına muvafık değilse?*

Ziya Gökalp Bey: *İstifa eder, yahud itiraz eder. Hâsılı böyle ehemmiyetli şeyler olmadı.*

Reis: *Olup olmadığından bahsetmiyoruz. Teamülü anlamak istiyoruz.*

Ziya Gökalp Bey: *Teamül, ekseriyetin kararı muteberdir.*

Reis: *İçtihadına muvafık olmasa da icraya mecburdur demek.*

Ziya Gökalp Bey: *Hayır efendim. Şahsen bir adamın bir şeyi icra edebilmesi için ona kani olması lazım gelir.*

Reis: *Olmadığı takdirde istifa etmesi lazım gelir.*[127]

Ziya Gökalp Bey: İstifa edecek mesele ise istifa eder, itiraz edecek bir mesele ise itiraz eder, şerh verecek bir mesele ise şerh verir. İşin şekline göre.

Reis: *İttihad ve Terakki Fırkası'nın taşralar da ne gibi memurları vardı?*

Ziya Gökalp Bey: Bidayette heyet-i merkeziyyelerin yine oraca müntehib murahhasları vardı, Bilahire teftiş etmek için müfettişler ihdas etmiş idik.

Reis: *Oraca dediğiniz müntehib dediğiniz mahallerce mi?*

Ziya Gökalp Bey: Mahallince merkez-i umumîden müfettişler intihab olunurdu. Daha sonra da kâtib-i mesuller gönderildi. Müfettişler de ayrıca gönderildi.

Reis: *Demek yalnız murahhas mesuller mahallerinden intihab olunuyor, ötekiler merkezden mi gidiyor?*

Ziya Gökalp Bey: Evet.

Reis: *Cemiyetin, yani İttihad ve Terakki Fırkası'nın Teceddüd Fırkası'na tahavvülü hakkındaki malumatınız ne merkezdedir?*

Ziya Gökalp Bey: Biz kongreden istifa edip çekildikten sonra ismini değiştirdi.

Reis: *Siz Teceddüd Fırkası'na dâhil olmadınız mı?*

Ziya Gökalp Bey: Hayır, istifa ettik.

Reis: *Cemiyetin yahud Fırkanın defterleri ve kuyud-ı esasiyyesi Teceddüd Fırkası'na devir olundu mu?*

Ziya Gökalp Bey: Tabii devir olundu.

Reis: *Malumunuz mu var, yoksa tahminen mi söylüyorsunuz?*

---

[127] Sorulardan anladığınız gibi, yargıç başka birilerinin de peşinde. Tutuklamak istediği "birilerinden" gelebilecek "*Ben o taplantıda yoktum, kararlarda imzam yok*" savunmasına karşı; Ziya Gökalp'den bilgi almaya çalışıyor. Yani, "**Toplantıda olmasa, imzası yoksa bile, sorumludur**" kanıtı çıkarmaya çalışıyor.-HC.

Ziya Gökalp Bey: Tabiatı ile kongre bütün evrak ve her şeye hâkim idi. Çünkü kongre toplanınca Meclis-i Umumî'nin hükmü kalmaz. Meclis-i Umumî de toplanmaz. Yalnız kongre mevcud kalır ve muhasebe encümeni muhasebeye ait evrakı, nizamname encümeni nizamnameye, program encümeni programa ait olan evrakı tedkik eder. İcab ederse yeni yeni maddeler yapar. O sırada biz istifa ettik, çekildik. Kongre serbest kaldı. Sonra ismini değiştirmişler, teceddüd namı koymuşlar.

Reis: *Bu gibi evrak-ı mühimmenin Doktor Nazım Bey tarafından kaçırılmış olduğu söyleniyor, sahih mi?*

Ziya Gökalp Bey: Bendeniz kâtib-i umumîlikten haber aldım ki, Doktor Nâzım Bey, Cemiyetin tarihine ait evrakı istemiş, onları Avrupa'dan getirdim, muhafaza edeceğiz demiş. O da, peki al, demiş. Bunu sonra Midhat Şükrü Bey'den haber aldım. Fakat bilahire tevkifhaneye geldikten sonra öğrendim ki, içinden evrak-ı saireyi ayırmamışlar. Evrakı sandıkla beraber götürmüş, evrakın bu suretle gittiğini sonradan haber aldım.

Reis: *Teceddüd Fırkası'na dâhil olmamanızın esbabı ne idi?*

Ziya Gökalp Bey: Bendeniz zaten siyasetle iştigalden bıkmıştım. Hayatımı ilme hasr etmek için çekildim.

Reis: *Yoksa tebeddül eden program ve nizamname içtihadınıza muvafık olmadı mı?*

Ziya Gökalp Bey: Hayır, çünkü daha program tebeddül etmemişti.

Reis: *Taşralardaki şubeler müstakil mi idi? Yoksa merkezden talimat verilir mi idi?*

Ziya Gökalp Bey: Tabii program itibariyle merkeze tabi idi.

Reis: *Ne gibi hususata başlı başına karar verir ve ne gibilerini istizan eder?*

Ziya Gökalp Bey: Mahalline ait. Mahallî intihabatı olur. Tabii oraya aittir. Fakat umumî intihab, meclis-i umumî intihabı için istizan ederler.

Reis: *Sesinizi çıkarın, işitemiyorlar.*

Ziya Gökalp Bey: Meclis-i umumîye aza tayin etmek selahiyetini haizdi. Onlar teklif eder, Meclis-i Umumî kabul eder, o suretle namzetlikler taayyün eyler. (...)

Reis: *Fırkanın hiç bir Teşkilât-ı Hafiyyesi var mı idi?*

Ziya Gökalp Bey: Hayır efendim, katiyen yoktu.

Reis: *Harb-i Umumî'nin ilanından sonra orduya muavenet etmek veya sair suretle hizmet eylemek üzere bir* **teşkilat yapıldı mı?**[128]

Ziya Gökalp Bey: Hayır.

Reis: *Merkez-i umumî azalarından bazı zevatın cephelerde bulundukları ve bazı işlere karıştıkları söyleniyor. Malumatınız var mı?*

Ziya Gökalp Bey: Harb-i umumî ilan edilince hatta seferberlik ilan edildikten sonra gerek merkez-i umumînin gerek fırkanın tabii intihabat gibi vezaifi olmayınca merkez-i umumî azalarının da işleri azalıyor. (...)

Reis: *Hiç bu husus hakkında merkeze malumat verilir mi idi?*

Ziya Gökalp Bey: Vermezlerdi. Askerliğe dair malumat vermezlerdi.

Reis: *Fırkanın şifreleri var mı idi?*

Ziya Gökalp Bey: Hayır. (...)

Reis: *Bildirmesi kendisince muktezi görülürse ne yapar? Hangi vasıtaya müracaat eder? .*

Ziya Gökalp Bey: Öyle bir şey olmamıştır tabii...

Reis: *Bu gibi hidemat-ı vataniyyede bulunanlara* **nakden muavenette bulunuldu mu?**[129]

Ziya Gökalp Bey: Hayır.

Reis: *Götürünüz. (Ziya Gökalp Bey mahkeme salonundan çıkarılır.)*

---

[128] **Yargıç, ısrarla "örgüt" arıyor!**-HC.
[129] **Yargıç, "örgütün kasasını" arıyor!**-HC

KAYNAKÇA

30 Saniyede Felsefe (Özgün Adı: *30 Second Philosophies*, Ivy Press Limited, 2009), 2. Baskı, Editör: Barry Loewer, Çeviri: Zeynep Delen, Caretta Kitapları, Çin, Mayıs 2012.

30 Saniyede Psikoloji, (Özgün Adı: *30 Second Psychology,* Ivy Press Limited, 2011), Editör: Christian Jarrett, Çeviri: Zeliha Babayiğit, Caretta Kitapları, Çin, Mayıs 2012.

Akşit, Bahattin, Prof. Dr., *"Gökyüzündeki Yıldızların Anlamı Ne?"*, **Bütün Dünya Dergisi**, Yıl 2, Cilt 2, Sayı 2, Ankara, Temmuz 1999.

Aşık, Melih, *"Pratik Bilgi"* (Doğan Cüceloğlu), Açık Pencere Köşesi, **Milliyet Gazetesi**, İstanbul, 11 Mayıs 2000.

Aydın, Gülden, *"Polisin renklerle Dansı"*, **Hürriyet Gazetesi Pazar Eki**, İstanbul, 9 Temmuz 2000.

Aytaç, Önder ve Bilir, İhsan, *"Polisin Etkin İletişimi İçin Renklerle Dans Etmek: Renklerin Dili, Önemi ve Yorumlanması"*, **Hatay Polis Dergisi**, Yıl 3, Sayı 3, Mart 2000.

Bengidal, Süalp, Dr., *"Beyin Yıkama"*, **Popüler Bilim Dergisi**, Yıl 7, Sayı 77, Ankara, Nisan 2000.

Camus, Albert, **Sisifos Söyleni**, 17. Baskı, (1957 Nobel Edebiyat Ödülü), Fransızca aslından çeviren: Yücel, Tahsin, Can Yayınları, İstanbul, Şubat 2011.

Cevizoğlu, Hulki, **"Ceviz Kabuğu- Geçmiş Zaman Olur ki"**, Ceviz Kabuğu Yayınları, Ankara, Haziran 2009.

Cevizoğlu, Hulki, **Ceviz Kabuğu Programı**, HBB Televizyonu, 21 Kasım 1994, Pazartesi.

Cevizoğlu, Hulki, **Ceviz Kabuğu Programı**, Kanal 6 Televizyonu, 5 Aralık 1997, Cuma, Saat 22.30.

Cevizoğlu, Hulki, **Ceviz Kabuğu Programı**, Show TV, 7 Mayıs 1999, Cuma, Saat 22.30.

Cevizoğlu, Hulki, **Ceviz Kabuğu Programı**, Ulusal Kanal, 12 Ocak 2015, Cumartesi, Saat 21.00.

Cevizoğlu, Hulki, **Generalinden 28 Şubat İtirafı: "Postmodern Darbe"**, 2. Baskı, Ceviz Kabuğu Yayınları, Ankara, Şubat 2012.

Cevizoğlu, Hulki, **Gizli Sözler (Bir Devrimciyle Röportajlar)**, 3. Baskı, Ceviz Kabuğu Yayınları, Ankara, Mart 2013.

Cevizoğlu, Hulki, **Lanetli Yıllar (Akbabaların Öcü)**, Ceviz Kabuğu Yayınları, Ankara, Ocak 2014.

Chabris, Christopher ve Simons, Daniel, **Görünmez Goril (Gündelik Yanılsamalar Hayatımızı Nasıl Yönlendiriyor?)**, 2. Baskı, Çeviri: Bülent Doğan, NTV Yayınları, İstanbul, Mayıs 2012.

Duras, Marguerite, **İngiliz Sevgili**, Fransızca aslından çeviren: Ertuğrul Efeoğlu, Can Yayınları, İstanbul, 1998.

Ecevit, Bülent, **Elele Büyüttük Sevgiyi (Şiirler)**, Sistem Ofset, Ankara, Tarih yok (Tahmini tarih: 1997-1998).

Edgü, Ferit, **Yazmak Eylemi (Bir Toplumsal/Siyasal Olay Üzerine 101 Çeşitleme)**, Yapı Kredi Yayınları, İstanbul, Nisan 1996.

Ekonomik Bülten Gazetesi Dış Haberler Servisi, "*Basınla İyi Geçinmenin Yolları*", **Haftalık Ekonomik Bülten Gazetesi**, İstanbul, 19-25 Haziran 1989.

Ersanel, Nedret, **Macro Economy Dergisi**, Sayı: 29, İstanbul, Mart 1997.

Frankl E., Viktor, **İnsanın Anlam Arayışı**, Beşinci Baskı, Türkçesi: Selçuk Budak, Öteki Yayınevi, Ankara 1997.

Freud, Yayıma Hazırlayan: Murat Batmankaya (Önsöz ve 1. Bölüm Metinleri: Prof. Dr. Cengiz Güleç), Say Yayınları, İstanbul 2006.

Freud, Sigmund, **Psikanalize Giriş Dersleri**, İkinci Baskı, Türkçesi: Selçuk Budak, Öteki Yayınevi, Ankara 1997.

Freud, Sigmund, **Uygarlık, Din ve Toplum**, İkinci Baskı, Türkçesi: Selçuk Budak, Öteki Yayınevi, Ankara 1997.

Gerring, Richard J. ve Zimbardo, Philip G., **Psikoloji ve Yaşam (Psikolojiye Giriş)**, 19. Basımdan Çeviren: Yrd. Doç. Dr. Gamze Sart, Gözden Geçirilmiş Yeni Basım, Nobel Akademik Yayıncılık, Ankara, Ekim 2014.

Güleç, Cengiz, Prof. Dr., "*Konuşarak Saklandım (Yeni Yıla İçten Bir İtiraf)*", **Nokta Dergisi**, Yıl: 19, Sayı: 2000-01, 5-11 Ocak 2001.

Gürbilek, Nurdan, "*Suç ve Ceza*", **Express Dergisi**, Sayı: 131, İstanbul, Ekim-Kasım-Aralık 2012.

Hayes, Richards ve Grossman, Daniel, **Bilim İnsanının Medya Rehberi**, 2. Basım, Çeviri: Murat Kayı, TÜBİTAK Popüler Bilim Kitapları, Ankara, Ağustos 2010.

Hogan, Kevin, **Gizli İkna Taktikleri**, 2. Baskı, Çeviri: Taner Gezer, Yakamoz Kitap, İstanbul, Temmuz 2012.

Howard, V.A. ve Barton, J.H., **Tartışma Sanatı**, Türkçe'si: Ezber, Gökçen, Beyaz Yayınları, İstanbul, Eylül 1998.

Kafka, Franz, **Dava**, Türkçesi: Soner Yılmaz, Oda Yayınları, 2. Basım, İstanbul, Temmuz 2008.

Karaalioğlu, Mustafa, "*Bir Sorgunun Anatomisi*", **Yeni Şafak Gazetesi**, İstanbul, 14 Kasım 1998.

Karakelle, Sema, Yrd. Doç. Dr., **Psikolojiye Giriş 1**, İstanbul Üniversitesi Açık ve Uzaktan Eğitim Fakültesi Yayını, İstanbul, 2014.

Karakelle, Sema, Yrd. Doç. Dr., **Psikolojiye Giriş 2**, İstanbul Üniversitesi Açık ve Uzaktan Eğitim Fakültesi Yayını, İstanbul, 2014.

Keltner, John W., **Interpersonal Speech, Communication Elements and Structures**, Wadsworth Publishing Company Inc., California, 1970.

King, Larry, **Kiminle, Ne Zaman, Nerede, Nasıl Konuşmalı (İyi Konuşmanın Sırları)**, Çeviren: Dr. Yasemin Özdemir, İnkılâp Kitabevi, İstanbul, 1998.

Kocahanoğlu, Osman Selim, **Atatürk'e Kurulan Pusu (İzmir Suikasti'nin İçyüzü)**, 2. Baskı, Temel Yayınları, İstanbul, Nisan 2005.

Kocahanoğlu, Osman Selim, **Tehcir Yargılamaları 1919 (Divan-ı Harb-i Örfi Muhakematı Zabıt Ceridesi)**, Temel Yayınları, İstanbul, Eylül 2007.

Luck, Georg, **Köpeklerin Bilgeliği (Antikçağ Kiniklerinden Metinler)**, Almanca'dan çeviren: Oğuz Özügül, Say Yayınları, İstanbul, 2011.

Malamud, Bernard, **Kiev'deki Adam**, Altın Kitaplar Yayınevi, 2. Baskı, İstanbul, Mayıs 1971.

Moghaddam, Fathali M., **Diktatörlüğün Psikolojisi**, Çeviri: Hakan Kabasakal, 3P Yayıncılık, İstanbul, Mart 2014.

Mumcu, Uğur, **Sakıncalı Piyade**, 29. Basım, Tekin Yayınevi, İstanbul, 1993.

Mungan, Murathan, **Şairin Romanı**, Metis Yayınları, İstanbul, Nisan 2011.

Nesin, Aziz, **Poliste**, 3. Basım, Tekin Yayınevi, İstanbul, 1975.

Özer, A.Kadir, **İletişimsizlik Becerisi**, Sistem Yayıncılık, İstanbul, 1997.

Psikoloji Kitabı, Alfa Yayınları, İstanbul, 2012.

Reich, Wilhelm, **Dinle Küçük Adam**, 10. Basım, Çeviren: Şemsa Yeğin, Payel Yayınevi, İstanbul, 1995(?).

Sabah Gazetesi Haber Merkezi, "*Reha Muhtar sandığınız kadar aptal değil!*", **Sabah Gazetesi Cumartesi Eki**, İstanbul, 1 Ocak 2000.

Schopenhauer, Arthur, **Eristik Diyalektik (Haklı Çıkma Sanatı)**, 2. Baskı, Türkçesi: Ülkü Hıncal, Sel Yayıncılık, İstanbul, Eylül 2014.

Sutherland, Stuart, Prof. Dr., **İrrasyonel**, 4. Baskı, Çeviri: Gülin Ekinci, Domingo Yayınları, İstanbul, Eylül 2013.

Tamaro, Susanna, **Sevgili Mathilda, İnsanın Yürümesini Dört Gözle Bekliyorum**, 17. Baskı, Gendaş Yayınları, İstanbul, 1999.

Titiz, Tınaz, "*Sorular Yanıtlardır!*", **Cumhuriyet Gazetesi Bilim Teknik Dergisi**, İstanbul, 2003, Sayı 843.

Torrey, E.Fuller, **Psikiyatrinin Ölümü**, 2. Baskı, Türkçesi: Reha Pınar, Öteki Yayınevi, Ankara 1996.

Wallek, Lee, **Mafyada Yönetici Olmak**, Türkçesi: Zülal Kılıç, Sarmal Yayınevi, İstanbul, Mayıs 1995.

Warren, Arnie, **Muhteşem Bağlantı**, Çeviren: Tuncer Büyükonat, Beyaz Yayınları, İstanbul, Temmuz 1998.

Yalazan, A.Esra, **Tempo Dergisi**, Sayı: 35, İstanbul, 3 Eylül 1997.

Yalom, Irvin D., **Divan**, 2. Basım, Ayrıntı Yayınları, İstanbul, 1998.

DİZİN

A
Abartmaya Zorlama 37
Acar Baltaş 4
Acı 18, 19, 49, 60, 64, 123, 215, 236, 247
Acıma 152
Ahtapot 64, 156
Ali Kırca 103, 297, 301, 302, 303
Anadolu Direnişi 97
Anılar, Rüyalar ve Düşünceler 16
Anlaşmazlık Tanrıçası 34
Anlatan Sanık 196
Arnie Warren 8
Arthur Schopenhauer 34, 50
Atatürk 39, 94, 249, 309, 310
Ayaklı Kütüphane 34
Aziz Nesin 22, 24, 206 ve sonrası

B
Bellek Yanılsaması 40
Beyin 15, 23, 25, 167
Beyin Yıkama Teknikleri 23
Bilgelik 12, 26
Bilgi Kaynağı 25, 26
Bilimsel Teknikler 170
Binbir Düşünce Yapısı 13
Bir Anda Çok Soru Sorma 35
Burgu Tipi Sorgulama 65
Büyük İskender 66

C
Cehalet 13, 34, 48, 49, 78, 96, 255
Ceviz Kabuğu 2, 3, 15, 16, 17, 21,22, 26, 28, 29, 96, 100, 107, 110, 189, 208, 270, 298, 299, 300

Ç
Çelişki Sunma 35

D
Demagog 7
Despotizm 212
Devrimciyle Röportajlar 94
Dikkat Yanılsaması 40
Diktatörlüğün Psikolojisi 41
Diktatörlüklerde Soru Sorma Tekniği 40
Diktatörün Yanılgısı 41, 43
Dinlemek 3, 26, 27, 76
Diyojen (Diogenes) 62, 65, 66, 67, 68, 92, 93
Doğan Cüceloğlu 13
Doğru Soru 83, 84
Duygusal Bağ 137
Düşüncenin Kilitlenmesi 194

Düşünme Önyargısı 41

E
Eflatun Krallığı 61
Empatik 126, 139, 144
En Doğru Yol 18
En Eski Sorgucu 182
En Yalın Sorular 48
Engelleme 19, 20
Eristik Diyalektik 27, 33, 34
Erotematik 35
Etiketleme 37
Etki Kanunu 30
Etkin Sunucu 76
Evrensel Düşünce 39

F
Faşist Sokrates 50
Fikir Birliği Yanılsaması 42
Fiziksel Baskı 133
Franz Kafka 17
Fundamentalizm 207, 208

G
Gazeteci Sorgucu 11, 12
Gazetecilere Karşı Taktikler 30, 32
Genişletme 34
Gerçeğe Uyarlama 197
Gerçeği Boğma Yöntemi 35
Gerçeği Yakalamak 7
Gerekçeyi Tersine Çevirme 37
Gizli İkna 13
Gizli Sözler 94
Görünmez Tasma 25
Grup Düşüncesi Teorisi 42
Güç (Otorite) Gösterisi Yapmak 33
Gülmeceli Sorgu 87
Gülünç Kargaşalar 77
Güzel Yöntemler 130, 131

H
Haklı Çıkma Sanatı 33, 34
Halkın Kendini Kandırma Yanılgısı 43
Hedefi Savunmasız Bırakmak 11
Hipnotize Edici Etki 103

İ
İç Sıkıntısı 19, 120, 151, 175, 177, 178, 180, 184, 185, 203
İç Sıkıntısını Artırma 20, 120, 151, 152
İçsel Yanılgı 40
İletişimsizlik Becerisi 15
İngiliz Sevgili 83
İnsanın Anlam Arayışı 18, 29

İpin Uzunluğu 8
İrrasyonel 21
İsim Seçme 35
İstanbul Polis Müdürü Azmi Bey 310
İstiklal Mahkemesi Sorgulamaları 310
İsyan Ateşi 96
İşlev ve Sorumluluk 76
İtiraf 23, 50, 103, 109, 111, 112, 116, 120,
    125, 129, 130, 134, 135, 137, 139,
    142, 143, 144, 145, 148, 157, 167,
    170, 174, 175, 176, 177, 178, 179,
    180, 188, 191, 192, 193, 195, 199,
    201, 229
İtiraf Ettirici Röportaj 267
İtiraf Öncesi Davranışı 193
İtirafla Rahatlamak 174
İttihatçılar Davası 309, 310
İzmir Suikasti Davası 310

K
Kabuğu Kırmak 224
Kalabalıklara Sığınma 38
Kanıt Biriktirici Soru 41
Kanıtı Varsayma 35
Kaos Dönemi 215
Karakolda Ayna Var 241
Kargaşa Şahikası 77
Karşınızdakinin Ayakkabısını Giyinmek
    138, 172
Kaygı 19, 20, 30, 60
Kendi Silahı ile Vurma 37
Kendini Gerçekleştiren Ön Kabul 17
Kendini Gerçekleştiren (Doğrulayan)
Kehanet 17, 18
Kendini Onaylatan Sorgulama Biçimi 57
Kendisini Ele Vermek 193
Kırılma Noktası 191
Kilidi Açan Şifreler 9
Kinikler 62, 69
Konfüçyüs 8
Konuşarak Saklanmak 27
Konuşturma Teknikleri 3, 4, 11, 48, 76
Konuşturmanın Beş Aşaması 8
Konuşturmanın Psikolojisi 15
Korku 17, 19, 24, 41, 143, 151
Köpeklerin Bilgeliği 62
Kör Mantık Yöntemi 36
Kudurmuş Sokrates 62
Kullanılmayacak Kelimeler 143
Kurban 16, 41, 55, 61
Kurtarma Kültürü 176

L
Laf Kalabalığı Yapma 37
Lanetli Yıllar 17, 19
Lidere Biat Teorisi 43

Liderin Kitleyi Esir Alması Teorisi 43
Loftus'un Sahte Anıları 40

M
Mafyada Yönetici Olmak 12
Makyavelist Sokrates 50
Makyavelist Tartışma Tekniği 33
Medya Sorgucusu 21, 22, 76, 77, 78, 106
Medya Tuzakları 30
Merve Kavakçı 268 ve sonrası
Mevlâna 12, 34
Moderatör 76
Muhteşem Bağlantı 8
Mustafa Kemal 94, 95, 96, 214, 220, 314
Mutlaklaştırma 34

N
Nadir Nadi 85
Neden Yerine Otorite Gösterme 38
Nefret Gazeteciliği 33

O
Olumsuz İçsel Çatışmalar 19
Onaylama Önyargısı 41
Ortak Çaresizlik 41

Ö
Öfke 19
Öfkede Zaaf Arama 35
Ön Yargıları Değiştirmek 19
Özgüvenin İtiraf Etkisi 98

P
Paranoid Bir İnsanın Sorgulanması 173
Polis Sorgusu 10, 12, 21, 28, 111, 130
Polisin Sorgulanması 135
Polisiye Edebiyat 119
Polisiye Sorgu 17, 21, 22
Pollyanna Davranışı 19
Popüler Bilim Dergisi 23
Postmodern Darbe 98, 99, 100, 101, 102,
    103, 104
Projeksiyon 197, 198, 203
Psikiyatrinin Ölümü 13
Psikolojik Sorgulama 15

R
Rahat Konuşturmak 125
Rasyonalizasyon 197, 198
Ruh Rehberliği 28
Ruhsal Gerginlik 24

S
Sabancı ve Göktepe Cinayetleri 164
Sabır Şovu 188
Sabırsızlığın Tehlikeye Götürmesi 190
Sakıncalı Piyade 87, 88
Saptırma 36

Sarı Öküz 95
Savaş Mahkemesi 318
Savunma Mekanizmaları 19, 20
Sherlock Holmes 90, 91
Sır Okulları 29
Sır Toplayıcıları 29
Sihirli Formüller 9
Siyasi Baskı 160, 161
Size Yakın Birisi 16
Sokrates 48, 49, 50, 56, 57, 61, 62
Sokratik Yöntem 35, 49, 76
Sonucu Sormama 35
Sonucu Söyleme 37
Sonuç Uydurma 37
Sorgu Timleri 103
Sorgucu 9, 11, 12, 14, 15, 16, 17, 20, 21, 28, 48, 50, 56, 65, 111, 144, 151, 156, 157, 166, 167, 182, 184, 185, 187
Sorguculuk Hastalığı 185
Sorgucunun Psikolojik Yapısı 138
Sorgucunun Rengi 28
Sorgucunun Yanıtlar Konusundaki Yeteneği 151
Sorgucuyla Yakınlaşma Kompleksi 48
Sorgulama Dersleri 113, 171
Sorgulamada Denge Noktası 120
Sorgulamadaki Avantaj 136, 150, 154
Sorgulamanın Yeri 138
Sorgulanma Geçmişi 26
Sorgulanma Korkusu 17
Sorgunun Anatomisi 45
Sorgunun İnsanları Hasta Etmesi 17
Soru Sırasını Karıştırma 35
Soru Yürüyüşü 78
Sorularla Yönlendirilme 13
Sorunun Yanıtını Önceden Biliyor Olmak 20
Stres Yükleyici 21
Suç İşlemenin Psikolojisi 118
Suç ve Ceza 89, 119, 120, 178, 179
Suçlama Kültürü 176
Suçlu 16, 25, 26, 56, 89, 108, 109, 112, 116, 118, 121, 125, 126, 129, 132, 134, 136, 137, 139, 146, 147, 170, 172, 174, 175, 176, 177, 179, 184, 185, 193, 194, 195, 199, 204, 231, 233, 235, 237, 240, 242
Suçlunun Toplumu Sorgulaması 89

Ş
Şaşkınlık 24
Şiddet Kullanmak 167

T
Tabular 33

Tartışma Hilesi 34
Tartışma Programlarının Analizleri 76
Tartışma Sanatı 27
Tehcir Yargılamaları 317, 318
Tepkiyi Şekillendirmek 9
Terapi 16, 25
Terördeki Sorgulama 157
Tersine Çevirme Yöntemi 36
Tersini Sorma 35
Tez Ekleme 36
Tribünlere Oynama 37

U
Uğur Dündar 46
Uyum Gereksinimi 41, 42

Y
Yaftalanmış Bir İnsan 16
Yan Tutmak 77
Yanıtı Olmayan Anlamlı Soruları Sormak 21
Yanıtların Çokluğu 7
Yanlış Kanıttan Yararlanma 37
Yanlış Önerme Kullanma 35
Yansıtma 19, 197, 198, 203
Yapılmayacak Hareketler 143
Yorgunluk 23, 24
Yönlendirme 76, 112, 123, 146, 190
Yunus Nadi 85
Yürüyen Cahiller 34
Yürüyen Cehalet 34
Yüzleştirme 48

Z
Zafer Narası Atma 36
Zekâ Savaşı 299
Zihin Okuma 14
Ziya Gökalp'in Sorgusu 318
Zor Birisi 15
Zorbalık 57, 60
Zorluk Çıkarma 36

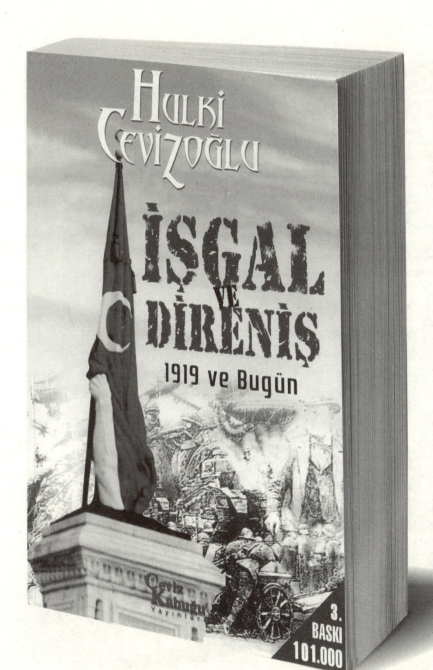